법학방법론

칼 엥기쉬 지음
안법영 · 윤재왕 옮김

세창출판사

Einführung in das juristische Denken

by Karl Engisch

이 도서의 국립중앙도서관 출판시도서목록(CIP)은 e-CIP 홈페이지(http://www.nl.go.kr/ecip)에서 이용하실 수 있습니다.(CIP제어번호: CIP2011005553)

DR. IRMGARD ENGISCH

Heidelberg
im November 2011

Mit Freude und grosser Dankbarkeit gegenüber dem Uebersetzer und Herausgeber begrüsse ich das Erscheinen dieses Buches – eines der Hauptwerke meines Vaters – in Korea.

Es möge dazu dienen, in den Händen verständnisvoller koreanischer Leser einen Beitrag für Erkenntnis von Problemen des Rechts und seiner Anwendung in völkerverbindender Weise zu leisten.

Dr. Irmgard Engisch

▌한국어판 서 문▌

나의 아버지의 주저 가운데 하나인 이 책의 한국어판이 출간되는 것은 내게 커다란 기쁨이 아닐 수 없습니다. 이 자리를 빌려 옮긴이들에게 깊은 감사의 인사를 전합니다.

이 책을 읽는 한국의 현명한 독자들을 통해 법과 법적용의 문제와 관련하여 독일과 한국 법학의 상호교류에 이바지할 수 있기를 희망합니다.

2011년 11월, 하이델베르크에서

어음가트 엥기쉬(Dr. Irmgard Engisch)

▌제11판 서 문▐

제11판에서는 여러 가지 새로운 입법, 판결 그리고 학술문헌을 고려하여 수정을 가했다. 그것 말고는 이미 우리 시대의 고전이 된 이 책의 내용에 아무런 변경을 가하지 않았다.

2010년 4월, 프라이부르크

토마스 뷔르텐베르거 / 디르크 오토

제9판 서 문

칼 엥기쉬(Karl Engisch)의 「법학방법론(Einführung in das juristische Denken)」은 여러 세대에 걸쳐 법률가들을 동반해 왔던, 법학방법론의 고전이다. 이 책은 1956년에 초판이 발간된 이후 지속적으로 개정이 이루어졌지만, 원래의 텍스트 자체는 기본적으로 변함이 없이 그대로 유지되고 있다. 저자인 칼 엥기쉬는 1990년에 세상을 떠났다. 그리하여 1977년 이후에는 더 이상 개정이 이루어지지 않은 이 책의 내용과 관련하여 새로운 입법, 판례, 이론을 고려하여 개정을 해야 할 필요가 생겼다. 하지만 이 책에서 서술하고 있는 내용은 기본적으로 시대를 뛰어 넘는 고전적인 형태를 갖추고 있기 때문에, 이 제9판에서는 그 동안의 법개정을 감안한 최소한의 수정만을 가하도록 극도로 신중을 기했다. 물론 '재량'과 관련된 내용은 현재 상황에 맞게 조금은 많은 수정을 가할 필요가 있었다. 이에 반해 제7판부터 양이 너무 비대해진 각주의 서술들에 대해서는 크게 손을 볼 수밖에 없었다. 일단 각주의 내용을 많이 줄이고, 그렇게 해서 통상의 각주스타일에 맞추면서 새로운 문헌을 지적할 수 있는 공간을 마련했다. 그렇기 때문에 엥기쉬가 제시하고 있는 수많은 옛날 문헌에 관심을 갖고 있는 독자가 있다면 1983년의 제8판을 참고하길 바란다. 그리고 제8판까지 후주로 되어 있던 것을 본문 아래에 붙은 각주로 바꾸어 늘 책 뒤로 넘어가야 하는 번거로움을 없앴다. 또한 인명색인과 사항색인을 새롭게 추가했다. 이와 함께 칼 엥기쉬의 생애와 저작에 관한 후기를 덧붙였다.

1996년 7월, 프라이부르크

토마스 뷔르텐베르거 / 디르크 오토

▌제7판 서　문▐

「법학방법론」은 독자들에게 법학적인 사고방법뿐만 아니라, 법 자체 그리고 법의 개별 영역에 대해서도 소개하는 「법학입문」과는 다른 목표를 추구한다. 이 책은 무엇보다 법과대학 학생들과 관심이 있는 일반인들에게 법학적 사고의 비밀스럽고도 동시에 의심스러운 논리와 방법을 소개하고자 한다. 물론 법발견(Rechtsfindung)이라는 핵심문제만을 고려할 뿐, 예컨대 법적 개념구성과 체계형성과 같은 '고도의' 도그마틱 활동은 이 책에서 고려하지 않는다. 따라서 본문의 서술에서 등장하는 실질적인 법적 문제들은 오로지 법발견의 관점에서 다루게 된다. 과연 법학적 논리학와 방법론이 어떠한 과제를 수행하는지에 대해서는 내가 잡지 「교양(Studium generale)」, 1959년, 76면 이하에서 상세히 서술한 적이 있다. 여기서는 다음과 같은 점만 강조해 두고자 한다. 즉, 법학적 논리학은 한편으로는 형식논리학을 기초로 그 범위 내에 있으면서도, 다른 한편으로는 특수한 법학적 방법론와 결합하여 법적 문제와 관련하여 '참된' 판단이나 '올바른' 판단 또는 최소한 '인정할 수 있는' 판단에 어떻게 도달하게 되는지를 보여주고자 하는 실질적 논리학이다. 법학적 논리학과 방법론을 이렇게 이해한다면, 이는 결코 법전문가에게 제기되는 사고활동의 과제를 간단히 처리할 수 있는 수단을 가르쳐 주는 '기술'이 아니다. 법학적 논리학과 방법론은 또한 실제 현실에서 법적 견해를 획득할 때 사실상 어떤 식의 과정을 거치는지를 탐구하는, 법발견의 심리학 또는 사회학도 아니다. 그보다는 법학적 논리학과 방법론은 실질에 부합하는 법학적 인식과정(이를 통찰하는 일은 결코 쉽지 않다)에 대한 성찰이다. 그러므로 법학적 논리학과 방법론은 (인간의 인식능력에 주어진 한계 내에서) '진리'를 발견하고 충분한 근거가 있는 판단을 내린다는 목표를 추구한다.

1977년 7월
칼 엥기쉬

차 례

법률을 안다는 것은

법률에 쓰인 단어에 얽매이는 것이 아니라,

그 의미와 목적을 새길 줄 아는 것이다.

— 켈수스, 학설휘찬 I, 3, 17 —

제 1 장 서 론

법학과 법학적 사고를 초보자나 일반인에게 알기 쉽게 소개하려고 생각하는 사람은 다른 학문분과에 속한 사람들에 비해 어쩐지 망설이게 되고 회의를 품게 된다.[1] 법률가로서 인접한 다른

---

1) 아래의 서술과 관련해서는 J. Binder, Philosophie des Rechts, 1925, S. 836ff., 886ff., 920f.; C. A. Emge, Einführung in die Rechtsphilosophie, 1955, S. 380ff.; K. Engisch, Wahrheit und Richtigkeit im juristischen Denken, 1963; O. Ballweg, Rechtswissenschaft und Jurisprudenz, 1970; R. Dreier, Zum Selbstverständnis der Jurisprudenz als Wissenschaft, Rechtstheorie 2 (1971), 37; W. Krawietz, Recht als Regelsystem, 1984, S. 2ff.; F. Bydlinski, Juristische Methodenlehre und Rechtsbegriff, 2. Aufl. 1991, S. 57ff., 76ff.; Th. Mayer-Maly, Rechtswissenschaft, 5. Aufl. 1991, S. 1ff.; K. Larenz, Methodenlehre der Rechtswissenschaft, 6. Aufl. 1991, S. 189ff., 239ff.; H. Coing, Grundzüge der Rechtsphilosophie, 5. Aufl. 1993, S. 290ff.; F. Müller, Strukturierende Rechtslehre, 2. Aufl. 1994, S. 13ff.; R. Zippelius, Recht und Gerechtigkeit in der offenen Gesellschaft, 2. Aufl. 1996, S. 21ff.; H.-M. Pawlowski, Methodenlehre für Juristen, 3. Aufl. 1999, Rn. 5ff.; J. Braun, Einführung in die Rechtswissenschaft, 3. Aufl. 2007, S. 353ff.; N. Horn, Einführung in die Rechtswissenschaft und Rechtsphilosophie, 4. Aufl. 2007, Rn. 39ff.; K.F. Röhl/ H. Ch. Röhl, Allgemeine Rechtslehre, 3. Aufl. 2008, S. 79ff.; B. Rüthers, Rechtstheorie, 4. Aufl. 2008, Rn. 280ff. 참고.

정신과학과 문화과학 —법학 역시 여기에 속한다— 을 둘러보면 대다수의 다른 분과들은 자신이 속한 분과인 법학에 비해 훨씬 더 많은 관심과 이해를 받고 더 많은 신뢰를 누리고 있다는 사실을 확인하면서 부러움과 동시에 씁쓸한 느낌을 지울 수 없게 된다. 특히, 언어, 문화, 예술, 음악 또는 종교를 다루는 학문분과들은 실질적인 측면에서든 또는 방법론적인 측면에서든 이들 분과와 상당히 유사한 법학과는 비교가 안 될 정도로 교양을 쌓으려는 일반 독자들을 사로잡는다. 고고학이나 문학사 관련 서적을 선물로 결정하는 데에는 딱히 주저할 필요가 없지만, 법학서적을 선물로 주는 경우는 거의 없다. 설령 그 법서가 독자에게 상당한 수준의 사전지식을 요구하지 않는다 할지라도 말이다. 또한 극소수의 예외를 제외한 대다수 법학입문서들은 법과대학 입학생들을 위해 쓰여진 것이지, 일반 독자들을 대상으로 하지 않는다. 비법률가의 서가에 법전이 꽂혀 있는 경우가 얼마나 있겠는가?

일반인들이 법과 법학에 관심을 보이지 않는 이유를 밝히는 것은 결코 어렵지 않다. 하지만 법과 법학에 대한 무관심은 상당히 기이한 일이 아닐 수 없다. 왜냐하면 여러 문화영역 가운데 인간에게 법보다 더 가까운 영역은 없기 때문이다. 예를 들어 문학, 미술, 음악 등과 밀접한 관계를 맺지 않고서도 얼마든지 살 수 있고 또한 그렇게 살아가는 사람들이 많다. 그렇지만 법의 지배를 받지 않고 법과 아무런 접촉을 하지 않으면서 법을 통해 조종되지 않은 채 사는 사람은 없다. 사람은 특정한 공동체에서 태어나 성장하며 —극히 예외적인 경우가 아닌 한— 그 공동체를 떠나는 일이 없다. 법은 바로 공동체의 본질적 요소이다. 따라서 우리가 법과 마주치는 일은 피하려야 피할 수 없다. 법이 지향해야 하는 근본가치인 정의 역시 선, 미, 신성함 등의 가치에 결코 뒤지지 않는다. 정의로운 법은 "세계의 의미에 속한다."[2] 그런데도 왜 법과 법학에 대해 열린 마음을 갖지 않는걸까?

아마도 이러한 설명에 대해 누군가는 법과 법학은 별개이며, 일반인들이 의문을 품고 있는 대상은 법학일 뿐이라고 반론을 제기할지도 모른다. 하지만 일반인들이 법에 관심을 보이는 것은 법이 실천적인 명령인 경우에 한정될 뿐이라는 사실은 제쳐두더라도, 법과 법학은 그렇게 서로 별개의 것이 아니라는 점을 지적할 필요가 있다. 즉, 법과 법학의 관계는 예술과 미학의 관계보다 훨씬 더 밀접하다. 물론 미학이 예술에 대한 이해를 촉진한다는 점에서 미학은 예술에 기여함에 틀림없다. 또한 어떤 미학이론이 예술활동에 영향을 미치는 경우도 있을 수 있다. 그렇지만 일반적으로 예술은 예술 나름의 길을 걷고, 미학은 예술작품을 설명 또는 성찰하거나 그 역사적 맥락을 되짚어 보는 활동을 통해 예술작품의 뒤를 좇는 작업을 수행한다. 더욱이 예술가들이 미학을 전적으로 거부하거나 조롱하지는 않는다 할지라도, 미학을 불신하는 경우가 자주 있다. 나는 물론 예술작품에 대한 학문적 고찰이 갖는 정신적 의미를 가벼이 여길 의도는 추호도 없다. 우리의 고대예술과 관련하여 빈켈만(Johann Joachim Winckelmann, 18세기 독일의 고고학자이자 예술사가)이 갖는 의미는 얼마나 큰가? 야콥 부르크하르트(Jakob Burckhardt, 스위스의 유명한 예술사가)나 하인리히 뵐플린(Heinrich Wölfflin, 스위스의 예술사가)이 우리에게 가져다 준 그 탁월한 통찰은 얼마나 커다란 선물인가? 그렇긴 하지만 예술과 미학이 별개의 것이라는 점은 분명하다. 이 점은 다른 문화과학과 그 대상의 관계에서도 대부분 마찬가지이다. 이에 반해 결코 법의 옆이나 뒤에서 그저 법을 따라가는 데 급급하지 않고, 오히려 법 그 자체와 삶을 법 속에서 그리고 법 아래서 함께 형

2) G. Küchenhoff, Naturrecht und Christentum, 1948, S. 6.

성할 수 있다는 사실은 문화과학들 가운데 법학만이 갖고 있는 거의 유일무이한 특성이다. 법학이 존재한 이래로 법학은 언제나 실천적 학문이다. 법학을 형성한 불후의 업적을 남긴 로마인들은 그들이 법학을 통해 무엇을 추구했는지를 정확히 알고 있었다. 로마인들은 법학을 "신과 인간의 일에 대한 앎"[3]이라고 칭송했다. 그들은 법학이야 말로 모든 학문들 가운데 가장 생동적이고 삶을 가장 구체적으로 탐구하는 학문으로 여겼으며, 법과 법학과 함께 로마는 강력한 제국으로 성장했다. 참으로 재능 있고 창조적인 법률가들이 사유를 통해 밝혀낸 법적 인식들은 어느 시대에나 법 자체에 커다란 축복이었다.[4] 즉, 그러한 창조적 인식들은 입법자에게 영감을 불러일으키거나, 구체적인 법적 사례의 결정에 직접 영향을 미치곤 했다. 고대 로마의 법률가들이나 이태리의 후기

---

3) D 1,1,10 이 인용방식은 로마시민법대전(Corpus iuris civilis; 533년 12월 16일 공포)의 학설휘찬(Digesten) 제1권 표제 1 법률 10을 뜻한다. 이와 관련해서는 D. Liebs, Römisches Recht, 6.Aufl. 2004, S. 61f. 도 참고.

4) 이 점과 관련해서는 L. Raiser, Rechtswissenschaft und Rechtspraxis, NJW 1964, 1201 (1204f.); L. Legaz y Lacambra, Rechtsphilosophie, 1965, S. 558ff.; J. Esser, Grundsatz und Norm in der richterlichen Fortbildung des Privatrechts, 4. Aufl. 1990, S. 306ff.; Larenz, Methodenlehre, S. 234ff., 242f.; Pawlowski, Rn. 5b 참고.
로마 '법학'의 성격에 관해서는 Liebs, Römisches Recht, S. 16, 62f.; W. Kunkel/ M. Schermeier, Römische Rechtsgeschichte, 14. Aufl. 2008, S. 123ff. 참고. 막스 카저(Max Kaser, Das römische Privatrecht I, 2. Aufl. 1971, S. 3)는 공화국 후기의 로마 법률가들은 "그 이후 서양의 모든 법률가들보다도 더 탁월하다"고 말하고 있다. 물론 로마 법률가들은 '법발견이라는 실천적 과제에 집중했다.'
어느 시대에나 법학은 (넓은 의미의) 법을 함께 형성하는 주체였으며, 이 점에서 '실천적 학문'이었다(이 점을 부인하는 입장으로는 H. Kelsen, Reine Rechtslehre, 2. Aufl. 1960, S. 75 Anm. 2). 이와는 달리 "법학이 진정으로 실천적이고자 한다면 실천적인 문제에만 국한해서는 안 된다"는 루돌프 폰 예링(Rudolf von Jhering, Geist des römischen Rechts II 2, 2. Aufl. 1869, S. 369)의 말도 곱씹어 볼 필요가 있다.

주석학파(1250년 이후)가 밝힌 법학적 인식들은 그 이후 수 세기에 걸쳐 튼실한 자양분이 되었다. 또한 예링(Jhering), 빈트샤이트(Windscheid), 빈딩(Binding), 폰 리스트(von Liszt), 프랑크(R. Frank)와 같은 근대 법률가들의 학설도 언제나 입법과 사법, 즉 법 자체에 커다란 도움을 주었으며, 심지어 1907년의 스위스 민법전 제정과정에서 오이겐 후버(Eugen Huber)가 행한 역할과 같이 법학자가 직접 법제정을 위임받은 경우도 있다. 이 후버의 업적을 비아커(F. Wieacker)는 자신의 「근대 사법사」에서 "19세기 독일어권 법학이 법률의 형태로 결실을 맺은 최고의 성과"라고 표현하고 있다.[5] 그렇지만 식자층에 속하는 어느 누구도 위대한 법학자들을 위대한 역사가, 언어연구자, 예술사가보다 더 높이 평가를 한다거나, 천재적인 철학자, 문필가, 화가, 음악가보다 더 높은 자리에 올려놓으려고 하지는 않는다. 그러나 문화에 대해 직접 영향을 미치는 측면에서 본다면 법학이 성취해 낸 중요한 이론들은 유명한 철학이론이나 예술작품 또는 문학작품에 견주어도 전혀 손색이 없다. 이 점에서 그러한 이론들은 같은 가치를 갖는다고 말할 수 있다. 그 때문에도 법학은 당연히 특별한 책임의식을 느껴야 된다.

정신과학과 문화과학에 속하는 다른 분과들과의 경쟁 속에서 이해와 동감을 구하려는 노력과는 별개로 법학은 자연과학과의 비교를 통해 등장하는 의문들에 대해서도 자신의 입지를 확고히 할 필요성이 갈수록 높아지고 있다. 그러한 비교 자체가 행해지는 이유는 아마도 법이 갖고 있는 법칙(법률)적 성격 때문인 것 같다. 즉, 법학은 자연과학과 마찬가지로 법칙과학이다. 우리에게 자연의 법칙을 해명해 주는 사람들은 우리에게 존재사실과 필연성을 가르쳐 주는 셈이다. 그러나 만일 법률가도 존재에 다가가

---

5) F. Wieacker, Privatrechtsgeschichte der Neuzeit, 2. Aufl. 1967, S. 491.

무엇인가를 밝히려 한다면, 과연 법률가는 우리에게 법적 법칙(법률)의 필연성에 대해 납득할 만한 설명을 제시할 수 있을까? 개인의 개별성이 미치는 영향권, 특히 예술의 영역에서 당연히 인정되는 자유는 규칙과 법률이 지배해야 하는 법의 영역에서는 흔히 우연이나 자의 또는 교만으로 여겨진다. 물론 예술가도 예술과 관련된 일정한 규칙과 법칙을 알고 있다. 하지만 그러한 규칙과 법칙은 예술가에게는 그 자신이 개인적으로 내용을 채울 수 있고 또한 그렇게 해야 하는 '형식'일 뿐이다. 다시 말해 그러한 '형식'이 상대적으로 일관성을 갖는다고 여겨질지라도, 이 형식에 대해서도 개인의 손자국이 깊이 새겨지기 마련이다. 따라서 예술의 형식들은 문화마다 서로 다르고, 시대에 따라 변화한다. 즉, 예술의 형식은 보편타당한 것이 아니며, 엄격한 구속력도 갖지 않는다. "대가는 형식을 파괴한다."[6] 이에 반해 법의 세계를 지배하고 또한 법이 지배를 할 때 반드시 이용하게 되는 수단인 법률에 대해서는 언제나 진리와 자연법칙과 같은 보편타당성을 기대한다. 만일 법률에서 그러한 보편타당성을 찾아내지 못하는 때에는 상당히 실망하게 된다. 이러한 실망을 표출하고 있는 고전적인 보기는 자주 인용되곤 하는 파스칼의 다음과 같은 말이다. "… 기후와는 아무런 관계없이 그 본질이 변하지 않는 법과 불법이란 찾아볼 수 없다. 북극쪽으로 위도가 3도만 바뀌어도 전체 법학은 완전히 전도된 모습을 보이고, 경도 1도의 차이에 따라 진리가 다르게 결정된다. 불과 몇 년이 지난 것에 불과한데도 아주 기본적인 법률이 변경된다. 법은 나름의 시대가 있다. 한 줄기 강물로 경계가 나누어지는 가소로운 정의여! 피레네 산맥 이쪽 편에서는 진리인 것이 산맥 저쪽 편에서는 오류라 한다."[7] 그 모든 각고의

---

6) F. Schiller, Das Lied von der Glocke, in: ders., Sämtliche Werke, hg. V. G. Fricke/H. G. Göpfert, Bd. 1, 4. Aufl. 1965, S. 439, Vers 343.

7) B. Pascal, Gedanken, übers. u. hg. v. E. Wasmuth, 8. Aufl. 1978, S.

노력에도 법률가들은 오늘날까지도 진정한 법을 찾아내, 법을 '자연' - 그것이 인간의 자연이든, 아니면 사물의 자연이든 - 과 결부시키는 데 성공하지 못했다는 사실은 법학에게 어두운 그림자를 드리우고 있다. 그 자신 법률가였던 율리우스 폰 키르히만(Julius von Kirchmann)이 법학의 학문성에 대해 가했던 유명한 비판 역시 이러한 사정에 기인한다. "해, 달, 별은 오늘도 수천 년 전과 마찬가지로 빛을 발한다. 장미는 오늘도 에덴동산 때와 똑같이 꽃을 피운다. 그러나 법은 늘 과거와는 다른 것이 되어 왔다. 혼인, 가족, 국가, 소유권 등은 수없이 다양한 형성과정을 거쳐 온 것들이다."[8)]

몇 가지 간단한 보기를 들어 일반인들로 하여금 법학이란 '인위적이고 자의적'이며 자연과는 거리가 멀다고 느끼게 만드는

---

148 (Pensee V, 294).

8) J. v. Kirchmann, Die Wertlosigkeit der Jurisprudenz als Wissenschaft, 3. Aufl. 1848, S. 10. 이에 관해서는 Binder, S. 847f.; C. Schmitt, Die Lage der europäischen Rechtswissenschaft, 1949, S. 15; E. Wolf, Fragwürdigkeit und Notwendigkeit der Rechtswissenschaft, 1953, S. 13; Braun, S. 353f., 365f. 참고. 이와는 반대로 자연과학과는 달리 법학은 시대변화에도 크게 변화하지 않았다는 지적도 있다(예컨대 G. Cohn, Existentialismus und Rechtswissenschaft, 1955, S. 88). 오늘날에는 법학과 자연과학의 관계보다는 법학과 사회과학의 관계에 대한 논의가 훨씬 더 많이 이루어지고 있다(사회과학은 '존재과학' 또는 '실재과학'으로 여겨진다는 점에서 자연과학에 가깝다. 이에 관해서는 예컨대 Larenz, Methodenlehre, S. 195ff., 239ff.; Müller, Rechtslehre, S. 308ff. 참고). 이 밖에도 법학의 학문적 성격은 '학문'이 반드시 충족해야 할 기준을 무엇으로 잡는가에 따라 달라진다. 예를 들어 (논리적, 수학적, 경험적) '진리인식'을 지향하는 노력만을 '학문적'이라고 여기려고 하는지 아니면 일정한 방법에 따라 획득되고 충분한 근거가 제시된(경우에 따라서는 '올바른') 규범적 언명을 목표로 하는 노력(법학은 여기에 속한다)도 '학문적'으로 볼 것인지에 따라 달라진다. 이러한 문제들은 궁극적으로 '학문의 목록(globus intellectualis)'을 어떻게 분류할 것인가 라는 물음으로 귀착한다. 법학의 '정신과학'으로서의 성격에 관해서는 아래의 111면 각주 14를 참고.

이유를 밝혀보자. 첫 번째 보기는 비록 진부한 것이긴 하지만, 아주 단순한 내용이기 때문에 앞으로의 고찰을 위해 좋은 실마리를 제공해 줄 수 있다. 내가 법과대학 학생이었을 때, 나와 한 자리에 있던 어떤 의사가 당시의 민법 제1589조 제2항(지금은 이 조항이 삭제되었다)이 "혼인 외의 자녀와 그 친부는 친족관계에 있지 않는 것으로 간주한다"라고 규정하고 있는 것에 대해 상당히 홍분하면서 비난을 퍼부었다. 그 의사는 이 민법조항은 법적 자의이며 생물학적 사실을 무시하는 월권일 뿐만 아니라, 위선과 이중도덕의 표현일 따름이라고 맹비난을 했다. 아마도 그 의사는 법은 결코 그런 식으로 자연적 사실을 도외시해서는 안 된다고 주장하고 싶었던 것 같다. 두 번째 보기를 들어 보자. 자연법에 대한 어느 학문적 논의에서 어떤 유명한 생물학자가 늑대들이 싸움을 할 때 준수하는 규칙에 대해 설명을 했다. 그 내용은 이렇다. 즉, 싸움에 진 늑대가 몸뚱어리를 수그려 '공손한 몸짓'을 보이면, 싸움에 이긴 다른 쪽 늑대는 진 늑대를 더 이상 물어뜯지 않는다는 것이다. 이 생물학자는 분명 진정한 자연법이란 늑대의 예에서 보듯이 생물학적 사실에 기초해야 한다고 주장하고 싶었을 것이다. 따라서 법학 쪽에서 말하는 자연법, 예컨대 기본권과 인권을 통해 표현되는 자연법은 이 생물학자로서는 결코 진정한 자연법이 될 수 없을 것이다. 세 번째 보기는 의사들과 관련된 것이다. 상당수 의사들은 법률가들에게는 의료직에 대한 참다운 이해가 결여되어 있다는 비난을 제기하곤 한다. 특히 최고법원이 건강을 위해 반드시 필요하고 또한 시술방법을 충실히 따르면서 행해지는 수술까지도 일단 '상해'로 보고, 다만 환자가 이에 동의했기 때문에 가벌성이 없을 뿐이라고 설명하는 판결[9]에 대해 의

9) 이에 관해서는 K. Engisch, Die rechtliche Bedeutung der ärztlichen Operation, 1958, S. 19f. 참고. 또한 Eser, in: A. Schönke/H. Schröder, Kommentar zum Strafgesetzbuch, 27. Aufl. 2006, §223 Rn. 27ff. 및 거

사들은 흥분을 감추지 못한다. 즉, 법원의 이러한 입장은 의료직의 본질에 정면으로 배치되고, 법률가들의 고답적이고 주제넘은 태도가 아니고서는 달리 그 이유를 설명할 수 없다고 생각한다.

이 모든 문제들에 대해 법률가는 어떤 식으로 얘기를 해야 할까? 다른 분과의 학자들이나 일반인들이 법학에 대해 품고 있는 불신과 거부감 또는 무관심에 어떻게 대응해야 할까? 일단은 그들이 아주 생경하고 이상하다고 여기는 법률가들의 사고방식을 어느 정도 이해할 수 있도록 만드는 것이 급선무이다. 우리가 법률가의 사고방식을 성실하게 분석하고, 그 속에 자리 잡은 혼동과 오류 및 이를 피하고자 하는 노력을 있는 그대로 보여 줄 때에만 법률가의 체면을 살릴 수 있을 것이다. 인간이 추구하고 행하는 모든 것이 그렇듯이 법학 역시 오점을 갖고 있으며, 늘 위험에 노출되어 있다. 하지만 수많은 훌륭한 인물들이 온 힘을 바치곤 하는 이 법학이 단순히 아둔과 무지의 소치에 불과한 장난은 아니라고 생각해야 할 것이다.

우선 아래의 서술이 '입문서'라는 이 책의 성격 때문에 전통적인 법발견 방법에서 출발하고, 전반적으로 그러한 전통적 방법에 근거하고 있다는 사실을 분명히 밝혀 두고자 한다. 이 책의 초판이 세상에 나온 1956년 이후 여러 측면에서 전통적인 방법에 대해 여러 가지 비판이 제기되어 왔다. 20세기 초반에 법발견과 관련된 '자유법학(Freirechtsschule)'과 '이익법학(Interessenjurisprudenz)'이 풍미했던 것처럼 오늘날에도 법획득과 관련하여 상당히 개혁적인 이론들을 여기저기에서 듣게 된다. 이 책에서도 그러한 새로운 이론들을 완전히 무시할 수는 없다. 그렇지만 사비니(von

---

기에 제시된 다른 문헌들도 참고.

Savigny)에서 시작되고 그 이후에 여러 발전단계를 거쳐 형성된 전통적인 방법론은 오늘날의 법률가들도 그들의 사고활동의 기초로 삼기에 충분할 정도로 튼튼한 토대가 될 수 있다고 나는 생각한다.

제 2 장 법명제(Rechtssatz)의 의미와 구조

일단 민법 제1589조로부터 시작해 보자. 이 조항은 '친족'에 관한 여러 규정들 가운데 맨 앞에 위치해 있다. 이 조항은 예전에는 다음과 같이 규정되어 있었다. "한 쪽이 다른 쪽의 자손인 사람들은 직계 친족이다. 직계의 친족관계는 아니지만, 동일한 제3자의 자손인 사람들은 방계의 친족이다. 촌수는 친족관계를 매개하는 출생의 숫자에 따라 정한다. 혼인 외의 자녀와 그 생부는 친족관계에 있지 않은 것으로 간주한다." 마지막 문구는 혼외자의 법적 지위에 관련된, 1969년 8월 19일의 법개정으로 삭제되었지만, 아래의 설명에서는 이 문구도 함께 고려하면서 설명을 하겠다. 이 민법조항에서 눈에 띄는 점은 직계 또는 방계의 관계에 있는 일정한 사람들이 친족'이다(ist)'라는 서술문 형식이다. 그 다음 문장에서는 '… 에 따라 정한다'라는 표현을 쓰고 있고, 마지막 문장에서는 '간주한다'라는 표현이 등장한다. 분명 마지막 문장에서 입법자의 생각은 혼인 외 자녀가 **자연적**인 의미에서도 혈연관계에 있지 않다는 것이 아니라, 단지 혼외자는 혼인관계에서 출생한 자녀와 **법적**으로, 더 자세히는 **민법적**으로 동등한 지위를 가져서는 안 된다는 것이었다. 여기서 '민법적으로'라는 제한적 표현이 중요하다. 왜냐하면 예를 들어 형법의 의미에서는 혼외자와 생부는 친족관계에 있는 것으로 보기 때문이다. 즉, '직계 친족'(구 형법상의 표현) 사이의 성교를 처벌하는 형법 제173조는 혼외자와 그 부모 사이의 근친상간에도 적용되었다(그 사이 이 조항은 개정되어 '육체적 후손'이라는 더 명확한 표현을 사용하고 있다). 또는 '부모가 자식의 물건을 가져간 경우'에는 처벌의 대상이 되지 않는다고 규정한 1841년 프로이센 형법(제228조)은 혼외자의 물건을 훔친 경우에도 적용되었다(현행 형법상 '가족'의 물건에 대한 절도는 친고죄로 규정되어 있으며, 이는 혼외자의 경우에도 적용된다). 다른 한편 민법시행법 제51조는 "법원조직법, 민사소송법, 형사소송법, 파산법 등에 친족 또는 인척에 관하여 별도의 법률효과를 정하고 있는 때에는, 친족 및 인척에 관한 민법 규정을 준용한다"고 규정하고 있다. 따라서 이 조항에 열거되어 있는 법률들 또한 과거에는 혼외자와 그 생부는 친족관계에 있지 않은 것으로 '간주'한다는 민법의 원칙을 기준으로 삼았다(앞서 말한 대로 1969년의 민법개정에 의해 비로소 혼외자의 경우에도 이 조항의 적용대상이 되었다). 법개정이 이루어지기 전에는 예를 들어 형사소송법 제52조 제1항 3호에 따라 피고의 직계친족에게 인정되는 증언거부권은 혼외자인 피고의 생부(생부가 피고인 경우 혼외자의 경우에도 마찬가지로)에게는 인정되지 않았다.[1)] 물론 법개정 이후에는 더 이상 그렇지 않다. 이렇게 볼 때 – 위에서 인용한 파스칼의 표현을 빌리자면 – 경도 1도의 차이가 법에서의 진리를 결정하는 데 그치지 않고, 동일한 법질서 내에서조차도 역사적인 변화에 따라 진리 여부를 판가름하는 경계선이 바뀌거나 아예 없어져 버리기도 한다. 다시 말해 법의 '효력(Geltung)'은 그 나름의 속성을 지니고 있는 셈이다. 법

---

1) 이러한 예전의 법상태에 대해 이미 비판적 입장을 표명했던 W. Dallinger, Aus der Rechtsprechung des BGH in Strafsachen, MDR 1956, 394(397) 참고. 또한 E. Kern/C. Roxin, Strafverfahrensrecht, 13. Aufl. 1975, S. 124 도 참고.

효력에 대한 복잡한 논의(이는 일반 철학과 법철학에서 상당한 논란의 대상이 되어 왔다)는 접어둔 채, 우리의 맥락에만 국한해서 말하자면, 결국 법효력이란 사실상의 생활관계를 법적으로 파악하는 특수한 방식이라 할 수 있다.

과연 이러한 특수한 고찰방식이 무엇을 의미하는지를 살펴보기 전에 먼저 "한쪽이 다른 쪽의 자손인 사람들은 직계 친족이다"는 민법 제1589조의 첫 문장(이는 현재에도 계속 효력을 갖고 있다)이 취하고 있는 서술문형식이 무언가 **본질적**으로 다른 의미가 있는지를 살펴보도록 하자. 적어도 이 문장 상으로는 법이 애당초 자연에 충실히 복종하여, 있는 사실을 그대로 표현하고 있는 것처럼 보인다. 그렇지만 이와 관련해서도 우리는 상당히 놀라운 점을 발견하게 된다. 즉, 제1589조는 친족을 '자손'에 의존하도록 규정하고 있다. 물론 이 말이 무슨 뜻인지는 누구나 알고 있다. 하지만 민법전이 제1591조 이하에서 자손에 관해 규정하고 있는 내용들을 살펴보면 더욱 놀랍게 여겨질 것이다. 이 조항들에서는 다음과 같이 말하고 있다. "한 아이의 아버지란 ① 그 아이의 출생시에 어머니와 혼인 중에 있거나, ② 그 아이의 아버지임을 인정하거나 또는 ③ 제1600d조에 따라 법원이 그 아이의 아버지임을 확인한 남자이다."(부자관계에 관한 민법 제1592조). 제1593조는 이를 다시 다음과 같이 보충하고 있다. "혼인이 사망으로 인해 해소되었고, 혼인해소 이후 300일 이내에 아이가 출생한 때에는 제1592조 1호를 준용한다 … 재혼한 부인이 아이를 출산하고, 이 아이가 1문과 2문에 따라 전 남편의 아이일 수도 있고 제1592조 1호에 따라 현 남편의 아이일 수도 있는 경우에는 현 남편의 아이로 간주한다. 부자관계에 대해 이의가 제기되어 현 남편이 아이의 아버지가 아니라는 사실에 대한 법원의 확정판결이 내려진 때에는 그 아이는 전 남편의 아이이다." 간단히 말해 법은 혼인 중에 또는 혼인이 해소된 이후 일정 기간 내에 출생한 자녀에 대해서는 원칙적으로 로마인들이 "아버지란 혼인을 통해 아버지로 입증된 자를 말한다(pater est quem nuptiae demonstrant; D 2,4,5)"는 문장으로 표현했던 관점에 기초한다. 이러한 규율을 통해 분명 법적 고찰방식이 '자연적' 고찰방식과 충돌하는 경우가 발생할 수 있다. 민법에 따르면 －과거의 여러 법률들과는 반대로－ 아이가 혼인 중이 아니라, 혼인 전에 수태된 경우일지라도 혼인 중에 출생했다면 혼인관계에 있는 남편이 아버지가 된다는 점도 일반인들을 상당히 어리둥절하게 만들 것이다. 이 규정에 따른다면 심지어 혼인의 순결과 신뢰를 별로 중요하게 여기지 않는 어떤 부인이 아이를 낳아, 주변사람들의 의심스러운 눈초리와 입방아에 따르면 '자연적 측면에서는' 전혀 그렇지 않더라도, 어쨌든 그 아이는 법률상 남편의 아이로 인정되는 것이 얼마든지 가능하다. 어차피 "엄마는 언제나 확실하다(Mater semper certa est – 독일민법 제1591조도 같은 의미에서 '한 아이의 어머니는 그 아이를 출산한 여자이다'라고 규정하고 있다)." 이에 반해 아버지가 누구인지 불확실한 경우가 자주 있는데, 이러한 불확실성을 제거하고 '법적 안정성'을 확보하기 위해 법률은 남편이 아이 어머니와 동거를 했으면 아이의 아버지라고 '추정'하게 된다. "한 여성이 그 남편의 아이를 수태하는 것이 명백히 불가능한 경우일지라도 법률상 아이의 아버지는 어머니와 혼인관계에 있는 남성이다."[2] 또한 인정(제1592조 2호) 또는 법원의 확인(제1600d조 제2항의 법률상의 추정에 기초한 제1592조 3호)을 통해 사후적으로도 아이의 아버지가 될 수 있다는 사실까지 감안하면 자손 및 직계친족으로서의 부자관계는 특수한 법적 상태로서, 자연적 사실에 합치할 필요가 없다는 점을 분명

---

2) 이에 관해서는 Diederichsen, in: Palandt, Kommentar zum Bürgerlichen Gesetzbuch, bearb. P. Bassenge u.a., 69. Aufl. 2010, §1592 Rn. 3(법률상 친부의 추정).

하게 이해할 수 있다. 물론 오늘날 입법자는 양자가 서로 합치할 수 있도록 과거에 비해 훨씬 더 많은 노력을 기울이고 있긴 하지만, 법적 상태와 자연적 사실이 필연적으로 일치해야 하는 것은 아니다.

예컨대 민법 제1592조 1호에 따라 혼인 중에 있는 부부가 수태하여 출산시킨 아이가 법적으로나 자연적으로 부자관계가 존재하여 법적 사실과 자연적 사실이 일치하는 경우라 할지라도 그것이 곧 법적 의미의 친족개념이 '자연적' 의미의 친족개념과 똑같다는 뜻은 아니다. 생각이 많은 독자라면 아마도 '자연적'이라는 단어에 주목할 것이다. 생물학자에게는 혼외자와 적출자 사이에 아무런 차이가 없고, 단지 자연적 —즉, 유전학적 의미의— 자손관계만이 중요하다. 이에 반해 특히 제1592조 1호의 '혼인을 통한 자손관계' 및 이에 기초한 '친족관계'는 필연적으로 문화적 요소를 포함하고 있다. 그러한 문화적 요소는 종교나 도덕 또는 법의 세계에서 유래한다. 따라서 자손관계와 친족관계에 관한 법적 개념과 자연적 개념이 일치한다고 말할 때, 자연적 개념의 친족관계는 분명 생물학적 의미가 아니라, 사회문화적 의미로 이해해야 할 것이다. 단순히 생물학적 의미가 아니라, 사회문화적 의미로 이해할 때에만 혼인을 통한 '자연적' 자손 및 친족관계라고 말할 수 있다. 하지만 자세히 고찰해 보면, 법적 개념의 친족관계는 다시 사회문화적 친족 개념 및 사회문화적 의미의 자연적 친족개념과는 다르다는 것을 알 수 있다. 즉, 설령 사회문화적 의미의 친족관계가 존재하는 경우에만 법적으로도 친족관계를 인정하는 경우와 같이 법적 개념의 친족이 반드시 사회문화적 의미의 친족을 전제하도록 규율할지라도 법적 친족개념과 문화적-자연적 친족개념은 결코 동일하지 않다(우리의 전통에서 법적으로 유효한 혼인은 종교적 형식과는 구별되는 별도의 형식을 따라야 한다). 다시 말해 법적 친족개념은 다른 개념과는 완전히 다른 의미를 갖고 있는 특별한 기능을 갖고 있다. 법적 친족개념은 법률가들이 흔히 말하는 '구성요건(Tatbestand; 또는 요건사실)'으로 기능하며, '법명제'(또는 '법규범')를 통해 이 구성요건에 일정한 '법률효과(Rechtsfolge)'가 연결된다. 이로써 우리는 이제 문제의 핵심에 도달하게 되었다.

혼외자와 그 생부 사이에는 친족관계가 없는 것으로 본다는 구민법의 규정에 따른 법명제는 결국 혼외의 자손관계라는 사실에 대해서는 혼인을 통한 자손관계라는 사실과 동일한 법률효과가 연결되지 않는다는 뜻이다. 그렇다면 혼인을 통한 자손관계에는 어떠한 법률효과가 연결되는가? 혼인을 통한 직계의 자손관계에 있는 경우에 인정되었던 증언거부권이 구민법 제1589조 제2항이 아직 효력을 갖고 있었을 때에는 혼외의 자손관계에서는 인정되지 않았다는 점은 앞에서 언급했다. 이 조항이 삭제되고 또한 입법자가 이와 관련하여 여러 차례에 걸친 법개정을 통해 '혼인중의 자'와 '혼외자'의 법적 지위를 거의 동등하게 만든(예를 들어 상속과 관련하여 '혼외'자에 대한 불평등을 초래했던 구민법 제1934a조의 유류분대체청구권을 1998년 4월 1일부터 삭제한 것) 이후에는 '혼인을 통한'이라는 기준은 오늘날 상당부분 그 의미를 상실했다. 다만 예컨대 성명법(Namensrecht)에서는 일정한 역할을 하며[민법 제1616조 참고: "아이의 성(姓)은 그 부모의 혼인 중의 성에 따른다." 물론 부모가 혼인 이후에도 서로 다른 성을 갖거나 — 제1355조 참고 — 혼인하지 않은 경우에는 사정이 복잡하다 — 제1617조 이하 참고], 친부관계를 확인할 때에도(혼인의 경우에는 제1592조 1호의 법률상의 추정 — 제1592조 2호와 3호에 따른 훨씬 더 복잡한 경우와 관련해서는 제1594조 이하, 제1600d조 참고) 의미가 있다. 그리하여 '혼외자'의 경우에는 어머니가 동의를 거부함으로써 생부의 인정(제1592조 2호)을 차단하는 것도 가능하다(제1595조 제1항: "인정은 어머니의 동의를 요한다"). 그렇긴 하지만 —우리가 보기로 삼고 있는 사례에서— 법적 '부자관계'라는 구성요건 및 법적 '자손'과 법적 '친족관계'라는 구성요건에는 매우 중요한 법률효과가 연결된다. 상속법(제1924조, 제1922조), 부양법(제1601조)과 관련하여 그리고 '친권'의 영역에서 여러 가지 중대한 결과(제1626조)를 낳는다는 점을 언급할 수 있다. 예를 들어 아버지는 어머니와 함께 아이를 양육하는 '친권'을 갖는다. 다시 말해 아버지는 교육, 감독, 건강보호, 직업교육과 직업선택의 지도, 법률행위 및 소송의 대리를 통해 아이의 인격과 재산에 대해 배려할 권리와 의무를 갖는다(이 경우에도 '혼인을 통한'이라는 요소가 일정한 역할을 한다. 즉, 부모가 혼인을 하지 않았고 아이에 대한 양육과 관련하여 합의를 하지 못한 때에는, "어머니가 친권을 갖는다"—제1626a조 제2항).[3)]

결국 법에서 말하는 '친족' 또는 (혼인을 통한 또는 혼외의) '자손관계'란 법률에서 이러이러하게 서술된 친족 또는 자손관계라는 사실(구성요건)에 기초하여 이러이러한 '법률효과'가 발생하거나 발생하지 않는다는 것을 뜻할 뿐이다. 인간생활에서 '친족'이라는 개념이 불러일으키는 여타의 다른 모든 요소들, 예컨대 결속감이나 운명공동체라는 감정, 같은 조상에 대한 기억, 같은 고향, 친족의 명예는 곧 나의 명예이기도 하다는 의식 및 그에 따른 책임감, 곤궁에 빠진 친족은 당연히 도와야 한다는 의무감 등등은 법에서는 간접적으로만 고려의 대상이 될 뿐, '법률효과'로 인정되는 권리와 의무를 중시하는 법에서는 직접적인 의미가 없다. 같은 부모에서 태어난 자식들끼리는 서로 돕고 살아야 한다거나 부양을 해야 한다는 것은 도덕적 의무일 수 있다. 그러나 민법은 형제자매들 사이의 부양의무에 대해 어떠한 규정도 두고 있지 않으며,

3) 이에 관해서는 BVerfG NJW 2003, 955ff.도 참고.

따라서 이와 관련해서는 친족이라는 구성요건이 전혀 고려의 대상이 되지 않는다. 다만 방계 3촌까지는 증언거부권을 인정하고 있는 소송법규정에 비추어 보면, 법적 규율은 상대성을 갖는다는 점을 다시 한 번 확인하게 된다.

같은 상황과 관련해서도 서로 다른 법률효과를 연결시키는 형태로 이루어지는 법적 규율의 이러한 상대성은 법률 구성요건 개념을 형성할 때의 상대성이라는, 우리가 위에서 언급했던 문제를 더 자세히 이해할 수 있게 해준다. 즉, 혼인에 따른 것이든 아니면 혼외인 것이든 자손관계는 기본적으로 같은 자연적 사실임에도 불구하고 그에 따른 법률효과는 서로 다를 수 있다는 점은 법명제가 결코 이미 주어져 있는 사실을 개념적으로 확인하여, ('그 자체' 주어져 있는 생물학적 '친족' 또는 '자손관계' 및 그에 따른 '자연적' 작용에 대한) 과학적 언명의 대상으로 삼는 것이 아니라, 일정한 법적 규율(민법이나 형법 또는 공법적 규율)의 요건으로서의 '법률 구성요건'을 표시하여 이를 확정(구성)하는 것이라는 사정에 기인한다. 더욱이 그러한 법적 규율을 할 때, 입법자는 법이 개입하는 특수한 관점에 비추어 구성요건적 전제(사실적 전제)를 다르게 규정할 자유를 갖고 있다. 다시 말해 '자손'이라는 단일한 자연적 근본사실을 각각의 법률효과에 비추어 서로 다르게 판단하고 그 내용을 다르게 표현할 자유가 있다.

우리는 방금 또다시 '구성요건'에 연결되는 '법률효과'라는 표현을 사용했다. 과연 '법률효과'는 무슨 뜻일까? 이 용어와 관련하여 우리는 이미 어느 정도는 그 의미를 알고 있다. 예를 들어 특정한 이름을 가질 권리라고 말하거나, 친권을 행사할 권리와 의무, 부양청구권, 상속권 등등 '권리와 의무'라는 말을 자주 쓴다. 이 법률효과라는 표현은 여러 가지 뜻을 담고 있다. 법률효과는 권리와 의무로 구성되어 있다는 뜻을 갖고 있고, 그러한 권리와 의무가 법적으로 인정된다는 뜻도 있다. 두 번째 측면과 관련해서는 권리와 의무를 법적 수단을 통해 주장, 관철할 수 있을 때에만 법적으로 인정된다는 점만을 지적하면 충분할 것이다. 특히 오늘날처럼 법과 국가가 밀접하게 맞물려 있는 상황에서는, 필요하다면 그러한 권리와 의무를 국가의 사법기관 및 행정기관의 힘을 빌어 관철할 수 있다는 뜻이기도 하다(법적 의미의 권리와 의무와 국가에 의해 관철될 수 없는 도덕적 권리와 의무 사이의 관계는 여기서 자세히 다룰 수 없는 법철학적 문제이다.)[4]

조금 전에 법률효과는 권리와 의무로 구성된다고 말했는데, 더 정확히 말한다면 '원칙적으로'라는 표현을 덧붙여야 했다. 즉, 법률효과는 원칙적으로 권리와 의무로 구성된다. 물론 형사제재와 같이 얼핏 보기에는 권리와 의무로 구성되지 않은 것처럼 보이는 '법률효과'가 있다고 착각해서는 안 된다. 우리가 곧바로 보게 되듯이 형사제재 또한 얼마든지 권리와 의무를 담은 내용으로 파악할 수 있기 때문이다. 그렇지만 법의 영역에서는 적극적으로 (권리와 의무로 구성되는) 법률효과를 인정하는 경우 말고도, 이를 부정하는 경우도 있다는 사실에 주의해야 한다. 예를 들어 하나의 '법률행위'(특히 계약)가 법률이나 선량한 풍속에 위반할 때(예를 들어 소송의 어느 일방 당사자와 약속을 해서 대가를 받고 허위의 증언을 하기로 한 경우)에는 그 법률행위는 '무효'이다(민법 제134조, 제138조). 다시 말해 이 경우에는 법률행위로부터 아무런 권리와 의무도 성립되지 않는다. 이처럼 권리와 의무가 아예 성립하지 않는 경우와는 달리 소극적(부정적) 의미를 지닌 권리와 의무가 성립하는

---

4) 이 문제에 관해서는 K. Engisch, Recht und Sittlichkeit, Schopenhauer-Jahrbuch 51(1970), 107; R. Zippelius, Rechtsphilosophie, 5. Aufl. 2007, §§5. f. 참고.

경우도 있다. 즉, 하나의 구성요건을 기초로 특정한 행위를 하지 않는 것, 그러니까 부작위를 내용으로 하는 권리와 의무가 성립할 수도 있다. 예를 들어 소음을 유발하는 행동을 하지 않을 의무 및 이를 요구할 권리를 생각해 볼 수 있다. 이런 종류의 소극적 내용을 대상으로 하는 권리와 의무 역시 법적으로는 적극적인 것으로 취급된다. 이는 마치 부채(負債)와 같이 산술적으로는 소극적인 것으로 취급되고, 따라서 재산에서 마이너스를 해야 할지라도 법의 영역에서는 전형적인 의무에 속하는 적극적인 대상으로 취급되는 것과 같은 이치이다. 이에 반해 법률이나 선량한 풍속에 반하는 법률행위가 무효가 되는 경우처럼 권리와 의무의 성립 자체가 인정되지 않는 때에 비로소 법적 의미에서 순수한 소극적 대상이 있다고 말할 수 있다. 이 경우에는 실제로 법률효과가 전혀 발생하지 않고, 그것이 삭제된 셈인데도, 법학에서는 이 또한 '법률효과'라고 부른다. 왜냐하면 법률 또는 선량한 풍속에 반하는 법률행위는 그 법률행위가 무효가 되는, 즉 아무런 법률효과도 성립하지 않는 '법률효과'를 갖는다고 말하기 때문이다. 이러한 모순은 다음과 같은 모호한 의미 때문이다.[5] 즉, 혼동을 불러일으키는 모호함은 '법률효과'를 때로는 법명제의 구성부분이라고 부르는가 하면(법명제는 "구성요건과 법률효과로 성립한다"라고 말하는 경우), 때로는 법명제에서 지시되고 있는 내용, 즉 일정한 급부(손해배상으로 100만원을 지급하라)나 형벌과 같이 권리 또는 의무의 성립 및 권리나 의무의 내용도 '법률효과'라고 부르는 데 기인한다. 그렇기 때문에 어떤 매매계약을 근거로 매도인과 매수인에게는 일정한 권리와 의무가 성립해야 한다는, 법명제의 지시(이 경우에는 법명제의 구성요건으로서의 법률효과를 말한다)와 이 법명제에서 지시되고 있는, 계약당사자들의 권리 및 의무 자체(매매대금을 청구할

5) 이에 관해서는 K. Engisch, Der rechtsfreier Raum, ZgS 108(1952), 385(415ff.) 참고.

수 있는 매도인의 권리, 대금을 지불하고 물품을 인수해야 할 매수인의 의무)는 구별해서 생각해야 한다. 따라서 법률 또는 선량한 풍속에 위반되는 계약은 아무런 법률효과도 발생하지 않는 법률효과를 갖는다고 말할 때, 앞의 법률효과는 권리와 의무라는 의미이고, 이에 반해 뒤의 법률효과는 법명제의 구성요소로서의 법률효과를 뜻한다. 물론 이러한 모호함을 완전히 피할 수는 없다. 법과 관련된 일상언어에서는 법률효과라는 표현을 늘 이 두 가지 의미로 뒤섞어 사용하기 때문이다. 이러한 모호함을 피하기 위해서는 법명제의 구성부분을 뜻하는 법률효과는 '법률효과지시' 또는 '법률효과명령'이라고 표현하는 것이 좋을 것이다.

'법률효과'라는 용어에 대한 설명은 이 정도에서 그치고, "법률효과는 권리와 의무로 표현된다"는 원래의 테제로 되돌아가기로 하자. 앞에서 보았듯이 우리는 설령 일정한 행위를 하지 않는다는 부작위와 같이 어떤 소극적인 것에 지향된 경우일지라도 모두 적극적인 의미의 권리와 의무로 생각해도 좋다. 권리와 의무는 법의 실질적 내용이다. 따라서 권리와 의무에 대한 부정은 단지 이에 대한 제한이라는 부차적 의미를 가질 뿐이다.6) 법의 중심은 적극적으로 권리를 부여하고 의무를 부과하는 데 있다.

민법 교과서에는 법적으로 의미를 갖는 구성요건의 '법률효과' 또는 '법적 작용'이 법률관계(Rechtsverhältnis)의 성립, 소멸 또는 변경이라는 표현이 자주 등장한다.7) 여기서 '법률관계'라는 이 새로운 개념이 무슨 뜻인지를 묻게 되면, 대강 다음과 같은 대답

---

6) 이에 관해서는 K. Engisch, Über Negationen in Recht und Rechtswissenschaft, FS f. H. Henkel(1974), S. 47 참고.

7) 예컨대 L. Enneccerus/ H. C. Nipperdey, Lehrbuch des Bürgerlichen Rechts, Bd. I 2, 15. Aufl., §136 I.

을 얻게 된다. 즉, 법률관계란 매도인과 매수인 사이의 관계 또는 배우자 사이의 관계와 같이 법에 의해 규정된 생활관계를 뜻한다. "내용상으로 보면 법률관계는 대개 상대방의 의무에 대응하는 권능(권리)으로 나타나지만, 다른 요건이 충족될 때에 비로소 성립하게 되는 장래의 권리와 의무의 원천이 되는 법률관계도 존재한다(예컨대 친족, 주소)."[8] 법률효과의 내용이 되는 법률관계에 대한 이러한 설명을 꼼꼼히 따져 보면, 결과적으로 법률관계는 법률효과가 아니라, **법률효과**가 발생하기 위한 **구성요건**으로 작용하며, 이에 반해 법률관계 및 그 성립, 소멸 또는 변경이 법률효과가 되는 때에는 법률효과라는 표현은 결국 권리와 의무 및 그 성립, 소멸, 변경을 뜻한다는 점을 어렵지 않게 알 수 있다. 다시 말해 법률관계라는 표현을 사용할지라도 결국에는 '법률효과'의 내용이 되는 권리와 의무에 도달하게 된다.

흔히 법률효과의 본질에 대해 다른 견해를 갖고 있는 입장에서는 법이 강제질서이고, 따라서 법률효과명령은 언제나 형벌, 강제집행 등과 같은 **강제**의 지시를 본질로 한다고 말한다. "법이 강제질서라면 … 모든 법규범은 강제를 지시하는 규범이다. 그러므로 이러한 규범의 본질은 강제행위의 특정한 조건에 효과로서 연결되어 있는 명제에서 표현된다." 이는 이른바 '순수법학'의 창시자인 한스 켈젠(Hans Kelsen)의 설명이다.[9] 켈젠의 이러한 입장은

---

8) 이에 관해서는 L. Enneccerus/ H. C. Nipperdey, Lehrbuch des Bürgerlichen Rechts, Bd. I 2, 15. Aufl., §71 참고; 이에 대한 비판으로는 F. W. Jerusalem, Die Zersetzung des Rechtsdenkens, 1968, S. 89f. 참고.

9) H. Kelsen, Allgemeine Staatslehre, 1925, §10 A. 이에 대한 켈젠 자신의 요약적인 설명은 Kelsen, Reine Rechtslehre, S. 114ff. 참고. 켈젠에 대한 비판으로는 Larenz, Methodenlehre, S. 69ff.(특히 사실언명으로서의 '법명제'와 명령으로서의 '법규범'에 관한 켈젠의 구별에 대한 비판은 S. 75f.) 참고. 그리고 K. Engisch, Literaturbericht Rechtsphilosophie, ZStW 75(1963),

얼핏 보기에는 법률효과의 본질을 완전히 다르게 파악하고 있는 것 같지만, 사실은 그렇지 않다. 왜냐하면 강제의 지시 또한 다시 강제를 지시할 권리 또는 의무를 성립하게 만들며, 켈젠 자신의 말처럼 구성요건이 충족되어 있으면 강제가 존재해야만 하기 때문이다. 그렇다면 이 경우에도 법률효과는 결국 권리와 의무로 귀착한다는 점을 어렵지 않게 알 수 있다. 다만 법률효과를 켈젠처럼 설명하게 되면, 일반 수범자들의 권리와 의무가 아니라, 특정한 행위를 해야 할 국가기관의 권리와 의무가 법률효과가 된다는 점이 다를 뿐이다. 물론 그와 같은 권리와 의무가 갖는 의미는 법적인 권리와 의무가 오로지 국가기관에 의해 관철될 때에만 법적 권리와 의무라고 볼 수 있게 된다는 데 있다. 그렇지만 이 역시 그와 같은 국가의 권리와 의무가 존재해야 할 때에 비로소 가능한 일이다. 이렇게 되면 국가의 권리와 의무가 곧 다른 모든 권리와 의무를 지탱하는 최후의 버팀목이 되는 셈이다. 켈젠의 이 견해는 여러 가지 문제점을 안고 있지만, 여기서는 이에 대해 자세히 논의할 수 없다.

여기서 다음과 같은 잠정적인 결론을 확인할 필요가 있다. 즉, 법명제에서 구성요건에 연결되어 있는 법률효과는 권리와 의무로 이루어져 있다는 점이다. 다시 말해 법률효과지시는 권리와 의무의 존재 또는 부존재를 지시한다. 그렇다면 권리를 의무로 또는 의무를 권리로 바꾸어 불러서 우리의 표현방식을 단순화시킬 수 있을까? 만일 권리 없는 의무가 있을 수 없고 의무 없는 권리도 있을 수 없다면, 한쪽의 권리는 언제나 다른 쪽의 의무와 맞물려 있을 것이다. 예컨대 매매대금을 청구할 수 있는 매도인의 권리는 매매대금을 지불할 매수인의 의무 또는 (매수인이 매매

591(605f.); P. Koller, Theorie des Rechts, 2. Aufl. 1997, S. 150ff.; Rüthers, Rechtstheoirie, Rn. 475ff.도 참고.

대금을 지불하지 않을 때에는) 매수인에게 매매대금을 지불하라는 판결이나 강제집행을 명할 국가의 의무와 맞물려 있다. 만일 이렇게 권리와 의무가 언제나 상응관계에 있기만 하다면 모든 법명제는 구성요건에 대한 법률효과로서 권리를 연결시키고 있다거나 모든 법명제는 구성요건에 대한 법률효과로서 의무를 연결시키고 있다고 말할 수 있을 것이다. 이런 식으로 표현을 단순화하고자 한다면 아마도 권리를 의무로 바꾸어 부르는 것이 가장 손쉬운 방법일 것이다. 왜냐하면 의무 없는 권리란 존재하지 않는다는 점은 의심의 여지가 없는 반면, 과연 모든 의무가 이를 이행하도록 요구할 권리와 맞물려 있는지에 대해서는 의문이 있기 때문이다. 특히 의무에 상응하는 권리를 한 개인의 권리가 아니라, 국가와 같은 공동체의 권리라고 생각하더라도 마찬가지이다. 따라서 법명제에 규정되어 있는 법률효과는 의무로 이루어져 있다고 말할 수 있다. 하지만 과연 의무란 무엇인가? 의무는 언제나 일정한 방식으로 '행동해야 한다'는 것을 뜻한다. 즉, 의무를 부담하는 자는 특정한 방식으로 행위하거나 행위하지 말아야 할 의무를 갖고 있어서, 이러이러하게 행위하거나 이것 또는 저것을 하지 말아야 한다.

이로써 우리는 새로운 고찰의 단계에 접어들게 되었다. 이제 우리는 법명제가 당위명제이며,[10] 더욱이 흔히 말하는 방식을 따르면 가설적(조건적) 당위명제라는 점에 대해 고찰해야 한다. 가설적 당위명제라는 표현은 조건적인, 다시 말해 '구성요건'이라는 조건에 결부된 당위라는 뜻이다. 예를 들어, 어떤 물건에 대한 유효한 매매계약이 체결되었다면, 매도인은 매수인에게 그 물건을 인

10) H. Henkel, Einführung in die Rechtsphilosophie, 2. Aufl. 1977, S. 42; R. Zippelius, Einführung in die juristische Methodenlehre, 10. Aufl. 2006, S. 2ff.

도하여 매수인이 물건에 대한 소유권을 갖게 해야 하며, 매수인은 매도인으로부터 물건을 인수하고 약정한 매매대금을 지불해야 한다(민법 제433조 참고). 또는 고의나 과실로 다른 사람의 생명, 신체, 건강, 자유, 재산이나 기타 권리를 위법하게 침해한 사람은 피해자에게 손해배상을 해야 한다(민법 제823조). 그리고 타인으로부터 자기 소유가 아닌 동산을 의도적으로 훔쳐서 위법하게 획득하여 자기 물건으로 만든 사람은 절도죄를 이유로 자유형 또는 벌금형으로 처벌받아야 한다(형법 제242조). 물론 법조문에는 법률효과를 "의무가 있다"고 표현하거나(민법 제433조, 제823조) 다른 식으로 표현하고 있을지라도(형법에서는 특이하게도 "… 에 처한다"라고 되어 있다), 뜻하는 바는 언제나 무엇인가가 이루어져야 한다는 '당위'이다.

그렇다면 '당위(Sollen)'란 무엇인가? 즉, 우리가 마땅히 일정한 방식으로 －인간의 행위에 관련된 당위개념 이외의 다른 당위개념은 우리에게는 부차적인 관심거리이기 때문에－ 행동해야 한다는 것은 무슨 뜻인가? 이로써 우리는 매우 어려운 법철학적 물음이자, 일반 철학적 물음을 다루게 된다. 상당수의 철학자들은 당위에 대해서는 더 이상 뭐라고 말하기 어렵다고 한다. 즉, 당위는 더 이상 그 개념을 정의할 수 없는 최종적인 근본개념, '범주(Kategorie)', 인간의 근원적인 사고방식이라는 것이다. 특히 아주 섬세한 사고를 펼쳤던 도덕철학자이자 문화철학자인 게오르그 짐멜(Georg Simmel)이 이러한 관점을 표방했다. "당위는 생각의 실질적 의미에 덧붙여지면서 생각에 대해 실천을 위한 특정한 위치를 지시해주는 범주이다 … 당위에 대한 개념정의는 존재하지 않는다 … 당위는 미래나 과거와 같은 사고의 양태이다."[11] 이와는 달리

11) G. Simmel, Einleitung in die Moralwissenschaft I, 1892, S. 8f. H. Kelsen, Hauptprobleme der Staatsrechtslehre, 2. Aufl. 1923, S. 7ff.는 짐

어떤 학자들은 당위란 의욕의 표현이라는 점을 강조한다. 이 맥락에서 아이슬러(Eisler)의 유명한 철학개념사전에는 다음과 같이 당위를 설명하고 있다. "당위는 의지에 대응되는 것으로서 하나의 의지(타인의 의지이든 자신의 의지이든)가 요청하고 있는 것을 표현한다."12) 그리고 그의 철학소사전에서는 "'당위'는 의지가 지시하는 것으로 … 상위에 있는 의지가 하위에 있는 의지에게 향해진 것이다"13)라고 설명하고 있다. 다른 사람의 행위를 지향하는 의지의 표현이 '명령'이라는 점을 감안해 본다면, 다음과 같은 아이슬러의 계속된 설명을 이해할 수 있을 것이다. "'너는 그렇게 해야 한다'는 명령이다." 그렇다면 다른 사람의 행위에 지향되어 있는 당위명제로서의 법명제는 명령이라고 말할 수 있다. 끝으로 당위개념을 가치 개념으로 설명하려고 시도할 수도 있다. 즉, 일정한 행위를 수행하는 것이 긍정적으로 평가되고, 이를 수행하지 않는 것이 부정적으로 평가된다면 그 행위는 마땅히 행해져야 할 당위에 속한다.14) 당위의 개념에 대해서는 여기서 더 이상 깊이 다룰 수 없다.

이제 "법명제는 명령이다"는 말에 대해 다시 한 번 생각해 보자.15) 이 말은 법명제가 법공동체, 국가 또는 입법자의 의지를

멜의 관점을 수용하고 있다. 이에 관해서는 R. Schreiber, Die Geltung von Rechtsnormen, 1966, S. 51ff. 참고.

12) R. Eisler, Wörterbuch der philosophischen Begriffe, Bd. 3, 3. Aufl. 1910, S. 1362.

13) R. Eisler, Handwörterbuch der Philosophie, 2. Aufl. 1922, S. 610.

14) E. Husserl, Logische Untersuchungen I, 4. Aufl. 1928, S. 40ff.은 이러한 관점에서 당위를 이해한다.

15) 아래의 설명과 관련해서는(상당 부분 명령설에 비판적인 입장을 취하고 있는) Binder, S. 173ff.; Kelsen, Reine Rechtslehre, S. 73ff.; U. Klug, Bemerkungen zur logischen Analyse einiger rechtstheoretischer Begriffe und Behauptungen, in: FS f. W. Britzelmayr(1962), S. 115; I. Tammelo,

표현한다는 의미이다. 이러한 의지는 법복종자의 특정한 행위에 지향되어 있고, 법복종자의 행위에 작용을 미치기 위해 그러한 행위를 요구한다. 따라서 법적 명령이 효력을 갖고 있는 한, 명령은 의무를 부담시키는 구속력을 갖는다. 이 점에서 의무는 명령과 직접적으로 관련을 맺는다. 이러한 사실을 감안하여 이른바 '**명령설**(Imperativentheorie)'이라는 하나의 이론이 형성되었다. 명령설에 따르면 법이란 그 실체가 곧 명령으로 구성되어 있으며, 더욱이 오로지 명령으로만 구성되어 있다고 한다. 이 이론을 제대로 이해하고 그 의미를 과장하지만 않는다면, 명령설은 타당한 이론이다. 무엇보다 명령설은 법전에 등장하는 개개의 문장이 갖고 있는 문법적 형식을 염두에 둔 이론이 아니다. 법률상의 문장들은 '법률기술적' 이유에서 독립된 명령이 아닌 경우가 많다. 즉, 여러 문장들을 서로 결합시킬 때에야 비로소 그 의미를 제대로 파악할 수 있다. 이렇게 여러 개의 문장들을 결합시키는 일이 법적 전문성의 중요한 부분이라는 점은 나중에 다시 설명하도록 한다. 여기서는 일단 한 가지 예를 들어보자. 민법 제227조와 형법

Contemporary developements of the imperative theory of law: a survey and apprisal, ARSP 49(1963), 255; Th. Geiger, Vorstudien zu einer Soziologie des Rechts, 1964, S. 61ff.; Engisch 70세 기념 논문집(1969)에 실린 W. G. Becker, K. Larenz, P. Noll, I. Tammelo의 논문; E.-J. Lampe, Juristische Semantik, 1970, S. 51ff., 63ff.; K. Engisch, Auf der Suche nach der Gerechtigkeit, 1971, S. 26ff.; H. H. Keuth, Zur Logik der Normen, 1972; H. L. A. Hart, Der Begriff des Rechts, 1973, S. 34ff.(37); Henkel, Rechtsphilosophie, S. 43ff.; J. L. Austin, Zur Theorie der Sprechakte, dt. bearb. v. E. v. Savigny, 2. Aufl. 1981; H.-J. Koch/H. Rüßmann, Juristische Begründungslehre, 1982, S. 45f.; R. N. Hare, Die Sprache der Moral, 2. Aufl. 1997, S. 19ff.; Bydlinski, S. 197ff.; Larenz, Methodenlehre, S. 253ff.; Coing, S. 235ff.; D. v. d. Pfordten, Deskription, Evaluation, Präskription, 1993, S. 336ff.; Röhl/Röhl, S. 230ff.; Rüthers, Rechtstheorie, Rn. 111ff. 참고.

제32조는 모두 정당방위에 대한 '개념정의조항'을 두고 있다. 즉, "정당방위란 자신 또는 타인에 대한 현재의 위법한 침해를 막기 위한 방어행위이다"라고 규정되어 있다. 이 개념규정은 결코 독립된 의미를 갖는 것이 아니라, 정당방위에 의한 행위는 '불법' 또는 '위법'하지 않다는, 또 다른 법률상의 설명과 결합될 때에만 의미를 갖게 된다. 그러나 이 뒷부분의 설명 역시 그 자체로 독자적인 의미를 갖는 것이 아니라, 일정한 금지나 가벌성에 대한 예외적인 제한으로 이해할 때에야 비로소 그 의미가 분명해진다. 다시 말해 살인, 상해, 강요 등과 같이 다른 사람을 침해하는 행위가 원칙적으로는 금지되고 형벌의 대상이 되지만, 정당방위 상황에서 그와 같은 행위를 한 때에는 예외적으로 허용된다는 의미이다. 따라서 "금지되지 않은 것은 허용된다"는 잘 알려진 표현을 뒤집어 "허용된 것은 금지되지 않는다"라고 말할 수 있다.[16] 이렇

16) 여기서 나는 '허용된다'를 '금지되지 않았다'와 같은 의미로, '금지된다'와는 반대되는 의미(즉, 금지를 부정하는 의미)로 사용한다. '허용'은 반드시 명시적으로 표현될 필요가 없으며, 따라서 무엇인가를 적극적으로 허가한다고 표현될 필요도 없다. 이에 반해 상당수의 학자들은 적극적으로 허가한다는 의미의 '허용된다'와 단지 '금지되지 않았다'를 구별해서 사용하기도 한다. 이에 관해서는 W. Sax, Die rechtliche Dogmatik der Sterbehilfe durch vorzeitigen Abbruch einer Intensivbehandlung, JZ 1975, 137(145f. 각주 74) 참고. 더 나아가 탐멜로(I. Tammelo, Outlines of modern legal logic, 1969, S. 90ff.)는 '허용된'(적극적으로 허가된), '자유로운 영역에 속하는', '중립적인'('개방된' 법체계의 경우)을 구별하기도 한다. 이와 같은 구별방식은 다시 규범논리적 계산과 결합시킬 수도 있다. 이에 관해서는 탐멜로의 연구 이외에도 L. Philipps, Sinn und Struktur der Normlogik, ARSP 50(1964), 317; W. Kamlah/P. Lorenzen, Logische Propädeutik, 2. Aufl. 1973, S. 202ff.; O. Weinberger, Der Erlaubnisbegriff und der Aufbau der Normlogik, Etudes de logique juridique 5(1973), S. 113; ders., Rechtslogik, 2. Aufl. 1989, S. 231; G. H. v. Wright, Normenlogik, in: K. Lenk(Hg.), Normenlogik, 1974, S. 25; Koch/Rüßmann, S. 43ff. 내가 여기서 선택한 용어들이 일상언어에서는 다음과 같이 표현된다. 즉, 금지되지 않은 것은 허용되며, 허용된 것은

게 볼 때, 법률에 등장하는 개념규정이나 허용은 모두 독립성을 갖지 않는 법률문장이다. 즉, 이 문장들이 설명하거나 그 적용범위를 제한하는 명령과 결합될 때에만 의미를 갖는다. 거꾸로 명령들 또한 법률상의 개념정의나 적용범위의 제한, 즉 허용이나 기타 예외를 함께 생각할 때에만 비로소 완전한 의미를 갖는다. 그렇기 때문에 법질서의 의미를 담고 있는 명령과 금지는 법전에 있는 문법적 문장들을 조합하여 재구성한 것이다. 이러한 명령과 금지는 법복종자를 지향하고 있다. 여기서 말하는 법복종자에는 당연히 국가기관도 포함된다.[17)]

앞서 얘기한 내용은 법률행위가 법률이나 선량한 풍속에 위반되는 때와 같이 법률효과가 부정되는 경우에도 해당된다. 즉, 민법이 그와 같은 법률행위를 무효로 선언하고, 따라서 그러한 법률행위로부터 의무가 성립하는 것을 부정하는 때에는 매매계약이나 고용계약에 의해 성립하는 통상의 급부명령이 이 경우에는 예외적으로 성립하지 않는다는 것을 뜻한다. 다시 말해 법률행위의 무효에 관한 규율을 통해 급부명령이 제한을 받는 것이다.

그러나 하나의 법적 명령을 명시적 또는 묵시적으로 폐기함으로써 명령이 사후적으로 부정되는 경우에는 사정이 약간 다르다.[18)] 예를 들어 만일 낙태금지가 완전히 폐지된다면, 낙태를 금지하는 명령을 철회한다는 것을 뜻한다. 명령의 철회 그 자체는

금지되지 않으며, 명령된 것 또한 허용되지만, 허용되었다고 해서 곧바로 그것이 명령된 것은 아니다.

17) 법질서의 비독립적 구성부분에 관해서는 Larenz, Methodenlehre, S. 257ff.; Keuth, S. 72ff., 87ff. 참고.

18) 즉, 특별한 허용을 통해 명령을 유보하는 것이 아니라, 명령 자체를 완전히 제거하는 경우. 이와 같이 명령을 폐기하는 법명제에 관해서는 예컨대 E. R. Bierling, Juristische Prinzipienlehre, Bd. I, 1894, S. 97ff. 참고.

명령이 아니고, 또한 어떤 명령의 구성부분도 아니다. 다시 말해 명령을 통해 법복종자의 의지가 구속되는 반면, 명령을 폐기하는 법명제를 통해 법복종자의 의지는 자유로워진다. 하지만 예컨대 임신부의 생명이나 건강을 구하기 위해 산부인과의사가 임신중절을 하는 경우처럼 낙태금지가 일정한 사례에서만 유보되는 때에는 단지 금지를 제한하는 비독립적인 허용명제일 뿐이다. 즉, 이 경우의 허용명제는 계속 존재하는 일반적 낙태금지에 대한 예외로 편입될 수 있을 뿐이다.

명령으로서의 성격이 없이, 단지 규범을 폐기하는 법명제가 존재한다고 해서 명령설의 기본테제가 흔들리는 것은 아니다. 왜냐하면 명령을 폐기하는 법명제는 그저 효력을 갖는 법적 명령의 전체상태를 조금 축소시키는 기능을 할 뿐, 전체상태 자체에 새로운 종류의 법규정을 추가하지는 않기 때문이다. 즉, 명령을 폐기하는 법명제에 의해 특정한 행위방식이 법의 지배영역에서 배제되어, '법으로부터 자유로운 영역'으로 자리를 옮기는 것일 뿐이다. 그리하여 남아있는 것들은 여전히 명령일 뿐이다.

또 다른 종류의 법명제, 즉 주관적 권리를 '보장'하는 법명제[19]에 대해서도 주목할 필요가 있다. 이 문제를 다루게 되면 우

19) 이와 같은 법명제는 단순한 허용과도 구별될 뿐만 아니라, 법률효과를 '유발'하는 행위를 할 수 있는 '권한을 부여'하는 법적 '권능'을 담고 있는 법명제와도 구별해야 한다. 후자의 법명제는 특히 민법에서 '사적 자치'를 인정하여, '법률행위'(계약, 처분, 유언)를 통해 권리와 의무를 설정하는 것을 가능하게 만든다. 주관적 권리를 보장하는 법명제들은 권리와 의무가 성립하는 조건을 규율하고 있기 때문에 이 역시 '비독립적' 법명제로 볼 수 있다. 물론 명령설의 관점에서 이러한 법명제를 어떻게 이해할 것인지는 예전부터 논란의 대상이 되고 있다. 이와 관련된 핵심적인 물음은 (주관적) 권리를 인정하는 것 또한 금지 또는 명령과 같이 하나의 명령을 수립하는 것으로 해석할 수 있는가 하는 점이다.

리는 앞에서 권리와 의무의 관계를 살펴보면서 했던 고찰을 새로운 각도에서 계속하는 셈이 된다. 권리의 보장에 관한 고전적인 예는 독일 기본법 제1장에 규정되어 있는 헌법상의 기본권보장이다. 또한 소유권 및 소유권의 내용과 그 보호에 관한 민법상의 규정(민법 제903조 이하, 제985조 이하)도 여기에 속한다. 법률 전문용어는 주관적 권리와 객관적 법을 구별한다. 객관적인 법은 법질서, 즉 우리가 앞에서 명령으로 이해했던 법명제 및 법규범의 총체를 뜻한다. 이에 반해 주관적 권리는 권한이다. 하지만 주관적 권리가 이 권리를 보장하는 법명제에 의해 성립한다고 생각하면 이러한 보장 역시 객관적 법에 속한다. 왜냐하면 권리의 보장 자체가 법명제이기 때문이다. 그렇다면 권리를 보장하는 법명제와 명령을 내용으로 하는 법명제는 어떠한 관계가 있는가? 이 물음에 대답하기 위해서는 주관적 권리의 본질에 대해 더 자세히 고찰해 보아야 한다. 우선 주관적 권리는 단순한 허용 이상의 의미를 갖는다. 예를 들어 정당방위상황에서는 공격하는 사람을 침해해도 좋다는 허용은 여러 가지 침해금지명령의 예외로서만 인정되고, 이 점에서 단지 소극적 의미만을 갖는다. 이에 반해 소유권과 같은 주관적 권리를 보장하는 것은 무언가 적극적인 것을 뜻한다. 즉, 이를 통해 권한을 부여받은 자에게 일정한 범위의 권한을 인정하고, 그는 이 범위 내에서 자신의 개인적 이익을 실현할 수 있다. 이미 앞에서 여러 번 인용했던 에넥체루스(Enneccerus)의 교과서에서는 이 점을 다음과 같이 설명하고 있다. "주관적 권리는 **개념적**으로 볼 때에는 하나의 **법적 권한**(Rechtsmacht)으로서, 법질서에 의해 개인에게 부여된 것이며, 그 목적에 비추어 볼 때에는 인간의 이익을 충족하기 위한 수단이다." 에넥체루스는 법의 명령과 금지와는 별개로 그와 같은 주관적 권리의 '보장'도 법규범을 구성하고 있는 요소라고 본다. "모든 완전한 의미의 법명제는 명령을 포함하고 있다. 하지만 이와는 별개로 상당수의 법명제들은 1차적으로는 보장이다." "만일 법이 명령으로만 이루어져 있다면, 그러한 명령이 다른 사람들에게 유용한 것이 되기는 하지만(예를 들어 겨울철에는 빙판길에 모래를 뿌리라는 명령이 보행자들에게 이익이 되거나 일정한 복지시설을 갖추라는 명령이 일반 대중들에게 이익이 되는 경우. 이러한 이익의 향유는 명령의 '반사작용'이다), 그러한 명령을 근거로 명령을 이행하라고 요구할 **권리**가 발생할 수는 없다. 이를 위해서는 명령의 이행을 요구할 권리를 **보장**하는 것이 필요하다 … 나에게 소유권을 부여하는 법명제는 다른 사람들에게 물건에 대한 나의 지배를 방해하는 것을 금지할 뿐만 아니라, 이와 동시에 나 자신이 타인에 대해 나의 물건에 대한 지배를 방해하지 말라고 요구할 수 있는 권한까지도 보장한다."[20] 명령설은 권리가 갖고 있는 이러한 적극적 측면을 은폐하고 있는 것처럼 보인다. 명령설에 대한 유명한 비판자인 빈딩(Binding)은 명령설에 따른다면 주관적 권리는 "규범이라는 원의 중심에 있는 작은 점"에 불과하다고 말한 적이 있다.[21] 이렇게 보면 명령설은 일종의 법철학적 비관주의에 속한다. 철학적 비관주의의 고전적인 대표자인 쇼펜하우어에 의하면 지상의 모든 쾌락은 그저 고통에서 멀리 떨어져 있다는 데 있을 뿐이라고 한다. 이런 식으로 생각한다면, 명령설은 권리를 보장하는 적극적인 것을 그저 명령에 의해 구속되지 않은 상태, '엄격한 당위와 성가신 요구'가 없는 상태로 파악하고 있을 뿐인 것처럼 보인다. 즉, 고통으로부터 벗어나 있는 소극적인 자유의 참맛은 그러한 자유가 없어진 때에 비로소 깨닫거나, 젊음과 건강 그리고 왕성한 활동력이 서서히 사라져갈 때에

---

20) Enneccerus/Nipperdey I 1, §§30, 72. 앞으로의 설명에서도 (특히 소유권과 관련해서는) 계속 이러한 개념규정을 기초로 삼아도 좋을 것 같다. 이와 관련해서는 K. Larenz/ M. Wolf, Allgemeiner Teil des deutschen Bürgerlichen Rechts, 8. Aufl. 1997, S. 273ff.도 참고.

21) K. Binding, Strafrechtliche und strafprozessuale Abhandlungen I, 1915, S. 539.

야 그 가치를 제대로 알게 되듯이 법적 보장이 가져다주는 축복은 명령이 갈수록 자유를 침해할 때에야 비로소 느끼게 된다고 생각할 수 있을지 모른다. 전체주의 국가의 사슬에 묶여서야 비로소 상실된 기본권과 자유권의 가치를 제대로 깨닫는 것과 같은 이치이다. 그러나 명령설을 올바르게 이해하는 한, 그와 같은 생각으로 명령설을 배격할 수는 없다. 무엇보다 명령설은 법이 무엇인가를 보장하고, 또한 법이 적극적인 기여를 하거나 손으로 느낄 수 있는 축복을 가져다준다는 사실을 전혀 부정하지 않는다. 주관적 권리는 실제로 존재하며, 또한 적극적인 것이다. 명령설은 단지 법이 여러 가지 의미의 명령을 동원할 때에만 그와 같은 적극적인 효과를 달성할 수 있다는 사실을 지적할 뿐이다. 예를 들어 주관적 권리의 대표적인 보기라 할 수 있는 소유권은 오로지 모든 사람들에 대해 소유권자가 자신의 소유에 속하는 물건을 향유하는 것을 침해하지 말라고 금지할 때에만 '보장'된다. 즉, 소유권자로부터 물건을 훔치거나 강탈하는 행위 또는 소유권자가 물건을 이용하지 못하게 하는 행위를 금지해야 하고, 타인의 물건을 아무런 특별한 권한도 없이 점유하고 있는 사람에 대해 그 물건을 소유권자에게 반환하라고 명령해야 하며, 특히 사법기관에 대해 소유권자가 요구할 때에는 앞에서 말한 1차적인 금지와 명령이 관철될 수 있도록 도움을 주어야 한다고 명령되어 있을 때에만 비로소 소유권이 보장된다.[22)]

이 모든 명령이 없이는 아무리 소유권을 분명하고 화려하게 보장할지라도 전혀 의미와 실체가 없게 될 것이다. 이 점은 다른 모든 주관적 권리에 대해서도 마찬가지이다. 이런 관점에서 볼

22) 이와 같이 1차적 행위규범과 2차적 제재규범을 구별하는 것은 일반적으로 인정되고 있다. 이에 관해서는 예컨대 R. Zippelius, Methodenlehre, S. 4, 7f. 참고.

때, 주관적 권리의 보장은 원칙적으로는 여러 개의 특수한 명령들의 집합을 다른 이름으로 부른 것이라 할 수 있다. 무엇보다 법이 명령하는 곳 어디에서나 곧바로 주관적 권리가 성립하는 것이 아니라, 서로 연관성을 맺는 특수한 종류의 법적 명령들로부터 우리가 주관적 권리라고 부르는 일정한 지위의 권한이 형성되는 경우에만 주관적 권리가 성립한다는 점에 주의해야 한다. 켈젠은 이 점을 다음과 같이 표현하고 있다. “불법적 사실(예를 들어 강제로 소유권을 빼앗긴 경우 — 옮긴이)에 의해 이익을 침해당한 자가 소송이나 소원의 형식을 빌어 그러한 불법에 따른 법률효과(예컨대 소유권반환, 손해배상, 강제집행 등 — 옮긴이)가 발생해야 한다고 의사표시를 하는 것이 법률효과 발생의 조건이 된다면, 권한(주관적 권리)이 존재한다.” 따라서 “주관적 권리는 객관적 법과 아무런 관계없이 독자적으로 존재하는 것이 아니며,” 이 점에서 “주관적 권리와 객관적 법을 분리하는 이원주의는 거부되어야 마땅하다.”[23] 다시 말해 주관적 권리가 존재하고 이 권리가 ‘보장’되는 경우, 권리는 명령의 선포를 통해 보장된다. 법이란 원래 승인된 명령권을 통해 법에 부여되어 있는 능력 이외의 다른 능력을 갖고 있지 않다는 사실을 감안한다면 이는 당연한 결론이다. 법을 통해 달성하려는 것들은 언제나 이와 같은 명령권을 십분 활용할 때에야 비로소 가능하다. 법이란 결코 주관적 권리들로 가득 찬 자루를 갖고 있어서, 손만 넣으면 잡히는 주관적 권리들을 국민들에게 뿌려주면 되는 제도가 아니다. 법이 겪는 모든 어려움은 원칙적으로 법 스스로 나누어주기에 충분한 주관적 권리를 갖고 있지 않다는 사정에 기인한다. 따라서 누군가에게 권능을 보장하기 위해서는 오로지 다른 사람들에게 요구와 의무라는 부담 — 이 경우 의무는 다른 사람의 권리를 존중하고 욕망을 자제하라는 소극적

---

23) H. Kelsen, Reine Rechtslehre, 1. Aufl. 1934, S. 48f.(또한 2. Aufl., S. 130ff.도 참고).

의무일 뿐이다 — 을 지울 때에만 가능하다. 그 때문에 정의롭게 주관적 권리를 보장하는 문제는 넉넉하게 갖고 있는 권능들을 단순히 분배하는 문제보다 훨씬 더 어렵다. 이 점은 아이들에게 공평하게 과자를 나누어주어야 하는 엄마보다 한 아이에게 유리하도록 다른 아이에게 의무를 부과하는 엄마가 훨씬 더 어려운 상황에 놓이는 것과 같은 이치이다. 바로 이 지점에서 단순한 허용과 주관적 권리의 보장 사이의 차이가 다시 한 번 드러난다. 무엇인가를 허용한다는 것은 언제나 금지의 제한이며, 따라서 명령의 영역이 상실된다는 것을 뜻한다. 이에 반해 현대에 들어 저작권 제도를 도입하는 경우처럼 새로운 주관적 권리를 보장하는 때에는 명령의 숫자가 증가한다는 것을 뜻한다. 명령의 수가 줄어들면 그만큼 허용의 영역도 확장된다. 그러나 주관적 권리의 확장은 언제나 금지와 명령의 확장과 함께 하지 않을 수 없다.[24]

---

24) 따라서 나는 클룩, 헨켈, 라렌츠의 비판(앞의 27면 각주 15 참고. 또한 Schreiber, Geltung, S. 38ff.; Bydlinski, S. 197ff.; v. d. Pfordten, S. 336ff.도 참고)에도 불구하고 이러한 형태의 명령설을 얼마든지 고수할 수 있다고 생각한다. 순수히 논리적인 관점에서 본다면 명령설의 이론구성은 여러 가지 가능한 이론구성들 가운데 하나에 불과하다. 즉, 클룩이 말한 것처럼 "법규범을 당위명제로 해석해야 하는 것이 반드시 필요한 일은 아니며", "규범의 기본양태를 자유롭게 선택할 수 있으며", "당위언어 대신에 '허가명제의 언어'를 선택"(이 경우 당위의 개념은 '허가되지 않음'으로 정의된다)하는 것이 논리적으로 얼마든지 가능하며, 주관적 권리와 관련해서는 단지 '권능'이라는 표현을 사용하면 된다는 점[Klug, FS Britzelmayr(1962), S. 117] 등에 대해서는 나 역시 전혀 반론을 제기할 용의가 없다. 나는 단지 주관적 권리가 실질적으로 명령을 하고 있는 객관적 법에 의존하고 있으며, 따라서 법질서는 독특한 방식의 명령을 투입할 때에만 비로소 주관적 권리를 보장할 수 있고, 이 점에서 '보장'은 다수의 명령들이 특수한 방식으로 결합하고 있는 상태에 근거하고 있다는 사실만을 강조할 뿐이다. 람페(Lampe, S. 65)가 지적하는, 법을 정립하는 활동을 할 수 있도록 하는 권한부여[여기에는 앞에서 이미 언급했던 '사적 자치'를 가능하기 위한 장치로서 채권법적, 물권법적, 가족법적, 상속법적 계약을 체결하고 처분을 행할 수 있는 권한, 특히 하트(Hart, S. 45ff.)가 명령설에 대한 그의 인상깊은 논

그러므로 완전한 의미의 법명제는 명령이라고 생각하더라도 별다른 문제가 없을 것이다. 그렇다고 해서 명령을 하는 입법자의 의지가 아무런 구속도 받지 않는 순전한 자의일 뿐이라고 생각해서는 안 된다. 법의 명령과 금지는 이른바 '평가규범'에 근거한다.[25] 간단히 말하면 명령과 규범은 가치평가, 즉 긍정적인 인정 또는 부정적 거부에 근거한다. 이 점에서 윤리학자인 요들(Jodl)의 다음과 같은 말은 옳다. "모든 명령은 필연적으로 명령된 내용이 특수하고 고유한 가치를 갖고 있어서, 이를 마땅히 요구해야 한다는 판단을 전제하고 있다."[26] 형법학자 메쯔거(Mezger)의 언급 또한 옳다. "'결정규범'(즉 명령)으로서의 법은 '평가규범'으로서의 법이 없이는 '생각'할 수 없다. 평가규범으로서의 법은 결정규범으로서의 법의 절대적인 전제조건이다 … 왜냐하면 누군가에 대해 무엇인가를 하도록 '결정'하고자 하는 사람은 반드시 그 다른 사람이 무엇을 하도록 결정할 것인지를 미리 알고 있어야 하기 때문이다. 다시 말해 그 무엇을 긍정적 의미로 '평가'하고 있어야 한다. 그러므로 결정규범으로서의 법에 논리적으로 우선하는 것은 언제나 평가규범으로서의 법, 즉 '객관적 삶의 질서'로서

박에서 지적한 권한부여의 측면을 강조하고 있다. 역시 하트가 언급하고 있듯이 권리와 의무가 효력을 갖기 위한 전제조건, 즉 명령이 효력을 갖기 위한 전제조건이라고 이해할 수도 있다. 이에 관해서는 Engisch, Suche, S. 47, 50도 참고.

25) 지금까지의 서술에서 나는 의도적으로 '규범'이라는 단어를 사용하지 않았다. 보통 '법규범'은 일반적인 내용을 담고 있는 법명제를 뜻한다. 하지만 구체적 사례에서 효력을 갖는 개별규범(예컨대 판결)을 법규범이라고 부르기도 한다. 우리의 관심대상인 규범은 1차적으로 일반적인 내용의 법명제이다. 이와 관련해서는 '법명제'라는 단어를 특수한 의미로 사용하는 켈젠의 입장에 관해서는 앞의 23면의 각주 9의 문헌을 참고.

26) F. Jodl, Allgemeine Ethik, 1918, S. 26; 이에 관해서는 또한 G. E. Moore, Principia Ethica, übers. u. Hg. v. B. Wisser, 1996, S. 186f.도 참고.

의 법이다."[27] 우리가 법을 폭군의 순간적인 의지의 표출이 아니라, 객관적으로 이해할 수 있는 사고의 결과로 파악하는 한, 법규범에 대한 이와 같은 설명은 정당하다고 인정해야 한다. 따라서 예컨대 낙태는 그저 우연히 금지된 것이 아니라, 태어날 생명을 침해해서는 안 될 신성한 대상으로 평가하기 때문이며, 일정한 갈등상황에서 임신부나 제3자에 의해 가해질 수도 있는 위험으로부터 태아를 보호해야 할 법적 필요성을 느끼기 때문이다. 다만 생명의 씨앗보다 다른 이익에 우선권을 부여해야 하는 경우에만 다른 가치평가가 자리하게 되고, 이때에만 낙태금지의 예외를 인정한다. 이런 의미에서 예를 들어 이른바 '의학적 징후'가 존재할 때에는 '임신중절'을 할 수 있는 중대한 사유가 된다고 인정한다. 다시 말해 임신부의 생명 또는 건강에 대한 심각한 위험을 방지하기 위해 임신부의 동의를 받아 임신중절을 할 수 있다(형법 제218a조 제2항).[28] 따라서 낙태금지이든 이 금지에 대한 예외이든 모두 사전에 행한 일정한 가치평가에 기초하고 있다. 그렇기 때문에 법명제를 올바르게 이해하고 그 내용을 제대로 규정하기 위해서는 법명제의 바탕에 있는 가치평가를 충분히 이해하는 것이 가장 중요하다고 말할 수 있다.[29] 이 점에 대해서는 나중에 다시

---

27) E. Mezger, Die subjektive Unrechtselemente, Gerichtssaal 89(1924), 207(240f.). 또한 Arthur Kaufmann, Tatbestand, Rechtfertigungsgründe und Irrtum, JZ 1956, 353(355ff.); Henkel, Rechtsphilosophie, 1. Aufl. 1964, S. 61f.(제2판에서는 다른 견해를 취하고 있다)도 참고.

28) 제218a조에 대한 새로운 규율(1995년 10월 1일부터 발효), 특히 제1항의 기한모델을 둘러싼 논쟁에 대해서는 연방헌법재판소 판결(BVerfGE 88, 203)과 K. Lackner/Kühl, Kommentar zum Strafgesetzbuch, 26. Aufl. 2007, Vor §218, Rn. 1ff, §218a Rn. 1ff. 참고. 물론 이 논쟁에서도 제2항의 의학적 징후에 대해서는 어느 쪽에서도 의문을 제기하지 않았다.

29) 낙태문제와 관련하여 기본법이 상정하고 있는 가치질서와 사회현실 사이에 괴리가 있다는 점에 대해서는 Th. Würtenberger, Zeitgeist und Recht, 2. Aufl. 1991, S. 225ff. 참고.

설명을 하겠다.

그렇지만 이와 같은 고려들 때문에 법명제의 실질을 명령으로 파악하는 것이 어려워지는 것은 아니다. 왜냐하면 일정한 가치평가는 그것이 명령으로 무장할 때에만 비로소 법명제가 되기 때문이다. 단순한 가치평가만으로는 법이 공동체에서 살고 있는 인간들의 삶을 지배하는 규칙으로서 기능할 수 없다. 그런 법은 현실적으로 아무런 힘도 없는 관념에 불과할 것이다. 가치평가가 의지의 표현이 될 때에만, 다시 말해 명령으로 강화될 때에만 비로소 가치평가가 법규범이 된다.

이렇게 우리가 법명제의 본질적 내용은 명령이라는 테제를 고수한다면, 칸트철학의 개념들을 알고 있는 사람은 다음과 같은 의문을 제기할 것이다. 즉, 법명제의 명령은 절대적인가 아니면 조건적인가? 법명제가 조건적 당위명제라는 점은 이미 앞에서 언급한 적이 있다. 이 점에 대해서는 나중에 다시 상세히 설명하겠다. 여기서는 일단 칸트의 용어에 비추어 볼 때 법적 명령이 어떠한 종류의 명령인지를 밝혀보자. 칸트는 명령에 대해 다음과 같이 서술하고 있다. "모든 명령은 조건적이거나 절대적이다. 조건적 명령은 무엇인가 의욕하는 어떤 다른 것에 도달하기 위한 수단으로서 어떤 행위가 갖는 실천적 필연성을 지시한다. 절대적 명령은 하나의 행위가 어떤 다른 목적과는 아무 관계없이 그 자체로서 객관적이고 필연적이라고 지시하는 명령이다."[30] 다시 말해 조건적 명령은 "네가 이러 이러한 목적에 도달하고자 한다면 너는 이러 이러한 수단을 사용해야 한다"는 식의 좋은 충고에 해

30) I. Kant, Grundlegung zur Metaphysik der Sitten, Werkausgabe, Bd. VII, hg. v. W. Weischedel, 13. Aufl. 1996, S. 43(BA 39). 오늘날의 철학문헌 가운데에서는 예컨대 Hare, S. 54ff. 참고.

당한다. 따라서 조건적 명령은 특정한 목적을 '조건'으로 전제하고 있는 기술적 지침이다. 그래서 칸트는 이 조건적 명령을 "능숙함을 위한 명령"이라고 부르면서, 다음과 같은 점을 강조한다. "조건적 명령에서는 목적이 이성적이고 선한 것인지는 전혀 문제가 되지 않으며, 오로지 그 목적에 도달하기 위해서는 무엇을 해야 하는지가 중요할 뿐이다. 따라서 내가 한 사람을 완쾌시키기 위해 의사로서 따라야 할 지침과 그 사람을 확실하게 죽이기 위해 독약을 타는 사람으로서 따라야 할 지침은 어느 지침이든 각각의 의도를 완전히 실현하기 위한 것이라는 점에서는 똑같은 가치를 지닌다."[31] 이런 의미에서 마키아벨리의 유명한 책 「군주론」은 (정치적 목적을 위한) 조건적 명령들을 모아 놓은 대표적인 보기에 속한다.[32] 이밖에도 현대의 모든 기술들의 본질적 내용 또한 특정한 목적을 실현하기 위한 수단을 가르쳐주는 조건적 명령을 제시하고 있으며, 목적 그 자체에 대해서는 어떠한 도덕적 논의도 하지 않는다. 이에 반해 절대적 명령의 과제는 내가 '다른 목적과는 상관없이' 무조건적이고 절대적으로 어떠한 목적을 정립해야 하는지를 말해주는 것이다. 즉, "나는 의사로서 사람을 치료해야 하는가 또는 독살자로서 그 사람을 죽여야 하는가?"라는 물음에 답을 주려고 한다. 여기서 "사람을 죽여서는 안 된다!"는 절대적 명령이다. 이런 맥락에서 칸트는 "형법은 절대적 명령"이라고 한다. 즉, 범죄자가 응분의 형벌을 받아야 하는 것은 절대적 명령이라고 한다. 칸트는 적어도 도덕형이상학에서는 이렇게 생각하고 있다.[33] 분명 '기술'과 '도덕' 사이에는 뚜렷한 분업이 존재한다.

---

31) Kant, Grundlegung, S. 44(BA 41).

32) 이 점에서 F. Blaschke(Einleitung zu N. Machiavelli, Der Fürst, 3. Aufl. 1924, S. XXVI)는 "마키아벨리로서는 군주가 질서잡힌 국가를 만들고자 한다면 어떻게 행동해야 하는가에 관한 정치적 규칙들을 획득"하는 문제를 다루었다고 강조하고 있는데, 이는 올바른 지적이다.

33) I. Kant, Metaphysik der Sitten, Werkausgabe, Bd. VII, hg. v. W.

기술은 내게 목적에 도달하는 수단을 가르쳐주고, 목적 자체에 대한 규정은 도덕의 몫으로 남겨 놓는다. 이 점에서 기술은 도덕 중립적이다. 더 자세히 말하면 기술의 도덕적 의미는 기술을 이용하는 목적의 도덕성 또는 부도덕성에 좌우된다.

그렇다면 법명제는 과연 어떠한 명령에 속하는가? 법학은 상당히 기술적이고 또한 기술적인 지침이 아니겠는가? 실제로 법명제는 어떤 측면에서는 특정한 목적을 위해 특정한 수단을 필요로 한다는 요청으로 파악할 수 있다. 이미 앞에서 보았듯이 상당수의 명령들은 특정한 행위방식을 금지 또는 명령하고, 이를 통해 우리가 주관적 권리라고 부르는 법적 권능을 창출한다. 이밖에도 법은 합목적성이라는 기준을 따르게 된다. 즉, 법은 공동생활을 일정한 목적에 부합하도록 형성한다. 그렇긴 하지만 법명제를 칸트가 말하는 조건적 명령으로 파악하는 것은 잘못이다. 무엇보다 법은 법명제가 지향해야 할 목적이 무엇인지 법 스스로 검토한다. 다시 말해 법 스스로 특정한 목적을 좋은 목적으로 평가하고, 따라서 법이 '정당한 것'을 추구하려고 노력하는 한, 법은 도덕적 원칙에 구속된다. "법은 국민에게 유용한 것이다"라는, 나치의 악명 높은 슬로건은 사실상 법을 순전히 조건적 명령으로 전락시킬 위험이 있으며, 도덕적으로 천박할 뿐만 아니라, 법이론적으로도 생산적이지 못한 원칙일 뿐이다. 왜냐하면 그러한 슬로건은 무엇이 국민에게 유용하고 도움이 되는 것인지에 대해 아무런 대답도 주지 못하기 때문이다. 오히려 우리가 과연 어떠한 목적을 '국민에게 유용한 것'으로 추구해야 하는지에 대해 법이 대답해줄 수 있기를 기대한다. 즉, 안정된 국내질서가 목적인지 아니면 대외적으로 권력을 행사하는 것이 목적인지, 평화가 목적인지 전쟁을

Weischedel, 10. Aufl. 1993, S. 453(A 197).

통한 팽창이 목적인지, 문화적 진보가 목적인지 아니면 물질적 풍요가 목적인지, 개인의 행복이 목적인지 아니면 공동체의 번영이 목적인지 등등에 대해 법이 대답을 해야만 하고, 실제로 대답을 한다. 그렇기 때문에 법은 스스로 목적을 확정하며, 도덕과 마찬가지로 무조건적으로, 즉 절대적으로 확정된 목적의 실현을 요구한다.[34] 이러한 견해를 따른다면, 우리가 법적 명령을 해석하고 운용할 때에는 법이 '좋다'라고 여기는 목적을 실현하기 위한 수단으로 법적 명령을 '이해'해야 한다. 그러한 목적들 자체가 법의 기준으로 이용되어야 한다. 이에 반해 조건적 명령의 경우에는 우리가 목적에 동의할 것인지 아니면 이를 거부할 것인지는 전적으로 우리의 자유에 속한다. 따라서 우리가 목적을 원하고 그 목적을 달성하고자 할 때에만, 목적달성을 위한 적절한 수단을 권유하고 있는 조건적 명령에 따라야 한다.

그렇긴 하지만 법은 각 개인에게 스스로 목적을 선택하도록 자유를 부여하고 있고, 단지 수단만을 제공하고 있지 않은가? 즉, 법명제는 그저 특정한 행위에 대해 때로는 긍정적이고 때로는 부정적인 법적 효과를 정하고 있고, 따라서 내가 일정한 긍정적인 법적 효과를 원할 때에는 그에 상응하는 행위를 해야만 하고, 부정적인 법적 효과를 기꺼이 감수한다면 그러한 부정적 효과를 유발하는 행위를 할 수도 있지 않은가? 다시 말해 나는 의사표시나 계약체결 또는 공공기관에 신청을 하는 것 등을 통해 내게 유리한 법적 효과를 달성할 수도 있는가 하면, 다른 한편 손해배상이나 형벌을 감수하면서 '불법행위'나 '범죄행위'를 할 수도 있다. 뤼쉬(Ruesch)는 법을 이런 식으로 파악하면서 다음과 같이 말한다. "어떠한 형벌이 가해지리라는 것을 정확히 알고 있으면서도 범행

34) 이에 관해서는 L. Nelson, Rechtswissenschaft ohne Recht, 2. Aufl. 1949, S. 13 참고.

을 하겠다고 결정을 내린 자는 자신에게 가해지는 형벌이 범죄행위를 통해 그가 누리게 된 쾌락에 대한 정당하고, 심지어 이익이 되는 대가로 여기는 것이기 때문에 형벌의 고통을 기꺼이 감수하겠다고 결단을 내리는 것이기도 하다."[35] 또한 상당히 유명한 법철학자도 다음과 같이 말하고 있다. "법규범은 하나의 행위를 단지 제한적으로만 정당성을 갖는 행위로 여긴다. 다시 말해 법규범은 하나의 행위를 우리가 추구하는 목적 또는 우리가 경멸하는 목적을 위한 수단으로 여길 뿐이다. 그리하여 때로는 그러한 목적과 한 사람의 의지가 일치하는 수단이기도 하고, 때로는 그러한 의지를 실현하기 위한 힘에 의해 목적이 변질되지 않도록 만드는 수단이 되기도 한다."[36] 이탈리아의 위대한 법철학자 델 베키오(Del Veccio)[37]도 －물론 불만을 표출하면서－ "어떤 채무자에 대해 그가 강제집행을 당할 용의가 있다면 채무를 변제하지 않아도 좋다고 설명하거나, 심지어 형벌을 감수할 용의가 있다면 얼마든지 범죄를 저질러도 좋다고 설명하는" 사람들이 있다고 말한다. 이렇게 볼 때, 법이란 －델 베키오도 말하고 있듯이－ "조건적 성격과 동시에 절대적 성격도 갖고 있다"고 할 수 있다. 구체적으로 말하면 사정은 이렇다. 법명제는 그 실질에 비추어 볼 때 절대적 명령이다. 즉, 법명제는 무조건적인 요구를 제기한다. 그러므로 형법적인 법명제가 그저 살인을 할 것이냐 말 것이냐, 자유를 박탈당할 것이냐 자유를 구가할 것이냐 가운데 어느 하나를 선택하도록 하고 있고, 그 때문에 감옥 담장 안에서 살 용의가 있으면 얼마든지 살인을 저질러도 좋다고 말하고 있다고 생각하는 것은 형편없는 오해에 불과하다.[38] 모세의 율법이나 오늘날의

35) A, Ruesch, Todesstrafe und Unfreiheit des Willens, 1927, S. 31.

36) P. Eltzbacher, Über Rechtsbegriffe, 1900, S. 28.

37) G. Del Veccio, Der homo juridicus, Philosophia 2(1937), 55(61).

38) 테오도르 가이거(Th. Geiger)를 원용하고 있는 Schreiber, Geltung, S.

법은 모두 살인을 철저히 금지하고 있다. 그리고 이 금지를 위반하는 자는 그에 상응하는 형벌을 받아야 마땅하다는 것 또한 절대적 명령이다. 칸트는 이 점을 정확히 파악하고 있다. 그 때문에 오늘날의 법에서는 이른바 기소법정주의원칙이 형성되었다. 즉, 형사소송법(제152조)에 따라 형사소추를 담당하는 검찰은 충분한 사실상의 혐의가 존재하고 법률에 달리 규정되어 있지 않는 한, 소추할 수 있는 모든 범죄행위를 수사할 의무가 있다. 따라서 법적으로 이미 범죄행위를 해서는 안 된다는 엄격한 명령이 효력을 갖는다. 그리고 세금을 납부하거나 공공수용을 감수하는 것과 같이 법공동체에 적극적으로 기여하는 것 또한 절대적 의무이다. 그리고 특히 계약체결과 같이 자신의 의사표시를 통해 떠맡게 된 민법상의 의무를 이행하는 것 역시 절대적 명령이다. 물론 우리가 계약의 체결과 같은 의사표시를 통해 의무를 부담할 것인지 여부는 전적으로 우리의 자유에 속한다. 이 점에서 법률규정은 우리의 삶을 우리의 목적에 맞게 형성하는 데 이용할 수 있는 수단이 된다. 그러나 우리가 법규정에 의해 의무를 부담하게 되면, 우리가 떠맡게 된 의무를 이행하는 것은 절대적이다. 즉, "약속은 지켜야 한다"는 유명한 문장은 절대적 명령이며, 그 때문에 이 문장은 자연법에 속한다고 여기는 경우가 많다.

그러나 칸트의 용어사용과는 전혀 다른 의미에서 법적 명령은 '조건적'이라고 말할 수도 있다. 여기서 '조건적'이라는 표현은 우리가 일정한 목적에 도달하기 원할 때에는 일정한 규정을 준수해야 하고, 목적 자체의 선택과 관련해서는 어떠한 구속력도 없다는 의미가 아니라, 법적 명령이 명시적으로 고정되어 있기도 하고 동시에 묵시적으로 전제하고 있는 특정한 조건에 구속된다

18f.의 서술은 이러한 오해에 기인한다. 이에 관해서는 Lampe, S. 51ff. 참고.

는 의미로 이해해야 한다. 다시 말해 법명제는 우리가 앞에서 조건적 당위명제라고 불렀던 의미에서 조건적 명령이다. "모든 법명제는 특정한 의미에서는 하나의 가설적 조건문이다. 왜냐하면 법명제는 이 명제 자체에 지시되어 있는 특정한 사정이 존재할 때에만 적용될 수 있기 때문이다."[39] 예를 들어 살인금지는 그 자체 절대적 명령이긴 하지만 그와는 별개로 살인행위가 보통의 상황에서 저질러졌다는 것, 즉 정당방위상황이나 확정력을 갖는 사형판결 또는 전쟁상태와 같은 예외적인 상황에서 행해지지 않았다는 것을 전제한다. 따라서 살인금지라는 명령을 더욱 정확히 표현하면, "정당방위, 사형집행, 전시의 행위가 아닌 한, 살인은 금지된다"라고 해야 한다. 이는 조건이 붙어 있는 명령이다. 칸트가 말하는 '조건적 명령'과 혼동하지 않기 위해 이러한 법적 명령을 '조건이 붙은(konditional)' 명령이라고 부를 수도 있다.[40] 이런 식으로 전제조건이 붙지 않는 법적 명령이란 거의 생각하기 어렵다. 논리학자들이 이른바 조건적 판단문(a이면 b이다)에서 전건(前件)과 후건(後件)을 구별하는 것과 같이, 조건이 붙은 법적 명령에서도 전건과 후건을 구별할 수 있다. 즉, 전건은 명령이 성립하기 위해 존재해야 할 전제조건을 포함하고 있고, 후건은 명령 자체이다.[41] 법률가들은 이 전건을 '구성요건', 후건을 '법률효과'라고 부르

39) Del Veccio, Philosophia 2(1937), S. 59. 이에 관해서는 H. Rottleuthner, Richterliches Handeln, 1973, S. 13; Zippelius, Methodenlehre, S. 28f.도 참고.

40) 예컨대 M. Moritz, Der praktische Syllogismus und das juridische Denken, Theoria 20(1954), 78(90f.). 이에 관해서는 또한 N. Luhmann, Rechtssoziologie II, 3. Aufl. 1987, S. 227ff.('법규범의 조건적 프로그램화')도 참고.

41) 물론 문장의 문법적 형태 자체는 중요하지 않다. 예를 들어 형법 제211조는 "살인자는 종신형에 처한다"라는 서술문으로 되어 있지만, 이 조항의 의미는 "누군가 살인을 저질렀다면 그 사람을 종신형에 처해야 한다"는 당위이다.

며, 법률효과와 관련해서는 법률효과지시, 즉 일정한 급부, 용인(Duldung), 부작위 등이 당위 되어 있음을 생각하게 된다.

구체적 사례에서 무엇을 '구성요건'으로, 무엇을 '법률효과'로 보아야 하는지에 대해 의문이 있을 수 있다. 예를 들어 민법 제823조는 "고의 또는 과실로 타인의 생명, 신체 … 등을 위법하게 침해한 자는 그 타인에게 이로 인해 발생한 손해를 배상할 의무가 있다"고 규정되어 있는데, 과연 이 조항에서 '이로 인해 발생한 손해'가 구성요건에 속하는지 아니면 법률효과에 속하는지를 물어볼 수 있다. 이 물음에 대한 올바른 해답은 일정한 손해가 발생했다는 사실은 구성요건에 속하고, 이에 반해 이 손해를 배상해야 할 의무는 법률효과에 속한다고 보는 것이다. 왜냐하면 당위에 연결되는 사실적인 상황에 관련된 것은 모두 구성요건에 속하고, 이 당위의 내용을 규정하고 있는 것은 모두 법률효과에 속하기 때문이다.

'**구성요건**'에 관해서는 여러 가지 점을 얘기할 수 있다. 우선 구성요건은 긍정적인 요소로 구성될 수 있을 뿐만 아니라, 앞에서 언급한 바와 같이 명령의 예외에 해당하는 보기들에서 알 수 있듯이 부정적 요소로 구성될 수도 있다는 점을 지적할 수 있다. 그리고 구성요건에는 감각으로 지각할 수 있는 외적 요소뿐만 아니라, 내적인 심리적, 주관적 요소(예컨대 민법 제823조에서 말하는 '고의')도 속할 수 있다. 또한 사실을 서술하는, 이른바 '서술적' 구성요건 표지(예컨대 '생명의 침해') 이외에도 가치와 관련을 맺는, '규범적' 구성요건표지(예컨대 민법 제826조에서 말하는 '선량한 풍속위반')도 있다. 여기서는 이러한 구별에 대해 자세히 논의하지 않겠다. 이 가운데 몇 가지에 대해서는 나중에 다시 설명을 하겠다. 구성요건론은 특히 형법학에서 매우 섬세하게 구성되었는데, 이는 특히 기본법 제103조 제2항에 명문으로 규정된 유명한 원칙인 죄형법정주의와도 관련이 있다. 즉, "법률상의 근거가 없이는 형벌도 없다"는 이 원칙에 따른다면 형법규정은 형벌이라는 법률효과에 연결되는 구성요건을 비교적 정확하게 서술해야 한다는 결론에 도달한다.[42] 다른 한편 법적 구성요건들 가운데는 의사표시를 포함하고 있는, 민법상의 구성요건들이 특별한 역할을 한다. 즉, 계약체결을 대상으로 하는 구성요건들(예컨대 민법 제652조: "계약을 체결할 기회를 소개하거나 계약의 주선에 대해 중개료를 약속한 자는…"; 중개계약)은 모두 중요한 의미가 있다. 이러한 구성요건들은, 앞에서도 잠깐 언급했듯이, 우리의 생활관계를 우리의 의사에 따라 형성할 수 있도록 해준다. 즉, 이들 구성요건들에 의해 '사적 자치'가 가능해지며, 따라서 법적 명령들이 우리들의 처분에 맡겨져 있는 것처럼 보이게 한다. 그 때문에 이 경우에는 법적 명령들의 절대적 성격에 대해 의문을 갖게 된다. 실제로 법적 명령의 의미는 우리가 특정한 목적에 도달하고자 한다면(앞에서 예로 든 중개계약의 경우에는 계약을 체결할 기회의 소개), 그에 상응하는 '의사표시'를 통해 반대급부를 할 의무를 부담해야 한다는 식으로 이해해야 할 것처럼 보인다. 그럼에도 불구하고 결국 의사표시를 통해 성립된 의무 자체는 의무를 이행해야 한다는 절대적 명령 아래 놓여 있다는 점을 고려해야 한다. 즉, "계약을 체결할 것인지는 자유이지만, 계약을 체결한 이후 이를 이행하는 것은 자유가 아니다(contractus ab initio voluntatis, ex post facto necessitatis)."[43]

---

42) 이에 관해서는 K. Engisch, Methoden der Strafrechtswissenschaft, in: J. Esser u.a.(Hg.), Methoden der Rechtswissenschaft I, 1972, S. 42ff.; H.-H. Jescheck/Th. Weigend, Lehrbuch des Strafrechts(AT), 5. Aufl. 1996, S. 136f., 244ff. 참고.

43) 이 오래된 법규칙에 대한 설명으로는 D. Liebs, Lateinische Rechtsregeln und Rechtssprichwörter, 5. Aufl. 1991, S. 48(C 78). 참고(이 규칙은 유스티니아누스 법전 4,10,5에 규정되어 있음을 지적하고 있다).

우리의 고찰을 계속하기 전에 한 가지 점만은 특히 강조해 둘 필요가 있다. 즉, 구성요건이든 법률효과지시이든 모두 추상적이고 개념적으로 구성된 법명제의 요소라는 점이다. 논리적 의미의 조건적 판단(hypothetisches Urteil)이 개념으로 구성되는 것과 마찬가지로 조건적인 법적 명령문의 전건과 후건 역시 개념들로 구성된다. 따라서 법명제의 요소로서의 '구성요건'과 '법률효과'는 특정한 법명제에 비추어 언급하게 되는 구체적인 생활사실이나 구체적인 법률효과와 혼동해서는 안 된다. 그렇기 때문에 구체적인 구성요건을 더욱 분명하게 표현할 때에는 '생활사실'이라고 부른다. 그러나 구체적인 법률효과에 대한 별도의 명칭은 없다. 독일형법은 법률효과와 관련하여 추상적인 것과 구체적인 것을 구별하기 위해 법률에 추상적으로 규정되어 있는 형벌은 '위협되어 있는(angedroht)' 형벌이라고 부르고, 이에 반해 개별사례에서 구체적으로 '양정된(zugemessen)' 형벌은 '선고된(verwirkt)' 형벌이라고 부른다(독일형법 제52조, 제53조). 즉, 추상적인 형벌위협은 대부분 명확하게 정해져 있지 않다. 예를 들어 최상한선과 최하한선(제40조 이하)만을 정해 놓았을 뿐, 구체적인 액수를 제시하지 않은 채 그저 '벌금형'이라고만 규정되어 있는 경우가 자주 있다. 이에 반해 '선고'형은 원칙적으로 명확하게 정해진다(예컨대 법원이 20일에 해당하는 벌금형을 선고하면서, 1일당 얼마의 벌금으로 할 것인지를 정확하게 결정한다). 다만 청소년형법은 기간을 확정하지 않고 －물론 이 때에도 최상한선은 있다－ 형기를 정할 수 있는 가능성이 있기 때문에 예외에 속한다.

추상적인 것과 구체적인 것 사이의 이러한 차이를 분명히 의식할 때에만 비로소 많은 논의의 대상이 되는 문제 하나를 온전히 다룰 수 있다. 이 문제는 법학적 사고의 특수한 측면과 관련하여 상당히 중요한 의미를 갖기 때문에 결코 그냥 지나칠 수 없다. 그것은 바로 구성요건과 법률효과가 서로 어떠한 관계에 있는가 하는 물음이다. 우리는 지금까지 양자의 관계를 그저 조건적 관계라고만 말했다. 다시 말해 구성요건은 법명제의 추상적 구성부분으로서 법률효과지시가 성립하기 위한 조건을 개념적으로 서술하고 있다고 설명했다. 물론 입법자 스스로도 그렇게 하듯이 양자의 관계를 단순한 서술문으로 표현하더라도 아무 문제가 없다. 왜냐하면 "누군가가 고의 또는 과실로 생명, 신체, 건강을 침해한다면, 그는 침해를 받은 타인에게 그로 인해 발생한 손해를 배상할 의무가 있다"라고 말하는 대신 "고의 또는 과실로 … 침해한 자는 타인에게 그로 인해 발생한 손해를 배상할 의무가 있다"라고 쓸 수 있기 때문이다. 그러므로 구성요건에 표현되어 있는 조건이 충족되면 법률효과가 발생한다고 말하든 아니면 구성요건에 대해서는 법률효과가 발생한다고 말하든 논리적으로는 아무런 차이가 없다. 그렇지만 첫 번째 서술방식은 법적 명령이 일정한 전제조건에 구속된다는 점을 더 분명하게 표현하고 있고, 우리는 이러한 조건적 관계를 비교적 중요하게 생각한다. 이런 맥락에서 법적 사고의 특수성을 구체적으로 강조하기 위해 이와 같은 조건적 관계를 특수한 종류의 **법적 인과관계**로 파악하기도 한다. 이미 19세기에 치텔만(Zitelmann)은 법적 인과관계를 이러한 의미에서 이해했다. 즉, 구성요건과 법률효과 사이에는 "입법자에 의해 비로소 만들어진, 독특한 필연성의 끈이 존재하며, 이를 우리는 얼마든지 자연적 인과관계와 비슷한 것으로 파악할 수 있다"고 한다. 즉, "인간이 **자연적 인과관계**와 비슷하게 만들어 낸, 독자적인 **법적 인과관계**가 존재한다"고 한다.[44] 입법자는 구성요건과 법률효과(즉, 한 사람이 의무를 부담한다는 것) 사이에 인과관계적 연결을 수립하고, 그러한 인과적 연결이 사실상으로 존재한다고 선언한

---

44) E. Zitelmann, Irrtum und Rechtsgeschäft, 1879, S. 214ff.(216, 221).

다. 치텔만 이후의 유명한 법률가들 가운데서는 특히 폰 투어(von Thur)가 치텔만의 이론을 이어받았다. “법의 세계는 외적인 현상과 마찬가지로 충분조건의 원칙에 구속된다. 구성요건과 법률효과 사이에는 자연질서가 아니라, 입법자의 의사에 기초하는 인과관계가 존재하며, 이러한 인과관계는 자연적 사건의 인과관계와 마찬가지로 궁극적으로는 인간의 사고가 갖고 있는 특성에 근거한다. 따라서 법(권리)의 변경이 이루어지려면 이를 위해 필요한 구성요건이 실현되어야 한다. 즉, 법률의 명령에 상응하는 구성요건이 존재하면, 그러한 구성요건이 완성되는 바로 그 순간에 필연적으로 그리고 거의 자동적으로 권리의 변경이 발생한다. 그러므로 법적인 원인과 결과 사이에는 물리적 자연에서 그렇듯이 측정 가능한 시간적 간격이란 있을 수 없다.” “법적 인과관계(즉, 하나의 사실이 법적 결과를 야기한다는 점)는 법률규정에 기초하며, 따라서 법률에 의해 마음대로 형성될 수 있다. 즉, 법은 어떠한 사실에 대해서든 아무렇게나 일정한 법률효과를 연결시킬 수 있다.”[45)]

법적 인과관계를 이렇게 생각하게 되면 예컨대 하나의 법률

45) A. v. Thur, Der Allgemeie Teil des Deutschen Bürgerlichen Rechts II 1, 1914, S. 5f. 각주 10. 구성요건과 법률효과 사이의 인과관계 문제 그리고 나중에 설명하게 될 ‘이중효과’의 문제에 대해서는 상당량의 문헌이 축적되어 있다. 구성요건과 법률효과의 관계에 대한 전반적인 내용에 대해서는 폰 투어의 저작 이외에도 W. Schulze, Tatbestand und Rechtsfolge, 1909; Binder, S.902ff.; R. Henle, Lehrbuch des Bürgerlichen Rechts I, 1926, S. 29ff.; K. O. Petraschek, System der Rechtsphilosophie, 1932, S. 270ff.; W. Sax, Das strafrechtliche ‘Analogieverbot’, 1953, S. 145; Schreiber, Geltung, S. 25f.; Koch/Rüßmann, S. 15, 18f., 47; Zippelius, Methodenlehre, S. 28f.; Rüthers, Rechtstheorie, Rn. 122ff. 참고. 특히 이중효과에 관한 이론에 대해서는 Th. Kipp, Über Doppelwirkungen im Recht, FS f. F. v. Martitz (1911), S. 211; Enneccerus/Nipperdey I 2, §§36 I, 203 III 7; W. Flume, Allgemeiner Teil des Bürgerlichen Rechts II, 4. Aufl. 1992, S. 566ff. 참고.

효과가 두 번씩 성립하거나 두 번씩 무효가 되는 것은 불가능하다는 결론에 도달한다. 즉, 법에서는 '이중효과'란 존재할 수 없다는 것이 된다. 예를 들어 누군가가 하나의 법률행위를 근거로 소유권자가 되었다면, 이 사람이 예컨대 시효취득과 같은 다른 구성요건을 근거로 동일한 물건에 대해 다시 소유권자가 될 수는 없다. 또한 하나의 법률행위가 이미 어떤 구성요건을 이유로 무효가 되었다면, 이 법률행위는 예컨대 기망행위에 따른 법률행위의 취소를 이유로 다시 무효가 될 수는 없다. 이런 의미에서 폰 투어는 "한 번 성립한 권리가 다시 성립할 수 없고, 성립하지 않았거나 소멸된 권리가 다시 폐기될 수 없다"고 말한다.[46] 다음과 같은 상황을 생각해 보자. 어떤 민사소송에서 한 당사자가 체결된 매매계약으로부터 벗어나고 싶어서 문제의 매매계약이 선량한 풍속에 위반되기 때문에 처음부터 무효였다고 주장했다가, 이에 대한 입증이 어렵게 되자, 이번에는 계약이 상대방의 기망행위 때문에 체결되었으며, 따라서 계약을 취소하며 이로써 계약을 소멸시킨다고 주장할 수 있을까? 폰 투어의 견해에 따른다면 이는 '법적 인과관계'에 반하므로 불가능하다. 성립하지 않은 계약은 취소될 수 없기 때문이다.

구성요건과 법률효과 사이에 법적 인과관계가 존재한다는 이론에 대해서는 이 이론이 논리적 연관성과 인과적 연관성을 혼동하고 있다는 반론이 지속적으로 제기되어 왔다. 예를 들어 빈더(Binder)는 "법률가들이 '법적 결과'라고 말하는 내용은 말도 안 되는 얘기"라고 날카롭게 지적하면서, 이 표현은 그저 비유에 불과할 뿐이라고 한다. 왜냐하면 법률효과는 진정한 의미의 결과처럼 '상태의 변화'라고 생각할 수 없고, 물리적 세계에서든 심리적 세

46) v. Thur, S. 5 각주 7.

계에서든 어떠한 대상적 실재도 갖고 있지 않기 때문이라고 한다. 그리하여 법률효과는 "구성요건과 법명제의 논리적 연관성, 즉 구성요건의 규범해당성(Normbetroffenheit)"을 뜻할 뿐이라고 한다.[47] 그러나 법적 인과관계에 관한 이론을 이런 식으로 간단하게 처리할 수는 없는 노릇이다. 빈더의 비판만으로는 법적 인과관계와 관련된 근원적인 문제에 전혀 도달하지 못한다. 어떤 법관이 하나의 구체적 구성요건인 생활사실을 '법명제와 관계를 맺도록 만들면', 다시 말해 생활사실을 법률의 추상적 구성요건에 '포섭'시키게 되면, 이러한 포섭만으로 곧장 구체적 법률효과를 얻게 되는 것이 아니라, 법률에서든 구체적 사례에서든 모두 구성요건이 법률효과를 결과로서 유발한다는 점이 논리적으로 전제되어야 한다. 이렇게 일정한 결과를 유발한다는 점을 인과론자들은 법적 인과관계라고 말한다.[48] 따라서 문제는 구성요건과 법률효과 사이의 추상적 연결(법명제 내에 서술되어 있는 연결)을 인과관계로 볼 것인지, 아니면 구체적 연결(법명제에 귀속되는 구체적 생활사실과 관련된 구체적 법률효과)을 인과관계로 볼 것인가 하는 점이다. 빈더는 법률효과가 어떠한 대상적 실재도 갖고 있지 않기 때문에 그러한 연결이 있을 수 없다고 하는데, 이는 인과관계 개념을 지나치게 좁게 잡은 것으로서 물리적 또는 심리적 현상의 세계에서 이루어지는 변화에 대해서만 이 개념을 적용하려는 것이라고 반박할 수 있다. 즉, 사유를 통한 정신적 구성체(Gebilde)도 인과관계 개념의 대상으로 삼을 수 있다.[49] 따라서 약속을 하면 그 약속에 상응하는 요구나 의무라는 '결과를 야기'한다고 말하는 것은 주먹을 휘둘러 상해나 정신적 고통이라는 '결과를 야기'한다고 말

47) Binder, S. 904f.

48) 예컨대 F. Sommer, Das Reale und der Gegenstand der Rechtswissenschaft, 1929, S. 111ff.(123); Petraschek, S. 270f.

49) Petrascheck, S. 271 참고.

하는 것과 크게 다를 바가 없다. 이미 흄(Hume)과 칸트 이래로 인과관계 자체가 어떤 실질적 대상이라는 생각으로부터는 멀어진 지 오래다. 다만 자연적 인과관계는 자연법칙에 기초하는 반면, 법적 인과관계는 인간이 만든 법률에 기초하고, 특히 인간이 만든 법률은 상당 부분 인간이 마음대로 만들 수 있다는 점에서 차이가 있다. 하지만 이에 따른 우려 역시 얼마든지 해소할 수 있다. "법적 사실이 권리를 만들어내는 힘은 그 자체로부터가 아니라, 법률이나 관습에 힘입은 것이다. 즉, 법적 인과관계는 … 국가에 의해 성립한다. 하지만 자연적 사실이 자연적 결과를 유발하는 것 또한 사실 그 자체의 힘으로 이루어내는 것이 아니다. 세계는 피안에서 창조되었고 질서잡혀진 것이다."[50] 논쟁이 이런 식으로 흘러가면 결국 말싸움에 불과하다는 생각이 들게 된다. 어쨌든 법률가들은 자연적 인과관계와 법적 인과관계의 유사성에 빗대어 구성요건과 법률효과의 결합을 인과관계라고 부르기를 좋아하고, 이 점은 '법적 작용 또는 법적 결과야기'라는 일반적인 용어사용에서도 드러난다. 과연 그러한 용어가 단지 비유적인 표현일 뿐인지 아니면 '인과관계'라는 개념을 당연히 사용할 수 있기 때문에 이를 법의 영역에까지 확장한 것인지를 둘러싸고 논쟁을 할 필요가 있다.

그렇긴 하지만 이 문제에 대한 논의를 할 때에는 아주 섬세한 주의를 요한다. 이는 단지 사실로 이미 존재하는 자연적 인과관계가 인간이 만들어 낸, 구성요건과 법률효과 사이의 연결과는 다른 구조를 가지고 있다는 이론적 이유 때문만이 아니라, 실천적 이유에서도 그렇다. 즉, 단순히 비유적인 표현을 넘어 인과관계라는 개념범주를 법명제의 구성부분 및 법명제에 포섭되는 생

50) Henle, S. 30.

활사실에까지 적용하게 되면 오늘날의 시대정신에 반하는 죄악으로 여겨지는 '개념법학적' 사고에 쉽게 빠져들 위험이 있다. 이 점은 우리가 앞에서 간단히 살펴볼 수밖에 없었던 '이중효과'의 문제를 다룰 때 분명하게 드러난다. 우리는 앞에서 예컨대 폰 투어가 법적 인과관계라는 개념으로부터 이미 성립한 권리가 다시 성립할 수 없고, 처음부터 성립하지 않았거나 이미 소멸된 권리를 다시 무효로 만들 수 없다는 결론을 이끌어 낸다고 설명했다. 하지만 구성요건과 법률효과의 관계를 오로지 조건적 또는 서술적 관계(즉, 만일 구성요건이 존재하면, 법률효과가 발생한다 또는 구성요건에 대해서는 법률효과가 적용된다)로만 파악하게 되면, 이중효과 가능성에 대해 크게 우려할 필요가 없다. 예를 들어 법률행위에 근거한 물건의 양도와 시효취득 또는 선량한 풍속 위반과 기망행위를 이유로 한 계약의 취소와 같이 다수의 구성요건이 순차적 또는 동시에 실현될 수 있으며, 그리하여 양자가 함께 특정한 법률효과, 즉 권리 또는 의무가 성립하거나 성립하지 않는 '근거'가 될 수 있다. 따라서 유효한 양도계약을 근거로 소유권자가 되면서 동시에 소유권의 시효취득의 요건이 충족되어 소유권자가 되는 것은 얼마든지 가능하다. 이와 마찬가지로 하나의 매매계약이 선량한 풍속에 위반되기 때문에 무효이면서, 동시에 이 매매계약이 사술을 동원한 기망행위로 인해 체결되었다는 이유로 취소되는 것도 가능하다. 동시에 여러 가지 이유에서 옳을 수도 또는 그를 수도 있다는 사실은 일반인들도 아는 일이다. 그렇기 때문에 추상적인 차원에서 각각 동일한 법률효과를 야기하는 다수의 구성요건들이 하나의 법률효과에 대한 다수의 법적 근거가 되고, 이 다수의 법적 근거들이 구체적인 사례에서 동일한 법률효과로 수렴되는 일은 결코 생소한 것이 아니다. 이는 특히 킵(Kipp)이 그의 유명한 논문 "법에서의 이중효과"[51]에서 주장하는 관점이다. 즉, "두 개의 법적 구성요건이 동시에 '한 명령의 조건 또는 명령이 배제되는 조건'이 된다면, 동일한 법적 명령에 대한 두 가지 근거가 서로 경합하는 것은 아무런 문제가 없기 때문에, 하나의 법률효과에 대한 이중의 근거가 될 수 있음을 반대할 이유가 전혀 없다"(S. 220)고 한다. 그러므로 "하나의 급부에 대한 다수의 의무들이 순차적으로 성립하는 것"뿐만 아니라, "두 가지 근거에서 소유권자가 되는 것"도 얼마든지 가능하다(S. 221). 이 때 그 근거들이 병렬적으로 또는 순차적으로 충족되는지는 중요하지 않다. 이와 마찬가지로 "하나의 법률관계가 두 가지 근거에서 소멸하는 것"도 가능하다(S. 223). 따라서 "예컨대 하나의 임대차계약 관계가 계약 당사자 모두에 의해 해지되는 것이 가능하며, 이 때 각각의 해지가 동시에 이루어졌는지 순차적으로 이루어졌는지는 문제가 되지 않는다. 또한 채권에 대한 변제가 이루어지고 난 다음에 채권의 시효가 소멸되는 것도 얼마든지 가능하다"(S. 223). "하나의 법률행위가 예컨대 형식상의 하자 및 한 당사자의 심신박약이라는 두 가지 근거에서 무효가 될 수 있는 것"(S. 224)과 마찬가지로, 이미 무효인 법률행위를 다시 취소하여 이 취소를 근거로 법률행위가 무효가 되는 것도 가능하다. 왜냐하면 "이 경우에도 법률행위에 따른 의무가 성립하지 않는다는 사실에 대해 다수의 근거가 존재한다는 점을 뜻할 뿐"이기 때문이다(S. 225). "이에 반대하는 견해들은 모두 문제의 본질을 제대로 이해하지 못한 채, 법적 작용에 대한 비유적인 표현을 물리적 세계의 인과관계와 혼동하고 있다"(S. 220). "이미 파괴된 물건을 다시 파괴한다거나 추방한 적을 다시 쫓아낸다는 식의 물리적 사고로부터 벗어나기만 하면" 무효인 법률행위를 취소할 가능성에 대한 모든 의문도 사라질 것이다(S. 225). 이렇게 볼 때, 법적 인과관계를 지나치게 자연적 인과관계와 유사하게 이해하려는 이론은 실제적인 법

---

51) Kipp, Doppelwirkung im Recht, FS Martitz(1911), S. 211.

적 문제를 해결하기 어려운 상황을 불러일으킨다는 사실을 알 수 있다. 이 문제는 오늘날까지도 완전히 불식되지 못하고 있다. 많은 학자들이 킵의 견해에 동조하기도 했지만, 이와 동시에 폰 투어를 위시하여 체포스(Zepos), 게르하르트 훗설(Gerhard Husserl)과 같은 반대자들도 생기게 만들었다. 여기서 이 논쟁들을 자세히 다룰 수는 없다. 법에서 비유적 표현이 갖는 의미는 여전히 논쟁의 대상이다.[52] 무엇보다 비유적 표현에 집착하는 법학은 '개념법학'이 되기 쉽다는 점은 분명하다. 이중효과의 문제는 여러 가지 사례집단들을 면밀하게 구별하지 않은 탓에 그 해결이 더욱 어려워졌다. 이 점에서 페터(Peter)는 '이중적 근거'와 '이중적 결과'를 구별한다.[53] 즉, '이중적 근거'는 다수의 근거에 따른 하나의 법률효과를, 이중적 결과는 내용이 동일한 다수의 법률효과를 말한다고 한다. 이와 관련해서는 이른바 경합의 문제도 개입되고, 이는 실정법을 통해 해결된다. 킵도 지적하고 있듯이, 하나의 구성요건이 존재하면 다른 구성요건은 중요한 의미가 없다는 규칙을 실정법으로부터 도출해낼 수 있다. 예를 들어 누군가가 단체로부터 탈퇴했다면, 단체에서 이 사람을 다시 제명하는 것은 불가능하다. 하지만 그것은 어떤 논리적 이유 때문이 아니라, 단체로부터 탈퇴한 사람에 대해 제적을 할 수 있는 법적 권한을 단체가 상실했기 때문이다. 또한 한 배우자의 사망으로 인해 해소된 혼인을 다시 이혼의 대상으로 삼을 수 없다는 점은 민사소송법 제619조로부터 도출되는 결론이다. 이 결론 역시 논리적으로 필연적인 것이 아니라, 그저 실제적인 측면에서 충분히 납득할 수 있는 일이다. 일반적으로 표현하자면, 특수한 법원칙 또는 법적 규칙에 비

52) 이에 관해서는 M. Bangemann, Bilder und Fiktionen in Recht und Rechtswissenschaft, 1963 참고.

53) K. Peter, Die Möglichkeit mehrerer Gründe derselben Rechtsfolge und mehrerer gleicher Rechtsfolgen, AcP 132(1930), 1(4).

추어 순전히 논리적 －또는 자연적-실질적－ 관점에서는 얼마든지 다른 구성요건과 더불어 법적 근거가 될 수 있는 구성요건일지라도, 그 다른 구성요건에 추가하여 법적 근거로 삼을 필요가 없게 되는 경우가 있다. 이러한 결론은 구성요건과 법률효과의 관계가 어떠한 성격을 갖고 있는가라는 우리의 문제 자체와는 아무런 관련이 없다.

구성요건과 법률효과의 관계에 대해 우리는 다음과 같은 점을 다시 한 번 확인하고자 한다. 우선 법명제의 추상적 구성요건은 일반적으로 법률효과, 즉 당위가 발생하기 위한 전제조건과 상황을 설명한다. 양자 사이의 이러한 관계는 곧 조건적 관계이지만, 하나의 서술문으로 표현될 수도 있다. 나중에 자세히 설명하게 될 '포섭(Subsumtion)'을 거쳐 법률효과(당위)가 발생하는 조건이 충족되어 있다고 구체적으로 확인하게 되면, 이를 통해 그 법률효과가 실제로 발생해야 한다는 사실도 확인하게 된다. 이때에 비로소 법명제의 추상적 구성요건을 충족하는 구체적 사실이 존재하여 법률효과가 실제로 발생해야 한다는 판단에 대한 충분한 근거가 된다고 말할 수 있게 된다. 예를 들어 법률상의 일반적 규칙에 따라 1급 살인죄는 종신형으로 처벌해야 한다면, 구체적으로 살인이 저질러졌다는 확인은 이 규칙과 결합하여 살인은 종신형으로 처벌해야 한다는 법률효과가 발생하게 되는 충분한 근거가 된다.[54] 그렇지만 법률에 구체적인 법률효과가 완전하게 확정되어 있지 않은 경우가 자주 있고, 따라서 실제적인 법률효과를

---

54) 부수적으로 언급하자면, 이와 같은 방식을 통해 법명제와 법적용자의 구체적 결정 사이의 심리적 동기의 연관성도 생기게 된다. 하지만 여기서 심리적 동기의 연관성은 결코 본문에서 언급했던 '법적 인과관계'를 뜻하지 않는다. 이에 관해서는 예컨대 H. Maier, Psychologie des emotionalen Denkens, 1908, S. 681ff. 참고.

구체적으로 확정하기 위해서는 또 다른 결정행위를 필요로 한다는 점을 간과해서는 안 된다.[55] 예를 들어 2급 살인이 구체적으로 존재한다는 사실을 확인하는 것만으로는 범인을 5년에서 15년 사이의 자유형으로 처벌해야 한다는 판단의 근거가 될 뿐, 정확히 몇 년의 자유형을 선고해야 하는지는 법관이 별도의 결정을 내려야 한다. 입법자가 추상적인 차원에서 구성요건과 법률효과를 연결시켜 놓았다는 사실만으로 이미 입법자가 양자 사이에 법적 인관관계를 설정했다고 해석하고 싶은 생각이 들기 마련이다. 더욱이 법률의 추상적 구성요건을 '충족'하는 구체적인 사실들을 법률이 이러한 사실들에 결합시킨 구체적 법률효과가 발생하게 되는 법적 원인으로 파악하고 싶어질 것이다. 왜냐하면 자연과학에서도 인과관계는 단지 추상적 자연법칙에 따른 여러 사실들의 연쇄를 의미하기 때문이다. 그렇지만 법적 인과관계를 그와 같이 구성하는 것은 다음과 같은 문제가 있다. 즉, 구체적 법률효과가 정확하게 규정되어 있는 것이 아니라, 일정한 판단여지의 범위 내에서 적절한 결정을 내리도록 권한을 부여하거나 또는 그렇게 하도록 명령되어 있는 경우가 자주 있기 때문에, 자연과학적 인과관계에서처럼 일정한 원인에 따라 필연적 결과가 발생한다고 말할 수 없게 된다.[56] 이와는 별개로 '법적 결과' 및 '법적 인과관계'라는 표현은 단지 우회적이고 간접적인 비유로서만 허용될 뿐이고, 따라서 이러한 표현을 이유로 이미 성립된 법률효과가 다시 성립할 수 없다든가 이미 제거된 법적 결과를 다시 소멸시킬 수는 없다는 식으로 법적 추론을 해서는 안 된다는 점을 분명히

---

55) 이에 관해서는 Larenz, Methodenlehre, S. 276f.도 참고.

56) 물론 이러한 권한부여 또는 명령 자체를 '법적 결과'라고 부를 수도 있다. 그러나 '법적 결과'가 되어야 할 법률효과라고 할 때에는 보통 부여된 권한을 행사하여 구체적으로 부과된 제재 자체를 말한다는 점을 생각해 보아야 한다. '법률효과'라는 단어가 갖는 이중적 의미는 이 점과 관련해서도 주의를 기울여야 한다.

알아야 한다. 그와 같은 추론은 사실상 오늘날 어느 누구도 옹호하지 않는 '개념법학'일 뿐이다. 하나의 법률효과가 이 법률효과의 근거가 되는 여러 개의 사실들로부터 어떻게 추론될 수 있는지는 각 사례마다 올바른 방법에 부합하는 법적 관점에 비추어 결정해야 할 일이다. '이중적 근거' 또는 '이중적 결과'와 같은 이중효과를 상정하는 데에는 원칙적으로 아무런 문제도 없다.

다음 장으로 논의를 옮겨 가기 전에 다시 한 번 다음과 같은 점을 강조해두자. 즉, 구성요건과 법률효과 사이의 결합은 그것을 어떤 식으로 해석하고 무엇이라고 부르든 추상적으로나 구체적으로 실정법, 특히 법률에 의해 설정된 결합이라는 사실이다. 따라서 하나의 '구성요건'과 하나의 '법률효과' 사이의 조건적 결합을 추상적으로 설정하고 있는 '법명제'는 오늘날에는 대부분 법률상의 법명제이다. 치텔만이나 폰 투어와 같이 구성요건과 법률효과 사이에 '법적 인과관계'가 존재한다고 생각하는 학자들도 그러한 인과관계는 법률, 즉 '입법자의 의사'에 근거한다는 점을 명백히 강조한다. 이 점에서 구성요건과 법률효과의 결합이 법률이나 입법자의 의사가 아니라, 아마도 어떤 '사물의 본성'에 근거한다는 사고는 지금까지 전혀 주장된 적이 없는, 완전히 새로운 견해이다. 이 견해에 대해 논의를 할 수 있기까지는 아직 갈 길이 많이 남아 있다. 이에 대해서는 이 책의 마지막 부분에서 간단히 다룰 생각이다. 우리는 일단 법률을 중심으로 논의하지 않을 수 없다. 즉, 독자들에게 실정법에 비추어 당위를 확인하는 문제와 관련하여 설명을 해야 할 내용이 아직 많이 남아 있다. 특히 앞에서 여러 번에 걸쳐 언급했던, 법률에 생활사실을 '포섭'하는 것이 과연 무슨 의미이고 그것이 어떤 식으로 이루어지는지를 분명하게 설명해야 한다.

제 3 장 구체적인 법적 판단을 법명제로부터 획득하는 작업, 특히 포섭의 문제

앞장의 마지막에서 얘기했던 과제를 다시 다른 각도에서 접근해 보기로 하자. 앞장에서는 법명제에 대해서 설명을 했고, 무엇보다 성문법률에서 포착해낼 수 있는 법명제를 염두에 두었다. 일반인들이 법률가들과 이들이 구사하는 '기술'이 무엇일까를 생각할 때에는, 법률가들이 '법률'을 다루는 사람들이라고 여기는 것이 보통이다. 그렇지만 이는 반드시 옳다고 볼 수 없다. 변호사나 법관과 같이 전형적인 법률가 직업을 가진 사람들이 법률뿐만 아니라, 우리의 일상적인 '삶'도 함께 다룬다는 사실은 일반인들도 잘 알고 있을 것이다. 더욱이 법(권리)이 어느 누구에게나 자신의 삶을 형성하고 영위하는 데 필요한 힘이 된다는 점도 일반인들은 이해하고 있을 것이다. 이 점에 대해서는 이 책의 맨 앞에서도 언급한 적이 있다. 그렇다면 법과 법에 관한 실제적인 작업들이 삶과 관련을 맺는다는 것이 무슨 뜻일까? 법이 우리에게 다가올 때에는 결국 우리는 행위를 통해 우리의 삶을 형성하는 존재로 여겨지며, 따라서 법과 법의 실제적 운용은 매일 매일, 매시간 그리고 매 순간 우리가 무엇인가를 하거나 하지 않는 것을 규정함으로써 우리의 삶과 직접적으로 관련을 맺는다고 말할 수 있다. 그렇기 때문에 우리의 행위는 언제나 법의 지배하에 있다고 말해도 과언이 아니다. 물론 우리 자신이 법아래 놓여 있다는 것이 아니라, 법은 그저 일정한 틀을 제시하고, 이 틀 안에서 우리는 행위를 통해 우리의 삶을 형성한다.[1] 법이 우리의 삶을 규정하는 의미를 갖게 되는 형식은 법이 우리가 구체적으로 어떻게 행동해야 하는지에 대해 무엇인가를 말해주는 것이다. 이에 따라 법이 우리의 삶에서 의미를 가져야 할 경우 법은 구체적인 당위명제의 형태로 등장한다. 그리하여 법은 나 자신 또는 다른 사람이 지금 여기에서 구체적으로 무엇을 해야 하고 무엇을 해서는 안 되는지에 대해 얘기한다. 또한 우리가 어떤 식으로 행동해도 좋은가(허용)라는 물음은 얼마든지 그에 상응하는 당위의 물음으로 바꿀 수 있다(즉, "내가 이렇게 해도 좋은가?"는 "내가 이 반대의 것을 해서는 안 되는가?"를 뜻한다).[2]

물론 전통이 구체적인 법적 당위의 내용을 결정하는 경우도 얼마든지 생각할 수 있다. 실제로 법이 삶을 조종하는 근원적인 방식은 이른바 관습법의 형성,[3] 즉 같은 상황에서 지속적으로 그 타당성을 확인받은 관행이 법적 확신으로 굳어진 데 기인한다. 그러나 오늘날에는 관습법의 역할이 상대적으로 미약하다. 다만 국제법에서는 여전히 관습법이 커다란 의미를 갖는다. 따라서 앞으로 관습법은 우리의 논의에서 배제하기로 한다. 그리고 구체적인 법적 당위에 대한 물음을 각각의 사례에서 법감정 또는 구체적으로 무엇이 옳고 무엇이 그른가에 대한 직접적인 통찰을 통해

---

1) 이에 관해 자세히는 Engisch, ZgS 108(1952), 385 참고.

2) 이에 관해서는 K. Engisch, Logische Studien zur Gesetzesanwendung, 3. Aufl. 1963, S. 3f. 참고.

3) 이에 관해서는 M. Rehbinder, Einführung in die Rechtswissenschaft, 8. Aufl. 1995, S. 11ff., 194ff. 227f. 참고. 이밖에도 Bydlinski, S. 214ff.; Larenz, Methodenlehre, S. 356ff.; F. Müller/R. Christensen, Juristische Methodik, Bd. 1, 10. Aufl. 2009, Rn. 193, 352.도 참고.

답할 수 있는 가능성도 일단은 논의에서 배제하기로 한다.[4] 그렇기 때문에 앞으로의 논의에서는 오늘날의 일상생활에서 우리에게 구체적인 법적 당위에 대한 물음에 관하여 결정적인 정보를 제공하는 것은 바로 법률이라고 전제한다(이로써 우리는 앞의 제2장의 서술과 다시 관련을 맺게 된다). 따라서 이제부터는 삶과 법률의 관계를 포착하는 데 집중해야 한다. 이것은 어떻게 해야 하는 것일까? 이 물음은 우리로 하여금 곧바로 '법학적 사고'라는 문제영역에 다가서게 만든다.

구체적인 상황에서 법적으로 마땅히 해야 할 것 또는 해도 좋은 것이 무엇인지를 확정하는 일은 법적용을 전문적으로 담당하는 기관, 즉 법원이나 행정관청에 의해 판결 또는 행정행위의 형태로 권위적인 방식으로 이루어진다는 사실을 감안해 보면 이 문제는 더욱 뚜렷하게 파악할 수 있다. 법원의 결정 가운데 가장 중요한 것은 **판결**이다. 판결을 통해 예컨대 특정한 사람에 대해 급부를 이행하라는 결정 또는 범죄에 대한 책임이 있기에 형벌을 부과한다는 결정이 내려진다. 또한 판결을 통해 소를 기각하거나 형사피고인을 무죄로 선고하기도 한다. 경찰명령, 인허가, 과세결

4) 이 문제는 제정법과 관습법 이외에 법관법을 또 다른 법원(法源)으로 인정할 것인지에 관한 물음과 관련이 있다. 이 물음은 갈수록 중요한 의미를 가지게 되었다. 이에 관해서는 제4장에서 다시 설명하겠다. 앞으로의 서술에서는 일단 법관은 독자적으로 법을 형성하는 존재가 아니라, 법률에 따라서 판결을 내리는 존재로 상정한다. 법관이 결정을 내릴 때 '근거'로 삼게 되는 '법감정'의 문제에 대해서는 이에 관한 고전적인 문헌들인 M. Rümelin, Rechtsgefühl und Rechtsbewußtsein, 1929; H. Isay, Rechtsnorm und Entscheidung, 1929, S. 85ff.; E. Riezler, Das Rechtsgefühl, 3. Aufl. 1969, S. 137ff.; Ch. Meier, Zur Diskussion über das Rechtsgefühl 3.Aufl. 1969, S. 137ff. 참고. 또한 Würtenberger, Zeitgeist, S. 167ff., 182ff.; M. Rehbinder, Rechtswissenschaft, S. 153, 167; ders., Rechtssoziologie, 7. Aufl. 2009, Rn. 118f.; Braun, S. 26ff., 35ff.; Zippelius, Rechtsphilosophie, §§18ff.도 참고.

정 등은 행정행위의 보기에 속한다. 구체적으로 무엇이 법적 당위의 내용인가에 대한 권위적인 확인[5]과 관련하여 오늘날 우리의 법질서에서는 '법률구속의 원칙'이 지배하고 있다. 이에 대해 독일 연방공화국 기본법 제20조 제3항은 다음과 같이 명문으로 선언하고 있다. "집행권(즉, 행정)과 사법(즉, 법원)은 법률과 법에 구속된다." 이는 우리들의 공동체를 구성하는 '법치국가원칙'의 본질적인 측면이다. 마운츠(Maunz)는 이 법률구속원칙을 다음과 같이 설명한다. "모든 국가활동은, 그것이 사법적 행위이든 아니면 국가의 행정적 행위이든, 언제나 공식적인 법률에 근거해야 한다. 다시 말해 공식적인 법률에 '근거하여' 이루어져야 한다 … 따라서 기본법은 집행권의 어떤 행위가 불문법 또는 정의, 윤리, 공공복리와 같은 일반적인 사회윤리적 원칙에만 근거하여 이루어지는 것을 허용하지 않는다."[6] 물론 이 말이 오로지 법률만이 사법과 행정의 구체적인 결정을 완전히 규정한다는 뜻은 아니다. 왜냐하면 국가공동체 내에서의 삶을 합목적성과 형평의 원칙에 따라 일정한 재량을 갖고 형성하는 것 또한 행정의 과제이고, 법원도 상당 부분 그러한 과제를 떠맡고 있기 때문이다. 이 점에서 법률이 모든 것을 규정한다는 식의 실증주의적이고 규범주의적인 사고는 처음부터 들어설 자리가 없다. 그렇지만 사법과 행정의 결정에서 법률이 절대적으로 중요한 척도가 된다는 점만은 분명하다. 더욱이 법률이 사법과 행정에 대해 자세한 방향을 제시하는 경우도 자주 있다.

---

5) 우리의 논의에서 중요한 것은 오로지 판결의 내용이 되는, '순수한 사유적 구성물로서의 당위'일 뿐, 여기에 추가될 수 있는 명령적 내용이 아니다. 이에 관해서는 Engisch, Studien, S. 4; J. Rödig, Die Theorie des gerichtlichen Erkenntnisverfahrens, 1973, S. 10, 63f., 82ff. 참고.

6) Th. Maunz, Deutsches Staatsrecht, 23. Aufl. 1980, §10 I d; 이러한 법률유보 및 법률우위의 원칙에 대해서는 Th. Maunz/R. Zippelius, Deutsches Staatsrecht, 32. Aufl. 2008, §12 Rn. 21ff., 37ff. 참고.

법률을 구체적 생활사실에 적용할 때 어떠한 법학적 사고를 거치는지를 탐구하고자 하려면, 이러한 법률적용의 과정이 아주 순수한 형태로 나타나는 경우에 주목하는 것이 바람직하다. 이는 오로지 법률만이 구체적인 당위의 내용을 규정하고 있는 경우이다. 따라서 우리는 법률이 재량과 결합하거나 또는 이와 유사한 결합이 이루어져야 하는 경우는 일단 논의에서 배제하기로 한다. 다시 말해 일단 법률 스스로 구체적인 법적 당위를 확정하고자 하는 경우만을 다루기로 하자. 물론 이러한 경우에 확인된 논리적 작동들은 법률이 구체적 당위에 내용을 부여하는 여러 가지 요인들 가운데 단지 하나의 요인일 뿐이다. 다시 말해 매우 복잡한 사고과정 속에 편입되어 있는 한 가지 요인일 뿐이다.

순수한 법률적용의 전형적인 보기는 형법에서 찾아볼 수 있다. 즉, 저질러진 범죄를 유죄로 판결하는 경우이다. 그 이유는 형벌을 부과하는 국가의 개입은 국민에 대한 국가의 개입 가운데 가장 가혹한 형태라는 사실과 밀접한 관련이 있다. 그 때문에 현대의 문화국가에서는 법치국가원칙 및 이와 결부된 법률구속원칙이 특히 형법에서 매우 중요한 의미를 갖는다. 그리하여 독일 기본법 역시 이 원칙들을 특별히 형법과 관련하여 명문으로 규정하고 있다. 즉, 기본법 제103조 제2항은 "하나의 행위는 이 행위가 행해지기 전에 그 가벌성이 법률로 확정되어 있을 때에만 처벌될 수 있다"라고 규정하고 있다. 이 원칙에 담겨 있는 여러 가지 측면들을 여기서 모두 밝힐 수는 없다. 우리의 논의와 관련해서는 다음과 같은 사정만이 중요한 의미가 있다. 즉, 이 원칙에 따른다면, 어느 누구도 단순히 우리의 도덕감정이나 '건전한 국민감정'에 반하는 행위를 했다는 이유만으로는 결코 처벌해서는 안 된다는 사실이다. 따라서 '비열한 짓'이나 '질서위반죄'를 범했다는 이유로, 또는 '불한당'이나 '문제아'라는 이유만으로 형벌을 부과해서는 안 되며, 오로지 형법의 '구성요건표지'를 통해 상세하게 서술되어 있는, 형벌부과의 요건을 충족했을 때에만 형벌을 부과할 수 있다. 예를 들어 "타인 소유의 동산을 다른 사람으로부터 의도적으로 절취하여, 이를 위법하게 영득"(형법 제242조) 또는 "살인에 쾌락을 느끼거나 성욕을 만족시키기 위해 또는 재물에 대한 탐욕이나 기타 저열한 행위동기로 … 사람을 (고의적으로) 살해"(형법 제211조)와 같은 요건을 충족했을 때에만 형벌을 부과할 수 있다. 이것이 곧 "법률 없으면 형벌 없다!(nullum crimen sine lege!)"는 죄형법정주의원칙이다. 예를 들어 제국법원(RGSt 32, 165 및 이미 그 이전의 판결인 RGSt 29, 111)은 이 원칙 때문에 전철운행을 위해 설치된 전선에 몰래 다른 전선을 연결하여 전기를 무단으로 사용한 행위를 절도죄로 처벌하지 못했다. 즉, 이 행위가 '파렴치'하고 '정직하지 못한' 행위이고, 또한 형사처벌이 ─ 제국법원의 판결에도 표현되어 있듯이 ─ "윤리적 법감정 및 법익에 대한 부당한 침해로부터 보호받고자 하는 일반 거래생활의 요구"에 부응해야 한다는 사정을 감안하더라도 이것만으로는 이 행위를 처벌하기에 충분하지 않았다. 절도를 이유로 가벌성을 인정할 수 있기 위해서는 '타인의 동산을 절취'한 행위여야 했기 때문이다. 하지만 제국법원은 전기가 '동산'의 개념에 포섭될 수 없다고 생각했다. 그리하여 입법자는 1900년에 전기절도를 처벌하기 위한 특별법(현행 형법 제248c조에 해당)을 제정하지 않을 수 없었다. 그렇지만 법원은 새로 개정된 법률도 별로 만족스럽게 여기지 않았다. 왜냐하면 새로운 법률에는 "전선을 이용하여" 전기를 절취하는 행위라고 규정하고 있어서, 가짜 동전을 투입하여 전기로 작동하는 공중전화를 무단 이용하는 행위를 처벌할 수는 없었기 때문이다. 이에 대해 제국법원은 다음과 같이 설명한다. " … 가짜 동전을 투입함으로써 전기가 연결되도록 한 것이 아니라, 단지 가짜 동전의 무게로 인해 다이얼이 돌아가지 않도록 차단하고 있는 장치가 해제되었을 뿐이다"(RGSt 68, 67f.). 그렇다고 이 행위를 사기죄로 처벌할 수도 없었다. 왜냐하면 공중전화기는 자동연결장치를 통해 작동할 뿐, 사기죄에 관한 법률 구성요건표지(형법 제263조: "위법한 재산상의 이득을 취할 의도에서 … 허위의 사실로 타인에게 착오를 불러일으키거나 착오가 지속되도록 한 자는 …"; 의심의 여지없이 기계가 착오에 빠질 수는 없다)에 속하는 '기망을 당한 사람'을 확인할 수 없기 때문이다. 결국 그와 같은 행위를 무죄로 판결하는 것을 막기 위해 입법자가 다시 개입하지 않을 수 없었다. 그리하여 1935년에 형법 제265a조를 신설하여, 자동장치가 제공하는 서비스를 사취(Erschleichung)하는 행위도 처벌하게 되었다.

이로써 우리는 엄격한 법률적용이 무슨 의미인지를 어느 정도 이해하게 되었다. 하지만 조금 더 자세히 분석해야 할 필요가 있다. 문제의 핵심은 구체적인 당위결정으로서 형벌을 부과해야 한다는 결정을 법률로부터 획득해야 한다는 데 있다. 이 결정은 궁극적으로는 형사법관이 내리는 것이지만, 그 전에 검찰이 공소를 제기하여 형벌을 부과해야 한다고 주장하거나 피고인의 변호사가 형벌을 부과해야 한다는 당위를 반박하면서 부정적인 당위판단을 내리기도 하며,[7] 또는 사건과 관련이 없는 제3자가 가벌성과 관련된 법적 문제에 대해 생각을 할 수도 있다. 그러나 이러한 복잡한 과정들을 단순화하여 앞으로는 가벌성에 대한 결정과 관련하여 가장 커다란 의미를 갖는 형사법관의 관점에 대해서만 서술하도록 한다.

일단 특수한 논리적 난관에 봉착하지 않도록 하기 위해, 형법적 결정, 특히 이른바 형사판결(예컨대 "A는 1급살인에 대해 유죄

---

7) 이에 관해서는 Engisch, Studien, S. 3f. 참고.

의 책임이 있으며, 따라서 종신형에 처하며 소송비용을 부담하도록 판결한다") 가운데 우리의 관심대상은 이 형사판결에서 추출할 수 있는 당위적 요소일 뿐, 형벌을 집행하고 또한 형벌을 감수해야 한다는 이중의 법적 명령이 아니라는 사실을 다시 한 번 강조하고자 한다. 물론 유죄판결을 내리는 '인식' 속에는 그와 같은 구체적 명령이 포함되어 있다. 이는 마치 추상적 형법 속에 처벌 및 형벌감수에 관한 일반적 명령이 포함되어 있는 것과 같은 이치이다. 그렇지만 구체적인 명령을 추상적인 명령으로부터 '논리적으로 도출'하는 것은 상당히 까다로운 이론적 문제이다. 모리츠(Moritz)는 이 '실천적 삼단논법'의 문제를 날카롭게 분석한 논문[8]에서 '명령을 내용으로 하는 대전제'로부터 구체적 명령을 추론하는 것은 원칙적으로 불가능하다는 점을 밝히고자 한다. 예를 들어 모든 살인자는 종신형에 처해야 한다는 일반적 명령으로부터 살인자 M을 종신형에 처해야 한다는 구체적 명령을 추론해낼 수 없다는 것이다. 이 실천적 삼단논법 또는 '의지에 관한(volitiv) 추론'[9]의 문제는 여기서 자세히 다루지 않겠다. 다만 다음과 같은 점만을 지적하고자 한다. 즉, 한스 마이어(Hans Maier)가 밝히고 있는 것처럼 "논리적 추론이 반드시 순수한 서술언명만을 대상으로 하는 것은 아니다"고 하는 학설이 여러 곳에서 제기되고 있다. 왜냐하면 "서술명제도 얼마든지 당위명제에 포섭될 수 있고, 이를 통해 다시 당위명제를 결론으로 획득할 수 있기" 때문이라고 한다.[10] 보기: 모든 살인자는 종신형에 처해야 한다 — M은 살인자이다 — 따라서 M은 종신형에 처해야 한다. 이 추론을 자세히 분석해 보면 일반에서 특수로 나아가는 두 가지 추론을 하고 있음

---

8) Moritz, Theoria 20(1954), 78.

9) Maier, S. 615.

10) 예컨대 F. Somlo, Juristische Grundlehre, 2. Aufl. 1927, S. 218 각주 4. 또한 Peter, AcP 132(1930), 41f.; Weinberger, S. 250f.('분리규칙')도 참고.

을 알 수 있다. 즉, 살인자는 처벌되어야 한다는 추론뿐만 아니라, 살인자에게 형벌을 선고하는 모든 법관에 대한 명령으로부터 지금 여기의 구체적인 사례에서 형벌을 선고하는 결정을 내리는 담당법관에 대한 구체적인 명령도 도출된다.

아마도 "보편에 해당되는 내용은 특수에도 해당한다"는, 보편에 관한(de omni) 유명한 원칙은 서술명제뿐만 아니라, 명령과 관련해서도 타당성을 가지며, 따라서 '의지에 관한 추론'에서도 중추적인 역할을 한다고 말할 수 있을 것 같다. 물론 이 경우에는 '보편'을 '모든 것 전체에 대해'가 아니라, '모든 사람에 대해'로 해석해야 한다. 이에 대해 다음과 같은 반론을 펼칠 수도 있다. 즉, "모든 사람들에게 요구된다는 이유만으로 곧바로 각 개인에게도 그것이 요구된다고 볼 수 없다. 왜냐하면 각 개인은 다른 모든 사람들 또한 자신에게 요구되는 것을 이행한다는 전제가 충족될 때에만 명령의 수범자로서 그러한 요구를 받아들일 것이기 때문이다." 하지만 각 개인이 이와 같은 관점을 취할 수 있기 위해서는 일반적 명령이 모든 사람 전체가 요구된 내용을 행해야 한다는 의미로 이해될 수 있어야 한다. 그러므로 일반적 명령은 각 개인이 다른 사람의 행태와는 관계없이, 다시 말해 다른 사람들이 규범을 존중하는지 아니면 무시하는지와는 관계없이 명령된 대로 행동해야 한다는 의미로 이해해야 한다. 이러한 전제하에 보편에 관한 원칙이 규범의 영역에서도 타당성을 갖는다.

오늘날에는 수학적 논리학도 규범적-법학적 사고를 논리계산을 통해 포착하기 위해 갈수록 더 많은 노력을 기울이고 있다.[11]

---

11) 처음에는 '양상논리계산'(이에 관해서는 O. Becker, Untersuchungen über den Modalkalkül, 1952, S. 40ff. 참고)이 발전을 했고, 그 이후 양상논리학의 한 분야로서 '규범논리학'이 발전을 하게 되었다. 규범논리학에 관해

그러나 이 모든 논리학적 특성과 세세한 측면들은 여기서 접어두기로 하자. 우리에게 중요한 점은 법률에 비추어 법적 판결을 발견하고 이를 정당화하는 작업이 순수한 '인식적(kognitiv)' 추론, 즉 순수한 서술명제를 통한 추론에 해당한다는 사실에 주목하는 일이다.12) 즉, 법관은 우선 형법전을 근거로 "형법 제211조에 따르면 살인자는 종신형에 처해져야 한다"는 보편적 서술언명을 제기하게 된다. 법관은 논리적 의미에서(즉, 언명의 진리성을 주장하는) 진정한 당위판단에 해당하는 이 '대전제'에 역시 서술언명인 "M은 살인자이다"라는 소전제를 연결하고, 이로부터 "형법 제211조에 따라 M은 종신형에 처해져야 한다"는 결론을 획득하게 된다. 이 결론 또한 논리적 의미에서 하나의 판단이다. 이와 같은 삼단논법은 엄밀한 이론적 매개추론으로서, 논리학자들이 흔히 'modus barbara' 라고 부르는 추론형식의 한 적용사례에 해당한다. 이 추론형식은 물론 대전제가 조건문("누군가가 살인자라면, 그는 종신형에 처해져야 한다") 형태를 띠는 추론형식인 'modus ponens'로 손쉽게 변환할 수 있다. 이처럼 "모든 A는 B이다"라는 보편명제의 형태를 띨 수도 있고, 동시에 "A라면, B이다"라는 조건명제의 형태를 띨 수도

서는 70면의 각주 14에 제시된 논리학 문헌들을 참고.

12) 이 점 및 이하의 서술에 관해서는 Lampe, S. 40ff., 특히 S. 48 참고("명령을 내용으로 하는 모든 법명제는 … 법명제가 명령하는 것이 마땅히 그래야 한다는 사실을 확정하는 서술적 법명제를 포함한다"). 모리츠[M. Moritz, Kann das (richterliche) Urteil deduziert werden?, in: FS f. P.O. Ekelöf(1972), S. 502]는 이를 법적 명령에 수반되는 '병행판단(Pararell-Urteil)'이라고 부르면서, 이 병행판단을 끌어들여 "법관의 판결이 형식적으로 법률에 부합하는지 여부를 결정할 수 있도록 도움을 주는 .. 삼단논법에 도달"(S. 502)하며, 그렇게 하더라도 "법규칙을 명령으로 파악하는 데 아무런 문제가 없다"(S. 518)고 말한다. 이에 대한 반론으로는 K. Haag, Kritische Bemerkungen zur Normlogik, in: Arthur Kaufmann(Hg.), Rechtstheorie 1971, S. 135(139) 참고. 나와 모리츠의 입장은 결코 명령이 서술명제로 전환한다는 것이 아니라, 서술명제를 통해 명령에 대해 얘기를 할 수 있다는 전제에서 출발한다는 점에 주의해야 한다.

있는 명제를 현대 논리학자들은 '일반함축'이라고 부른다.[13] 따라서 법률적용이란 당위를 내용으로 하는 일반함축으로부터 법발견의 대상이 되는 구체적 당위명제를 추론을 통해 획득하는 작업이다.[14]

우리는 방금 '획득'이라는 표현을 썼다. 그렇지만 법률적용과 관련하여 이런 표현을 써도 좋은 것일까? 예를 들어 헤르만 이자이(H. Isay, Rechtsnorm und Entscheidung, 1929)는 법률가, 특히 법관은 겉으로는 자신의 구체적인 당위결정을 법률로부터 도출했고, 따라서 사법의 법률구속 원칙을 충족했다는 식으로 근거를 대지만, 실제로는 직관이나 본능 또는 법감정이나 실천이성, 상식 등과 같이 겉으로 내세우는 것과는 전혀 다른 방식으로 결정을 찾아내는 경우가 대부분이라고 말한 적이 있고, 이와 유사한 생각이 자주 제기되곤 한다. 그리하여 추상적인 규범으로 결정을 정당화하는 것은 단지 부차적인 의미만 있을 뿐이고, 그 자체 비합리적인 결정을 사후적으로 합리화하는 것에 불과하다고 한다. 물론 이 점에서 법률은 어느 정도 통제기능을 한다는 것이다. 그러나 법률적용을 이런 식으로 이해하는 것은 타당할 수 없다. 설령 법관의 판결발견에서 비합리적인 요소들이 어떤 역할을 할지라도,

---

13) 예컨대 R. Carnap, Einführung in die symbolische Logik, 3. Aufl. 1968, S. 36 참고.

14) 이상의 내용에 관해 더 자세히는 Engisch, Studien, S. 6ff.; Larenz, Methodenlehre, S. 271ff. 참고. 또한 Kelsen, Rechtslehre, S. 76도 참고. 이에 대한 논리학적 설명은 Th. Heller, Logik und Axiologie der analogen Rechtsanwendung, 1961, S. 68ff.; R. Schreiber, Logik des Rechts, 1962, S. 38ff.; H. Lenk(Hg.), Normenlogik, 1974; G. H. v. Wright, Handlung, Norm und Intention, hg. u. eingel. v. H. Poser, 1977; U. Klug, Juristische Logik, 4. Aufl. 1982, S. 48ff.; Koch/Rüßmann, S. 31ff.; Weinberger, Rechtslogik, 참고문헌에 제시된 문헌들; R. Alexy, Theorie der juristischen Argumentation, 3. Aufl. 1996, S. 273ff.; Röhl/Röhl, S. 123ff.; Rüthers, Rechtstheorie, Rn. 681ff. 참고.

이와는 관계없이 법관은 자신의 직위와 양심을 걸고 오로지 법률을 통해 정당화할 수 있는 결정, 다시 말해 법률로부터 도출할 수 있는 결정만을 내릴 책임이 있다. 그렇기 때문에 결정의 발견과 그에 대한 근거설정은 결코 서로 대립되는 것이 아니다. 법관의 과제는 법률에 근거한 결정을 발견하는 일이다. 이자이의 이론은 순수한 심리주의일 따름이다. 그 때문에 이 이론은 규범논리의 특수한 문제들을 간과하고 있다.[15)]

이자이를 비판하는 나의 입장은 여러 가지 반론에 부딪혔다.[16)] 하지만 이자이 스스로 법감정이라는 심리학적이고 감정적인 사실에 근거하는 판결이 전형적이고 또한 모범적인 결정이라고 했고, 또한 법률규범이 법관의 결정과 관련하여 독자적 인식원천의 기능을 한다는 점 자체를 부정하고 단순히 보충적인 통제기능만을 갖는다고 했다는 사실 자체는 결코 부인할 수 없다. 바로 이 점에서 나는 이자이가 발생할 수도 있는 예외적인 상황(법관이 일단 법감정을 지침으로 삼고, 그 이후에 자신의 법감정과 조화할 수 있는 규범을 찾아내는 경우)으로부터 '원칙적인 상황'을 추론해내는 오류를 범하고 있다고 생각한다. 더욱이 이자이의 이론에는 주관주의의 위험이 도사리고 있을 뿐만 아니라, 무엇보다 법관의 법률구속원칙(기본법 제20조 3항)에도 정면으로 위배된다.[17)]

---

15) 이에 관해서는 K. Engisch, Die Idee der Konkretisierung in Recht und Rechtswissenschaft unserer Zeit, 2. Aufl. 1968, S. 188ff. 참고. 이자이의 이론에 대한 비판으로는 H. Coing, S. 276ff. 참고. 이와는 달리 이자이에 동조하는 Esser, Grundsatz, S. 19ff., 256도 참고.

16) 예컨대 P. Schwerdtner, Rechtswissenschaft und kritischer Rationalismus, Rechtstheorie 2(1971), 67(70); Keuth, S. 38f.('법관의 양심에 대한 호소'만으로 법관의 '사실상의 행태에 관한 언명'을 반박할 수는 없다) 참고.

17) 이에 관해서는 Jarass, in: Hans D. Jarass/Bodo Pieroth, Kommentar zum Grundgesetz für die Bundesrepublik Deutschland, 3. Aufl. 1995, Art. 20 Rn. 28 참고.

물론 법관들이 결과가 만족스럽게 보이도록 만들기 위해 위장된 근거설정(Scheinbegründung)을 하는 경향이 있다는 점을 부인할 수는 없다.[18] 위장된 근거설정과 관련하여 커다란 교훈을 주는 판례인 이른바 '욕조사건'(RGSt 74, 84)에 대해서는 하르퉁(F. Hartung, JZ 1954, 430)이 여러 가지 측면에서 풍부한 시사점을 던져주고 있다. 이 욕조사건의 개요는 다음과 같다. 제국법원은 사생아를 욕조에서 질식시켜 죽인, 산모의 언니에 대해 공범이론에 관한 주관설을 적용하는 '모험'을 하여 이 행위를 '방조'로 구성함으로써 행위자에 대한 사형판결 및 그 집행을 피하고자 했다. 여기서 진정한 근거설정과 위장된 근거설정을 구별하기 위한 척도는 내 생각으로는 오로지 주관적 정직성일 뿐이다. 따라서 나로서는 '무의식적으로 위장된 근거설정을 한 경우'는 위장된 근거설정이 아니라고 본다. 이 점에서 재판에 직접 관여했던 하르퉁이 그가 제안한 이 결정에 대해 '법학적 관점에서' 하등의 문제가 없다고 말한 사실은 상당히 주목할 만한 일이다. 또한 법률과 선결례가 '이성적인' 결과를 목적으로 삼는다는, 전혀 근거가 없다고 볼 수만은 없는 추정에서 출발한다면 그러한 결과는 원칙적으로 특별한 '트릭'이나 '속임수'를 쓰지 않더라도 얼마든지 합리적으로 정당화할 수 있다. 다시 말해 법률로부터 결과를 도출해내거나 선결례에 비추어 결과를 정당화할 수 있다. 이와는 달리 법관이 과연 특수한 상황에서는 '비합리적인' 법률(또는 문제가 많은 기존의 확고한 선결례)에 대해 의식적이고 노골적으로 복종을 거부해도 좋거나 또는 마땅히 그래야 하는지는 완전히 별개의 문제이다. 이

18) 이에 관해서는 F. Brecher, Scheinbegründungen und Methodenehrlichkeit im Zivilrecht, in: FS f. A. Nikisch(1958), S. 227; W. A. Scheuerle, Finale Subsumtionen, AcP 167(1967), 305; M. Kriele, Theorie der Rechtsgewinnung, 2. Aufl. 1976, S. 118ff.; Müller/Christensen, Methodik, Rn. 426ff.

문제에 관해서는 제7장에서 자세히 다루겠다.

'이성적', '정당한', '만족스러운' 결과를 합리적으로 정당화하는 문제 그리고 이론과 실천 및 판결발견의 심리와 논리의 관계를 둘러싼 논의는 에써, 크릴레, 뮐러에 의해 새로운 단계로 접어들게 되었다. 에써[19]는 법관이 일정한 '선이해(Vorverständnis)'를 갖고 사안에 접근하며, 사안의 '구성'은 이미 일종의 '사전결정'에 의해 규정된다는 사실 그리고 법관은 당사자들이 사안에 대한 법적 처리와 관련하여 이미 일정한 기대와 요구를 갖고 법정에 출두한다는 것을 알고 있으며, 그 때문에 법관은 전문적인 법적 기술을 동원하여 법률을 '해석'할 때 법적으로 정당한 것의 내용에 관한 특정한 고려를 지침으로 삼으며, 이 점에서 '사전의 가치평가'와 '선판단'을 지침으로 삼게 된다는 사실을 강조함으로써 이자이의 입장에 동의한다. 즉, 적절한 규범을 찾거나 이 규범 또는 저 규범을 선택하는 것 그리고 어떤 규범을 적용할 것인지 아니면 적용하지 않을 것인지에 대해 결정하는 행위 등은 그와 같은 사전의 예측에 좌우되는 경우가 자주 있다고 한다. 이에 반해 '형식' 논리는 －에써나 크릴레는 이러한 형식논리를 별로 중요하게 여기지 않는다－ 결정의 정당성을 위한 필요조건(어쨌든 필요조건이라도 되는 것이 다행이다)이긴 하지만, 충분조건은 아니라고 한다.[20] 그러나 기본법(제20조 제3항)의 지배하에 있는 우리 법질서에서는 궁극적으로 찾아낸 '결과'가 논리적, 방법론적, 법학적 측면에서 타당한 결과인지가 가장 중요하다(에써와 크릴레 역시 이 점을 분명히

---

19) Esser, Vorverständnis und Methodenwahl in der Rechtsfindung, 1970, S. 132ff., 175f.

20) Esser, Vorverständnis, S. 77; 이에 관해서는 Koch/Rüßmann, S. 27f.; C.-W. Canaris, Systemdenken und Systembegriff in der Jurisprudenz, 2. Aufl. 1983, S. 22f.; Alexy, Argumentation, S. 280ff.; Müller/Christensen, Methodik, Rn. 86.

인정하고 있다). 이와 관련해서는 사실의 문제와 법의 문제를 엄격히 분리해야 한다. 다시 말해 우리의 법관들이 실제로 어떤 식으로 법을 발견하는가에 관한 심리적이고 사회학적인 문제와 어떠한 형식적, 실질적 요건하에서 법발견의 결과가 정당한 것이 되는가에 관한 논리적, 인식론적인 문제는 엄격히 구별해야 한다. 이 점은 이자이나 에써 그리고 크릴레도 인정하곤 하는 측면이다.[21] 예를 들어 법원이 어떤 식으로 그리고 어느 정도로 선결례를 지향하고 있는가는 이러한 선결례지향 자체의 정당성 여부에 대해서는 아무런 대답을 주지 못하거나 매우 특수한 전제조건 하에서만 대답될 수 있을 뿐이다. 또한 "때로는 방법론적 규칙을 따르고, 때로는 따르지 않는다"는 점이 곧 크릴레가 주장하는 것처럼(S. 25) "그러한 방법론적 규칙이 타당성이 없다"는 것을 뜻하지는 않는다. 그리고 여러 가지 해석방법들 사이의 우선순위가 확정되어 있지 않다는 사실이 곧바로 정당한 결정을 위해 그러한 우선순위를 찾아내야 할 의무 자체를 부정할 근거가 되지는 못한다. 물론 법발견에 대한 '심리학'과 '사회학'의 독자적 의미 자체를 부정하려는 것은 아니다.[22] 또한 사실의 문제와 법의 문제 사이에 연관성이 존재할 수 있는 가능성 자체를 처음부터 부정하려는 것도 아니다. 하지만 그러한 연관성에 대해서는 ('실질적 논리'를 포함하는 아주 넓은 의미의) 논리만이 결정을 내릴 수 있다. 이러한 맥락에 비추어 볼 때, 이 책은 법학적 사고의 논리와 방법에 절대적인 비중을 두고 있다는 점을 여기에서 다시 한 번 강조하고자 한다.

이제 법발견에서 논리적 추론을 통해 근거를 설정하는 과정을 자세히 추적해보자. 이 근거설정에서 문제의 중심은 이른바

---

21) 에써에 대한 비판으로는 Larenz, Methodenlehre, S. 210f. 참고.

22) 이 분과의 의의 및 한계에 대해서는 Rehbinder, Rechtssoziologie, Rn. 8ff.(21), S. 132ff. 참고.

소전제에 있다. 앞에서 든 보기에 따른다면 "A는 살인자이다"라는 명제가 소전제에 해당한다(대전제와 대전제의 확인에 관해서는 다음 장에서 다룬다. 여기에서는 일단 대전제에 해당하는 법명제가 절대적인지 조건적인지는 소전제의 본질과 관련해서는 아무런 의미도 없다는 사실만을 강조해 둔다). 소전제에는 앞에서도 여러 차례 언급했던 포섭의 문제가 개입되어 있다.[23] 물론 포섭만이 문제가 되는 것은 아니

---

23) 이에 대해서는 형식논리적 설명이 필요하다. 포섭에 대해 크릴레는 다음과 같이 언급한다(Kriele, S. 51): "이른바 올바른 포섭의 문제는 전혀 문제라 할 수 없다 … 잘못된 삼단논법적 포섭에 대해서는 상당히 재미있는 보기들을 구성해 볼 수 있다 … 하지만 어떤 방법론이 포섭추론에 대해 상세한 설명을 하지 않는다고 해서 이를 이론적인 허점이라고 생각하는 것은 완전히 잘못된 것이다." 크릴레의 언급에서 포섭은 분명 포섭추론 전체를 의미하지, 소전제(본문의 보기에 따르면 "A는 살인자이다")의 구성부분으로서의 포섭을 의미하지는 않는다. 이밖에도 포섭추론 전체는 이 추론이 매우 중요한 의미를 지니긴 하지만 그 자체 아주 간단하게 수행할 수 있는 추론이다(이에 관해서는 Engisch, Studien, S. 13). 이에 반해 소전제('praemissia minor')를 함께 구성하는 판단행위로서의 포섭은 그렇게 간단한 문제가 아니다(Rödig, S. 151에서는 이 점을 정확하게 지적하고 있다). 에써(Esser, Vorverständnis, S. 28, 60f., 65ff.)는 포섭추론과 소전제의 구성부분으로서의 포섭을 엄격히 구별하지 않으면서도, 포섭 자체가 안고 있는 문제점을 인식하고 있다(S. 45ff.). 크릴레 역시 법관의 기능에 관한 몽테스키외의 이론(Kriele, S. 135; 몽테스키외와 관련해서는 뒤의 211면의 서술과 각주 49 참고)을 포섭독트린의 문제로 표현(S. 49)하고 있는 것으로 볼 때, 포섭의 문제점을 의식하고 있는 것 같다. 그럼에도 크릴레는 포섭이 마치 순전히 합리적이고, 아주 간단하게 수행할 수 있으며 매우 명확한 결론에 도달하게 만드는 사고활동인 것인 양 오해하고 있다.

포섭은 흔히 가치평가와 결부시키고, 그리하여 포섭의 의미를 완전히 오해하는 경우가 자주 있는데(아니 어쩌면 거의 대부분이 그렇다고 보아도 무방하다), '포섭'이라는 개념뿐만 아니라, 법발견 삼단논법의 소전제 개념에 대해서도 잘못 이해하는 경우가 많다. 즉, 소전제를 때로는 (사실적인) 사안의 문제와 '증거평가'의 문제에만 국한시키는 경우(Esser, Vorverständnis, S. 46; Kriele, S. 48; Müller/Christensen, Methodik, Rn. 24)가 있는가 하면, '사안에 대한 판단'까지 포함시키는 경우(Esser, Vorverständ-

다. 왜냐하면 포섭의 문제는 원칙적으로 사실확인, 즉 포섭이 되는 사실의 확인과 밀접한 관련을 맺고 있기 때문이다. “A는 살인자이다”는 명제는 A가 법적 관점에서 살인에 해당하는 행위를 했다는 사실적인 확인뿐만 아니라, 이 확인된 사실이 살인이라는 법적 개념에 귀속된다는 점까지도 포함한다. 우리가 든 보기에 관한 형법적 결정을 내릴 때, 소전제를 획득하기 위해 이루어지는 논리적 작동을 더욱 자세히 살펴보면 다음과 같다. 우선 검찰이 한 개인에 대해 이 사람이 구체적인 범죄행위를 저질렀다는 내용의 공소장을 법원에 제출한다. 맨 먼저 문제되는 것은 공소장에 기재된 피의사실이 정당한가이다. 만일 법원이 피고인에게 유죄판결에 도달할 수 있다고 생각하게 되면, 법원은 범행과 관련된 여러 가지 사실들을 확인해야 한다. 예컨대 A가 상속재산을 노리고 의도적으로 부인을 독살했다는 사실을 확인해야 한다. 다른 한편 법원은 가벌성이라는 추상적인 법률효과에 연결되어 있는 개별적인 범죄구성요건에 확인된 사실들을 포섭시켜야 한다. 앞의 보기에 따른다면, 법원은 피고가 상속재산을 노리고 부인을 의도적으로 독살한 행위가 형법 제211조에서 의미하는 살인의 구성요건표지를 충족한다는 것, 즉 탐욕 때문에 다른 사람을 고의로 살해한 것으로 인식해야 한다.

형사소송을 모범으로 삼아 사실확인('증거조사')에 대해 조금 더 서술하기로 하자. 사실확인의 목표는 법원이 특정한 사실의 존재에 대해 확신을 갖도록 하는 것이다. 순전히 논리적으로만 보면 법정절차에서의 사실확인은 역사적 사실확인과 매우 유사하다. 즉, 역사학자가 그에게 제공된 자료들을 근거로 역사적 사실

---

nis, S. 50; 물론 이렇게 이해하는 것이 옳다)도 있다. 이 점에 대해서는 W. A. Scheuerle, Rechtsanwendung, 1952, S. 38; Engisch, Studien, S. 18ff.; Larenz, Methodenlehre, S. 278ff. 참고.

을 확인하는 것과 마찬가지로 법정절차에서는 피고 자신의 설명(여기에는 자백도 포함된다)을 근거로 그리고 이른바 증거방법, 즉 눈으로 직접 볼 수 있는 대상, 문서, 증인, 감정인 등을 이용하여 법적으로 중요한 사실들을 밝히게 된다. 여기서 사실이란 과거의 시공간에서 특정된 또는 시간적으로만 특정된 사건, 상태, 상황, 대상 및 속성을 말하며, 이들은 외적 및 내적 지각의 세계에 속하고 또한 자연법칙적 질서에 편입되어 있다.[24] 법원은 대다수의 가벌적 행위가 미친 영향만을 사후적으로 지각할 수 있을 뿐이기 때문에, 사실확인을 가능하게 하는 것은 주로 경험적 추론이며, 이 추론은 논리적으로 상당히 복잡한 과정을 거친다.

재판부가 채택하는 증거는 대부분 '간접증거', 즉 확인대상이 되는, 직접적으로 중요한 사실을 '징표'로부터 추론해 낸 증거이다. 여기서 '징표'란 우리가 직접 지각하거나 파악할 수 있다는 장점이 있긴 하지만, 이로부터 법적 구성요건에 포섭을 하게 되는 사실(이를 '직접적으로 중요한 사실'이라고 부른다)을 추론할 수 없을 때에는 그 자체 아무런 의미가 없는 사실들을 말한다. 우리가 앞에서 보기로 들었던 독살의 경우, 예컨대 피고인 남편이 약제상이 만든 독약을 구입했다는 사실은 남편이 부인에게 독약을 몰래 먹였다는 사실에 대한 징표가 되고, 독약을 먹였다는 사실 자체는 '직접적으로 중요한 사실'이 된다. 물론 무엇이 직접적으로 중요한 사실인지는 각 법명제와 그 구성요건에 달려 있다. 만일 약재상이 그 남편에 대해 매매대금을 청구하는 소를 제기했다면,

---

24) 사실 및 사실확인의 개념에 대한 자세한 설명은 Engisch, Studien, S. 37ff.; Larenz, Methodenlehre, S. 304ff.; Zippelius, Methodenlehre, S. 91ff. 참고. 또한 E. Döhring, Die Erforschung des Sachverhalts im Prozeß, 1964; J. Hruschka, Die Konstitution des Rechtsfalles, 1965; Rödig, S. 3ff., 239ff.; Bydlinski, S. 417ff.도 참고.

이 민사소송에서는 약재상과 남편 사이에 체결된 독약매매계약이 직접적으로 중요한 사실이 될 것이다. 다시 말해 직접적으로 중요한 사실이라는 개념은 상대성을 갖는다. 형사소송에서는 여러 가지 징표들 가운데 특히 피고인의 자백이 특별한 의미를 갖는다(민사소송에서 자백이 차지하는 비중에 대해서는 논의하지 않겠다). 물론 근대 이후의 법률가들은 형사소송에서 피고인의 자백은 피고의 유죄를 입증하는 절대적인 증거가 되지 못하며, 단지 자백의 대상인 가벌적 행위에 대한 추론을 허용하는 징표(즉, 심리를 하는 현재 상태에서 파악할 수 있을 뿐인 사실)에 불과하다는 점을 강조한다. 무엇보다 자백으로부터 가벌적인 행위를 추론하는 것이 오류인 경우가 자주 있다. 왜냐하면 피고인이 —예컨대 진범을 은폐하기 위한 목적에서— 자신이 저지르지 않은 범행에 대해 자백하는 경우가 있다. 이런 맥락에서 자백이 있을 때에만 사형을 집행한다는 식으로 사형제도가 안고 있는 문제점을 해결하자고 주장하는 제안은 아무런 죄도 없는 사람에게 다시는 되돌릴 수 없는 형벌을 집행할지도 모르는 일이기 때문에 그 이론적 근거가 매우 박약하다. 그리고 범행 현장을 목격한 증인의 진술 역시 '징표'일 따름이다. 증인이 법정에서 행한 진술은 '간접적으로 중요한 사실'에 불과하며, 이는 진술의 대상인, 과거에 행해진 범죄가 사실상으로 존재했다는 것을 추론할 때 일정한 조건이 충족될 경우에만 원용할 수 있을 뿐이다. 우리는 계속 '추론'이라는 표현을 사용하고 있는데, 경험적 명제를 토대로 하는 추론은 그 개연성의 정도가 각각의 사례마다 서로 다르다는 점에 주의해야 한다. 물론 이러한 경험적 명제는 법원의 증거절차에서 커다란 역할을 하며, 까다로운 사건에서는 감정인의 도움으로 경험적 명제를 확인할 수 있다.[25] 다양한 형태의 경험적 추론은 우리가 고찰해야 할 대

25) 이에 관한 고전적인 문헌으로는 F. Stein, Das private Wissen des Richters, 1893 참고. 또한 Döhring, S. 256ff.; Rödig, S. 242ff.도 참고.

상이 아니다. 다만 결과로부터 원인을 추론하거나, 원인으로부터 결과를 추론(양자를 함께 묶어 인과성 추론이라고 한다)할 때에는 특히 신중을 기해야 한다는 점만을 지적하기로 한다. 어쨌든 간접증거를 통해 입증을 할 때에는 법정소송에서 증거절차의 목표가 되는, 직접적으로 중요한 사실이 실제로 간접증거를 통해 입증된 사실에 비추어 유일하게 가능한 설명일 수밖에 없는 경우이어야 한다는 것을 기본원칙으로 삼아야 한다. 즉, 우리의 보기에서 피고인인 남편이 독약을 구입한 것이 살인의 수단이었고, 이를 통해 살인을 준비했다고 설명할 수 있을 때에만 독약구입이 독살의 증거가 된다. 따라서 범죄행위가 입증된 간접증거(징표)에 부합하는 유일한 열쇠라면, 범죄행위 자체가 입증된다. 이때에 비로소 범죄행위가 소전제를 형성할 수 있게 된다.

앞에서 법정에서의 사실확인과 역사적 사실확인이 유사하다는 점을 지적했지만, 양자 사이의 본질적인 차이도 지적을 해야 한다. 이 차이는 물론 방법론적인 차이가 아니다. 역사학자는 그에게 제공된 자료들을 이용하거나 이러한 자료에 기초하여 사실을 탐구할 때, 상당히 많은 자유를 누린다. 즉, 역사학자는 오로지 학문적 연구를 위한 지침에만 구속될 뿐이다. 이에 반해 소송상의 진실발견 과정은 그 자체 상당부분 법에 의해 규율되어 있다. 물론 우리는 오늘날 소송과 관련하여 특정한 증거(예를 들어 피고인의 자백, 두 명의 '유력한' 증인의 진술이 일치한다는 점,[26] 사실을 입증하는 유력한 문서가 있다는 점[27] 등)가 존재하면 이 증거를 통해 뒷받침되는 사실은 이미 확인된 것으로 보아야 한다고 명령하는,

26) 예컨대 1532년의 Peinliche Gerichtsordnung, 제67조(카롤리나 형법전이라 불리는 이 형법전 제67조에 따르면, 최소한 두 명의 유력한 증인의 증언이 일치할 때에만 유죄판결을 할 수 있도록 규정했다 - 옮긴이).

27) 예컨대 현행 민사소송법 제415조 이하(문서증거에 관한 규정).

이른바 법률상의 입증규칙을 갖고 있지는 않다. 오히려 증거와 관련해서는 '자유로운 증거평가'의 원칙이 적용된다. 이 원칙을 형사소송법 제261조는 다음과 같이 표현하고 있다. "증거조사의 결과에 대해 재판부는 전체 변론과정에서 형성된 자유로운 확신에 따라 결정한다." 그러나 증거수단의 사용 여부 및 사용 방식에 관해서는 여러 가지 법률규정이 존재한다. 이 법규정들은 때로는 증거평가와 관련된 다양한 경험들이 축적된 결과이기도 하고, 때로는 입증과는 관계없이 특정한 이익을 고려해야 한다는 명령의 표현이기도 하다. 예컨대 형사소송법 제250조는 증인이 직접 구두로 증언하는 대신 서면으로 진술하는 것을 증거로 사용하는 것을 금지하고 있는데, 이는 더욱 정확한 입증을 위한 것이다. 왜냐하면 증인이 재판부 앞에서 직접 구두로 진술하는 것이 반듯한 문장으로 구성된 서면진술에 비해 훨씬 더 많은 측면을 밝혀주기 때문이다. 이에 반해 형사소송법 제252조는 가까운 친척과 같이 증언을 거부할 권리가 있는 증인이 예전에 했던 진술일지라도, 공판절차에서 사후적으로 증언거부권을 행사하는 때에는 과거의 진술을 증거로 채택할 수 없도록 규정하고 있는데, 이러한 '증거평가금지'는 증언거부권을 가진 사람의 이익에 비추어 볼 때, 충분히 이해할 수 있는 인간적인 고려에 근거하며, 이러한 이익을 진실확인이라는 이익보다 더 우위에 두도록 한 것이다. 나 자신도 자식들에게 음란한 행위를 했다고 남편을 경찰에 고발했던 부인이 정작 형사소송 중에는 경찰에서 했던 진술을 반복하기를 거부하여 남편이 무죄로 석방된 사건을 직접 겪은 적이 있다. 또한 독일 민사소송법과 같이 '변론주의'가 적용되는 경우 역시 사실에 충실한 진실발견에 한계가 있을 수밖에 없다. 왜냐하면 법적 판단을 요하는 사실은 궁극적으로 당사자들의 의사에 맡겨져 있기 때문이다. 즉, 특정한 주장을 제기하거나 주장에 대해 이의를 제기하지 않는 것, 증거평가절차를 거칠 것인가 그렇지 않을 것인가는 당사자들이 결정할 문제이다(물론 이에 대해서도 일정한 한계가 있다). 예를 들어 계약이 만취상태에서 체결되었다는 사실은 만일 당사자들이 이에 대해 언급하기를 꺼려한다면 소송에서 고려대상이 되지 않는다.28) 증거평가에 대한 법적 규율의 다른 구체적인 내용들에 대해서는 여기서 더 이상 다룰 수 없다. 이 문제는 소송법이론에 속한다. 우리는 단지 몇 가지 구체적인 보기에 비추어 소송법상의 진실탐구가 안고 있는 법적 한계를 밝히고자 했을 뿐이다.

소전제에서 이루어지는 사실확인은 상당히 복잡한 과정을 거치는 인식활동과 추론의 결과이다. 이제 우리가 자세히 다루고자 하는 포섭 역시 그렇다. "A는 살인을 저질렀다"는 명제는 얼핏 보기에는 단순한 것 같지만, 관련된 사실들을 밝힌 이후에도 그렇게 간단히 획득할 수 있는 것이 아니다. 즉, 포섭을 위해 여러 가지 어려운 문제들을 해결해야 한다. 이 점에서 형법 제211조는 살인에 대해 상세히 서술함으로써, 포섭에 도움을 주고 있다. 형법 제211조 제2항은 "살인에 쾌락을 느끼거나, 성욕을 충족하기 위해 또는 기타 저열한 행위동기에서 은밀하게 또는 잔인하게 또는 공동체에 위험이 되는 수단을 동원하여 또는 다른 범죄행위를 가능하게 하거나 범죄행위를 은폐하기 위해 사람을 살해한 자"라고 상세히 규정하고 있다. 그렇지만 법관은 과연 이러한 표지들이 확인된 사실에 들어맞는지에 대해 의문을 갖게 되는 경우가 자주 있다. 예를 들어 정적이나 연적을 살해한 행위가 '저열한 행위동기'에 따른 살인인지 또는 피해자가 잠을 자고 있는 사이에 살해한 것이 '은밀하게' 살인한 것인지 등에 대해 의문을 갖게 된다. 이와 관련하여 법률에서 사용되고 있는 개념인 '저열한', '은밀

28) 이에 관해서는 Döhring, S. 9; Larenz, Methodenlehre, S. 306f. 참고. 내가 여기에서 설명하고 있는 '형식적 진실'에 관해서는 Rödig, S. 151ff. 참고.

하게' 등이 가치평가와 관련이 있기 때문에 포섭이 어려워진다고 생각할 수도 있다. 그렇지만 법률이 그 의미에 비추어 전혀 가치평가를 필요로 하지 않는 개념을 사용하고 있는 경우, 즉 '규범적' 개념이 아니라, '서술적' 개념을 사용하고 있는 경우에도 포섭의 어려움은 생기기 마련이다. 예를 들어보자. 형법 제243조 제1항 1호는 "행위자가 범행을 저지르기 위해 건물, 주거 … 또는 여타 폐쇄된 공간에 침입"하여 절도를 한 때에는 단순절도에 비해 가중처벌을 하는 중절도로 규정하고 있다. 그런데 자동차 천장을 절단하여 자동차 안으로 들어가 물건을 훔치는 사건이 드물지 않게 발생한다. 과연 이러한 절도행위는 제243조 제1항 1호의 개념표지에 포섭되는 것일까? 그리고 이 때 '포섭'이란 과연 무슨 의미일까? 제국법원은 이 사건과 관련하여 '포섭'을 부정했다. 제국법원은 행위자가 건물에서 절도를 한 것도 아니고, 폐쇄된 공간에서 절도를 한 것도 아니기 때문에 제243조 제1항 1호(당시의 법률에서는 2호)는 이 행위에 "부합할 수 없다"라는 견해를 펼쳤다. 건물 또는 폐쇄된 공간은 반드시 지상 또는 수면 위에 일정한 구획이 이루어진 부분이라는 것이다(RGSt 71, 198). 이에 반해 연방재판소는 문이 잠겨 있는 승용차 역시 제243조 제1항 1호에서 말하는 '폐쇄된 공간'이라고 하여(BGHSt 2, 214) '새로운' 포섭을 시도했다. 그 이전에 이미 연방재판소는 1951년 5월 11일의 전원합의부 판결(BGHSt 1, 158)에서 침식이 가능한 캐러번 승용차는 폐쇄된 공간에 해당된다고 결정했다. 즉, "건물(=벽과 천장으로 경계가 그어져 있고, 지표면과 확고하게 결합되어 있는 건축물로서 사람의 출입을 가능하게 만들거나, 권한이 없는 사람의 출입을 저지하는 장치)이나 통(=보관을 위해 물건을 둘러싸고 있는 공간구성물로서 사람의 출입을 목적으로 하지 않는 것)이 아닐지라도, 적어도 사람이 드나들 수 있고, 권한이 없는 자들의 출입을 막을 수 있도록 (상당부분 인공적으로) 장치를 해놓은 공간구성물이라면 모두 폐쇄된 공간에 해당한다"는 점을 원칙적으로 확인했다(BGHSt 1, 163f.). 따라서 연방재판소 전원합의부의 이 판결은 폐쇄된 공간이란 반드시 지상 또는 수면 위에 일정한 구획이 이루어진 부분이라는 제국법원의 견해를 포기한 것이다. 물론 이 전원합의부의 판결은 '침식이 가능한 캐러번'이 '주거로 사용'되기 때문이 아니라, 사람의 출입이 가능하고 권한이 없는 자들의 출입을 막을 수 있는 장치가 있기 때문에 제243조 제1항 1호에서 의미하는 '폐쇄된 공간'으로 볼 수 있다고 한 것이다. 그리하여 연방재판소가 나중에 승용차절도와 관련하여 내린 판결(BGHSt 2, 214)도 이 전원합의부의 판결을 근거로 삼을 수 있다고 생각했다. 왜냐하면 전원합의부의 결정에서 행해진, '폐쇄된 공간'에 대한 개념정의는 침식용 캐러번뿐만 아니라, 승용차에도 해당되기 때문이다. 다수의 학자들도 연방재판소의 이 판결에 동의했다.[29] 다만 보켈만(Bockelmann)은 폐쇄된 공간의 '핵심적인 기준'은 이 공간이 '사람이 거주하는 장소'인지 여부로 보아야 한다고 주장한다. 따라서 보켈만의 입장에서는 침식용 캐러번은 폐쇄된 공간에 해당되지만, 일반 승용차나 기차는 폐쇄된 공간이라 볼 수 없게 된다.[30]

그렇다면 조금 전에 서술한 사례에서 포섭이란 무슨 뜻인가? 이 물음에 관해서는 두 가지 점에 주의해야 한다. 첫째, 우리가 염두에 두고 있는 포섭은 일차적으로 하나의 개별 사례가 법률구성요건에 귀속되는 것이지, 하나의 사례집단 또는 특정한 종류의 사례들이 법률에 귀속되는 것을 뜻하지 않는다.[31] 둘째, 이미 강

---

29) 대표적으로는 T. Fischer, Kommentar zum Strafgesetzbuch, 57. Aufl. 2010, §243 Rn. 4 참고.

30) P. Bockelmann, Der Diebstahl aus Fahrzeugen, JZ 1951, 296(298).

31) 후자의 의미의 '포섭'을 나는 게르하르트 훗설의 이론을 원용하여 '하속(下屬; Subordination)'이라고 부른다(Engisch, Studien, S. 23f. 참고). 이 '하속'은 라렌츠가 설명하고 있듯이(Larenz, Methodenlehre, S. 273), 좁은

조한 대로 항상 새로운 포섭, 즉 처음으로 행하는 포섭을 뜻하지, 단순히 동일한 종류의 사례들에 대해 이미 일상적으로 행하던 포섭을 그저 반복적으로 수행하는 작업이 아니다.

물론 현실의 개별적인 사건을 하나의 개념에 귀속시키는 것는 논리적 넌센스라고 말한다. 즉 "오로지 같은 차원의 것만을 같은 차원에 포섭시킬 수 있다"는 것이다. 따라서 하나의 개념에는 언제나 다른 하나의 개념을 포섭시킬 수 있을 뿐이라고 한다.[32) 이와 같은 맥락에서 법적용의 논리적 구조에 관한 한 연구는 다음과 같은 점을 특히 강조한다. 즉, 사안을 법개념에 포섭시키는 것은 "개념들의 관계를 뜻한다. 사실은 반드시 개념에 비추어 생각해야 한다. 그렇지 않으면 사실을 사실로 인식할 수 없기 때문이다. 이에 반해 법개념은, 이름 자체가 말해주듯이, 언제나 개념적 형식을 통해 생각하게 된다."[33) 이렇게 본다면 포섭은 사실개념을 법개념에 포섭하는 것이다. 여기서 우리가 형식논리학이나

범위의 개념들이 다른 넓은 개념들에 귀속되는 것(이는 특정한 몇몇 개념표지들을 배재할 때 가능하다)을 말한다. 이에 관해서는 Zippelius, Methodenlehre, S. 96ff.도 참고.

32) 예를 들어 Sommer, S. 119f. 이 밖에도 K. Michaelis, Über das Verhältnis von logischer und praktischer Richtigkeit bei der sogenannten Subsumbtion, FS f. das OLG Celle(1962), S. 117(130)에서 제기하고 있는 의문 역시 이와 비슷하다. 즉, "추상적 구성요건과 구체적 포섭판단을 비교하는 것은 논리적 모순이다. 왜냐하면 포섭의 대상 ―추상적 구성요건과 구체적 사안―은 논리적으로 볼 때 결코 같은 차원에 있지 않으며, 따라서 구성요건의 추상적인 규정으로부터 구체적 사안이 이 구성요건과 일치한다는 점을 논리적으로 연역해 낼 수는 없는 일이다"고 한다. 그러나 위 본문에서 서술한 내용을 감안한다면, 그와 같은 난점은 발생하지 않는다고 생각한다. 미카엘리스 스스로도 언급하고 있듯이 포섭은 구체적인 것을 추상적인 것과 비교하는 일이 아니라, 구체적인 것을 구체적인 것과 비교하는 일이다.

33) Scheuerle, S. 150. 또한 Sax, S. 101f., 135f.도 참고.

인식론적인 연구를 할 수는 없다. 다만 현실에서 발생한 구체적인 사안을 하나의 개념에 포섭하는 일은 사안, 즉 '사건'을 법개념 또는 법명제의 추상적 구성요건을 통해 서술되는 사건들의 집합에 귀속시키는 일로도 해석할 수 있다는 점만을 강조해 두기로 한다. 만일 포섭을 이런 식으로 해석한다면, 승용차 지붕을 뜯고 안으로 들어가 물건을 훔친 사건을 '폐쇄된 공간'에 들어가 물건을 훔친 침입절도에 관한 일반적 구성요건에 포섭시키는 것은 다음과 같은 의미를 갖는다. 즉, 승용차에서 물건을 훔친 절도행위는 '폐쇄된 공간'에의 침입절도라는 개념이 포괄하는 사건들의 집합에 속하는 한 구성요소이다.[34] 그러나 법논리적으로 결정적인 물음은 그 다음에 제기된다. 즉, 구체적인 사안을 법개념이 내용으로 하는 사안의 집합에 귀속시키는 것은 도대체 무엇에 기초하는가? 내 생각에는 이 물음에 대한 답은 다음과 같은 것이어야 한다: 이러한 귀속은 새로운 사건을 이미 집합에 귀속된다고 확인된 사건들과 동일시하는 것에 기초한다.[35] 우리가 보기로 든

---

34) 이에 관한 자세한 논의는 R. Carnap, Einführung, S. 40, 109f.; Heller, S. 69; Engisch, Studien, S. 22f. 참고.

35) 이와 비슷한 생각은 W. Hassemer, Tatbestand und Typus, 1968, S. 17f.; Arthur Kaufmann, Analogie und 'Natur der Sache', 2. Aufl. 1982, S. 38ff. 및 Esser, Vorverständnis, S. 30에서도 찾아볼 수 있다. 에써는 법률규범으로부터 '목전의 적용사례와 비교할 수 있는, 일련의 유사한 사례들'을 구성하게 된다고 말한다. 이에 반해 라렌츠(Larenz, Methodenlehre, S. 274)는 포섭에 대해 다른 견해를 피력한다. 그에 따르면 "포섭추론의 소전제는 하나의 언명으로서, 법명제의 구성요건에 언급된 표지들이 이 언명과 관련을 맺는 생활사실에서 모두 충족되어 있음"을 뜻한다고 한다. 라렌츠와 마찬가지로 스트라헤(K.-H. Strache, Das Denken in Standards, 1968)와 치펠리우스도 위의 본문에서 내가 설명한 것과 같은, 포섭에 대한 '외연(Extension)' 중심의 해석보다는 '내포(Intension)' 중심의 해석을 선호한다. 즉, 포섭이란 '다수의 구체적인 표지들'이 '추상적인 개념정의'와 일치한다는 것을 확인하는 작업(Strache, S. 52 각주 132)이라고 하거나, '법률상의 표현들이 의미하는 일반적인 경험적 내용(자동차의 경적소

사례와 관련시켜 말한다면, 닫힌 승용차를 부수고 들어가 물건을 훔친 행위를 지금까지 의심의 여지없이 제243조 제1항 1호에 귀속된다고 보았던 절도사건들[예를 들어 닫힌 광산의 갱도에 들어가 물건을 훔친 행위(RGSt 3, 411) 또는 침식이 가능한 캐러번에 들어가 물건을 훔친 행위(BGHSt 1, 158)]과 동일시하는 것에 기초한다. 이러한 사건집합은 다시 어떻게 규정되고 또한 의심의 여지없이 비교의 척도로 이용되는 사례들의 귀속 자체는 무엇을 기초로 한 것인지에 대해서는 여기서 자세히 논의하지 않겠다. 이는 해석의 문제에 속하는 물음이다. 이 점에서 법개념의 해석은 포섭의 논리적 전제조건이다. 이미 이루어진 포섭은 다시 새로운 해석결과를 뜻하며, 다시 새로운 포섭을 위한 비교기준으로 이용될 수 있다. 이 점은 앞에서 보았던 연방재판소의 판례들(BGHSt 1, 158에서 BGHSt 2, 214로의 발전) 사이의 관계에서도 파악할 수 있다.[36] 여기서 우리는 일단 기본적으로 서로 비슷한 다수의 대상들을 포함하는 사건집합이 무엇인지에 대해서는 이미 알고 있다고 전제하기로 한다. 설령 이러한 전제에서 출발할지라도 지금까지 이 집합에 귀

리)과 직접 지각할 수 있는 구체적인 사안의 경험적 사실(이 자동차의 경적 소리) 사이의' 일치를 확인하는 작업(Zippelius, Methodenlehre, S. 96f.)이라고 한다. 하지만 내가 보기에는 외연중심의 해석과 내포중심의 해석은 얼마든지 양립 가능하다.

36) 해석과 포섭의 관계에 관해서는 D. Jesch, Unbestimmter Rechtsbegriff und Ermessen in rechtshistorischer und verfassungsrechtlicher Sicht, AöR 82(1957), 163(186); Engisch, Studien, S. 26ff. 참고. 또한 Scheuerle, AcP 167(1967), S. 305에서 다루고 있는 '목적적 포섭' 역시 해석의 문제영역에 해당한다('목적적 해석'은 '목적적 포섭'에 기여한다, S. 329ff.) 이밖에도 포섭의 부정(예컨대 "닫힌 승용차는 형법 제243조 제1항 1호에서 말하는 '폐쇄된 공간'에 해당하지 않는다")도 해석의 결과를 포함한다는 점을 지적할 필요가 있다. 이에 관해서는 Engisch, Studien, S. 29 참고. 해석과 (법)적용의 관계에 관한, 주목할 만한 철학적 논의로는 H.-G. Gadamer, Wahrheit und Methode, 6. Aufl. 1990, S. 312ff. 참고.

속된다고 여겨지지 않았던 새로운 대상이 과연 이 집합에 속하는지 여부, 다시 말해 앞에서 얘기했던 '동일시'가 가능한지 여부를 확인하는 일은 늘 어려운 문제이다. 왜냐하면 새로운 포섭을 할 때에는 언제나 포섭의 대상이 되는 사례가 지금까지 그 집합에 귀속된다고 여겨지던 사건들과는 어떤 식으로든 다른 측면을 갖고 있고, 따라서 평등원칙을 신봉하는 법률가로서는 이 다른 측면이 과연 포섭을 부정해야 할 정도로 '본질적'인가 아니면 포섭을 해도 무방할 정도로 별로 중요하지 않은 차이에 불과한가라는 까다롭기 그지없는 문제에 봉착하기 때문이다. 더욱이 새로운 사건과 지금까지 개념집합에 귀속되던 사건들이 본질적으로 같은 것인지 아니면 본질적으로 다른 것인지에 대한 물음은 다시 과연 물음의 대상 자체가 무엇인가라는 또 다른 물음을 낳기 마련이다. 우리가 보기로 삼고 있는 사례에서 핵심이 되는, '폐쇄된 공간'이라는 법개념에서는 이 개념이 '지표면의 일부'를 뜻한다고 보기도 하고(제국법원의 입장), 이와는 달리 공간이 -경우에 따라서는 인공적인 설비를 통해- 모든 방향에서 막혀 있다는 것을 뜻한다고 보기도 한다(연방재판소의 입장). 또는 공간이 '사람이 거주하는 장소'이어야 한다(보켈만)고 보는 입장이 있는가 하면, 사람이 출입할 수 있으면 공간이라고 말하기도 한다(연방재판소). 그렇다면 과연 어떠한 입장에 근거하여 '폐쇄된 공간'의 의미를 확정해야 하는가? 만일 모든 방향이 막혀 있고, 사람이 출입할 수 있도록 되어 있으면 곧 폐쇄된 공간이라는 입장에 선다면, '이 측면에서는' 승용차를 캐러번이나 광산의 갱도와 같다고 볼 수 있다. '폐쇄된 공간'과 같이 특정한 개념의 의미가 무엇인지 그리고 다수의 사례들이 공통적으로 갖고 있는 측면이 본질적인지 아닌지는 분명 또 다른 해석의 문제이다. 해석은 포섭을 위한 비교의 소재를 제공할 뿐만 아니라, 비교를 위한 관련점도 제공한다. 따라서 해석은 비교의 소재와 포섭대상인 사안에서 과연 어떠한 요소들을 비교해야 하는지에 대해서도 결정해준다. 그리고 해석은 어떠한 정신적 수단으로 비교가 이루어져야 하는지도 결정한다. 즉, 경험적 지각을 수단으로 삼아 비교를 할 것인지 아니면 사고(思考)를 수단으로 삼아 비교를 할 것인지에 대해, 그리고 사고를 수단으로 삼을 경우 '인지적' 사고를 수단으로 삼을 것인지 아니면 '감정적' 사고를 수단으로 삼을 것인지를 결정한다.[37] 이와는 별개로 해석 자체가 '일반적인 언어사용'을 기준으로 삼아야 하는지 아니면 '입법자의 의사' 또는 '법률의 합리적인 목적' 또는 어떤 다른 것을 기준으로 삼아야 하는지의 문제는 별도의 장을 할애하여 서술하겠다.

소전제의 확인에 관해 논의하는 이 장에서는 소전제의 확인에 실패할 경우 어떠한 결과를 빚는지에 대해서도 간략히 언급할 필요가 있다. 지금까지 우리는 소전제가 성립한다는 전제에서 출발했다. 즉, 법개념에 포섭될 수 있는 사실의 확인에 성공하며,[38]

---

37) 소전제의 구성요소로서의 포섭과 삼단논법으로서의 포섭추론 사이의 구별에 관해서는 앞의 75면의 각주 23 참고. 우리가 지금 관심대상으로 삼고 있는 포섭과 다른 학자들이 말하는 포섭을 비교하기 위해서는 다음의 문헌을 참고: Scheuerle, S. 148ff.; Jesch, AöR 81(1957), S. 178ff., 188ff.; H.-E. Henke, Die Tatfrage, 1966, S. 106ff., 177ff.; Bydlinski, S. 395ff.; Larenz, Methodenlehre, S. 273ff.; Coing, S. 274ff.; Müller/Christensen, Methodik, Rn. 89ff.; Pawlowski, Rn. 124ff., 379ff. 참고. 내가 사용하는 포섭개념은 '비합리적 가치평가'에 기초하여 하나의 개별사건을 사건집합과 동일시하는 것까지도 포괄한다. 이에 비해 위에서 언급한 학자들 가운데 상당수는 포섭개념을 합리적인 논리적 작동에만 국한시킨다. 물론 이러한 포섭개념도 소전제 내에서 '법적 평가'와 같은 다른 개념을 통한 보충을 필요로 한다. 그렇지만 모든 포섭이 가치평가에 기초한다고 파악하는 것은 모든 포섭이 합리적인 논리에 기초한다고 파악하는 것과 마찬가지로 잘못된 생각이다. 상당수의 ('서술적') 개념들은 이 개념에 대한 포섭을 위해 가치평가가 아니라, 단지 경험적 인식만을 필요로 한다(보기: "A는 시속 50km를 초과하여 차를 몰았다").

이 소전제를 대전제와 결합하여 그에 상응하는 결론을 도출할 수 있다고 전제했다. 특히 우리가 보기로 삼은 형법의 영역에서 우리는 법률에 규정된 특정한 종류의 범죄와 관련된 개별 개념 및 표지들에 포섭되는 사실들을 총괄적으로[39] 확인할 수 있고, 이러한 확인을 기초로 해당되는 범죄에 관한 법률상의 대전제에 규정된 형사처벌이 구체적인 사례에 대해 당위되어 있다고 추론할 수 있다고 생각했다. 그렇지만 중요한 사실을 확인할 수 없다거나 확인된 사실을 대전제에서 사용된 구성요건표지에 포섭시킬 수 없는 경우와 같이 소전제를 형성하는 판단 자체를 내릴 수 없을 때에는 어떻게 해야 하는가? 우리가 보기로 삼은 절도사건에서 예를 들어 승용차 지붕을 뜯고 물건을 훔친 사람이 피고인이 아닌 경우도 있을 수 있고, 또는 승용차는 제243조 제1항 1문에서 말하는 '폐쇄된 공간'에 해당하지 않기 때문에 닫힌 승용차에서 물건을 훔친 행위는 이 법규정의 표지에 포섭되지 않는다는 견해를 주장할 수도 있다.

순전히 논리적으로만 보면 소전제가 성립하지 않으면 이로부터 아무 것도 추론되지 않는다. 왜냐하면 대전제와 소전제로부터 결론을 도출할 수 있는 경우(modus ponens)뿐만 아니라, 소전제가 부정되면 대전제도 부정되는 경우(modus tollens)도 논리적 타당성을 갖기 때문이다. 이에 반해 대전제와 소전제가 결합하지 않는 경우에는 어떠한 결론이 도출되는지에 대해서는 논리학은 침묵하

38) 사실확인과 포섭이 구조적으로 서로 맞물려 있다는 점에 관해서는 Engisch, Studien, S. 82ff.와 Jesch, Döhring(S. 12ff.), Henke의 연구 이외에도 W. A. Scheuerle, Beiträge zum Problem der Trennung von Tat- und Rechtsfrage, AcP 157(1957), 1도 참고. Larenz, Methodenlehre, S. 307ff. 역시 '사실문제'와 '법률문제'의 구별에 관해 상세히 논의하고 있다.

39) '총괄적 포섭'에 주목하고 있는 Scheuerle, S. 152ff. 참고. 물론 총괄적 포섭은 개별적 포섭을 토대로 한다.

고 있다. 따라서 원고가 대전제와 결합된다고 주장하는 특정한 소전제가 실제로는 성립하지 않는 경우에도 법관이 대전제로부터 도출되는 어떤 판결을 내려야 한다면, 이를 위해서는 또 다른 대전제가 추가로 필요하게 된다. 구체적으로 설명하면 이렇다. 형사소송에서 검찰은 A가 K 소유의 승용차 지붕을 잘라내고 들어가 물건을 훔쳤으며, 이 행위는 형법 제242조, 제243조 제1항 1호의 중절도에 해당하기에 자유형에 처해야 한다고 주장하는 데 반해, 재판부는 A가 진범이라는 사실이 입증되었다고 볼 수 없다거나 승용차는 제243조 제1항 1호에서 말하는 '폐쇄된 공간'에 해당하지 않는다는 견해를 취하고 있어서 검찰의 주장을 받아들일 수 없다면, 재판부로서는 일단 제243조 제1항 1호에 상응하는 대전제로부터 어떤 결론을 도출할 수는 없다.

이러한 상황에서 재판부가 할 수 있는 여러 가지 대안들을 생각해 볼 수 있다. 첫째, 재판부가 검찰의 기소 자체가 성립하지 않는다는 이유로 '절차를 유예(absolutio ab instantia)'함으로써 어떠한 판결도 내리지 않을 수 있다(아래의 서술을 참고). 둘째, 검찰이 신청했던 것과는 다른 판결을 내리는 방법이 있다. 예를 들어 – 17, 8세기까지도 자주 그러했듯이 – '혐의형'이나 '심증형(poena extraordnaria)'을 선고하거나 – 형사소송법 제265조의 전제가 충족되어 있을 때에 고려할 수 있듯이 – 무기를 소지한 절도(형법 제244조 제1항 1호) 또는 단순절도와 같은 다른 구성요건을 근거로(물론 이 때에도 그러한 구성요건이 실현되어 있어야 한다) 유죄판결을 내릴 수도 있다. 셋째, A에 대해 무죄를 선고할 수도 있다. 그러나 판결은 법률에 구속되기 때문에 어떠한 대안을 선택할지라도 각 대안의 근거가 되는 법률상의 대전제를 필요로 하며, 또한 여기에 상응하는 소전제가 추가로 성립하여야만 판결을 그 결론으로 근거지을 수 있다.

이와 관련된 대전제들 가운데 특히 관심을 끄는 것은 특정한 법률효과를 위한 포섭가능성이 없어서 무죄판결을 내리거나 검찰의 공소 및 기타 신청을 각하하는 선고를 하도록 명령하는 대전제 그리고 이른바 '입증책임'에 관련된 대전제이다. 첫 번째 종류의 대전제에 해당하는 보기는 형사소송상의 무죄판결로서, 피고에 대해 무죄를 선고할 수 없다면, -다른 소송상의 장애사유가 있는지와 관계없이- 본안판결을 통해 명시적으로 무죄를 선고해야만 한다는 내용의 법규정과 그에 상응하는 법적 대전제가 존재한다. 다시 말해 피고에 대해 공소가 제기된 범행을 입증할 수 없거나, 입증된 행위 자체가 법률상의 가벌적 행위가 아니라면, 피고는 무죄이다(보안처분을 부과할 가능성 여부에 대해서는 여기에서 고려하지 않기로 한다). 그렇지만 자세히 고찰해 보면, '무죄판결'은 추상적 형법명제 또는 이에 상응하는 대전제의 구성요건이 구체적 사례에서 충족되지 않았고, 따라서 그에 따른 법률효과가 발생할 수 없다는 사실로부터 논리적으로 도출되는 결론이 아니다. 무죄선고는 이를 규정하고 있는 별도의 대전제(형사사송법 제267조)가 존재하기 때문에 도출되는 논리적 결론일 따름이다. 만일 이러한 특수한 대전제가 없다면, 무죄석방과는 전혀 다른 내용의 판결도 얼마든지 생각해 볼 수 있다. 앞에서 잠깐 언급했던 '절차유예'가 여기에 해당한다. 이는 근대 이전에는 일반화되어 있던 제도로서, 나중에 재심을 하거나 유죄판결을 할 수 있다고 유보하면서 소송을 일시적으로 유예하는 것이다. 또는 역시 앞에서 언급한 것처럼 순전히 혐의가 있다는 심증만으로 형벌을 부과할 수도 있다. 그러나 오늘날 이와 같은 가능성들은 인간의 존엄에 반하기 때문에[40] 당연히 인정되지 않는다. 하지만 어떤 논리적 이유에서 그 가능성이 배제되는 것은 아니다.

---

40) 이에 관해서는 E. Beling, Deutsches Reichsstrafprozeßrecht, 1928, S. 239 참고.

이와는 달리 이른바 '입증책임'에 관한 대전제들은 법학적 사고가 창조해 낸 가장 풍성한 의미를 갖는 정신적 구성물 가운데 하나이다. 입증책임은 모든 증거조사를 마쳤음에도 사실문제에 대해 여전히 의문이 남아 있는 경우에 관련된다(예컨대 '폐쇄된 공간'이라는 개념이 포괄하는 범위와 같은 법률문제에 대한 의문은 법관이 결정을 통해 불식시켜야 할 대상이다. 다시 말해 법관은 설령 내심으로는 여러 가능한 견해들 사이에서 마음이 흔들릴지라도 반드시 어느 하나의 특정한 견해가 옳다는 입장을 취해야만 한다. 이 점은 현행법이 규정하고 있는 내용이다. 따라서 법관이 법률문제와 관련하여 특정한 견해를 취해야만 한다는 사실은 논리적 원칙이나 '당연한' 원칙이 아니다). 재판부가 피고인이 범인인지 아니면 다른 사람이 범인인지에 대해 의문을 갖거나 —민사소송의 예를 들면— 원고가 빌려준 돈을 돌려받지 않았다고 주장하는 반면, 피고가 과연 돈을 갚았는지에 대해 의문을 갖고 있다면, 재판부로서는 여러 가지 대안들 가운데 어느 하나만을 올바른 결정으로 선고할 수 없게 된다. 즉, 피고인을 유죄라고 할 수도 없고, 그렇다고 무죄라고 선고할 수도 없고, 빌린 대금을 반환했다고 보거나 반환하지 않았다고 볼 수도 없는 상황에 처한다. 이처럼 사실에 대한 의문은 법에 대한 의문과는 달리 단호하게 특정한 견해를 취하고, 이 입장을 견지한다고 해서 해결될 문제가 아니다. 더욱이 법원은 사실문제에 대한 의문을 이유로 결정을 거부할 수 없다. 법원은 설령 의문 자체를 불식시킬 수 없는 경우라 할지라도 반드시 어떤 식으로든 법적 분쟁에 대해 결정을 내려야만 한다. 그렇지 않다면 법원은 분쟁상태를 평화상태로 전환해야 한다는 구체적 과제를 제대로 이행할 수 없게 되기 때문이다. 이러한 상황에서 법원이 어떠한 결정을 내려야 하는지에 대해 해답을 주는 것이 곧 입증책임, 더 정확히 말하면 입증책임에 관한 규율이다. 이 입증책임 규율은 형사소송법에는 비교적 분명하게 표현되어 있다. 즉, 형사소송법에서는 몇 가지

드문 예외를 제외하고는 언제나 "의심스러울 때는 피고인의 이익으로!(in dubio pro reo!)"라는 유명한 원칙이 적용된다. 이 원칙에 따르면 피고인에 대한 유무죄 판결에 중요한 의미가 있는 사실상의 상황에 대해 의문이 있다면, 법관은 피고인에게 가장 유리한 판결이 내려지도록 만드는 사실을 '전제'해야 한다. 따라서 피고인이 과연 범인인지에 대해 의문이 있다면 피고인이 진범이 아니라고 전제해야 한다. 또한 피고인이 과연 정당방위 상황에서 행위했는지에 대해 의문이 있다면, 그에 반대되는 확실한 정황이 존재하지 않는 한, 피고인에게 유리하게 정당방위 상황이 존재했다고 전제해야 한다. 마찬가지로 피고인이 행위시에 온전한 정신이었는지에 대해 의문이 있다면, 그 반대의 사실이 입증되지 않는 한, 심신능력이 제한된 상태에서 행위를 했다고 전제해야 한다. 형사소송과는 달리 민사소송에서는 사정이 훨씬 더 까다롭다. 민사소송에서는 이른바 입증책임의 분배가 적용되기 때문이다. 즉, 소송과 관련된 전체 사실들은 원고가 입증해야 할 사실들과 피고가 입증해야 할 사실들로 나뉜다. 예를 들어 빌린 돈을 반환하라고 소를 제기한 원고는 그가 피고에게 돈을 빌려주었다는 사실을 입증할 책임을 부담한다. 만일 피고가 돈을 빌린 사실 자체를 반박하고, 또한 증거조사절차에서 금전대여 사실과 관련된 의문이 해소되지 못했다면, 원고 패소의 결정을 해야 한다. 따라서 민사소송에서는 "의심스러울 때에는 원고의 불이익으로!(in dubio contra actorem!)"라는 원칙이 적용된다. 이와는 달리 피고가 돈을 빌린 사실은 인정하지만 빌린 돈을 이미 갚았다고 반박하는 경우에는 대금의 반환 여부를 다투는 것이고 이에 대해 의문이 있게 되면, 피고의 '항변(exceptio)'에 대해서는 피고가 입증책임을 부담한다. 만일 피고가 대금을 반환했다는 사실을 입증하지 못하면, 피고는 원고에게 대금을 반환하라는 패소판결을 받게 된다. 이 점에서 민사소송에서는 "의심스러울 때는 피고에게 불리하게(in dubio contra rerum)"라는 원칙도 적용된다. 이 맥락에서 로마 법률가들은 "항변을 제기하는 피고는 원고가 된다(reus in exceptione actor est)"라고 말한다(학설휘찬 44, 1,1). 이는 다시 말해 피고가 입증책임을 부담하는 이의나 항변을 제기하면, 피고는 소를 제기했음에도 소의 근거가 되는 사실을 입증하지 못하는 원고와 똑같은 소송상의 위험을 안게 된다는 뜻이다. 다른 형태의 소송에서 등장하는, 입증책임과 관련된 구체적 내용들에 대해서는 여기에서 자세히 논의할 수 없다. 우리의 맥락에서 중요한 점은 단지 법논리적 측면에서 입증책임이 과연 어떠한 의미를 갖는지를 밝히는 일이다. 즉, 입증책임 규칙은 법적으로 중요한 사실이 존재하는지 여부를 확실하게 긍정할 수도 없고 그렇다고 부정할 수도 없는 상황에서 법관이 어떤 식으로 결정을 해야 하는지에 대해 지시하고 있는 법규칙이다. 다시 말해 입증책임 규칙은 "결정의 내용이 정당한지 여부와는 관계없이 법관의 행위 자체가 최소한 합법성을 갖도록 보장하는 법명제"[41]이다.

이 밖에도 상당히 복잡하지만, 우리가 주목해야 할 한 가지 문제에 대해 최소한 간단하게나마 언급을 하지 않을 수 없다. 즉, 법관이 적절한 포섭을 위해 노력했음에도 불구하고, 결국에는 이른바 '대안의 확인'에만 도달하는 경우가 자주 있다. 예를 들어 형사소송에서 피고인이 가지고 있던 타인 소유의 물건이 절도를 한 것이거나 장물을 불법적으로 취득한 것이라는 사실을 확인했을 뿐, 이 두 가지 가능성 가운데 어느 것이 진실인지를 알 수 없는 경우가 발생한다. 즉, 피고인이 분명히 가벌적 행위를 범하긴 했지만, 두 가지 가운데 어떠한 종류의 가벌적 행위를 했는지

---

41) Beling, Reichsstrafprozeßrecht, S. 238f. 민사소송에서의 입증책임에 관해서는 L. Rosenberg, Die Beweislast, 5. Aufl. 1965; ders./K. H. Schwab/P. Gottwald, Zivilprozeßrecht, 17. Aufl. 2010, §115 참고.

를 확정할 수 없는 것이다. 이러한 경우에 법관은 어떤 식으로 사건을 처리해야 하는가? "의심스러울 때는 피고인에게 유리하게" 라는 원칙에 따라 무죄선고를 해야 하는가 아니면 피고인이 어쨌든 어느 하나의 범죄에 대해서는 책임이 있다는 이유로 유죄선고를 해야 하는가? 이에 대해 오늘날의 이론과 실무는 일정한 한계 내에서 처벌이 가장 가벼운 법률조항을 적용하여 피고인에게 유죄를 선고해야 한다고 보는 것이 일반적이다. 그렇지만 독자들은 이러한 대답이 실제적으로는 바람직한 결론일지 모르지만, 법원칙에 비추어 상당히 문제가 있을 뿐만 아니라, 논리적으로 이러한 결론을 구성하기도 쉽지 않다고 생각할 수 있다.[42)]

42) 형사소송에서 '대안의 확인'이 갖는 문제점에 관해서는 R. Maurach/H. Zipf, Strafrecht, Allgemeiner Teil, Bd. 1, 8. Aufl. 1992, §10 Rn. 24ff. 참고.

제 4 장 추상적인 법적 판단을 법명제로부터 획득하는 작업: 법명제의 해석과 이해

앞장에서는 주로 법적 결정의 삼단논법에서 소전제의 의미에 대해 논의했다. 이를 통해 우리는 소전제가 법률 또는 법적 대전제에 포함되어 있는 일반적인 법학적 사고를 구체적인 법학적 사건으로 향하게 만들고, 이로써 구체적인 사건을 법률에 비추어 판단할 수 있도록 한다는 점을 알게 되었다. 이렇게 앞장의 논의가 전적으로 소전제와 그 구성부분에만 집중된 탓에 법률로부터 도출해야 할, 일반적인 법학적 사고는 이미 뚜렷하게 확정되어 있는, 고정된 내용의 구성물이고, 법학적 사고의 모든 역동성은 소전제만을 둘러싸고 발휘된다고 생각할지도 모른다. 하지만 이런 생각은 명백한 착각이다.[1)] 왜냐하면 소전제에 연결되는 법적 대

1) 이에 관해서는 Esser, Vorverständnis, S. 71ff. 참고. 에써는 아마도 내가 법학적 삼단논법의 대전제에 관련된 작업을 너무 과소평가하고 있다고 생각하는 것 같다(S. 75ff.). 그러나 에써가 이 비판과 관련하여 언급하고 있는 나의 책 Logische Studien zur Gesetzesanwendung(법률적용에 관한 논리학적 연구)에서 나는 책 제목 자체가 이미 말해주듯이 문제영역 자체를 제한하고 있다는 점을 에써는 간과하고 있다(이에 대해서는 Engisch, Studien, S. 6 참고: 여기서 나는 법적 당위판단에 대한 근거설정과 관련된 모든 문제들을 망라해서 다루지 않는다고 분명히 밝혔다). 이에 반해 「법학방법론」이라는 제목을 달고 있는 이 책에서는 '해석'과 '흠결보충'이라는 소제목에서도 볼 수 있듯이 대전제의 확정에 대해서도 커다란 의미

전제 역시 심도 깊은 법학적 사고활동의 결과이기 때문이다. 적어도 우리가 법률로부터 법발견을 연역해 내고 법률을 통해 법발견을 정당화하는 한 이는 너무나도 당연한 측면이다. 심지어 흔히 '법학방법론'이라고 부르는 분과는 1차적으로 법적 대전제의 획득을 대상으로 한다고 말할 수 있다. 이미 앞장에서도 우리는 소전제에 포함된 포섭은 법률의 '해석'에 의존하며, 따라서 대전제에 대한 사고활동을 원용할 수밖에 없음을 보았다. 이제 이 대전제와 관련된 사고활동이 어떤 식으로 이루어지는지에 대해 차근차근 살펴보도록 하자.

앞에서 말한 대로 소전제에 연결되는 대전제는 법률로부터 도출된다.[2] 앞에서의 서술에 따르면 법률은 조건적 명령인 반면, 법률에 상응하는 대전제는 논리적 의미의 상대적 판단이다. 그러나 만일 대전제의 구성이 순전히 법률상의 조건적 명령을 논리적 의미의 상대적 판단으로 바꾸어 생각하는 것에 불과하다면, 대전제의 구성은 사실상 극히 원시적인 사고활동에 그치고 만다. 예를 들어 살인자를 종신형에 처해야 한다고 명령하는 형법 제211조의 명령은 아주 간단하게 다음과 같은 추상적인 법적 당위판단으로 바꾸어 표현할 수 있다: "누군가가 살인자라면, 그는 형법 제211조에 따라 종신형에 처해져야 한다."

를 부여하고 있다. 그리고 에써의 입장에서는 규범적용과 규범이해는 결코 '갈라놓을 수 없는' 하나의 '총체'로 보는 반면, 나는 이를 두 가지 요소로 나누어 고찰하고 있다. 물론 에써의 이 지적 자체는 옳다.

2) 이와 관련해서는 특히 법률 자체에서든 아니면 법률로부터 구성된 대전제에서든 명시적인 언어상의 표현('텍스트', '문언')과 이 언어상의 표현 속에 담겨 있는 '의미'('사고의 내용')를 뚜렷이 구별해야 한다는 점을 지적할 필요가 있다(이 점은 때때로 명시적으로 지적되기도 한다. 예컨대 I. Ebsen, Gesetzesbindung und 'Richtigkeit' der Entscheidung, 1974, S. 31ff. 참고). 전자가 해석의 대상이라면, 후자는 해석의 목표이다.

법률로부터 법적 대전제를 획득하기 위해 법률가가 이행해야 하는 복잡한 과제 가운데 첫 번째는 법적 당위에 관한 전체 사고과정을 '기술적인' 이유에서 분리해 놓았던 개개의 구성부분들을 다시 하나의 전체모양으로 짜 맞추는 작업이다. 더 자세히 말하면, 법적 당위에 관한 전체 사고과정 가운데 구체적인 법적 사건의 판단에 필요하게 될 구성부분들을 추출하여 이를 하나로 묶는 작업이다.[3] 이 점을 우리의 예와 관련시켜 설명해 보자. 형법 제211조는, 설령 제2항에 전개되어 있는 개념표지들을 함께 고려할지라도, 법적 대전제를 구성하는 모든 본질적 개념표지들의 일부만을 포함하고 있을 뿐이다. 왜냐하면 살인자를 종신형에 처할 수 있기 위해서는 그가 행위시에 책임능력을 갖고 있어야 하며(이에 관해서는 형법 제19조 이하 및 청소년법의 해당 조항이 규정하고 있다), 정당화사유(예컨대 제32조에 따른 정당방위)와 면책사유(예컨대 제35조에 따른 긴급피난)가 존재하지 않는다는 점 등을 함께 고려해야 한다. 그렇다면 완전한 대전제는 다음과 같이 될 것이다: 독일 형법에 따르면, 행위자가 책임능력을 가진 사람으로서 정당화사유나 면책사유가 존재하지 않은 상태에서 고의로 다른 사람을 살해

3) 이에 관해 자세히는 K. Engisch, Die Einheit der Rechtsordnung, 1935, S. 26ff.; ders., Studien, S. 14f.; Zippelius, Methodenlehre, S. 31ff. 참고. 위 본문에서 말한 내용(Larenz, Methodenlehre, S. 281ff.도 같은 입장에 있다)은 약간의 보충이 필요하다. 즉, 획득해야 할 법명제의 선택 자체가 이미 특히 체계의 관점에서 중요한 의미가 있는 문제가 될 수 있다는 점이다(이에 관해서는 Canaris, Systemdenken, S. 86ff.도 참고). 에써(Esser, Vorverständnis, S. 28f.)는 '척도가 되는 규범'의 선택에서 '사전의 고려'가 갖는 의미를 강조한다. 이에 대해서는 에써 자신이 언급하고 있는 사례(S. 68)가 좋은 예가 될 것이다. 즉, '도로교통에서의 자기희생(예컨대 갑자기 도로에 뛰어든 아이를 치지 않기 위해 핸들을 꺾어 가로수에 부딪힌 경우 - 옮긴이)'과 관련하여 법원은 이 사안을 손해배상의 법리에 따라 판단할 것인지 아니면 부당이득의 법리에 따라 판단해야 하는지를 미리 생각해 보아야 한다.

했고, 이 살해가 살인에 대한 쾌감, 성욕의 충족, 물욕 또는 기타 저열한 행위동기로부터 … 저질러진 때에는 그 살인자는 종신형에 처한다. 따라서 대전제를 완전하게 구성하는 작업은 구체적인 사안을 판단하기 위해 필요한 정도에 따라 그 범위가 달라진다. 예를 들어 정당화사유와 면책사유를 고려해야 할 어떠한 근거도 존재하지 않는다면, 대전제의 구성에서 이에 대한 언급은 배제해도 된다.[4] 법률가들에게 제기되는 이 과제가 얼마나 어려운지는 검

---

4) 이 때 등장하는 논리적 순환의 문제에 관해서는 Engisch, Studien, S. 14f. 참고. 이 문제의 해결을 위해 나는 "대전제와 생활사실 사이의 지속적인 시각의 왕래"라는 표현을 처음으로 사용했지만, 이 표현에 대해 특별히 커다란 의미를 부여하지 않았고, 또한 이를 자세히 분석하지도 않았다. 그런데도 Hruschka, Konstitution, S. 55; Henke, S. 139; Kriele, S. 161; Jescheck/Weigend, S. 153; Alexy, Argumentation, S. 281f.; Bydlinski, S. 421ff.; Larenz, Methodenlehre, S. 281 등 많은 문헌들이 이 표현에 공감하면서 인용하고 있다(이 표현의 수용에 관한 자세한 내용은 A. Maschke, Gerechtigkeit durch Methode: Zu Karl Engischs Theorie des juristischen Denkens, 1993, S. 255ff. 참고). 이에 반해 에써(Esser, Vorverständnis, S. 76)는 이 표현을 조금은 아이러니컬하게 받아들인다. 에써의 생각으로는 그와 같은 '끝없는 방랑'만으로는 제대로 된 결론이 '나올 리' 만무하고, 따라서 "가치평가의 배경을 미리 확정함으로써 특정한 포섭의 방향으로 길을 잡도록 해주는 기준을 제시할 수 있어야만 한다"고 한다(나의 이 표현에 대한 비판적 입장으로는 Müller, Rechtslehre, S. 243도 참고). 이러한 비판은 앞의 각주 3)에서 언급했던 바와 같이 하이데거와 가다머의 철학을 직접 수용했거나 최소한 이들로부터 영향을 받은 '선이해'에 기초한 것이고, 이 선이해는 에써가 법학적-해석학적 논의에 끌고 들어온 것이다. 선이해의 철학적 기초에 관해서는 Heidegger, Sein und Zeit, 1927(19. Aufl. 2006), §§ 32, 63; Gadamer, S. 270ff., 296ff. 참고. 또한 E. Betti, Allgemeine Auslegungslehre als Methodik der Geisteswissenschaften, 1967, S. 172f., 219ff.; J. Hruschka, Das Verstehen von Rechtstexten; O. Pöggler(Hg.), Hermeneutische Philosophie, 1972, S. 23ff., 43f.; ders., Schritte zu einer hermeneutischen Philosophie, 1994; H. Ineichen, Philosophische Hermeneutik, 1991, S. 172ff., 184ff.; Bydlinski, S. 65ff.도 참고. 에써의 이론에 관해서는 Fikentscher, Methoden des Rechts in vergleichender Darstellung, Bd. III, 1976, S. 435ff., 753ff.; Bydlinski, S. 422f. 참고.

찰의 공소장이 잘 보여준다. 형사소송법에 의하면 공소장에는 피

이밖에도 일반 해석학과 법학적 해석학에서 더욱 충분한 설명을 필요로 하는 이 '선이해'의 개념(이 개념이 과연 무슨 의미인지는 분명하지 않다) 및 이와 결부된 '해석학적 순환'에 관해서는 A. Mennicken, Gesetzesauslegung, 1970, S. 91ff.; Arthur Kaufmann, Über den Zirkelschluss in der Rechtsfindung, in: FS f. W. Gallas(1973), S. 7(17ff.); H. Rottleuthner, Hermeneutik und Jurisprudenz, in: H.-J. Koch(Hg.), Juristische Methodenlehre und analytische Philosophie, 1976, S. 7(19ff.); Bydlinski, S. 420f.; Larenz, Methodenlehre, S. 206ff.; Müller, Rechtslehre, S. 48ff., 196ff.; ders. 7 Christensen, Methodik, Rn. 268ff., 420f., 495; Röhl/Röhl, S. 116ff. 참고.

아직은 이와 관련된 충분한 지식을 갖고 있지 않은 독자들이 "대전제와 생활사실 사이의 지속적인 시각의 왕래"라는 표현이 무엇을 의미하는지를 더 명확하게 이해할 수 있도록 하기 위해 여기서는 본문에서 서술한 내용에 다음과 같은 설명을 덧붙이고자 한다. 예를 들어 제국법원의 한 판결(RGSt 66, 244)에서 문제된 사례처럼 싸움을 벌이다가 사람이 죽는 결과가 발생한 사건을 두고 과연 칼로 상대방을 찌른 행위자를 고의의 살인(1급살인, 2급살인)으로 처벌해야 할지, 고의의 상해치사로 처벌해야 할지 아니면 정당방위를 이유로 무죄로 선고해야 할지에 대해 의문을 갖게 되면, 이에 대한 법적 문제와 법개념과 관련된 일반적 상식 또는 전문적 식견을 갖고 해당될 만한 법률규정들을 찾아보게 될 것이다. 이 때 법률상의 구성요건에 나와 있는 개념표지들(필요하다면 이 개념표지들을 더 자세히 해석해야 할 때도 있지만, 궁극적으로는 우리가 일상적으로 갖고 있는 '당연한 세계상'에 비추어 표지들을 이해하게 된다)을 통해 다시 '생활사실'에 눈을 돌려, 그러한 개념표지들이 생활사실에서 과연 '실현'되어 있는지, 만일 실현되어 있다면 어느 정도인지를 밝히게 된다. 이를 통해 하나의 생활사실에서, 법률구성요건(경우에 따라서는 정당방위와 같은 예외적 구성요건)에 포섭되는 몇몇 구체적 요소들이 본질적이며, 따라서 이에 대한 입증이 필요하다고 여기게 된다. 이러한 '시각의 왕래'는 고려의 대상이 된 법률규정의 적용을 인정 또는 부정함으로써 '끝나게' 된다. 이 때 하나 또는 여러 개의 대전제를 구체적인 사례에 비추어 찾게 되고, 구체적인 사례가 대전제를 추출하는 데 결정적인 자극을 부여하면서도, 다른 한편 구체적인 사례에서 각각의 대전제와 관련을 맺는 것만을 '본질적'이라고 여기게 되는 것을 논리적 순환이라고 볼지도 모르지만, 그저 겉으로만 '악순환(circulus vitiosus)'으로 보일 뿐, 실제로는 그렇지 않다. 이에 대한 상세한 설명은 Larenz, Methodenlehre, S. 278ff. 참고.

의자와 피의사실(즉, 범행)뿐만 아니라, 범행과 관련된 '법률상의 표지'도 기재해야 한다. 따라서 공소장은 피의자의 가벌성이 도출되는, 법학적 삼단논법의 대전제에 대한 자세한 서술을 담아야 한다고 요구하는 셈이다. 바로 이 점 때문에 검찰이 상당히 어려움을 겪는 경우가 자주 있다. 다른 법영역에서는 어려움이 덜 하다. 아무튼 입법이 포괄하는 범위가 넓어지고, 더욱 섬세하게 되면서 법규범의 구성부분들을 조합하고 서로 연결시키는 작업을 위해서는 법률을 둘러싼 사고활동이 더 높은 수준의 요구를 충족하지 않을 수 없도록 만들었다. 이런 의미에서 법철학자 슈탐믈러(Stammler)는 다음과 같은 문장을 인용하고 있다. "법전 가운데 어느 한 조항을 적용하는 순간, 그 법전 전체를 적용하는 것이 된다."[5] 물론 이 말을 지나친 과장이라고 치부해 버릴 수도 있다. 하지만 이 문장은 법질서의 통일성이라는 원칙을 적절히 표현해 주고 있다. 우리의 맥락에 비추어 보면, 이 원칙은 법적 대전제가 법률 전체 또는 심지어 다른 법률까지 원용하여 구성해야 한다는 것을 뜻한다. 따라서 이 원칙은 한 법질서 내의 법명제들이 동질적이고 서로 조화롭게 관련을 맺는 법학적 사고들의 복합체를 내용으로 한다는 것을 전제한다. 법학적 기술이 갖는 이 중요한 측면을 아래에서는 하나의 민사사례를 보기로 들어 밝혀보도록 하자. 물론 이 민사사례는 수없이 많은 보기들 가운데 하나일 뿐이다. 다만 이 사건은 내가 시보생활을 할 때 우연히 다루었던 사건으로, 젊은 법률가인 나로 하여금 여러 개의 법조항들을 조합하는 법학적 기술의 특성을 깨닫는 데 커다란 도움을 주었다. 아마도 다른 사람들도 이 사례를 보기로 삼아 나와 같은 경험을 할 수 있지 않을까 생각한다.[6]

---

5) R. Stammler, Theorie der Rechtswissenschaft, 1911, S. 24f.
6) 또 다른 보기는 Zippelius, Methodenlehre, S. 31ff., 90. 참고.

이 사건은 제국법원에까지 올라갔는데, 유사한 사건들도 꽤 많은 편이었다. 이에 대한 제국법원 판결은 RGZ 106, 44에 나와 있다. 사건의 개요는 이렇다. 1차 세계대전이 끝나갈 무렵 군대가 후퇴를 하면서, 병들고 지친 말들까지 계속 끌고 가며 후퇴하기 어려운 경우가 자주 있었다. 그 때문에 군소속의 어느 사육병이 더 이상 행진할 힘이 없던 말 한 마리를 165 마르크를 받고 어떤 농부에게 팔았는데, 이 농부는 말에게 먹이를 잘 먹여 1년 후에 이 말을 6,000 마르크를 받고 다시 팔았다. 그러자 국가('제국국고')는 농부에게 4,100 마르크를 '부당이익'으로 반환할 것을 요구했다. 4,100마르크라는 액수는 농부가 말을 팔아서 받은 돈 6,000 마르크 가운데 처음 말을 샀을 때 지불했던 165마르크와 1년 사이의 사료비를 공제한 금액이었다. 하급심은 국가의 청구를 기각했다. 내가 분명히 기억하고 있는데, 사건을 심리한 판사들이나 다른 법원 관계자들 대부분이 그와 같은 사례에서는 농부들을 도울 수 있도록 노력하는 것이 법감정에도 맞다고 생각하는 분위기였다. 그리하여 이에 대해 법적으로 섬세하게 근거를 제시하는 일 자체를 말도 안 되는 짓으로 여길 정도였다. 이 점에서 이 사건은 앞에서 설명했던 이자이(Isay)의 이론이 갖는 타당성을 뒷받침하는 증거로 여길지도 모른다. 그러나 이런 식의 법감정에 조금도 휩싸이지 않은 채, 법률만을 엄격히 적용하고자 했던 제국법원은 원고인 국가의 청구를 인정하고, 농부에게 부당이득을 반환하라고 판결했다. 즉, 원고의 청구는 '기본적으로 정당하다고 선언'한 것이다. 제국법원이 판결의 직접적 근거로 삼은 조항은 민법 제816조였다. 이 조항에 따르면, 권한이 없는 자(우리의 사례에서는 농부)가 어떤 목적물(말에 대한 소유권)에 관하여 권한이 있는 자(제국국고)에게 효력이 있는 처분(6,000 마르크를 받고 말을 양도한 행위)을 한 때에는, 권한이 없는 자는 권한이 있는 자에게 처분을 통해 취득한 것(6,000 마르크)을 인도해야 할 의무가 있다.

그러나 초보자라 할지라도 이 민법규정 자체만으로는 이 사건과 관련된 법학적 삼단논법을 위한 대전제를 구성할 수 없다는 것쯤은 금방 알 수 있다. 왜냐하면 어떤 이유에서 농부는 권한 없는 자이고 국고는 권한 있는 자인지에 대해 해명해 줄 수 있는 다른 법규정이 필요하기 때문이다. 농부는 165 마르크를 지불하고 말을 취득함으로써 이 말의 소유자가 되었기 때문에, 권한이 있는 자이고, 국고는 단지 그 이전에만 권한이 있는 자였던 것은 아닌가? 하지만 실제로는 농부가 소유권자가 된 것이 아니라, 계속 권한이 없는 자였을 뿐이다. 그 이유는 무엇보다 농부에게 말을 '팔았던' 사육병은 말의 소유권자가 아니었고, 또한 말에 대한 처분권도 갖고 있지 않았으며, 따라서 소유권 취득에 관한 민법규정(제929조 이하)에 의하면 농부는 말에 대한 소유권을 취득한 것이 아니기 때문이다. 농부가 사육병이 말을 처분할 권한을 갖고 있었다고 믿었다는 사정은 농부에게 아무런 도움도 되지 않았다. 여하한 경우이든 농부는 민법 제816조에서 말하는 '권한이 없는 자'였을 뿐이다. 농부는 제816조를 보충하고 그에 대한 설명이 되는 민법규정들, 즉 동산소유권의 취득에 대한 규정들에 따르면 말에 대한 소유권을 취득하지 못했다.[7] 따라서 농부가 다른 제3자에게 말을 다시 양도함으로써 농부는 권한이 없는 자로서 말에 대한 소유권을 처분한 것이다. 그렇지만 왜 이 처분은 제816조가 전제하고 있는 것처럼 '권한이 있는 자에 대해서는 효력이 있는' 것일까? 사육병이 소유권을 농부에게 이전할 수 없었다면, 농부 역시 제3자에게 소유권을 이전할 수 없었다. 다시 말해 농부는

---

7) 민법개정을 통해 1990년 8월 20일 추가된 제90a조에 따르면 동물은 더 이상 물건이 아니다. 그렇지만 물건에 적용되는 규정들은 동물에도 적용된다. 이처럼 물건에 관한 규정을 동물에 준용함에 따라 실제적으로는 아무런 변화도 없다고 보아야 한다. 즉, 제90a조의 신설에도 불구하고 동물은 예전과 마찬가지로 물건과 같이 취급할 수 있다. 이에 관해서는 Palandt-Ellenberger, §90a 참고.

그 이전의 사육병과 마찬가지로 말에 대해 처분을 할 수 없었던 것이다. 물론 나중에 말을 산 제3자는 처분권이 없는 사람이 아니라, 정당한 소유권자로부터 말을 취득한다고 믿었다. 농부가 말의 소유권자라고 여겼기 때문이다(이러한 믿음을 민법에서는 '선의'라고 부른다 - 옮긴이). 그리고 소유권에 대한 '선의'는 - 처분권에 대한 선의와는 달리 - 민법 제932조에 의해 보호를 받는다. 그렇지만 두 가지 예외조항이 있었다. 첫째, 민법 제935조는 '점유를 이탈한' 물건에 대한 선의취득을 배제하고 있다. 문제의 사건에서 단순한 '점유보조자(Besitzdiener)'(민법 제855조)일 뿐인 사육병이 농부에게 말을 인도한 그 순간 그 말은 국가의 점유로부터 이탈한 것이다. 둘째, 1919년 5월 23일의 특별명령은 군사재산에 관한 한, 권한 없는 자로부터의 선의취득을 배제한다고 규정했다. 그렇다면 과연 농부가 제3의 취득자에게 말을 처분한 행위는 권한이 있는 국고에 대해 효력을 갖는 처분이었는가? 이 물음에 대해 제국법원은 억지로 무엇을 찾아내려고 하지 않는 한, 빠져들기 어려운 생각을 펼친다. 즉, 제국법원은 민법총칙에 속하는 제185조를 원용한다. 제185조의 제1항과 제2항은 "권한이 없는 자(우리의 사건에서 농부)가 목적물(말에 대한 소유권)에 대해 행한 처분(제3의 취득자에게 말을 양도한 행위)은 … 권한이 있는 자가 이에 동의한 때에는 유효하다"고 규정하고 있다. 그리고 국가가 농부를 상대로 처분을 통해 수령한 매매대금에 대한 소를 제기한 것은 곧 국가가 그 처분에 동의했음을 뜻한다고 한다. "국가가 … 소를 제기하여 대금에 대한 청구권을 주장함으로써, 국가는 처분에 동의한 것이다"(RGZ 106, 45). 이로써 제816조의 모든 요건이 사실상 충족된 셈이다. 다시 말해 권한이 없는 자(농부)가 어떤 목적물에 대해 처분을 했고, 이 처분은 권한이 있는 자에 대해 효력을 갖게 되었다. 더 정확히 말하면, 권한이 있는 자가 처분에 따른 매매대금을 반환하라는 소를 제기한 것은 처분에 대해 사후적으로 동의

한 것이므로, 처분은 소급적으로(제184조 참고) 효력을 갖는다.

여기에서 우리에게 중요한 것은 법률가에게 상당히 특이하게 여겨지는, 이러한 사고과정을 과연 일반인도 충분히 납득할 수 있는지의 문제가 아니다. 또한 제국법원의 그와 같은 사고과정이 필연적인 것이었는지도 우리로서는 중요하지 않다.[8] 우리는 단지 법률가들이 어떤 식으로 법률의 여기저기에 흩어져 있는 조문들(이 판결에서는 제816조, 제929조, 제935조, 제855조, 제185조 등)을 의미를 갖는 하나의 총체로 묶어 내고, 이를 통해 구체적 사례에서 필요한 대전제를 마련해 내는지를 분명하게 보여주는 데 초점을 맞추고 있다. 이러한 대전제를 훌륭하게 언어로 표현하는가의 문제는 부차적이다. 아마도 대전제는 일련의 문장들을 통해서만 적절하게 언어로 표현될 수 있는 사고구조일 것이다. 그러나 중요한 것은 논리적 사고능력을 통해 법학적 사고의 내적 연관성이 대전제를 구성하고, 이 대전제에 소전제와 결론이 연결될 수 있도록 해야 한다는 점이다. 대전제 내에서 이러한 '내적 연관성'이 어떠한 구조를 갖고 있는지에 대해서는 여기에서 자세히 밝힐 수 없다. 그러한 연관성의 형성은 조문들 사이의 다양한 실질적 관계에 기초하기 때문이다. 즉, 때로는 한 조문이 다른 조문을 배제하기도 하고, 때로는 한 조문이 다른 조문을 보충하기도 하며, 때로는 한 조문이 예외로서 다른 조문의 효력을 유보하기도 하는 등 다양한 실질적 관계를 맺는다. 따라서 '법질서의 통일성(Einheit der Rechtsordnung)'이라는 원칙을 기초로 삼아, 여기저기 흩어져 있는 법적 사고의 조각들을 각 사례에 해당하는 대전제라는 모자

---

8) 이 사건을 둘러싸고 불붙은 논쟁에 대해서는 L. Enenccerus/H. Lehmann, Lehrbuch des Bürgerlichen Rechts, Bd. II, 15. Aufl. 1958, §225 I 3 그리고 최근 문헌으로는 K. Larenz/ C.-W. Canaris, Lehrbuch des Schuldrechts, Bd. II 2, 13. Aufl. 1994, S. 182 참고.

이크로 서로 맞물리게 만드는 것이 바로 그러한 실질적 관계들이다. 하지만 이 단계에서는 이미 상당히 구체적인 법학적 작업이 수행되는 것이기에, 이에 대해서는 여기서 더 이상 자세히 다룰 수 없다.

민법의 다른 조문들로 제816조를 보충할 때에는 －이미 앞에서 보았듯이－ 이 법률규정들에 대한 '해석(Auslegung)'도 함께 이루어졌다. 왜냐하면 다른 법조문들을 원용하여 제816조의 개별표지들('권한이 없는 자' 등)을 해석했고, 이 조문들이 해석을 하는 기능을 수행했기 때문이다. 물론 법률의 다른 조문을 원용하여 한 조문을 해석하는 일은 법률가들이 수행해야 하는 해석작업의 전부가 아니다. 그렇지만 이 문제만으로도 우리는 부지불식 중에 이미 해석의 문제 자체를 다루는 상황에 다다르게 되었다. 따라서 이제부터는 법학방법론의 핵심문제라고 보아도 무방한, 이 해석의 문제를 자세히 다루기로 하자. 이 문제를 다루면서 우리는 마치 넓은 곳에서 좁은 곳으로 되돌아가는 방식, 다시 말해 '전체포섭(Gesamtsubsumtion)'에서 '개별포섭(Einzelsubsumtion)'으로 되돌아가는 방식을 취하기로 한다.[9)]

---

9) 법에서 해석과 이해가 갖는 의미에 관한 문헌은 헤아릴 수 없이 많다. 더욱이 이 문제를 근원적으로 다루고자 하는 법률가는 철학문헌까지 함께 고려해야 한다. 관련된 문헌들에 대해 자세히는 K. Engisch, Einführung in das juristische Denken, 8. Aufl. 1983, 각주 57(S. 218ff.) 참고. 이 밖에도 Alexy, Argumentation, S. 219ff., 288ff.; Bydlinski, S. 428ff.; Larenz, Methodenlehre, S. 204ff., 312ff.; Zippelius, Gerechtigkeit, S. 379ff.; ders., Methodenlehre, S. 19ff.; ders., Rechtsphilosophie, §§39f.; D. Schmalz, Methodenlehre für das juristische Studium, 4. Aufl. 1998, Rn. 219ff.; Pawlowski, §11도 참고. 최고법원 판례의 해석원칙에 관해서는 아래의 121면 각주 28 참고. '헌법합치적 해석'에 관해서는 아래의 135면 이하 각주 51에 제시된 문헌 참고.

I

이를 위해 우리는 일단 앞장에서 보기로 삼았던 사례를 다시 이용하기로 하자. 즉, 승용차는 형법 제243조 제1항 1호에서 의미하는 '폐쇄된 공간'인가? 앞장에서 우리는 포섭 자체는 지금 여기에서 결정을 내려야 할 사건을 의심할 여지없이 법률이 적용되는 사례들과 동일시함으로써 이루어진다고 설명했고, 어떠한 사건들이 법률의 적용범위에 속하는가라는 물음 및 새로운 사건이 어떠한 관점에서 그리고 어떠한 관련성 속에서 법률에 해당되는 사례들과 동일하다고 파악되는가라는 또 다른 물음은 문제되는 법률규정(우리의 보기에서는 형법 제243조 제1항 1호)에 대한 해석을 통해 결정된다는 점도 설명했다. 이 점을 다음과 같이 표현하기도 한다. 즉, 해석을 통해 법률로부터 직접 도출한 대전제에 포함된 추상적 개념표지들을 결정해야 할 구체적 사건에 '접근시킨다'라고 한다. 물론 이 말 자체는 옳지만, 단지 이해를 돕기 위한 비유일 뿐이다. 이 비유를 정확하게 논리적으로 표현하면, 해석을 통해 법률로부터 직접 도출된 법적 대전제와 사건의 결정 사이에는 단순히 하나의 소전제가 아니라, 포섭을 용이하게 만들어주는 여러 개의 소전제들이 끼어 들어간다고 말해야 옳다.[10] 그리하여 추론 전체는 대강 다음과 같은 형태를 띠게 된다.

1. 절도 행위자가 폐쇄된 공간에 침입하면, 이 행위자는 3개월 이상 10년 이하의 자유형에 처해야 한다.
2. 절도 행위자가 사람이 출입하도록 되어 있거나 최소한 그

10) 이에 관해서는 Heller, S. 67ff.; W. Hanack, Der Ausgleich divergierender Entscheidung, 1962, S. 114ff., 184ff. 참고. 또한 Hassemer, S. 184f.; Rödig, S. 180ff.; Zippelius, Methodenlehre, S. 97ff.도 참고.

일부일지라도 권한이 없는 사람의 출입을 막기 위한 인공시설로 둘러싸여 있는 공간에 침입하면, 이 행위자는 폐쇄된 공간에 침입한 것이다.

3. 절도 행위자가 사람이 출입하도록 되어 있거나 최소한 그 일부일지라도 권한이 없는 사람의 출입을 막기 위한 인공시설로 둘러싸여 있는 공간에 침입하면, 이 행위자는 3개월 이상 10년 이하의 자유형에 처해야 한다.
4. 절도 행위자가 승용차에 침입하면, 이 행위자는 사람이 출입하도록 되어 있거나 최소한 그 일부일지라도 권한이 없는 사람의 출입을 막기 위한 인공시설로 둘러싸여 있는 공간에 침입한 것이다.
5. 절도 행위자가 승용차에 침입하면, 이 행위자는 3개월 이상 10년 이하의 자유형에 처해야 한다.
6. A는 절도 행위자로서 승용차에 침입했다.
7. A는 3개월 이상 10년 이하의 자유형에 처해야 한다.

이 추론연쇄에서 전제 2와 4는 두 개의 특수명제로서, 법률로부터 직접 도출되는 일반적인 대전제 1을 결정해야 할 사건(승용차 절도)에 '접근'시키는 역할을 한다. 2와 4는 논리적으로는 소전제에 해당하며, 3과 5는 새로운 대전제로서 특수한 명제이다. 명제 5는 특수한 대전제로서, 이를 통해 명제 6으로의 포섭을 어렵지 않게 수행할 수 있게 된다. 이 포섭을 위해서는 '대입(代入; Proslepsis)'만을 필요로 할 뿐이다. 즉, '특정한 주어(A)를 술어에 해당하는 불특정 주어(절도 행위자)에 대입'[11]하기만 하면 된다. '해석'의 문제는 분명 특수명제인 2와 4에서 등장한다. 이 점은 우리가 일반적인 대전제에 대해 "여기서 말하는 '폐쇄된 공간'이

11) 이에 관해서는 Ch. Sigwart, Logik I, 4. Aufl. 1911, S. 50 Ziff. 4 참고.

무슨 의미인가?"라는 물음을 제기해 보면 분명히 드러난다. 이 물음에 대해서는 우선 소전제 2가 대답을 하고 있는데, 이 대답은 전형적인 해석에 해당한다. 다만 추론연쇄를 고려하여, 소전제 2를 "'폐쇄된 공간'이란 … 이다"라는 식으로 표현하지 않고, "절도 행위자가 … 했다면, 이 행위자는 … 이다"라는 식으로 바꾸어 표현했을 뿐이다. 따라서 해석을 하고 있는 소전제 2는 "폐쇄된 공간이란 사람이 출입하도록 되어 있거나 … 등등의 공간이다"의 의미로 새겨야 한다. 또한 승용차를 소전제 4의 개념표지에 귀속시키는 것은 이러한 해석의 연장선상에 있다.

해석이 법학적 연역추론에서 논리적으로 무슨 의미가 있는지에 대해 우리는 다음과 같이 서술할 수 있다. 즉, 해석의 과제는 법률가에게 법개념의 내용과 범위를 분명하게 보여주는 일이다. 해석에서 내용에 대한 서술은 개념정의, 다시 말해 개념표지들의 제시(폐쇄된 공간이란 … 한 공간이다)를 통해 이루어진다. 그리고 개념의 범위는 법개념에 하속(Subordination) 또는 포섭(Subsumtion)[12] 되는 사례집단과 개별 사례들을 제시함으로써 서술된다. 이와 같은 해석의 의미는 법률주석서를 찾아보면 금방 이해할 수 있다.

12) '포섭'과 '하속'의 관계 및 포섭과 해석의 관계에 대해서는 Engisch, Studien, S. 13ff., 23ff.; Jesch, AöR 82(1957), 186ff.; Hassemer, S. 98ff.; Rödig, S. 165ff.; Jescheck/Weigend, S. 152f.; Pawlowski, Rn. 126f. 참고. 또한 위 본문에서 설명한, 내용을 규정하는 해석과 범위를 규정하는 해석의 관계와 비슷하게, 개념을 정의하는 해석과 개념을 설명하는 해석을 구별하는 Scheuerle, S. 170ff.을 참고. 이 밖에도 Jesch, AöR 82(1957), 192 각주 109; A. Wolffers, Logische Grundformen der juristischen Interpretation, 1971, S. 11ff.(볼퍼스는 '개념을 정의하는 해석', '개념을 설명하는 해석' 이외에도 '개념을 분류하는 해석'을 구별하는데, 내 생각으로는 맨 마지막의 해석은 첫 번째 해석에 속하는 것 같다. 볼퍼스가 보기로 제시하고 있는 문장 "스위스 남자는 모두 남성뿐이다"는 "스위스 남자는 모두 남성인 스위스 남자일 뿐이다"와 같은 뜻이다)도 참고.

예를 들어 문서위조죄(형법 제267조)의 형법 구성요건에서 중요한 의미를 갖는 '문서'라는 법개념에 대한 형법주석서의 설명을 살펴보자. "실체형법에서 의미하는 문서란 유체물과 확고하게 결합되어 있고, 일반적으로 또는 관련 당사자들이 이해할 수 있는 사고의 표현으로서, 법적 거래에서 일정한 사실을 증명할 목적을 갖거나 사실의 증명에 적절하며, 동시에 작성자를 표시하거나 작성자가 누구인지를 알 수 있게 하는 서류이다."(문서의 개념정의) 그 다음에는 "판례는 … 이른바 증표(Beweiszeichen)를 문서에 속하는 것으로 본다"라는 설명이 있다(문서개념의 범위를 확정하기 위한 사례집단의 제시. 물론 이어서 증표의 개념에 대해 다시 개념정의를 하게 된다). 이러한 설명 다음으로는 증표의 사례집단에 속하는 개별 사례들을 제시한다. 즉, "자동차의 등록번호, 모터번호, 차종번호 … 포도주병의 코르크에 적힌 표식 … 그림의 낙관 등은 증표에 해당하며, 따라서 문서에 속한다."[13)]

II

물론 이 모든 설명들이 단지 해석의 마지막 결과 또는 해석의 외적 측면을 밝힌 것에 불과하다고 말할지라도 전혀 틀렸다고 할 수는 없다. 즉, "해석이란 조금 더 깊숙히 들어가 법규정의 의미를 파악하고, 법규정에 대한 '이해'에 도달해야 하지 않는가?", 다시 말해 "해석이 참된 이해에 도달할 때에만 비로소 법명제의 실질적 내용을 밝히고, 이를 개념적으로 포착할 수 있지 않은가?"라는 물음을 제기할 수 있다. 그리하여 법규정의 진정한 의미를

---

13) Schönke/Schröder, 10. Aufl. 1961, III zu §267. 또한 이 주석서 최신판 Schönke/Schröder-Cramer/Heine (27.Aufl. 2006), II, III zu §267도 참고(방법적인 측면에서는 구판들과 하등 다를 바가 없다).

밝히고 이에 대한 올바른 이해를 위해 노력하는 법률가만이 법학이 정신과학이라는 사실을 설득력 있게 보여줄 수 있다고 말하게 될 것이다. 오늘날의 이론에 따르면 정신과학의 핵심기준은 곧 의미와 이해라고 하기 때문이다.[14] 그렇다면 법학에서 의미를 포착하고 이해하는 작업은 어떻게 이루어지는가?

여기에서 '의미'의 개념에 대해 철학적 논의를 하는 일은 불

---

14) 정신과학의 개념사와 본질에 관해서는 W. Dilthey, Gesammelte Schriften, Bd. I, 4. Aufl. 1959, Bd. VII, 2. Aufl. 1958 참고. 또한 Rothacker, Logik und Systematik der Geisteswissenschaften, 1927, S. 6ff.; H. Freyer, Theorie des objektiven Geistes, 3. Aufl. 1934; Gadamer, S. 9ff., 222ff., 287ff.; ders., Geisteswissenschaften, in: Die Religion in Geschichte und Gegenwart, Bd. 2, hg. v. K. Galling, 3. Aufl. 1958, S. 1304; U. Diedrerichsen, Einführung in das wissenschaftliche Denken, 2. Aufl. 1972, S. 17ff.; A. Diemer, Geisteswissenschaften, in: Historisches Wörterbuch der Philosophie, hg. v. J. Ritter u.a., Bd. 3, 1974, S. 211; J. Ritter, Die Aufgabe der Geisteswissenschaften in der modernen Welt, in: ders., Subjektivität, 1974, S. 105(120ff.); O. Marquard, Über die Unvermeidlichkeit der Geisteswissenschaften, in: ders., Apologie des Zufälligen, 1987, S. 98 등도 참고. 드로이젠(J. G. Droysen, Grundriß der Historik, 3. Aufl. 1882, §§ 8ff.)은 '이해'를 특수한 역사적 방법이라고 하는 반면, 딜타이는 정신과학 전체의 방법으로 확장했다. 딜타이(Bd. VII, S. 131)는 예컨대 다음과 같이 말한다. "정신과학은 체험, 표현 그리고 이해의 관계에 기초한다"(비슷한 표현은 S. 86f.에도 등장한다). 따라서 정신과학의 범위는 이해가 개입되는 범위와 같다고 한다(S. 141).
정신과학으로서의 법학에 대해서는 예컨대 Binder, S. 886ff.; Th. Viehweg, Zur Geisteswissenschaftlichkeit der Rechtsdisziplin, Studium generale 11(1958), 334; Dreier, Rechtstheorie 2(1971), 37; H. Rottleuthner, Rechtswissenschaft als Sozialwissenschaft, 1973, S. 205ff., 245ff.; G. Winkler, Theorie und Methode in der Rechtswissenschaft, 1989, S. 219ff., 233ff.; Bydlinski, S. 65ff., 76ff.; Coing, S. 95ff., 297f.; Horn, Rn. 48; Rüthers, Rechtstheorie, Rn. 156ff. 참고.

가능하다. 몇 년 전에 출간된, 「현존재의 의미(Sinn des Daseins)」에 관한 연구는 서두에서 '의미'를 16가지로 구별한다.[15] 이해에 관한 일반철학적 개념 또한 매우 다양하며, 여러 가지 측면을 담고 있다. 이에 반해 옛날 교과서에서 법학적 '해석학'이라고 설명되고 있는 내용들은 상당히 도그마틱적이고 건조하기만 하다.[16] 따라서 우리는 추상적인 논의를 시작하기보다는, 구체적인 보기를 들어 법규정의 의미를 이해하기 위해 법률가들이 어떠한 노력을 기울이는지를 살펴보고, 이로부터 해석학의 문제영역에 접근하는 방법을 취하기로 한다.

일단 우리는 법률텍스트가 확보되어 있다는 전제에서 출발하기로 하자. 다시 말해 **텍스트비판**은 여기에서 다루는 문제가 아니다. 이 문제는 원래 법학적-논리적 성격의 것이 아니기 때문이다. 오늘날과 같이 법률이 지정된 법령집에 공포되는 상황에서는 텍스트를 확인하기 어려운 경우는 극히 예외적으로 발생할 뿐이다.

이제 새로운 보기를 들어 **법학적 해석, 법학적 의미파악 및 법학적 이해의 방법**을 설명해 보기로 하자. 내 생각에 이 보기는 우리의 목적에 아주 잘 들어맞는 사례로서, 형법상의 장물죄에 관련된 것이다. 이와 관련하여 해석의 대상이 되는 텍스트는 형법 제259조인데, 우리의 관심은 이 조항에 포함된 몇몇 단어일 뿐이다. 형법 제259조는 "타인이 절도한 물건 또는 … 기타 위법한 행

15) R. Lauth, Die Frage nach dem Sinn des Daseins, 1953; S. 32f. '의미'의 개념에 대해서는 J. E. Heyde, Vom Sinn des Wortes Sinn, in: ders., Wege zur Klarheit, 1960, S. 101; Lampe, S. 42ff.; Hruschka, Verstehen, S. 27ff., 42ff.도 참고.

16) 이 점은 이미 F. Regelsberger, Pandekten I, 1893, §35에서도 지적되고 있는 측면이다. 법학적 '해석학'을 한 단계 더 높은 수준으로 끌어올리려는 노력은 비교적 최근에야 이루어지고 있는 실정이다.

위를 통해 취득한 물건을 매입 또는 … 기타의 방법으로 획득하여 이로부터 이득을 얻고자 한 자는 5년 이하의 징역 또는 벌금형에 처한다"라고 되어 있다. 이 규정 가운데 우리는 주로 '위법한 행위를 통해 취득한'이라는 표현을 논의의 대상으로 삼겠다. 이 표현에 대한 해석은 상당히 까다로운 문제이다. 일단 이 표현에 대한 개념규정의 실제적 측면, 즉 '위법한 행위를 통한 취득'이라는 개념의 내용과 범위를 생각해 보자. 우선 문제의 물건이 위법한 '선행행위'를 통해 '직접' 취득된 것이어야 하는지 아니면 간접적으로 취득한 것이어도 무방한지가 의문으로 떠오른다. 특히 이 표현의 범위(즉, 적용영역)에 대해 생각해 보면, 절도나 기타 범죄를 통해 취득한 물건뿐만 아니라, 그런 물건을 처분하여 취득한 물건 또는 그런 물건과 교환한 물건 역시 '위법한 행위를 통해 취득한 물건'에 속하는지에 대해 의문을 갖게 된다. 한 가지 예를 들어 보자. 보석상을 턴 범인으로부터 훔친 보석 가운데 일부를 선물로 받은 사람은 분명 장물죄의 구성요건을 충족한 행위를 한 것이 된다. 그렇다면 훔친 돈으로 산 귀금속 또는 훔친 물건을 팔아서 마련한 돈으로 산 귀금속을 선물받은 사람도 —물론 그러한 사정을 알고 있었다는 전제하에— 장물죄의 행위자가 되는 것일까? 이 후자의 경우를 보통 '대체장물'이라고 부른다. 장물이 절도한 물건 자체(금전 등)가 아니라, 이를 대체하는 다른 물건(절도한 돈으로 매입한 귀금속)과 관련을 맺기 때문이다. 그렇다면 이러한 대체장물을 획득한 행위도 제259조가 의미하는 장물죄에 해당하는가? 이것이 결정적인 물음이다. 이 물음에 대한 대답은 전적으로 '위법한 행위를 통해 취득한'이라는 표현을 어떻게 해석하는가에 달려 있다. 제국법원은 초창기 판례(RGSt 2, 444)에서 "제259조의 명문의 문헌에 비추어 … '가벌적 행위를 수단으로 취득한 물건'(당시의 장물죄 조항은 이렇게 표현되어 있었다)은 가벌적 행위를 수단으로 직접 취득한, 개별적으로 특정된 물건으로 이해해야 할 뿐, 그와 같은 하자가 없는 물건, 즉 가벌적 행위를 수단으로 직접 취득한 물건을 대체하게 된 물건은 여기에 해당하지 않는다"고 판결했다. 제국법원의 이러한 입장에 대해서는 많은 학자들이 반론을 제기했고, 특히 20세기의 가장 유명한 형법학자 가운데 한 사람인 에른스트 벨링(Ernst Beling)은 "절취한 물건을 처분하여 획득한 물건, 절취한 금전으로 구입한 물건, 절취한 금전을 다른 금전으로 교환한 것 역시 모두 절도로 취득한 것이다"고 주장했다. "왜냐하면 사전의 행위가 물건의 소지에 대해 인과성이 있다면, 그 물건은 당연히 사전의 행위를 '수단으로' 행위자가 취득한 것이기 때문이다." 따라서 절취한 물건을 처분하는 행위 자체도 사전의 행위, 즉 '가벌적인 행위'에 속한다고 보아야 한다는 것이다.[17)]주의해야 할 점은 벨링도 제국법원과 마찬가지로 제259조의 '문언적 의미'를 파악하고자 한다는 사실이다. 다시 말해 벨링 역시 흔히 '문법적' 해석이라고 부르는, 법문에 대한 해석을 하고 있는 것이다.[18)] 그러나 우리의 사례에서 보듯이 문법적 해석이 - 다른 사례에서도 자주 그렇다 - 언제나 명백한 결과에 도달하는 것은 아니다. '… 을 통해'라는 단어(구형법에서는 '수단으로')는 여러 가지로 해석될 수 있기 때문에, 벨링의 견해든 제국법원의 입장이든 얼마든지 이 '문언'에 부합할 수 있다. 이 점은 매우 중요하다. 왜냐하면 형법학의 지배적인 견해에 따르면 결코 '문언'을 뛰

17) Ernst Beling, Begünstigung und Hehlerei, in: K. v. Birkmeyer u.a.(Hg.), Vergleichende Darstellung des deutschen und ausländischen Strafrechts, BT VII, 1907, S. 1(69). 연방재판소는 제국법원의 입장을 계승했다. 예컨대 BGHSt 9, 137(139) 참고. 이 문제와 관련해서는 또한 E. Stree, Die Ersatzhehlerei als Auslegungsproblem, JuS 1961, 50; Lackner/ Kühl, §259 Rn. 8도 참고.

18) 문법적 해석에 관해서는 예컨대 C. v. Savigny, System des heutigen römischen Rechts I, 1840, S. 213f.; E. R. Bierling, Juristische Prinzipienlehre, Bd. IV, 1911, S. 211f. 참고.

어넘어 형사처벌을 해서는 안 되기 때문이다. 하지만 이 정도의 문제로 법률가들의 능력이 바닥나지는 않는다. 오히려 -다의적인 문언의 한계 내에서- 다시 다른 방법으로 해석을 한다. 예를 들어 장물죄의 체계적 지위를 고려하여 해석하는 방법이 있다. 장물죄를 규정하는 방식과 관련해서는 기본적으로 두 가지 가능성이 있다. 하나는 장물죄를 공동정범, 교사, 방조와 함께 공범규정에 편입시켜 '범죄행위 이후의 조력행위(auxilium post delictum)'의 한 종류, 즉 선행행위에 대한 사후적 장려로 보는 방식이다. 다른 하나는 장물죄를 절도, 강도, 협박, 사기 등과 같은 독자적인 범죄행위로 파악하는 방식이 있다. 독일 형법은 두 번째 방식을 취하고 있다. 장물죄를 형법각칙의 범죄비호와 관련하여 위에서 언급한 범죄들 사이에 끼어 놓았기 때문이다. 그렇다면 이러한 체계적 지위가 제259조의 의미를 이해하는 데 어떤 결정적인 역할을 하는 것일까? 예를 들어 마우라하(Maurach)는 형법각칙에 대한 서술에서 '장물죄가 공범에서 독자적인 범죄로 바뀌게 된 발전과정'에 비추어 볼 때, 장물취득행위는 '선행행위자가 범행을 통해 취득한 바로 그 물건'만을 대상으로 할 수 있을 뿐이라는 사실이 필연적으로 도출된다고 본다.[19] 이에 반해 메쯔거(Mezger)와 같은 다른 학자들은 법률상의 지위는 아무런 의미가 없거나, 또는 법률상의 지위로부터 심지어 '대체장물죄'의 가벌성을 얼마든지 도출해낼 수 있다고 한다.[20] 이처럼 체계적 지위의 관점에서 접근하더라도 법률상의 문언은 여전히 모호하기 때문에, 다른 해석방법을 찾아보지 않을 수 없게 된다. 또 다른 해석방법은 이미 마우라하도 염두에 두고 있는데, 그것은 장물죄의 역사적 전개과정과 제259조의

19) R. Maurach/F.-Ch. Schroeder, Strafrecht, Besonderer Teil, Bd. 1, 6. Aufl. 1977, §50 I C 3.

20) E. Mezger, Zur Entwicklung der sogenannten Ersatzhehlerei, ZStW 59(1940), 549(570ff.).

'성립사'이다. 물론 여기에서 이에 관해 자세히 서술하는 것은 너무 장황한 설명이 될 것이다. 금방 인용했던 메쯔거의 논문에서도 장물죄의 역사적 측면에 대해서는 아주 짧게만 언급되어 있다. 따라서 다음과 같은 점만을 강조하고자 한다. 즉, 1870/71년에 제정된 제국형법에 규정된 제259조는 프로이센 형법전의 관련 조항을 약간 변경하여 도입했던 역사적 과정을 거쳤다는 사실이다. 제259조의 전신이라 할 수 있는 프로이센 형법전 제237조는 다음과 같이 규정되어 있었다. "절취한 물건이라는 사정을 알면서 그 물건을 착복하거나 여타 범죄행위를 수단으로 취득된 물건을 매입 … 또는 은닉한 자는 …." 이 조항의 표현상으로는 대체장물의 가벌성을 부정하는 제국법원의 해석이 옳다고 생각할 수 있다. 왜냐하면 조문에서 구체적인 사례집단(절취, 착복)을 먼저 규정함으로써 '여타 범죄행위를 수단으로 취득한'이라는 일반적인 규정이 무슨 의미인지를 분명히 밝혀주고 있기 때문이다. 다시 말해 입법을 할 때 범죄를 통해 직접 취득한 물건만을 염두에 두었다는 점을 분명히 알 수 있게 한다. 이에 반해 1870년에 제정된 새로운 형법은 장물죄규정을 추상적으로 표현함으로써 대체장물의 가벌성까지 포괄하는 확장해석의 여지를 마련했다. 물론 이러한 확장해석은 프로이센 형법전의 해당 규정에는 없지만, 1870년의 제국형법에는 명문으로 포함되어 있는 요건인, '그로 인한 이득 때문에' 행위했어야 한다는 표현을 근거로 끌어들이게 된다.[21] 이렇게 볼 때, 제259조의 성립사에 대해서도 여러 가지 방식으로 접근할 수 있음을 알 수 있다. 따라서 '문언'과 '체계적 지위'뿐만 아니라, '성립사' 역시 결코 확실한 결론에 도달할 수 있게 해주지

21) 메쯔거는 특히 이 측면을 강조한다. 나중에 개정을 통해 '이득 때문에'라는 표지 대신에 '이득을 얻기 위하여'라는 표지로 바뀌었다는 사정은 대체장물의 문제와 관련된 제259조의 의미를 둘러싼 우리의 논의에서는 중요하지 않다.

않는다. 다시 말해 문법적 해석과 체계적 해석 그리고 역사적 해석 모두 해석이라는 목표에 도달하지 못한다. 그렇다면 확실한 결론에 도달할 수 있는 또 다른 방법이 있는가? 오늘날의 법률가들은 지금까지 설명했던 모든 해석방법보다 이른바 '목적론적' 해석방법이 우선한다고 말한다. 목적론적 해석방법이란 법률규정의 '목적', '취지', '기본사상'을 탐구하고, 이로부터 그 의미를 확인하는 방법이다. 즉, 목적론적 해석에서는 법규정의 '의미'가 곧 법규정의 목적이다. 우리의 보기인 장물죄와 관련시켜 보면, 목적론적 해석이란 장물죄가 어떠한 목적에서 그리고 어떠한 이유 때문에 처벌되는가를 밝히는 것이다. 일반적으로 형법규정은 공동체에 해악이 되는 행위를 방어하기 위한 목적을 갖고 있다고 말한다. 그렇다면 장물죄는 어떠한 의미에서 공동체에 해악이 되며, 장물죄를 혐오하는 이유는 무엇이며, 왜 장물죄를 처벌해야만 하는 것일까? 유감스럽지만 이 물음들에 대한 절대적으로 확실한 대답은 없다. 다만 최근 들어 두각을 나타내는 '이론들'이 제시하는 두 가지 대답이 있을 뿐이고, 더욱이 이들 이론들이 설명하는 내용의 상당부분은 장물죄의 개념을 둘러싼 지금까지의 역사에서 이미 등장했던 것들이다. 아무튼 한 이론에 따르면, 장물을 취득한 자는 선행행위자가 예컨대 절도와 같은 행위를 통해 실현했던 해악을 지속, 유지시키기(흔히 '영속화'한다는 표현을 쓰기도 한다) 때문에 처벌해야 마땅하다고 한다. 즉, 선행행위자가 절취한 물건을 획득한 자는 원래의 소유권자가 물건을 되찾는 것을 어렵게 만든다고 한다. 그리하여 엄격한 법적 관점에서 볼 때, 장물죄의 본질은 '선행행위에 의해 성립된 위법한 재산상태를 지속'시키는 데 있다는 것이다.[22] 제국법원은 이러한 견해를 근거로 대체장물의 가벌성을 부정했고, 다수의 문헌 또한 이러한 제국법원의 입장에

---

22) 예컨대 Th. Fischer, §259 Rn. 1 참고.

찬동했다. 대체장물을 취득한 자는 단지 외관상으로만 '장물죄 행위자'일 뿐이며, 선행행위자가 가벌적 행위를 통해 취득한 물건이 아니라, 선행행위의 피해를 입은 자와는 아무런 관계가 없는 다른 물건을 취득했을 뿐이기 때문이라고 한다. "장물죄의 본질이 선행행위에 의해 발생한 상태를 유지하는 것이라면, 장물죄의 행위자는 선행행위 자체에 의해 '취득된' 것과 동일한 물리적 대상만을 위법하게 획득할 수 있을 뿐이다(물건의 동일성이라는 요건)."[23) 하지만 장물죄의 본질에 대해 얼마든지 다른 견해를 취할 수도 있다. 앞에서 말한 유지이론 또는 영속화이론에 대비되는 '악용이론'과 '착취이론'이 그것이다. 이 이론에 따르면 장물죄가 당연히 처벌받아야 하는 이유는 이익에 눈이 멀어 다른 사람이 저지른 가벌적인 행위를 의도적으로 악용한다는 점에 있다고 한다. 간단히 말하면, 장물죄는 '흐린 물에서 낚시질'을 하는 짓이고, 장물아비는 범죄에 기생하는 자이자 '도둑놈의 뚜쟁이'라는 것이다. 그렇기 때문에 장물을 취득하는 행위 자체가 이미 가벌성을 갖는다고 본다. 장물죄에 관한 이러한 견해는 예를 들어 1794년의 프로이센 란트법 제2부 제20장의 제83조에 분명하게 나타나 있다. 이 조항은 장물죄의 행위자란 "범죄가 저질러진 이후에 이 범죄가 가져다 준 이득에 의도적이고 자발적으로 참여한 자"라고 규정하고 있다. 현행 형법의 제259조의 문언 또한 행위자가 이득을 얻을 의도에서 행위했을 때에만 장물죄가 성립한다고 규정하고 있다는 점에서 이러한 견해가 반영되고 있는 셈이다. 갈라스(Gallas) 역시 이 견해를 취하고 있다. 그에 따르면 장물죄는 "재산상의 이익을 보존하기 위해 형사처벌의 대상으로 삼고 있는 선행행위를 통해 발생한 과실에 참여하여 자신의 이득이 되게 하는 행위"라는 점이 그 본질이라고 한다. 메쯔거도 갈라스의 이 이론이 어느

23) R. Maurach/F.-Ch. Schroeder/M. Maiwald, Strafrecht, Besonderer Teil, Bd. 1, 10. Aufl. 2009, §39 Rn. 9.

정도는 옳다고 인정한다.[24] 이러한 악용이론의 관점을 취한다면, 장물아비가 위법한 행위를 통해 선행행위자가 직접 취득한 물건을 획득했는지 여부는 중요하지 않다. 단지 선행행위자가 선행행위와 밀접한 관련이 있는 상태에서 취득했고, 따라서 '형사처벌의 대상이 되는 취득이라는 흠결이 붙어 있는' 물건을 장물행위자가 획득했다는 사실만으로 충분하다. 그렇다면 최소한 일정한 한계 내에서는 대체장물죄를 얼마든지 처벌할 수 있어야 한다. 즉, 훔친 돈으로 매입한 물건, 이와는 반대로 훔친 물건을 팔아서 마련한 금전 그리고 이렇게 마련한 돈으로 산 물건 및 훔친 돈을 다시 다른 돈으로 바꾸어 마련한 금전은 모두 장물죄의 객체가 될 수 있어야 한다. 예를 들어 선행행위자가 5만원권 5장을 훔쳐 이를 곧바로 제3자에게 주었는지 아니면 은행에서 만원권 25장으로 바꾸어 선물을 했는지에 따라 차이가 있어야 하는가? 후자의 경우에도 돈을 수령한 자는 전자의 경우와 마찬가지로 가벌적인 행위를 한 것이 아닌가? 물론 악용이론은 상당히 도덕적이고, 그 때문에 엄격한 법률논리와는 조금 거리가 있다는 혐의를 가질 수도 있다. 그렇게 되면 장물죄의 처벌이 혹시 도덕적 사고에 기초하고 있는지 여부에 대한 또 다른 해석의 문제가 등장하게 된다. 그리하여 도덕적인 형법관과 법적인 형법관 사이의 대립이 제259조의 해석에까지 영향을 미치게 된다.

우리가 여기에서 장물죄의 본질과 대체장물의 가벌성에 관한 논쟁을 낱낱이 소개하고, 그에 대한 결론을 내릴 수는 없으며,[25]

---

24) W. Gallas, Zur Kritik der Lehre vom Verbrechen als Rechtsgutsverletzung, in: FS f. W. Gleispach(1936), S. 50(59); E. Mezger, Strafrecht, Besonderer Teil, 7. Aufl. 1960, §51 IV. 그러나 오늘날의 통설은 이와는 다른 입장에 있다. 이에 관해서는 Schönke/Schröder-Stree, §259 Rn. 1f. 참고.

25) 이에 대해서는 최근에 출간된 형법각론 교과서와 주석서를 참고하길 바란다. 예를 들어 H. Blei, Strafrecht, Besonderer Teil, 12. Aufl. 1983,

악용이론의 관점을 취할 경우에 대체장물의 가벌성범위가 크게 확대되는데, 그 한계를 면밀히 확정하는 문제 또한 여기서 논의할 대상은 아니다. 우리에게 중요한 것은 전적으로 해석과 이해의 본질 및 방법일 뿐이다. 따라서 우리가 장물죄를 보기로 삼아 지금까지 설명한 내용들로부터 해석과 이해와 관련하여 어떠한 결론을 도출할 수 있는지 그리고 어떠한 문제들을 더 고찰해 보아야 하는지에 대해 잠시 생각해 보기로 한다.

우리는 실제로 적용되는, 여러 가지 해석방법에 대해 살펴보았다. 즉, 언어적 의미에 따른 해석('문법적' 해석), 사고의 연관성에 따른 해석('논리적' 또는 '체계적' 해석: 한 법률규정의 위치 및 이 규정이 다른 규정들과 맺고 있는 연관성에 초점을 맞추는 해석), 역사적 연관성, 특히 '성립사'에 따른 해석 그리고 법률규정의 취지, 목적, '근거'에 따른 해석('목적론적' 해석)이 있음을 보았다. 사비니(Savigny) 이후로 이 네 가지 종류의 해석방법은 이러한 형태 또는 이와 비슷한 형태로 법학적 해석학의 확고한 내용으로 자리 잡았다.[26]

---

§72; Schönke/Schröder-Stree, §259 Rn. 13f.; J. Wessels/Th. Hillenkamp, Strafrecht, Besonderer Teil 2, 32. Aufl. 2009, Rn. 837ff. 특히 신형법의 입법이유서는 제259조를 '유지이론'에 입각하여 개정했다고 명백히 밝히고 있다(이에 관해서는 Blei, §72, II 참고). 이 점은 '주관적-목적론적 해석방법'에 근거할 경우 대체장물의 처리와 관련하여 커다란 의미를 갖는다(이에 관해서는 아래의 164면 이하의 서술을 참고).

26) 사비니(Savigny, S. 213f)는 해석의 네 가지 요소라고 말하는데, 문법적, 논리적, 역사적 및 체계적 요소가 여기에 속한다고 한다. 법과 직접 관련이 없는 해석학 문헌에서 해석의 종류를 어떤 식으로 구별했는지에 대해서는 J. Wach, Das Verstehen, Bd. 1, 1926, S. 46(Ast), 74f.(F. A. Wolf), 109, 119ff.(Schleiermacher의 비판), 195ff(Boeckh), Bd. 3, 1933, S. 172ff.(Droysen) 참고. 법적 해석에 관한 전통적 이론에 대해서는 Enneccerus/Nipperdey I 1, §56 참고. 보통법(usus modernus)이 지배하던 때에도 법적 해석과 관련하여 비슷하게 생각했다. 이에 관해서는 B. Windscheid, Lehrbuch des Pandektenrechts I, 9. Aufl. 1906, §21 참고. 여러 가지 방식

에넥체루스(Enneccerus)는 그의 「민법교과서」에서[27] 해석은 법률문언에서 출발해야 하고, 문언은 '문법규칙과 언어사용을 감안하여' 그리고 특별한 경우에는 '법적 전문용어의 구사방식'을 고려하여 그 의미를 밝혀야 하며, 문언 이외에도 '법규정의 내적 연관성, 법규정의 위치, 다른 법규정과의 관계'(이는 논리적-체계적 해석에 해당한다), '법률 이전의 규율상태와 역사적 전개과정' 및 특히 입법이유서에서 밝혀지는 법률의 '성립사' 그리고 '법률 또는 개별 규정의 특별한 목적'(이는 목적론적 해석에 해당한다)도 고려해야 한다고 말한다. 이밖에도 해석의 결과가 갖는 가치도 중요하다고 강조한다. 즉, 법은 단지 전체 문화의 한 부분일 뿐이며, 따라서 법률규정에 대해 의문이 있을 때에는, '사회생활이 요구하는 바와 전체 문화의 발전에 최대한 합당하게' 법규정을 해석해야 한다고 한다(내 생각으로는 이 측면은 목적론적 해석이라는 개념에 포함시킬 수 있을 것 같다). 법률해석의 방법에 관한 이러한 서술은 여러 가지 비슷한 서술들을 대표한다고 보아도 무방하다. 물론 다른 용어를 사용하는 경우도 있고, 실질적인 내용이 다른 경우도 있다. 그렇지만 법원실무 역시 대체적으로 이와 동일한 관점에서 이루어지고 있다는 사실[28]에 주목해야 한다.

의 해석을 구별하는 것에 대한 비판적 입장으로는 A. Keller, Die Kritik, Korrektur und Interpretation des Gesetzeswortlautes, 1960, S. 48f.; Rödig, S. 282ff., Kriele, S. 81ff., 85ff.; Müller/ Christensen, Methodik, Rn. 92ff. 참고.

27) 아래의 인용은 모두 Enneccerus/Nipperdey, Lehrbuch des Bürgerlichen Rechts, I 1, §56에 따른다.

28) 최고법원이 기준으로 삼는 해석원칙들에 관해서는 예컨대 A. Gern, Die Rangfolge der Auslegungsmethoden von Rechtsnormen, VerwArch 1989, 415(426ff.); Larenz, Methodenlehre, S. 312ff., 320ff.; Jescheck/Weigend, S. 154ff.; Schönke/Schröder-Eser, §1 Rn. 36ff.; Jarass/Pieroth, Einl. Rn. 5ff.; Müller/Christensen, Methodik, Rn. 23ff.; J. Wessels/ W. Beulke, Strafrecht, Allgemeiner Teil, 39. Aufl. 2009, Rn. 57f.; Palandt-Sprau, Einl. vor § 1

이러한 법학적 해석학은 표준적인 해석도그마틱으로 형성되었는데, 그 구체적 내용에 대해서는 간단히만 언급하기로 한다. 이른바 문법적 해석과 관련해서는 무엇보다 이 해석방법이 마치 의미해석과는 구별되는, 순수한 문언해석일 뿐인 것처럼 오해하는 경우가 많다는 점을 지적해야 한다. 예컨대 츠바이거트(Zweigert)는 "의문이 생긴 규범에 대한 문언해석은 흔히 해석의 첫 단계라고 부르는데, 이러한 해석은 보통 별다른 도움이 되지 않는다 … 오히려 의문은 규범의 의미를 탐구해야만 해소될 수 있다(이에 대해서는 견해가 일치한다)"라고 말한다.[29] 그러나 문법적 해석은 문언의 의미에 대한 해석이고, 이와 반대되는 해석은 문언의 의미가 아니라, 다른 방식으로 의미를 규정하는 해석이다. 즉, 문법적 해석도 의미에 대한 해석이다.[30] 문법적 해석에서 문제가 되는 문

Rn. 40ff. 참고. 특별히 유럽법원의 해석원칙과 관련해서는 A. Bleckmann, Europarecht, 6. Aufl. 1997, Rn. 537ff.; Th. Oppermann/ C.D. Classen/M. Nettelsheim, Europarecht, 4. Aufl. 2009, §10 V 참고. 헌법합치적 해석 및 유럽법합치적 해석에 관해서는 아래의 135면 이하 각주 51 참고.

29) K. Zweigert, Juristische Interpretation, Studium generale 7(1954), 380(381).

30) 따라서 문언이 명확한 규정에 대해서는 해석이 필요하지 않다는 표현은 옳다고 볼 수 없다. 예를 들어 BGH NJW 1951, 922 Nr. 9, NJW 1956, 1553; BVerfGE 4, 331(351); Kaufmann, Analogie, S. 5("해석은 … 명확하지 않은 지점에서 비로소 시작된다"); Kriele, S. 91("의문과 견해차가 등장하는 곳에서 비로소 해석은 시작된다"); Hesse, Rn. 49 등은 이러한 문제점을 안고 있다. 라렌츠(Larenz, Methodenlehre, S. 204)는 '이해'와 '해석'을 용어상으로 구별하여, 해석은 '성찰을 통한' 이해에 국한시키고 있다. 이러한 구별 자체에 대해서는 별다른 반론을 제기할 필요가 없을 것이다. '명확성(sense-clear)'-독트린, 즉, 문언이 명확한 경우에는 해석의 여지가 존재하지 않는다는 이론에 대한 비판으로는 Enneccerus/Nipperdey I 1, §56 I 4; H. u. K. Clauss, Zum Begriff 'eindeutig', JZ 1961, 660; Fikentscher III, S. 658f.; Esser, Grundsatz, S. 179, 253f.; Larenz, Methodenlehre, S. 343 참고.
물론 문언이 명확할 때는 전혀 해석을 고려할 필요가 없다는 주장과 문언

언의 의미와 관련해서는[31] 당연히 일상적인 언어의미를 중시하려는 경향과 이와는 달리 법적 전문용어의 이해방식에 따른 언어의미를 중시하려는 경향 사이에 긴장이 있다. 이러한 긴장을 감안해보면 해석방법론은 입법방법론과 밀접한 관련이 있음을 알 수

이 명확할 때에는 다른 해석관점을 끌어들여서는 안 된다는 주장은 구별해야 한다(이에 관해서는 B. Heusinger, Rechtsfindung und Rechtsfortbildung im Spiegel richterlicher Erfahrung, 1975, S. 94f. 참고). 명확한 문언의 의미가 존재한다는 전제(이는 상당히 문제가 있는 전제이다)에서 출발할지라도, 후자의 주장에 대해서는 논의할 수 있다. 그렇지만 대다수의 법률문언과 관련하여 명확한 문언의 의미가 존재한다는 이론에 대해서는 여러 측면에서 의문이 제기된다. 예컨대 Sax, S. 52f.; Esser, Vorverständnis, S. 134f.; Larenz, Methodenlehre, S. 312f., 343; Zippelius, Methodenlehre, S. 20f, 46f. 참고. 물론 숫자, 도량, 중량을 표시하는 단어는 명확성을 갖지만, 이들 단어 또한 '이해'와 '해석'이 이루어져야 한다.

흔히 '문언(Wortlaut)'('문언의 의미'가 아니다)이라는 용어를 사용하는데, 이는 언어기호와 언어적 의미를 엄밀히 구별하고 분리하지 않는 데 기인한 것이다. 엄밀히 보면 문언은 '해석의 대상'(Rödig, S. 282)이고, 확인을 해야 할 '문언의 의미'는 해석의 목표이며, '문법'과 '구문론'은 해석의 수단이다. 그러나 '문언'이라고 할 때에는 '문언의 의미'를 생각하는 것이 일반적이다.

31) 크릴레(Kriele, S. 82)는 '문언의 의미'를 확인하기 위해서는 이른바 '문법적 해석'(크릴레는 이 해석을 '입법자가 적용했던 언어법칙을 설명'하는 것이라고 이해한다)뿐만 아니라, 경우에 따라서는 예컨대 체계적 해석과 같은 다른 해석요소도 개입된다고 본다. 물론 법률에 있는 어떤 단어의 의미를 밝히는 데에는 모든 방식의 해석이 역할을 할 수 있다는 점에서 크릴레의 이 말은 옳다. 하지만 자주 사용되긴 하지만, 결코 정확하게 사용된다고 볼 수 없는 이 '문법적 해석'이라는 용어는 일차적으로 문언의 언어적 쓰임새에 따른 의미(이는 사전을 통해 확인할 수 있는 경우가 많다) 및 문언의 구문론적 결합방식을 지향하는, 특수한 의미확인 방법이다. '문언'이라고 할 때에는 바로 이와 같은 뜻을 담고 있다. 이 '문언'이 명확하지 않은 경우가 자주 있다는 점은 이미 지적했다. 문법적 해석에 대해서는 Bydlinski, S. 437ff.; Larenz, Methodenlehre, S. 320ff.; Pawlowski, Rn. 360ff.; Zippelius, Methodenlehre, S. 46ff. Röhl/ Röhl, S. 628ff.; Rüthers, Rechtstheorie, Rn. 731ff. 도 참고.

있다. 헤겔은 법을 유식한 자들만이 알 수 있도록 만드는 일은 폭군인 디오니시우스가 어떤 시민도 읽을 수 없도록 법률을 높은 곳에 매달아 놓는 것만큼이나 부당한 일이라고 말한다.[32] 이와는 정반대로 빈딩은 이렇게 말한다. "흔히 법률표현이 불분명할 때에는 이에 대한 일상언어의 의미로 이해해야 한다고 말하는데, 이는 완전히 틀린 말이다 … 법개념은 그 내용이 확실하게 고정되어야 하고, 개념의 경계가 분명해야 한다." 그러므로 일상언어에 비해 그 경계가 훨씬 더 확실한 '법률전문용어'를 기준으로 삼아야 한다고 본다.[33] 그렇지만 그 동안의 경험은 법률 전문용어 역시 빈딩의 생각처럼 그렇게 명확하지 않다는 사실을 보여준다. 입법자가 동일한 법률 내에서 또는 여러 가지 법률에서 같은 단어에 서로 다른 의미를 부여하는 경우도 많다. 예를 들어 '공무원', '점유', '소유', '공공성', '과실' 등을 한 법률 내에서 또는 각 법률에 따라 다른 의미를 갖곤 한다. 이를 '법개념의 상대성'(뮐러-에르츠바하)이라고 부른다.[34] 개념들이 각 경우마다 다른 체계적 및 목적

---

32) G. W. F. Hegel, Grundlinien der Philosophie des Rechts, Werkausgabe, Bd. VII, hg. v. E. Moldenhauer u.a.., Bd. VII, 3. Aufl. 1993, §215.

33) K. Binding, Handbuch des Strafrechts, 1885, S. 463f. 법률언어와 일상언어의 관계에 대해서는 Esser, Vorverständnis, S. 103, 116f., 135; U. Ladnar/C. v. Plottnitz(Hg.), Fachsprache der Justiz, 1976; R. Wassermann/J. Petersen(Hg.), Recht und Sprache, 1983; J. Eckert/H. Hattenhauer(Hg.), Sprache - Recht - Geschichte, 1991; Larenz, Methodenlehre, S. 320ff.; U. Neumann, Fachsprache und Umgangssprache, in: G. Grewendorf(Hg.), Rechtskultur als Sprachkultur, 1992, S. 110; M. Paroussis, Theorie des juristischen Diskurses, 1995, S. 66ff.; Rüthers, Rechtstheorie, Rn. 150ff., 216 참고. 언어철학적인 관점에 서서 언어가 갖는 원칙적인 불확정성과 제한성 때문에 규범과 법적 논증의 맥락에서도 그러한 문제가 있다는 비판적인 지적으로는 Müller/Christensen, Methodik, Rn. 166ff.(이를 위해 콰인과 비트겐슈타인을 원용한다).

34) R. Müller-Erzbach, Die Relativität der Begriffe und ihre Begrenzung durch den Zweck des Gesetzes, JhJ 61(1913), S. 343; K. Engisch, Die

론적 맥락에 편입된다는 점에서, 법개념의 상대성은 불가피하다. 이때에는 순수한 '문언해석' 대신 체계적 해석과 목적론적 해석을 해야 한다.

체계적 해석과 목적론적 해석에 관련해서는 이 두 가지 방법 모두 겉으로 보이는 것보다 훨씬 더 다양한 측면을 갖고 있다는 점에 주의해야 한다. **논리적-체계적 연관성**[35]은 각각의 구체적 사고의 맥락에서 법개념이 갖는 의미(예를 들어 횡령죄 조항에서 점유개념이 갖는 의미)나 해석과 관련하여 충분한 준거점을 제공하는 경우가 자주 있는, 법명제의 법률상의 위치(예를 들어 무고죄에 관한 형벌규정이 위증죄에 관한 형벌규정의 바로 뒤에 위치한다는 점은 무고죄가 위증죄와 마찬가지로 1차적으로는 개인의 명예에 반하는 범죄가 아니라, 형사사법을 침해하는 범죄라고 보아야 한다)와 관계가 있다. 이 뿐만 아니라 논리적-체계적 연관성은 개별 법명제에 내재하는

Realtivität der Rechtsbegriffe, in: Dt. Landesreferate zum 5. Int. Kongreß f. Rechtsvergleichung(1958), S. 59; Esser, Vorverständnis, S. 99f.; P. K. Ryu/H. Silving, Was bedeutet die sogenannte 'Relativität der Rechtsbegriffe'?, ARSP 59(1973), 57ff., 76ff.(이 글은 법개념의 상대성에 대해 비판적이다). 또한 BVerfGE 6, 32도 참고('합헌적 질서'에 관련된 이 판결에서 헌법재판소는 이 개념이 기본법 제2조 제1항에서는 헌법에 부합하는 전체 법질서라고 해석하면서도, 제9조 제2항에서는 헌법의 기본적 원칙만을 포괄할 뿐이라고 한다. 이에 관해서는 B. Pieroth/B. Schlink, Grindrechte, Staatsrecht II, 25. Aufl. 2009, Rn. 408, 811 참고).

35) 체계적 해석에 관해서는 Engisch, Einheit, S. 70f.(옛 문헌들을 참고하고 있다); Fikentscher, III, S. 672ff.; Canaris, Systemdenken, S. 90ff.; Bydlinski, S. 442ff.; Larenz, Methodenlehre, S. 324ff.; Pawlowski, Rn. 362ff.; Zippelius, Methodenlehre, S. 52ff.; Röhl/ Röhl, S. 622ff.;.Müller/ Christensen, Methodik, Rn. 365ff. 참고. 체계적 해석에 대한 여러 문헌들을 살펴보면 '체계적' 방법이 극히 다양한 측면을 갖고 있다는 점을 알 수 있다(예컨대 맥락의 중요성, 법명제의 외적 지위, 법질서의 구성부분들이 맺고 있는 내적 연관성, 규율대상이 되는 실질적 연관성과 생활관계가 갖는 의미, 일반적 법원칙의 적확성 등).

법적 사고가 전체 법체계의 다른 구성부분들과 여러 가지 측면에서 관련을 맺고 있다는 점도 뜻한다. 예를 들어 장물죄는 공범에 관한 형법 제25조 이하의 규정들, 범죄비호에 관한 제257조, 사기, 협박 등 재산죄에 관한 규정, 취소할 수 없는 소유권취득에 관한 민법질서 등과 관련이 있다(이 때문에 우리가 앞에서 보기로 든 사례에서도 권한이 없는 자의 처분에 관한 민법 제816조의 규정을 함께 고려하여야 한다). 이처럼 모든 법명제의 의미가 전체 법질서와 관련을 맺는다는 점은 상당부분 목적론적 관련성을 뜻하기도 한다. 즉, 대다수의 법명제는 다른 규범들과 관련을 맺으면서 다른 규범들의 의미를 보충하는 목적을 실현한다. 그렇기 때문에 체계적 해석은 목적론적 해석과 떼려야 뗄 수 없는 관계가 있다. 따라서 체계적 해석은 대부분의 경우 목적론적 해석이기도 하다. 물론 언제나 그런 것은 아니다. 예를 들어 전체 형벌규정들 내에서 특정한 형벌규정을 응보적 정의의 관점에서 해석하는 것은 체계적 해석이기는 하지만, 목적론적 해석이라고 할 수는 없다. 이와 반대로 법명제가 법질서 바깥에 있는 목적을 추구하는 경우(예컨대 예의바른 사람으로 교육하는 것), 그러한 목적을 고려하는 해석은 목적론적 해석이긴 하지만, 체계적 해석은 아니다.

이 밖에도 목적론적 해석[36] 자체도 여러 가치 차원을 갖고

36) 이에 관해서는 Keller, S. 117ff.; O. A. Germann, Problem und Methoden der Rechtsfindung, 2. Aufl. 1967, S. 80ff.; Fikentscher, III, S. 279f., 676ff.; Bydlinski, S. 453ff.; Larenz, Methodenlehre, S. 328ff., 333ff.; Pawlowski, Rn. 368; Zippelius, Methodenlehre, S. 19ff., 46ff.; Röhl/Röhl, S. 620ff. 참고. 또한 목적론적 해석에 비판적인 Rüthers, Rechtstheorie, Rn. 717ff.(뤼터스는 '해석목적'으로서의 '규범목적과 '해석수단'이라고 부르는 다른 세 가지 방법을 구별한다)도 참고. 또한 목적론적 해석을 역사적 측면에서 밝히고 있는 흥미있는 문헌인 J. Edelmann, Die Entwicklung der Interessenjurisprudenz, 1967, S. 15ff. 참고. 이 밖에도 아래의 서술과 관련해서는 G. Warda, Dogmatische Grundlagen des

있는 해석방법이다. 조금 전에도 잠깐 언급했듯이, 법명제를 통해 추구하는 목적은 법명제에 내재하는 것일 수도 있고 법명제 바깥에 있는 것일 수도 있다. 첫 번째 경우에는 법질서의 일부인 해당 법명제가 제기하고 있는 문제들이 역시 법질서의 일부에 속하는 다른 법명제들을 통해 해결된다. 예를 들어 형법이 절도, 횡령, 강도, 기물손괴 등에 대한 형벌규정을 통해 민법상의 소유권 질서를 보호하고 있다는 점에서 형법은 민법에 대해 목적적, 부가적 관계에 있다고 볼 수 있다. 또한 소송법은 실체법의 실현이라는 목적을 위한 부가적인 수단이다. 이에 반해 두 번째 경우, 즉 법명제를 통해 추구하는 목적이 법질서 바깥에 있는 경우에는 생활사실 자체가 법을 통해 형성된다는 것을 뜻한다. 예를 들어 형벌과 행정조치는 사람들을 일정한 방향으로 조종하고 교육시키기 위한 수단이다. 그러나 모든 법규범에 하나의 특정한 목적이 귀속된다고 생각하는 것은 잘못이다. 단기적 또는 장기적 목적이 있는가 하면, 고차원 또는 저차원의 목적도 있다. 목적이라는 개념 자체가 탄력적이며 다양한 측면을 포함하고 있다. 예컨대 비난가능성이 있는 행위에 대해 대항동기를 부여하는 경우처럼 구체적인 실제적 효과를 지향하는 목적개념이 있는가 하면, 법적 안정성의 확보, 평화보장, 공공질서의 유지, 사회복지, '생존배려', 인간성, 거래상의 신뢰보호, 정의감정의 충족, 신속한 사법작용 등과 같이 추상적이고 이념적인 목표도 있다. 예를 들어 법관의 판결이 갖는 확정력, 경찰의 업무집행, 사형집행의 포기, 법률행위에서의 착오에 관한 규율, 권한이 없는 자의 선의취득을 인정하는 것, 유죄판결을 받은 범죄자에 대한 사면 등과 같은 제도는 그와 같은 이념적 관점에서 평가하고 이해하게 된다. 더 나아가 독립된 개별적 이익(법익)을 목적론적 해석의 관련지점으로 삼을

---

richterlichen Ermessens im Strafrecht, 1962, S. 111ff.도 참고.

수도 있고, '반대되는 이익'까지 함께 고려해야 해결이 가능한, 복잡한 이익갈등을 관련지점으로 삼아야 하는 경우도 있다.[37)] 우리가 나중에 다시 다루게 될, 이른바 이익법학은 —적어도 필립 헤크(Philipp Heck)가 제안한 형태를 모범으로 삼는다면— 목적론적 해석이란 법률에 나타난 척도, 가치평가, 우선순위에 비추어 이익갈등을 방법적으로 해소하는 것이라고 생각한다. 그러나 목적론적 해석이 비록 상당히 탄력적인 이념이긴 하지만, 이 해석 역시 보충을 필요로 한다. '목적'이 언제 어디에서나 해석을 위한 최종적 원칙을 뜻하지는 않기 때문이다. 즉, 목적이라고 여기지 않거나 그런 식으로 서술하기를 꺼리는 이념과 작용이 법규범의 해석과 이해에 결정적인 역할을 하는 근거가 되는 경우가 있다. 예를 들어 윤리적 원칙(죄에 대한 속죄!), 정의와 평등의 요청, 정치적-세계관적 전제,[38)] 권력과 증오와 같은 비합리적 작용 등을 생각해 볼

---

37) 특별히 중요한 의미가 있는 보기는 입법 및 법적용과정에서 이른바 '법의 경제적 분석'의 주창자들이 요구하고 있는 것처럼 경제적 효율성기준과 결과판단기준을 고려하는 경우이다. '법의 경제적 분석'은 법규율과 법적 결정의 경제적 결과에 대해 묻는다. 이 분과는 법제정 및 법원과 행정청의 법적용에 대한 경제적 최적화(및 효율적인 자원투입) 방안을 제시하는 것을 목표로 한다. '법의 경제적 분석'은 본질적으로 경험적, 경제적 관점을 설정하기 때문에, 순수한 법적 관점에서는 불충분하게 여겨지는 경우가 자주 있다. 하지만 목적론적 해석의 범위 내에서 경제적 분석은 새로운 종류의 법학적 방법의 보조수단을 제공하고 있다. 이에 관해서는 D. Assmann/ Ch. Kirchner/ E. Schanze, Ökonomische Analyse des Rechts, 1993; M.R. Deckert, Folgenorientierung in der Rechtsanwendung, 1995, S. 155f., 172f., 233ff.; Pawlowski, Rn. 11, 852, 855; Horn, Rn. 131ff.('법의 경제적 분석'이 환경법, 손해배상법, 소비자법에서 특별한 의미를 갖는다는 지적); R.P. Schenke, Die Rechtsfindung im Steuerrecht, 2007, S. 70ff.; Röhl/ Röhl, S. 645ff.; Rüthers, Rechtstheorie, Rn. 306a ff. 참고.

38) 이 맥락에서 우리 헌법에 규정된 기본권의 토대를 형성하는 것 역시 일정한 이념이라는 점을 지적할 필요가 있다. 헌법해석이 각각의 기본권이론에 의존(기본권은 개인의 자유에 봉사하기 위한 것인가 아니면 국가를 지탱하는 객관적 가치인가?)한다는 점에 대해서는 E.-W. Böckenförde, Grundrechtstheorie

수 있다. 우리는 앞에서 대체장물죄의 가벌성과 관련하여 도덕적인 관점이 등장하는 것을 보았다. 이렇게 보면 목적론적 해석이라는 개념은 어쩐지 너무 좁게 느껴진다. 그 때문에 목적론적 법사상 대신에 '인과적' 법사상을 요구하기도 한다.[39] 물론 인과적 법사상이라는 표현보다는 '근거에 따른 해석'이라는 표현이 더 적절할 것이다. '목적에 따른 해석'보다 더 포괄적인 의미를 담으려고 하는 것이기 때문이다.

끝으로 성립사에 따른 해석과 관련해서도 몇 마디 설명을 덧붙일 필요가 있다. 성립사 또한 여러 가지 관점들을 풍부하게 담고 있는 용어라는 사실을 명심해야 한다. 이 점은 법률제정을 둘러싼 여러 가지 역사적 근거들을 추적해 보면 잘 알 수 있다.[40] 즉, 성립사의 관점에서 해석을 하는 것이 특정한 법규정이 다른 법률에 담겨 있던 의도나 관습법을 모범으로 제정되었는지를 탐구하는 것일 수도 있고, 법률규정의 정치적, 경제적, 세계관적 원인들을 조명하는 작업[41]일 수도 있으며, 법률을 제정하게 된 우

---

und Grundrechtsinterpretation, NJW 1974, 1529 참고.

39) R. Müller-Erzbach, Die Rechtswissenschaft im Umbau, 1950. 이에 대한 비판으로는 Keller, S. 128 참고. 켈러는 입법적-정치적 고려와 입법적-도그마틱적 고려라는 표현을 선호한다.

40) 예컨대 뮐러(Müller/Christensen, Methodik, 특히 Rn. 360ff.)는 '발생론적' 해석과 좁은 의미의 '역사적' 해석을 구별하자고 제안하는데, 이 제안은 설득력이 있다. 이에 따르면, 법률의 '성립사' 및 '입법자료'에 비추어 해석하는 것은 발생론적 해석이고, 특정한 규범보다 앞서 존재했던 유사한 규범들, 즉 '선행규범들'에 비추어 해석하는 것은 좁은 의미의 역사적 해석이라고 한다. 그러니까 후자는 "예전에는 어떤 식으로 규율했는가?"라는 물음에 대한 대답이라고 보면 된다. 역사적 해석에 관해서는 또한 Bydlinski, S. 449ff.; Larenz, Methodenlehre, S. 328ff.; Pawlowski, Rn. 365ff.; Zippelius, Methodenlehre, S. 50f.; Röhl/ Röhl, S. 619f.; Rüthers, Rechtstheorie, Rn. 778ff.도 참고.

41) 이와 관련해서는 우리가 보기로 든 장물죄에 관한 설명과 Keller, S.

연적인 동기(occasio legis)들을 밝히는 작업일 수도 있다. 빈트샤이트(Windscheid)와 같은 '주관적 해석론자'는 "접근가능한 모든 요소들을 고려하여 최대한으로 입법자의 영혼에 가까이 다가가야 한다"고 요구한다. 또한 "법률이 제정될 당시에 존재했던 법적 상태 가운데 입법자가 감안했으리라고 볼 수 있는 내용들을 함께 고려해야 한다"고 말한다.[42] 특히 입법자가 상정했던 목적을 찾아내면, 역사적 해석과 목적론적 해석이 서로 결합하게 된다. 더 나아가 법규정을 올바르게 이해하려면 그 정신사적 배경과 전통의 의미까지도 파악해야 한다. 예컨대 기본법 제103조에 명문으로 규정되어 있는, 죄형법정주의원칙(nullum crimen sine lege, nulla poena sine lege)은 그 역사적 뿌리가 되는 계몽기에까지 거슬러 올라가 이해할 때에만 그 의미를 제대로 해석할 수 있다. 또한 민법전에 규정된 채권법 조문들은 관련된 로마법적 전통과, 그리고 물권법 조문들은 게르만법적 전통과 관련을 시켜 파악할 때에만 제대로 해석할 수 있다. 그리고 법률상의 개별적 개념들(예컨대 '배우자의 부정행위', '간통')도 나름의 전통에 따른 내용을 담고 있는데, 이에 대한 해석 역시 그러한 요소들을 함께 고려해야만 한다. 그렇지만 빈트샤이트가 강조하는 것처럼 법창조자의 역사적 개인성에 비중을 두는 것은 오늘날과 같이 의회가 입법을 하는 시대에는 더 이상 설득력이 없다(이에 관해서는 나중에 다시 설명한다).

지금까지 우리는 먼저 장물죄를 보기로 들어, 그 다음에는 일반적인 의미차원에서 해석방법들에 대해 설명을 했다. 해석방법에 대해 여기서 계속 논의를 전개할 수는 없다. 츠바이거트는 법학적 해석방법론의 문제는 무엇보다 여러 가지 해석기준들 사이에 '확고한 서열관계'가 존재하지 않는다는 점에 있다고 비판하는

136ff. 참고.

42) Windscheid, §21.

데,[43] 이 비판은 분명히 옳다. 사비니는 문법적 요소, 논리적 요소, 역사적 요소 그리고 체계적 요소가 "각자의 취향과 자의에 따라 선택할 수 있는 네 가지 해석방식이 아니라, …. 해석이 성공하려면 서로 결합하여 작용해야 하는 여러 가지 활동"이라고 말한다.[44] 하지만 사비니는 화려한 수사로 문제의 소재를 은폐하고 있을 뿐이다. 우리는 여러 가지 해석방법에 따라 서로 다른 결론이 도출될 수 있다는 점을 고려해야 한다. 예를 들어 문언의 의미는 이쪽 방향으로 해석하게 하는 반면, 체계적 연관성 또는 성립사는 그와 정반대되는 방향으로 해석을 하도록 만드는 경우가 얼마든지 있을 수 있다. 이렇게 볼 때, 구체적 사례에서 특정한 해석방법을 원용하거나 특정한 해석방법을 선호하는 것이 자의적으로 이루어지는 것은 아닌가라는 의문이 생길 수밖에 없다. 이 맥락에서 쇼이얼레(Scheuerle)는 다음과 같이 말한다. "해석이 수단으로서만 기능을 한다는 점은 법적용 실무가 해석이론이 알고 있는 모든 해석방법들을 임의적으로 이용한다는 사실에서 명백히

43) Zweigert, Studium generale 7(1954), 385. '서열관계'에 관련된 문제점 및 '방법절충주의'(즉, 여러 가지 해석요소들을 충분히 세분화하지 않은 채 한 덩어리로 묶어 버리는 태도) 또는 '방법다원주의'(때로는 이 방법, 때로는 저 방법을 상황에 따라 멋대로 사용하는 태도)라는 비판에 대해서는 Sax, S. 69ff.; W. Siebert, Die Methode der Gesetzesauslegung, 1958, S. 10ff., 37ff.; Esser, Vorverständnis, S. 12ff.; Kriele, S. 85ff.; J. Rahlf, Die Rangfolge der klassischen juristischen Interpretationsmittel in der strafrechtswissenschaftlichen Auslegungslehre, in: U. Neumann u.a.(Hg.), Juristische Dogmatik und Wissenschaftstheorie, 1976, S. 14; Gern, VerwArch 1989, 415; Alexy, Argumentation, S. 303ff.; Bydlinski, S. 553ff.; Larenz, Methodenlehre, S. 343ff.; Coing, S. 271ff.; Müller, Rechtslehre, S. 44ff.; ders./Christensen, Methodik, Rn. 27ff., 429ff.; Kaufmann, Verfahren, S. 93ff.(하버마스와 알렉시의 해결방안 –논의이론/절차규칙– 롤즈의 정의/우선규칙의 내용적 원칙에 대한 지적); Zippelius, Methodenlehre, S. 61ff.; Schönke/Schröder-Eser, §1 Rd. 53 참고.

44) Savigny, S. 215.

드러난다"고 말한다. 그리하여 그때그때마다 만족스러운 결과를 가져다주는 해석방법을 선택하는 절차를 정당한 것으로 여기며, 이는 법원실무에서 자주 확인할 수 있다고 한다.[45] 이러한 측면들은 판결에 대한 근거설정이 그저 법감정에 따라 찾아낸 결론에 덧붙여 놓은 장식에 불과하다는 자유법론의 주장(특히 이자이의 주장)을 입증하는 증거라고 생각할지도 모른다.

그러나 실제로는 그렇게 단순하게 얘기할 수 없을 정도로 사정이 복잡하다. 무엇보다 여러 해석방법들 사이의 서열관계를 확인하려는 노력도 있다. 특히 문언의 의미에 우선순위를 부여하는 경우—예컨대 판덱텐 법학자인 빈트샤이트와 레겔스베르거(Regelsberger)—가 많다. 이렇게 '명확하고 분명한' 문언의 의미를 논의에서 배제해 버리려고 시도하는 해석은 더 이상 '해석'이라고 할 수 없다는 견해에서 출발한다면, 문언의 의미는 1차적인 기준이 된다. 따라서 문언의 의미가 '다의적'일 경우에만, 다른 해석방법들을 보충적으로 원용할 수 있다.[46] 이른바 '암시이론(Andeutungstheorie)'은 문언의 의미

45) Scheuerle, S. 167. 또한 같은 입장에 있는 Sax, S. 56; W. Ecker, Gesetzesauslegung vom Ergebnis her, JZ 1967, 265(271: "일정한 결과, 부수현상과 동반현상에 대한 생각은 방법론에 충실한 법률해석에서도 필수적인 구성부분이 되는 경우가 대부분이다"); Esser, Vorverständnis, S. 122f.도 참고.

46) 이는 연방헌법재판소가 헌법합치적 해석과 관련하여 여러 번에 걸쳐 분명하게 강조하고 있는 측면이기도 하다. 예를 들어 BVerfGE 8, 28 참고. 이 판결의 요지에는 다음과 같이 서술되어 있다. "법관은 '헌법합치적' 해석이라는 이름으로 명확한 문언과 그 의미에 반하는 해석을 해서는 안 된다." 또한 BVerfGE 38, 41(49)에서는 "법률의 문언이 명확할 때에는 헌법합치적 해석은 금지된다"고 판결하고 있다. 물론 연방헌법재판소 그리고 '헌법합치적 해석'을 원용하는 일반법원이 과연 문언의 의미 및 여타의 해석한계들을 준수하는지는 몹시 의심스럽다. 예를 들어 Zippelius, Verfassungskonforme Auslegung von Gesetzen, in: FS f. das BVerfG, Bd. II(1976), S. 108(116)은 BVerfGE 35, 263(278f.)가 '너무나도 거리낌없이' "법관은

가 갖는 비중을 조금 약화시키긴 하지만, 문언의 의미를 최소한 해석의 한계로서는 존중해야 한다고 요구한다. 즉, 해석을 통해 확인해야 할 의미는 어떤 식으로든 법률의 '문언'과 합치해야 하고, 또한 법률에 어떤 식으로든 '표현되어 있어야' 한다는 것이다.[47] 이는 특히 죄형법정주의원칙을 준수해야 하는 형법과 관련하여 지배적인 학설이 문언의 의미에 대해 부여하고 있는 위상이기도 하다. 예를 들어 한 밤 중에 의도적으로 전화를 걸어 다른 사람을 귀찮게 하는 행위는 '주거침입'이라는 문언의 의미에 속하지 않으며, 또한 제123조에 따른 '주거소란'으로 볼 수도 없다. 다수의 민법학자들도 문언의 의미를 뛰어넘는 것은 해석이 아니라, 유추(Analogie)를 뜻한다고 생각한다.[48] 물론 목적법학과 이익법학의 승전보가 울려퍼진 이후에는 '문언해석'보다는 목적론적 해석방법이 더욱 전면에 나설 수 있게 되었다. 즉, "법률의 취지가 상실되면, 법률 자체도 상실된다(cessante ratione legis cessat lex ipsa)"는, 옛날부터 유

규범의 문언에 구속될 필요가 없다"라고 설명했다는 사실을 지적한다.

47) 이에 반대하는 크릴레(Kriele, S. 223)의 테제, 즉 "'가능한 문언의 의미'라는 제한기준은 … 너무나도 모호하고 … 얼마든지 조작가능하기 때문에 현실적으로 아무런 의미도 없다"는 말은 과장이 아닐 수 없다. 예를 들어 '여자'가 남자가 되고(형법 제218조 낙태죄의 경우), '남자'가 여자가 될 수 있다는 말인가(구형법 제175조 동성애의 경우)?

48) 앞에서 서술한 내용('암시이론', 해석의 한계로서의 '가능한 문언의 의미')에 관해서는 Mennicken, S. 14f.; Ebsen, S. 44ff.; U. Neumann, Der "mögliche Wortsinn" als Auslegungsgrenze in der Rechtsprechung der Strafsachen des BGH, in: ders. u.a.(Hg.), Juristische Dogmatik und Wissenschaftstheorie, 1976, S. 42; Larenz, Methodenlehre, S. 322ff., 343f., 366ff.; Zippelius, Methodenlehre, S. 46f.; Müller/Christensen, Methodik, Rn. 304ff., 446ff., 480 참고. 필립 헤크(Philipp Heck, Gesetzesauslegung und Interessenjurisprudenz, 1914, S. 33)의 유명한 표현 "해석가설의 한계는 '가능한 문언'이다"는 지금 설명하고 있는 견해에 적확하게 들어 맞는 말이긴 하지만, 헤크 자신의 이론을 반영하지는 않는다(헤크 자신의 이론에 관해서는 S. 120ff., 138ff.).

명했던 원칙에 따라 법률의 문언적 의미보다는 법률의 목적과 근거를 더 중시해야 한다고 한다. 따라서 상당히 다의적인 문언의 한계 내에서뿐만 아니라, 다의적인 문언의 속박에서 완전히 벗어나거나 아니면 이와는 반대로 지나치게 넓은 법률문언을 제한해서라도 법률의 '목적'이 해석방법을 지배하도록 해야 한다고 본다.[49] 특히 문언을 완전히 벗어나거나 또는 그와는 반대로 문언의 범위를 좁혀 해석하는 방법을 각각 확장해석 또는 제한해석이라고 부른다.

이에 반해 자주 원용되곤 하는 '헌법합치적 해석'의 경우에는 훨씬 더 소극적인 입장을 취한다. 즉, '문언'이 다의적이어서 처음부터 확장해석 또는 제한해석이 가능하다고 여겨질 때에만, 해석을 해야 할 법률규정이 헌법 또는 헌법원칙에 합치할 수 있는 쪽으로 문언의 의미를 결정하기 위해 노력한다. 따라서 헌법합치적 해석은 문언의 의미가 다의적이라고 전제할 뿐, '문법적' 해석을

49) 이에 관해서는 Keller, S. 134f., 143ff.; Germann, S. 104ff.; Heusinger, S. 94ff.(특히 다수의 판례를 원용하고 있다); C.-W. Canaris, Die Feststellung von Lücken im Gesetz, 2. Aufl. 1983, S. 189ff.(목적론적 해석에 신중해야 한다고 경고한다); W. Löwer, Cessante ratione legis cessat ipsa lex, 1989 참고. 비판적인 입장으로는 D. Heckmann, Geltungskraft und Geltungsverlust von Rechtsnormen, 1997, S. 421ff. 참고. 그 사이 새로운 입법을 통해 문제를 확실하게 해결하긴 했지만, 목적론적 해석과 관련하여 방법론적으로 커다란 시사점을 던져 주고 있는 판례는 이른바 '녹음테이프 판결(BGHZ 17, 266, 275f)'이다. 이 판결은 위 본문에서 언급한, "법률의 취지가 상실되면, 법률 자체도 상실된다"는 원칙을 원용하면서 심지어 '언어상으로 명확한 문언'보다도 '법률의 의미와 목적'에 따른 해석에 우선권을 부여한다. 이 점은 '복사판결(BGHZ 19, 44, 49)'에서도 마찬가지였다. 녹음테이프판결에 동의하는 입장으로는 Canaris, Lücken, S. 190ff. 참고. 문언의 의미에 반하는 해석을 비판하는 입장으로는 Larenz, Methodenlehre, S. 322f., 343ff. 참고(그렇지만 S. 366f., 397ff.에서는 이와는 다른 입장을 피력하기도 한다).

통해 직접 도출할 수 있는 문언의 의미에 따른 법률에 반하여 해석하지는 않는다. 그러나 이렇게 '헌법합치적 해석'이 이루어질지라도, 앞에서 언급했던 바와 같이 '모든 법명제는 전체 법질서와 관련된 의미'를 갖기 때문에 결국은 '체계적 해석'을 필요로 하며, 이 점에서 순수한 '문법적 해석'에 다른 해석이 추가되지 않을 수 없게 되며, 궁극적으로는 체계적 해석이 더욱 결정적인 비중을 갖게 된다. 특히 그와 같은 체계적 의미관련성을 고려하는 해석을 통해 헌법이 최상위에 있으며, 하위법률 전체에 영향력을 행사한다는 사실을 충분히 감안하게 된다. 앞에서 이미 강조했듯이, 연방헌법재판소는 －예외가 없는 것은 아니지만－ 여러 번에 걸쳐 헌법합치적 해석은 문언이 다의적일 때 가능한 해석들 가운데 기본법과 기본법의 원칙에 가장 잘 조화될 수 있는 해석을 선택해야 한다는 점을 분명히 전제한다.[50] 이 독특한 해석원칙은 아마도 법질서의 통일성이라는 원칙 및 이와 직접 관련되는 '체계적 해석'으로 이해하고 정당화하는 것이 가장 맞을 것이다. 물론 언제나 그런 것은 아니지만, 헌법합치적 해석은 일반 법률이 헌법에 합치하는지를 심사하는 규범통제절차에서 실제적으로 매우 중요한 의미를 갖는다. 이와 관련하여 우리의 관심대상은 이 규범통제절차 및 여기에 수반되는 특수한 문제들이 아니라, 그 방법론적 측면일 뿐이다. 이 점에서 어떤 종류의 법규범(예컨대 법률, 명령, 국제조약, 변경이 불가능한 헌법규범과 충돌하는 새로운 헌법규범 등)이 헌법합치적 해석에 관련되는지는 우리에게 중요한 문제가 아니다. 어떠한 경우이든 헌법이 '올바른' 해석의 척도를 제공하기 때문이다. 물론 헌법 자체도 해석의 대상이 되어야 한다는 점은 분명하다.[51]

---

50) 이에 관해서는 Larenz, Methodenlehre, S. 339f. 참고.

51) 이에 관해서는 Zippelius, in: FS BVerFG(1976), S. 112 참고. 방법론적 측면에서는 연방헌법재판소 판례가 문제가 되는 법률에 대한 위헌선고를

피하거나 제한하기 위한 수단으로 헌법합치적 해석을 자주 이용하는 경향이 있다는 점이 중요하다. 물론 이러한 경향은 비판을 받고 있고, 또한 이 경향만이 헌법재판소 판례를 지배하고 있는 것은 아니다. 하지만 이와 같은 경향은 동시에 얼핏 보기에 위헌의 소지가 많은 법률에 대한 제한해석이나 확장해석 또는 심지어 흠결보충까지 시도하는 결과까지 빚고 있다(즉, 단순히 여러 가지 해석가능성 가운데 어느 하나를 선택하는 쪽으로 귀착되지만은 않는다). 예를 들어 Zippelius, in: FS BVerfG(1976), S. 122는 소송부조법을 민사소송에 국한하지 않고 형사소송상의 기소강제절차에까지 확대하는 것(BVerfGE 2, 336, 340f.)은 단순히 헌법합치적 해석이 아니라, 흠결보충이라고 본다. 그리고 내 생각으로는 논란이 많았던 '도청판결'(BVerfGE 30,1)은 제한해석의 영역에 속한다. 즉, 기본법 제10조 제2항(개인의 비밀영역에 대한 제한)에 대한 사후적인 보충이 순전히 '의미연관'에 비추어, 다시 말해 체계적 해석을 거쳐서 기본법의 근본원칙과 가치질서에 합치할 수 있도록 적용된다고 보게 되면, 이는 기본법 제79조 제3항(특정한 기본법개정은 허용되지 않는다)에 위반되는 것은 아니다(이 판례에 대한 비판으로는 당해 판례의 소수의견 및 P. Häberle, JZ 1971, 145 참고). 이에 반해 BVerfGE 33, 23에서는 기본법 제4조로부터 종교적 사유에 따른 선서거부권을 도출하여, 형사소송법 제70조('법률상의 사유')에 대한 헌법합치적 해석을 시도한다. 이러한 해석은 형사소송법 제70조에 대한 헌법합치적 확장해석이라고 불러야 할 것이다. 왜냐하면 이 해석은 형사소송법 제70조 문언의 '다의성'과는 하등 관계가 없기 때문이다. 이와 관련해서는 BGHSt 19, 325(330)도 참고.

헌법합치적 해석에 관한 문헌으로는 H. Bogs, Die verfassungskonforme Auslegung von Gesetzen, 1966; K. A. Bettermann, Die verfassungskonforme Auslegung, 1986; O. Deppenheuer, Der Wortlaut als Grenze, 1988; Larenz, Methodenlehre, S. 339ff.; Zippelius, Gerechtigkeit, S. 425ff.; ders./Würtenberger, §7 Rn. 55ff.; Hesse, Rn. 79ff.; Rüthers, Rechtstheorie, Rn. 746f.; H. Maurer, Allgemeines Verwaltungsrechts, 17. Aufl. 2009, §8 Rn. 11f.; Pieroth/Schlink, Rn. 101ff., 639f. 등이 있다.

헌법합치적 해석의 원칙은 두 가지 측면에서 유럽법의 영역에도 원용할 수 있다. 첫째, 이 해석원칙은 유럽법 자체의 차원에서 1차적인 법(예컨대 유럽공동체의 '헌법'이라 할 수 있는 공동체설립조약; 이에 관해서는 Bleckmann, Rn. 554ff.; F. Müller/R. Christensen, Juristische Methodik, Bd. 2, Europarecht, 7. Aufl. 2007, Rn. 540ff.; Rüthers, Rechtstheorie, Rn. 767 참고)과 2차적인 법(공동체 명령, 지침, 결정) 사이의 관계에 대하여 '조약합치적 해석'의 의미로 효력을 갖는다(Bleckmann, Rn. 165;

그러나 여기에서 각 해석방법들 사이의 서열관계에 대해 자세히 다룰 필요는 없다. 더욱이 이들 가운데 하나인 역사적 해석에 대해서는 뒤에서 다시 한 번 다룰 수밖에 없다. 어쨌든 해석방법들의 관계를 확정하려고 노력하는 이론들이 있다는 점 그리고 다른 한편 해석론 전체에 대한 확고한 이론적 토대가 마련되어 있지 않아서 서열관계에 관한 모든 이론들은 여전히 공중에 떠있는 상태에 있다는 점만은 틀림없는 사실이다. 그렇기 때문에 각 해석방법들이 갖고 있는 나름의 타당성과 각각의 특수한 논리

Müller/Christensen, Europarecht, Rn. 541f. 참고). 둘째, 회원국의 국내법을 이에 우선하는 유럽법에 비추어 '유럽법에 합치하는 해석'을 하는 문제로 등장한다. 이는 특히 공동체법을 회원국의 국내적 차원에서 효율적으로 관철해야 할 회원국의 의무를 규율한 유럽공동체 조약 제5조로부터 도출된다. 국내규범에 대한 유럽법합치적 해석 역시 여기에 속한다. 그리고 의심스러울 경우에는 유럽법의 효력을 최대한으로 신장하는 규범해석이 우선권을 갖는다(이에 관해서는 H.-G. Suelmann, Die Horizontalwirkung des Art. 3 II GG, 1994, S. 122ff.: Bleckmann, Rn. 677ff.(687); Müller/Christensen, Europarecht, Rn. 561ff.; Schenke, S. 463ff.; H.J. Wolff/ O. Bachof/R. Stober/W. Kluth, Verwaltungsrecht, Bd. 1, 12. Aufl. 2007, § 28 Rn. 59; Röhl/Röhl, S. 625; Rüthers, Rechtstheorie, Rn. 766ff. 그리고 (더욱 세분화하여 논의하고 있는) Zippelius/Würtenberger, §7 Rn. 29, 61; R. Geiger, Grundgesetz und Völkerrecht, 4. Aufl. 2009, S.177; Palandt-Spau, Einl. vor §1 Rn. 43 참고). 하지만 유럽법과 회원국의 헌법 사이에 충돌이 발생했을 때에는 어느 것이 우선하는지에 대해서는 최종적인 합의를 보지 못하고 있다. 따라서 헌법합치적 해석과 유럽법합치적 해석 사이의 우선순위 역시 확정되지 않은 상태이다. 이에 관해 유럽재판소와 독일 헌법재판소는 서로 다른 입장을 취하고 있다(이에 관해서는 Rüthers, Rechtstheorie, Rn. 222, 767b 참고).

또한 독일법을 해석할 때에는 '가능한 한', 독일의 국제법적 의무를 위반하지 않도록 해석해야 한다는 '국제법합치적 해석'에 관해서는 Th. Schilling, Rang und Geltung von Normen in gestuften Rechtsordnungen, 1994, S. 318; Schenke, S. 55ff.; Zippelius/Würtenberger, §7 Rn. 30, 59f.; R. Geiger, S. 3, 171f.; Jarass/Pieroth, Art. 1 Rn. 29, Art. 25 Rn. 4; T. Stein/Ch. v. Buttlar, Völkerrecht, 12. Aufl. 2009, Rn. 81ff. 참고.

적 위치를 밝히기 위해서는 더욱 근원적인 통찰에 기초하고 있는 관점들을 필요로 한다.

한 가지 보기를 들어 그러한 이론적 천착을 미리 설명해 보자(자세히는 뒤의 161면 이하). 즉, 다음 장에서 다루게 될 주관적 해석이론(이는 과거의 통설이었다)에 따르면, 적어도 역사적 입법자의 의사가 법률에 어떤 식으로든 표현되어 있다면, 역사적 해석이 우선한다고 한다. 물론 이 때에도 문법적 해석이 해석가능성의 범위를 확정하지만, '방법의 선택'은 반드시 입법자의 진정한 의사를 밝히는 데 적절한지 여부를 기준으로 삼아야 한다고 본다. 이런 맥락에서 보면 필립 헤크와 같은 유명한 방법론학자는 해석방법에 대해 매우 명확한 구상을 갖고 있었던 셈이다(물론 이 구상은 오늘날 더 이상 설득력이 없다고 보기도 한다).[52] 연방재판소 역시 해석에 관한 명백한 구상을 갖고 있었던 것으로 보인다. 즉, 연방재판소는 한 판결에서 "입법자의 객관화된 의사를 파악하기 위해서는 규범의 문언, 그 의미연관 및 입법자료와 성립사에 따른 해석방법들을 보충적으로 고려해야 한다(BGHZ 49, 221, 223)"라고 밝히고 있다. 어쨌든 이러한 이론이나 판결은 ─법학적 인식능력의 한계 내에서─ 해석방법들 사이의 관계를 확정하기 위해 설득력 있고 신뢰할 수 있는 원칙들을 밝혀내려고 노력한다. 아마도 이러한 과제를 보편타당하게 해결할 수는 없을 것이며, 그저 상황에 따른 해결책만이 있을 뿐일지도 모른다.[53] 그렇지만 이 문제를 전혀 해결불가능한 것으로 치부해버리면, 법발견의 문제를 처리하는 작업이 결코 신뢰할 수 없는 지경에 이르게 된다. 왜냐하면 방법적 규칙에 대한 성찰과 같은 중간과정이 없이 곧바로 자연법, 정의, 합리성 등의 영역으로 초월해 버리는 것은 모두 관

52) Esser, Vorverständnis, S. 129f.
53) Sax, S. 75f.

점의 상대성(정파적 이해, 세계관 등)에 빠져드는 것이고, 그리하여 최고법원의 판결이 결국에는 결단의 문제일 뿐이라는 결론에 도달하게 만든다. 그리하여 아직 분명히 밝혀져 있지 않은 법적용의 문제와 관련하여 그저 상대적인 타당성만을 갖는 법원의 가치평가 이외에 도대체 어떤 기준에 따라 판결을 내리는지를 묻는 것은 아무런 의미도 없게 되어 버린다. 그러나 법률이 법원과 행정관청을 구속하는 한, 우리는 법발견방법에 대한 세세한 기준들을 필요로 한다. 물론 그 자체 타당성을 갖고 있음에 틀림이 없는, 목적론적 법발견방법의 범위 내에서 정의, 합목적성, 합리성 등의 관점도 고려하는 것은 너무나도 당연한 일이다.[54] 우리는 여전히 그러한 관점들을 밝혀내야 하는 상황에 있다. 그것만으로도 −앞의 대체장물의 보기에서처럼− 모든 전통적인 해석방법들이 다소간 불확실한 상태로 남아 있을 경우에는 상당한 도움이 될 수 있다.

또 다른 관점 하나도 천착할 필요가 있다. 우리는 지금까지 주로 실제사건을 중심으로 해석의 방식들을 검토해 보았다. 그리하여 의문이 있는 법적 문제(즉, 대체장물의 문제)를 처리하는 방법으로 문법적 해석, 체계적 해석, 목적론적 해석, 역사적 해석이 있음을 알게 되었다. 그러나 우리의 관점을 이러한 해석방법들에만 국한시켜서는 안 된다. 순수 이론적 차원에서뿐만 아니라, 법

54) 이 책의 여러 곳에서도 그러한 관점들이 등장한다. 그렇기 때문에 비록 강조점을 어디에 두는가에 차이가 있음에도 불구하고, 나의 입장과 전통적인 방법론에 대해 훨씬 더 비판적이고, 이 점에서 과거의 이론들에 대해 유보적인 태도를 취하는 에써와 크릴레의 입장 사이의 대립이 전혀 화해가 불가능할 정도로 첨예한 대립이라고 생각하지 않는다. 더욱이 이 두 사람 모두 사법의 법률구속의 원칙 자체에 대해 의문을 제기하지는 않기 때문이다. 이상의 내용과 관련해서는 Larenz, Methodenlehre, S. 138ff., 147ff.; Zippelius, Methodenlehre, S. 82f. 참고.

에 대한 우리의 태도 자체에 가장 생산적인 방식이 될 수 있도록 법규정을 이해하기 위해서도 법률가는 해석을 할 때 단순한 실무가의 시각에서 벗어나, 순수한 정신과학적 이해를 할 수 있도록 노력해야 한다. 이 점에서 해석과 관련된 논의에서는 법률가들이 일상적으로 '해석'이라고 부르는 것뿐만 아니라, 더 고차적인 의미에서 진정하고 포괄적인 이해 역시 중요하다고 할 수 있다. 이를 위해서는 철학적, 문화사적 또는 정치적 영역까지도 함께 고려하지 않을 수 없다.[55]

이러한 관점들에 대해서는 이제 별도의 장에서 고찰하기로 한다.

55) 이에 관해서는 Th. Mayer-Maly, Auslegen und Verstehen, Juristische Blätter 1969, 413 참고.

제 5 장 법명제의 해석과 이해: 입법자인가 법률인가?

이해에 관한 최근의 철학적 이론들은 '이해'를 여러 가지 의미로 구별한다. 예를 들어 순수한 '의미이해'는 한 표현의 실질적 내용을 파악하는 것이라면, '동기이해'는 표현을 하는 사람의 동기를 파악하는 것이라고 한다(짐멜 G. Simmel, 막스 베버 M. Weber 등).[1] 야스퍼스(K. Jaspers)도 이와 비슷하게 표현의 내용에 대한 '정신적 이해'를 동기에 대한 '심리적 이해'와는 다른 것으로 구별한다.[2] 또한 이해의 궁극적 목표는 표현을 하는 개인의 개별성과의 정신적 만남이라고 말하기도 한다(로타커 Rothacker, 볼노브 Bollnow).[3] 심지어 야스퍼스는 정신적 이해와 심리적 이해를 넘어 실존적 이해와 형이상학적 이해가 있다고 말하는가 하면,[4] 볼노브는 '실존과 실존의' 만남이 곧 이해라고 말하기도 한다.[5] 이러한 이해에서는 대상적인 것에서 개인적인 것, 외적인 현상에서

---

1) G. Simmel, Probleme der Geschichtsphilosophie, 5. Aufl. 1923, S. 37f.; M. Weber, Wirtschaft und Gesellschaft, 5. Aufl. 1990, S. 3f.

2) K. Jaspers, Allgemeine Psychopathologie, 7. Aufl. 1959, S. 253,2356.

3) Rothacker, S. 121ff., 128; O. F. Bollnow, Die Methode der Geisteswissenschaften, 1950, S. 37ff.

4) Jaspers, S. 256f.

5) Bollnow, Methode, S. 37.

그 배경이 되는 것 속으로 깊이 들어가려고 하는 욕구가 느껴진다. 이와는 반대로 딜타이는 '지속성을 갖고 고정된, 삶의 외적 표현'을 진정으로 파악하는 것이 더 고차원의 이해라고 하면서, 문자로 쓰인 문화유산도 그러한 외적 표현에 속한다고 본다. 즉, 딜타이는 '이해의 예술(기술)의 핵심은 문자에 포함되어 있는, 인간 현존재의 잔재를 해석하는 일'이라고 한다.[6] 그리고 뵈크(Boeckh)는 그의 「백과사전」에서 문헌학적 이해를 "인식된 것에 대한 인식"이라고 표현한다(이 표현은 자주 인용되곤 하는데, 더 정확하게는 "인간정신에 의해 창조된 것, 즉 인식된 것에 대한 인식"이라고 되어 있다).[7]

"정신은 오로지 정신이 창조한 것만을 이해한다"라는 딜타이의 말도 이와 같은 뜻이다.[8] 뵈크나 딜타이의 이러한 표현을 근거로 문헌학적 이해를 경험적 방법으로 규정하기도 한다. 예를 들어 라드브루흐는 그의 「법철학」에서 다음과 같이 쓰고 있다. "문헌학적 해석은 주관적으로 염두에 두었던 의미, 즉 현실의 인간이 실제로 했던 생각이라는 사실을 확인하는 것을 지향한다."[9] 또한 라드브루흐는 오늘날의 문학이 갈수록 그와 같은 문헌학적 해석에서 해방되어, '문학작품의 객관적 의미를 탐구'하는 방향으로 나아가고 있으며, 이렇게 해서 －칸트에까지 거슬러 올라갈 수 있는, 조금은 훈계조의 표현처럼－ "저자 자신이 스스로를 이해했던 것보다 저자를 더 잘 이해하게 된다"[10]고 덧붙이고 있다. 위

---

6) W. Dilthey, Gesammelte Schriften, Bd. V., 2. Aufl. 1957, S. 319f.

7) Boeckh, Enzyklopädie und Methodologie der philologischen Wissenschaften, 1877, S. 10.

8) Dilthey, Bd. VII, S. 148.

9) G. Radbruch, Rechtsphilosophie, 8. Aufl. 1973, S. 206, 211.

10) I. Kant, Kritik der reinen Vernunft, Werkausgabe, Bd. III-IV, hg. v. W. Weischedel, Bd. III-IV, 13. Aufl. 1995, S. 322(A 314). 이에 관해서는 O. F. Bollnow, Das Verstehen, 1949, S. 77ff.도 참고.

대한 작가들도 때로는 조롱이 섞인 채로, 때로는 진지한 의도에서 '더 나은 이해'가 무엇인지를 묻는다. 셰익스피어의 「폭풍」에서 곤잘로가 "당신은 당신의 의도보다도 훨씬 더 솔직하게 말씀을 하시는군요"라고 말하자, 세바스천은 "당신은 내가 당신에게 기대했던 것보다 훨씬 더 현명하게 내 말을 해석하시는군요"라고 대꾸한다.[11] 괴테의 "크세니엔 연작시(Zahme Xenien)"에 나오는 다음과 같은 두 줄짜리 경구도 유명하다. "해석을 할 때에는 경쾌하고 활발해야 한다! 만약 그렇게 해석하지 않으면, 무언가를 끼워 넣는 짓을 하게 된다."[12] 앙드레 지드(A. Gide)는 그의 작품 "팔뤼드(Paludes)"에 다음과 같이 아름답게 써놓았다. "나는 내가 다른 사람들에게 내 책에 대해 설명하기 전에 그들이 먼저 내 책에 대해 설명해주기를 바란다. 내 책에 대해 먼저 설명해주길 원한다는 건 내 책이 갖는 의미를 제한한다는 뜻이기도 하다. 우리가 무얼 말하려고 하는지를 알고 있다고 할지라도, 과연 우리가 말하려고 했던 것만을 말했는지는 잘 모르기 때문이다. 사람들은 말로 한 바로 그 말 이상의 무언가를 말하기 마련이다. 내가 특히 관심을 갖는 것은 내가 미처 의식하지 못한 채 말했던 그 다른 무엇이다. 나는 그 무의식적인 부분을 어떤 신적인 부분이라고 부르고 싶다. 그렇기 때문에 책 한 권은… 글로 쓰인 것이 차지하는 비중이 작을수록, 신을 영접하는 부분이 더 많을수록 더 커다란 가치가 있다. 그래서 우리는 늘 어디에서나 어떤 참된 것의 계시를 기대하고, 독자들에게는 우리들 작품에 대한 계시를 기대한다."[13] 엘리엇(T. S. Eliot)의 작품에서도 다음과 같은 구절을

---

11) W. Shakespeare, Der Sturm, übers. u. hg. v. G. Stratmann, 1982, Akt 2, Szene 1, Vers 19ff.

12) J. W. Goethe, Zahme Xenien II, in: ders., Werke, Festausgabe, Bd. 2, hg. v. R. Petsch, 1926, S. 204(Vers 428f.).

13) A. Gide, Paludes, übers. v. M. Schäfer-Rümelin, 1946, S. 7.

접하게 된다. "'영감'이라는 단어가 어떤 의미를 갖고 있다면, 그건 말하는 사람 또는 글을 쓰는 사람이 제대로 이해하지 못한 무엇인가를 표현한다는 의미일 것이다."[14]

그렇다면 이러한 정신적 지형 속에서 법적 해석과 법적 이해는 어디에 자리를 잡도록 해야 하는가? 이 물음에 답하기 위해서는 우선 법사학자들의 의도와 법도그마티커들의 의도를 구별해야 한다. 법사학자들은 단순히 법원(法源)의 내용에 대한 탐구를 넘어 법률이나 법적 관습의 동기까지 파악(동기이해)하려고 노력하며, 경우에 따라서는 법창조에 영향을 미쳤던 인물이나 정신적 힘까지도 생각('인물이해' 등)해 보려고 하며, 또한 법이 생성되었던 역사적 상황까지 조명한다. 이 모든 것들은 법사학적 이해의 근본적인 방식에 속한다. 이에 반해 라드브루흐가 "객관적 의미의 운동에 대한 탐구," 즉 "구체적으로 나타난 작품에 비추어 파악한 집단적 정신사"라고 표현했고 헤겔 철학에서 처음으로 완성된 형태로 등장했다고 평가하는 내용 －헤겔은 정신적 체계들을 그 '실질적 연관성'에 비추어 전개하고 "그 역사적 결과를 논리적 과정으로 파악하며 … 객관적 정신의 과정과 한 정신의 작품을 해석" 해 내고자 했다[15]－ 은 더 이상 순수한 역사적 이해가 아니라,

---

14) T. S. Eliot, Vergil und die christliche Welt, Merkur 8(1954), 617(619). 이 밖에도 H. Wagner, Interpretation in Literatur- und Rechtswissenschaft, AcP 165(1965), 520(544 각주 75); Radbruch, Rechtsphilosophie, S. 210 각주 1도 참고. 비슷한 내용의 또 다른 보기로는 다음과 같은 표현들이 있다: 슐레겔(F. v. Schlegel, Über Goethes Meister, in: ders., Kritische Schriften, hg. v. W. Rasch, 3. Aufl. 1971, S. 452, 466)은 "모든 훌륭한 작품은 그 작품이 말하고 있는 것보다 더 많은 것을 알고 있고, 그 작품이 알고 있는 것보다 더 많은 것을 의도한다"라고 말하며, 노발리스(Novalis, Fragmente, hg. v. E. Kamnitzer, 1929, Fragment "Der wahre Leser", S. 645)는 "진정한 독자는 저자의 확대판이어야 한다"라는 말을 남겨 놓았다.

역사철학적 '해석'으로 보아야 할 것이다. 이 점에서 법사학자와 특히 법률과 같은 법원(法源)의 관계는 정치사를 서술하는 학자와 정치적 문서의 관계와 같다. 극단적인 보기로 프로이센 국왕과 프랑스 특사가 엠스에서 벌인 협상에 대한 보고인 '엠스 전보(Emser Depesche)'16)를 생각해 보자. 이 전보와 관련하여 역사가는 일단 다음과 같은 유명한 표현에서 비스마르크(Bismarck)가 염두에 두었고, 그가 의도했던 의미를 파헤치려고 할 것이다. "폐하께서는 프랑스 특사를 재차 영접하시는 걸 거부하시면서, 시종 부관에게 폐하께서 더 이상 통보할 사항이 없다는 점을 사절에게 전하라고 말씀하셨다." 역사가는 이 표현의 의미와 아베켄(Abeken)이 엠스에서 베를린으로 보냈던 전보의 원문을 비교함으로써, 어떻게 문장을 삭제하고 변경하여 '항복신호(Chamade)'가 '팡파르(Fanfare)'로 되었는지를 이해하게 된다(문서를 '위조'했다고 말하는 건 과장이고, 실질에도 부합하지 않는다). 그 다음으로는 공개된 내용대로의 전보를 그 역사적 연관성 속에서 파악하여, 프랑스 정부의 도전에 대한 대응으로서, 프랑스 정부의 외교적 패배를 유럽 전역에 알리는 것을 노렸다고 이해하게 된다. 따라서 역사적 이해는 당연히 어떤 표현이 어떤 식으로 받아들여지리라고 기대했던 측면까지도 함께 고려한다. 그리고 비스마르크의 행위동기, 비스마르크 개인에 대한 심리적 분석, 비스마르크가 이해했던 당시의 상황 및 오늘날 우리의 관점에서 본 당시의 상황, '시대정신'에 대한 해명 -물론 여기서 말하는 시대정신은 그 당시의 지배적인

15) Radbruch, Rechtsphilosophie, S. 212.

16) 이 문서의 전문은 Quellen zur neueren Geschichte 27-29, hg. v. Historischen Seminar der Universität Bern, Bern 1959, S. 16에 실려 있다. 이에 관해서는 J. Dittrich, Bismarck, Frankreich und die spanische Thronkandidatur der Hohenzollen, 1962, S. 278ff. 참고. 루터의 비텐베르크 테제 역시 극단적인 보기에 속할 것이다. 이에 관해서는 K.-G. Faber, Theorie der Geschichtswissenschaft, 5. Aufl. 1982, S. 128ff. 참고.

사고를 뜻하는 단순한 의미로 이해해야 한다– 등 여러 가지 측면들을 고려하게 된다.

하나의 **법률**에 대한 **역사적** 이해 역시 이와 같은 방식 또는 비슷한 방식으로 이루어진다. 즉, 먼저 사실상 생각했고, 의욕했던 의미에서 시작해서 법률이 제정된 역사적 연관성을 밝히고, 그 '동기'를 캐물으며, 저자들(입법자)이 어떤 견해를 갖고 있었는지를 탐문하며 법률의 전개과정에 개입된 전체적인 역사적 토대와 정신적 분위기를 탐구하게 된다. 이런 의미에서 실제로 빈트샤이트는 법률해석자에 대해 "접근 가능한 모든 요소들을 최대한 완벽하게 고려하여 입법자의 영혼에까지 침투하여 사고해야 한다"는 지침을 제시한다(Pandekten §21).

하지만 **법도그마티커**[17]도 법사학자와 동일한 방법을 구사할 수 있을까? 법도그마티커에게는 법률 자체의 실질적 내용이 중요하기 때문에, 1차적으로는 법개념과 법명제가 실제적으로 미치는 영향 및 그 내용과 범위가, 그리고 2차적으로는 법률의 정치적, 윤리적 및 문화적 의미가 고려대상이 되어야 한다. 따라서 다른 모든 역사적 요인들은 이러한 실질적 내용에 포함되거나 이를 밝히는 데 의미가 있을 때에만 고려대상이 된다. 그렇다고 해서 법률에 대한 역사적 또는 문헌학적 해석은 잘못이라거나 법학적 해석의 목표는 그저 '객관적으로 타당한 법명제의 의미'를 밝히는 작업일 뿐이라고 결론짓는 것은 성급한 일이다. 오히려 이러한 영역에서 법학적 해석이론의 핵심적인 문제가 시작된다. 즉, 해석

17) '역사적 자료'를 대하는 법사학자의 태도와 법도그마티커의 태도 사이의 차이에 관해서는 F. Wieacker, Notizen zur rechtshistorischen Hermeneutik, 1963; E. Betti, Die Problematik der Auslegung in der Rechtswissenschaft, in: FS f. K. Engisch(1969), S. 205(207f., 214ff.) 참고.

이론은 다음과 같은 물음을 제기하지 않을 수 없다. 과연 최종적인 '해석목표'인 법률의 실질적 내용은 과거의 역사적 입법자의 '의사'에 의해 확정되어 있어서, 법도그마티커도 법사학자와 같은 탐구를 해야만 하는 것인지 ―물론 굳이 역사를 탐구한다기보다는, 사안 자체 때문에 그럴 수밖에 없다고 말하는 것이 옳다― 아니면 법률의 실질적 내용은 법률 자체에 그리고 법률의 '의지' 속에 '법률의 의사' 또는 객관적 의미로서 근거하고 있기 때문에, 역사적 입법자의 '주관적인' 생각과 의지와는 아무런 상관이 없고, '객관적' 정신에 참여하는 모든 것들이 그렇듯이 자유롭게 활동하고 독자적으로 발전할 능력을 내포하고 있는 것일까? 바로 이 물음을 둘러싸고 오늘날까지도 법학적 해석이론은 치열한 논쟁을 거듭하고 있다(전자의 입장을 주관적 이론, 후자의 입장을 객관적 이론이라고 약칭한다).

이 논쟁상황에 대해 자세히 서술하는 것은 이 책의 범위를 벗어난다. 각각의 입장을 주장하는 학자들의 숫자로만 보면 예전에는 주관적 이론을 지지하는 학자들이 더 많았던 것으로 보인다. 주관주의자에 속하는 학자들은 다음과 같다. 사비니(해석이란 "입법자의 관점에서 생각을 하고, 입법자의 활동을 인위적으로 반복하는 것"이다; S. 213), 빈트샤이트(해석이란 "입법자가 자신이 사용했던 단어와 결합시켰던 의미를 확인하는 것"이며, 해석자는 "… 최대한 완벽하게 입법자의 영혼에까지 침투하여 생각하도록 모든 노력을 경주해야 한다"; § 21),[18] 레겔스베르거("법률은 입법자의 의사의 표현이며, 법률의 내용은

18) 빈트샤이트의 이러한 입장과 그 법철학적 배경 및 약간의 입장변화에 관해서는 Larenz, Methodenlehre, S. 28ff. 참고. 라렌츠(S.16)는 사비니를 주관주의자로 보지 않으려고 한다. 하지만 위 본문에서 인용한 구절을 보면 사비니를 주관주의자로 보는 것이 맞다. 라렌츠와 나의 이러한 견해 차이는 개별 법률에 대한 해석과 법원(法源) 전체에 대한 해석을 충분히 구별하지 않은 데 원인이 있는 것 같다. 크릴레(Kriele, S. 68ff.)는 사비니

입법자가 명시적으로 의욕했던 것, 즉 입법자의 의사이다"; S. 143), 에넥체루스("해석의 척도는 … 법률 속에 표현되게 된 입법자의 의사이다"; Enneccerus/Nipperdey I 1, § 54 II), 비얼링(Bierling; IV, S. 230ff.),[19] 헤크("올바른 법률해석 방법은 … 역사적인 명령과 역사적인 이익을 탐구하는 것이다"; Gesetzesauslegung, S. 59), 벨링(법률가는 "법률을 창조했던 경험적이고 구체적인 인간이 갖고 있었던 가치평가적 사고, 즉 고전적 해석이론에서 말하는 '입법자의 의사'를 따라야 한다"),[20] 슈타믈러,[21] 페트라쉑(Petrascheck, §30), 나비아브스키.[22] 전체적으로 볼 때 몇십 년 전부터는 이른바 객관적 해석이론이 전면에 등장하기 시작했고, 이는 특히 입헌주의와 민주주의 원칙이 전면에 등장한 시점과 거의 일치한다고 보인다. 물론 나치 때에는 객관적 이론이 다시 후퇴하지 않을 수 없었다. '영도자원칙'이 주관적 해석이론을 정당화한다고 여겨졌기 때문이다.[23] 이미 19세기 말에도 위대한

와 관련하여 이러한 구별을 섬세하게 밝히고 있다(개별법률의 해석에 관한 한, 사비니는 주관주의자라고 한다).

19) 비얼링이 취하고 있는 주관주의의 심리학적 배경에 관해서는 Larenz, Methodenlehre, S. 39ff. 참고.

20) E. Beling, Vom Positivismus zum Naturrecht und zurück, in: FS f. Ph. Heck u.a.(1931), S. 1(2).

21) R. Stammler, Lehrbuch der Rechtsphilosophie, 3. Aufl. 1928, §129.

22) H. Nawiawsky, Allgemeine Rechtslehre, 2. Aufl. 1948, S. 126ff. '주관적' 해석방법에 대해서는 또한 Keller, S. 88ff.; Germann, S. 66ff.(내 생각으로는 게르만의 입장은 '암시이론'과 결합되며, 따라서 법률에 어떤 식으로든 표현되어 있는 한, －경우에 따라서는 입법자료에서 밝혀지는－ 입법자의 의사를 기준으로 여겨야 한다는 주관적 이론과 입법자의 의사를 완전히 배제하고, 그에 따라 입법자료를 전혀 고려대상으로 삼지 않는 객관적 이론을 명확하게 구별하지 않고 있다); Mennicken, S. 19ff., 30ff.; H. Soell, Das Ermessen der Eingriffsverwaltung 1973, S. 16ff., 142ff.; Fikentscher III, S. 662ff.(특히 665, 667f.); Larenz, Methodenlehre, S. 28ff., 316ff.; Zippelius, Methodenlehre, S. 21ff., 49ff.; Röhl/Röhl, S. 627f. 참고.

23) 이에 관해서는 Engisch, Einheit, S. 87 각주 1 참고.

법률가들인 빈딩, 바하(Wach), 콜러(Kohler) 등이 객관적 이론을 주장했다. 오늘날에는 객관적 이론이 ―물론 여러 가지 유형이 있긴 하지만― 지배하고 있다.[24] 물론 바르톨로마이칙(Bartolomeyczik), 담(Dahm), 라렌츠와 같이 절충적인 견해를 취하는 학자들도 있다.[25]

---

24) 이에 대한 구체적인 내용은 Enneccerus/Nipperdey I 1, §54 II 각주 5; Larenz, Methodenlehre, S. 32ff.(특히 S. 34), 316ff. 참고. 이 밖에도 Fikentscher III, S. 662ff.(특히 664f.); Zippelius, Methodenlehre, S. 21ff., 49ff.도 참고. 객관적 이론에 대한 상세한 서술 및 비판은 Mennicken, S. 24ff., 48ff. 참고. 객관적 방법의 여러 '방식'에 대한 훌륭한 서술로는 Keller, S. 161ff. 참고. 켈러 본인은 객관적 이론을 신봉하고 있지만, '법률제정 당시에 있었던 언어사용과 사실들' 및 '당시에 효력을 가졌던 다른 법'을 기초로 삼고 있기 때문에(S. 161, 225; '성립당시를 고려하는 객관적 방법'), '역사주의(주관주의)'에 대해서도 그 중요성을 충분히 인정하고 있다. 이에 반해 게르만(Germann, S. 74ff., 79ff., 96ff.)은 법률의 내재적 의미를 원칙적으로 법률을 적용하는 시점에 초점을 맞추어 이해하는 객관적 이론을 표방한다(켈러는 게르만의 이러한 입장을 '효력시점을 중심으로 하는 객관적 방법'이라고 부른다). 메니켄(Mennicken, S. 16ff.)도 해석방법과 관련하여 성립시점과 효력시점을 엄격히 구별하면서, 전자를 중시할 때에는 '객관적-역사적' 방법이라고 부르고, 후자를 중시할 경우에는 단순히 '객관적' 방법이라고 부른다.

25) 하지만 라렌츠(Larenz, Methodenlehre, S. 316ff.)는 객관적 측면과 '효력시점'에 더 비중을 두고 있다. "법률해석의 목표는 … 현재 법적으로 척도가 되는 의미, 다시 말해 법률의 규범적 의미를 확인하는 것이 될 수 있을 뿐이다"(S. 318). 라렌츠는 절충적인 입장을 취하는 과거의 학자들로 자우어(W. Sauer), 빈더(J. Binder), 게르하르트 훗설(G. Husserl)을 들고 있다. 절충적 견해에 대해서는 또한 Fikentscher III, S. 662ff.도 참고. 절충적인 입장을 취하고 있는 다른 학자로는 Legaz y Lacambra, S. 515ff.; Esser, Vorverständnis, S. 125ff. 참고. 메니켄(Mennicken, S. 78ff., 106)도 주관적 이론의 배경이 되는, 안정성에 대한 관심과 법의 지속적 형성을 필요하게 만들고, 이 점에서 객관적 이론의 근거가 되는 실질적 정의 사이의 긴장을 '조정'하는 것이 법관의 과제라고 한다는 점에서 절충설에 속한다고 볼 수 있다. 이러한 절충적 관점을 취하는 나 자신의 입장에 관해서는 아래의 161면 이하 참고. 해석방법을 '주관적-객관적'으로 '구별'하는 것이 아무 소용이 없다는 입장으로는 Müller/Christensen, Methodik, Rn. 442ff., 493f. 참고(이 입장은 내 생각으로는 부당하다).

이제 객관적 이론을 표방하는 학자들을 구체적으로 다루지 않고, 다만 이 이론의 근본사상을 독자들에게 전달하고자 한다.[26]

객관주의자들은 법률제정과 함께 법률은 이를 제정한 자들의 손에서 벗어나 하나의 객관적 존재가 된다고 한다. 즉, 입법이 완료되면 제정자의 역할은 끝이 나고, 자신의 작품인 법률의 뒷전으로 물러난다. 작품은 곧 법률텍스트, '말로 표현된 법률의 의사', '법률상의 단어들이 갖고 있는 가능한 또는 실제적인 사고내용'이다. 법률에 내재하는 이러한 사고내용 또는 의사내용만이 계속 척도가 될 뿐이다. 왜냐하면 헌법에 합치하여 등장하고 또한 헌법을 통해 합법화된 것은 오로지 법률에 내재하는 그러한 내용일 뿐, 이를 둘러싸고 펼쳐졌던 생각들이나 법제정자의 기대 등은 어떠한 구속력도 획득하지 못했기 때문이다. 더욱이 법률이 제정된 이후에는 법률제정에 참여한 사람들도 다른 사람들과 마찬가지로 제정된 법률에 구속된다. 즉, 법제정자일지라도 법률의 문언을 준수해야 하고, 설령 법률에 표현된 의사가 자신에게 적용되는 것도 감수해야 한다. 또한 법률에 실현되어 있는 의미가 법제정자가 생각했던 것보다 훨씬 더 풍부한 의미를 가질 수 있다(물론 법률안에 대해 투표를 하는 국회의원들을 보면 알 수 있듯이 법

26) 객관적 이론에 대한 아래의 설명에서 나는 켈러(Keller, S. 162)가 '효력시점' 중심이라고 지칭한 객관적 이론을 토대로 삼겠다. 게르만(German, S. 96ff.)도 원칙적으로 이 이론을 선택하고 있고, 메니켄(Mennicken, S. 26, 53ff.)은 이 형태의 객관적 이론이 객관적 방법을 가장 순수한 형태로 실현하고 있다고 본다. 이러한 효력시점 중심의 객관적 이론에 따르면, "법발견은 법률이 효력을 갖는 순간마다 새로운 과제를 해결해야 하며, 각각의 효력시점에서 지배적인 언어사용과 사실 및 그 시점에서 효력을 갖는 다른 법을 기초로 삼아야 한다"(Keller, S. 162). 어쨌든 이와 같이 '현재에 가까운' 해석을 옹호하는 객관적 방법은 객관적 이론 가운데 결코 타협을 인정하지 않는 형태로 보인다. Zippelius, Methodenlehre, S. 23f.도 이 형태의 객관적 이론을 지지한다.

제정자가 반드시 특정한 생각을 하면서 법률을 제정하는 것은 아니다). 그리고 법률 자체와 법률의 내용은 역사적 과거와 같이 정태적인 것("과거는 영원히 잠들었다")이 아니라, 살아 숨쉬고 변화가능하며, 상황에 적응할 힘도 갖추고 있다. 법률은 전체 법질서의 한 구성부분이고, 따라서 법질서의 통일성에 비추어 지속적인 변환을 함께 겪기 때문에도 이미 법률의 의미는 변화한다고 보아야 한다. 즉, 새로 추가되는 법률규정들이 갖고 있는 의미는 기존의 법률규정들에도 영향을 미치며, 이들이 다른 형태를 갖게 만든다. 물론 전체 법의 변화가 기존의 법에 변화의 바람을 불러 일으킬 뿐만 아니라, 삶의 유동적인 흐름도 법을 끝없는 변화 속에 떠다니게 만든다. 기술적, 경제적, 사회적, 정치적, 문화적으로 새로운 현상들은 기존의 법명제에 비추어 법학적 판단을 해줄 것을 요구한다. 그리하여 법은 역사상의 입법자가 전혀 알지 못했고, 생각조차 하지 않았던 새로운 현상과 상황에 대처해야만 하기 때문에, 법은 입법자를 뛰어넘게 된다. "법률이 일단 제정되면, 법률은 사회적 영향권 속으로 들어가며, 이제부터 법은 이러한 사회적 영향권으로부터 그 지속적 발전을 위한 동력을 얻게 된다."[27] 이미 이 점 때문에도 우리는 역사적 입법자보다도 법률을 '더 잘 이해' 할 수 있다. 따라서 우리가 현재 직면한 문제를 몇 년 몇십 년 전의 입법자의 영혼 속으로 들어가 생각하는 것은 결코 우리의 과제가 아니며, 그런 과거는 우리에게 전혀 중요하지 않다. 즉, 중요한 것은 지금 여기서부터의 해석(interpretation ex nunc)이지, 과거로부터의 해석(interpretation ex tunc)이 아니다! 법률을 통해 우리에게 다가오고 있는 현실은 바로 지금 여기의 현실이며 법률에 따라 우리가 형성해야 하는 대상 또한 지금 여기의 현실이다. 그러므로 우리는 지금 여기의 상황에서 무엇이 우

27) Mezger, ZStW 59(1940), 573.

리에게 이성적이고, 합목적적이며 적절한 것인지를 법률로부터 끄집어내야 한다.[28] 법률가의 과제는 현재에 근접하고 시대에 부합하는 해석이다. 법률가의 시야는 과거를 향하는 것이 아니라, 현재와 미래를 지향한다. 법적용자를 입법자에 복종하는 시종으로 만드는 것[이 의미에서 주관주의자인 헤크는 '생각하며 복종하기(denkender Gehorsam)'라는 개념을 구사한다]은 법적용자의 품위를 크게 훼손하는 일이다. 더욱이 법관은 국가의 '제3의 권력'을 담당하기 때문에 입법자와 동등한 지위를 누린다. 법관이 객관적 해석을 통해 오로지 법률 그 자체만이 효력을 갖도록 하는 것은 곧 법관이 자신의 독립성을 지키는 것을 뜻한다. 끝으로 다음과 같은 물음을 제기하지 않을 수 없다. 즉, 과연 오늘날에도 '역사적' 해석이 지침으로 삼을 수 있다고 말하는 입법자의 '개인적 의사'가 존재하는 것일까? "오늘날의 입법자는 다수의 사람 그리고 당연히 다수의 의사로 성립하는 익명의 존재이다."[29] 이렇게 볼 때, 법률의 의미만이 그 자체에 모순을 내포하지 않는 유일한 의미일 수 있다.

대강 이렇게 또는 이와 비슷하게 객관주의자들의 견해를 설명할 수 있다. 객관주의자들의 논거에 대한 라드브루흐의 요약은 가히 환상적이다. 그 자신 객관주의자였던 라드브루흐는 동화, 마술, 수사학, 종교적 설교, '성서해석논쟁' 및 근대 문학작품에서 등장하는, 객관적 해석과 유사한 사례들을 지적한다.

그러나 객관주의자들에 의해 해석이론의 문제가 완전히 해결되었다고 볼 수는 없다. 상당히 명쾌한 것처럼 보이는 객관주의

---

28) Zippelius, Methodenlehre, S. 21ff. 또한 Würtenberger, Zeitgeist, S. 174ff, 191ff.도 참고.
29) Zweigert, Studium generale 7(1954), 382.

에 대해서도 중대한 반대논거들이 존재하고, 이미 헤크는 그러한 반대논거들을 설득력 있게 제시해 놓았다. 헤크는 무엇보다 객관적 이론이 늘 반복하는 네 가지 핵심논거, 즉 '의사논거'(의사능력이 있는 입법자란 존재하지 않는다), '형식논거'(법률의 형식을 갖게 된 의사표현만이 법률로서 힘을 갖는다), '신뢰논거'(법에 복종하는 수범자들은 문언 그 자체만을 신뢰할 수 있을 뿐이다), '보충논거'(객관적 해석만이 법의 보충과 지속적 형성에 부합할 수 있다)를 하나하나 비판적으로 검토한다. 우리가 여기에서 주관적 이론과 객관적 이론 사이의 논쟁을 세세하게 살필 수는 없기 때문에, 객관적 이론의 논거를 비판하는 주관적 이론의 입장에 관해서는 헤크와 다른 학자들의 문헌[30]을 지적하는 것에서 그치기로 한다. 여기서는 단지 내가 오늘날의 시각에서 문제해결에 결정적인 의미가 있다고 생각하는 관점들만을 서술하는 데 국한하기로 한다.

주관적 이론과 객관적 이론 사이의 논쟁을 검토할 때에는 우선 비유나 상징적 표현을 다루면서 신중을 기할 필요가 있다. 예를 들어 라드브루흐는 문헌학적 해석에서 법학적 해석으로 전환되는 과정을 "출항을 할 때에는 관제실에서 지시하는 대로 정해진 항로에 따라 운항을 하다가, 큰 바다에 나가서는 선장의 지휘 하에 자유롭게 항해하는" 선박에 비유한다.[31] 또는 입법자와 법률의 관계를 부모와 자식의 관계에 비유해서, 법률이란 처음에는 모든 것을 부모(입법자)의 뜻에 복종하다가 점차 독립성을 갖추어

---

30) Heck, Gesetzesauslegung, S. 67ff. 또한 Bierling IV, S. 257ff.; Enneccerus/Nipperdey I 1, §54 II도 참고. 전반적인 내용에 관한 서술은 W. Kallfass, Die Tübinger Schule der Interessenjurisprudenz, 1972, S. 24ff., 95ff.와 칼바스와는 다른 입장에 있는 Keller, S. 226ff. 참고. 이 이론들의 개별 논거들을 총괄적으로 다루고 있는 문헌으로는 Mennicken, S. 19ff. 참고.

31) Radbruch, Rechtsphilosophie, S. 207.

나름의 견해와 결단으로 부모에게 대항하기도 하는 자식과 같은 것이라고 생각하고 싶을 수도 있다. 이런 식의 비유는 나름대로 설명력을 갖추고 있긴 하지만, 결코 증명력까지 갖는 것은 아니다. 다른 학문에서의 상황을 법학에 대입하는 경우도 마찬가지이다. 예컨대 문학에서는 최근 들어 문헌학적 해석을 극복하고 '문학작품의 객관적 의미를 탐구'하는 방향으로 발전하는 경향이 있다는 사실은 정신과학적으로 상당히 흥미로운 일이긴 하지만, 이렇게 특정한 분과에서의 발전경향이 다른 분과에 대해서도 무엇인가를 입증해준다고 보기 위해서는 인간 정신의 발전과 관련된 보편타당한 법칙이 존재한다는 믿음을 전제해야 한다. 따라서 논리적 신중을 기하는 사람이라면 먼저 개별 정신과학의 해석방법들을 검토하고, 그런 이후에 어떤 일반적 법칙성이 발견되는지를 심사할 것이다. 아마도 －신이 떠나버린 우리 시대에도－ '영감(Inspiration)'이라는 표현이 아직도 어울릴 수 있는 문학작품 또는 예술작품과, 매우 냉철하고 현실에 가까운 작업의 산물에 해당하는 법률 사이에는 커다란 차이가 존재할 것이다.[32] 이 점에서 예술작품을 해석할 때에는 법적인 영역과는 달리 작품을 '더 잘 이해하는' 해석을 허용하는 정도가 높을 것이다(물론 예술작품에 대한 이러한 해석이 전혀 문제가 없다거나 아무런 위험도 없다는 뜻은 아니다). 어쨌든 정신적 창조와 관련된 다른 분야를 살펴보면 '해석'이라는 개념이 처음부터 주관적-역사적 해석에만 고정된 것은 아니라는 사실을 알 수 있다. 즉, 해석이라는 작업이 흡사 언어나 다른 상징을 통해 표현된 개인적인 사유를 '본질법칙'에 비추어 확인하는 일이라고 생각하는가 하면, 이와는 반대로 해석이란 사유를 펼친 원저자로부터 벗어나 의미를 이해하는 작업으로서 원칙적으

32) 이에 관해서는 W. Haug, Zur verfassungsrechtlichen Bedeutung der objektiven Auslegung von Gesetzen, DÖV 1962, 329(330f.); Wagner, AcP 165(1965), 520 참고.

로 의미를 부여하고 의미를 발전시키는 것이고, 어떠한 경우이든 해석자는 다른 사람의 언어 속에서 스스로를 재발견하는, '독자적인 정신의 주체'라고 생각하기도 한다. 이처럼 다른 정신과학에서는 '해석'이라는 단어 및 개념이 상당한 탄력성을 갖고 있어서, 주관적-역사적 해석뿐만 아니라 객관적인 해석도 포괄한다는 사실을 알 수 있다. 이와 같이 해석이라는 단어, 개념 및 그 본질이 법률해석방법에 관한 우리의 물음에 어떤 결정적인 대답을 주지는 않기 때문에, 주관적 이론과 객관적 이론 사이의 논쟁에 관해 미리부터 어떤 절대적이고 확실한 내용을 말할 수는 없다. 이 점에서 올바른 해석방법, 즉 최종적인 해석목표에 대한 물음은 결코 어느 한쪽의 이론이 타당하다는 식으로 해결될 수 없으며, 그보다는 해석방법은 그때그때 제기되어 있는 특수한 과제에 따라 달라진다고 말하는 사람들의 생각이 맞을지도 모른다. 이런 생각을 법의 영역에 대입해 보면, 어떠한 방법이 올바른 것인지는 해석의 법적 기능, 해석자가 법률에 대해 어떠한 지위를 갖고 있는가 하는 측면 또는 경우에 따라서는 법질서의 구조와 실정법상의 규율에 의존한다고 말할 수 있다. 이런 의미에서 솜로(Somló)는 '법의미의 근본이론'과 '법해석에 관한 법적 내용규정'을 구별한다.[33] "특정한 법적 내용이 해석의 필연성을 도저히 배제할 수 없다"(해석금지의 불가능성)라는 원칙을 뜻하는 전자는 절대적으로 타당성을 갖는 반면, 후자는 그렇지 않다. 그리하여 솜로는 주관적 방법과 객관적 방법의 대립이라는 문제를 후자의 영역에 속한다고 보고, 따라서 실정법적으로 이 문제를 해결할 수 있다고 한다. 그렇지만 이런 식으로 해석규칙을 법률을 통해 일반적으로 규율하는 방법에 커다란 의미를 부여해서는 안 된다. 법의 역사가 보여주고

33) Somló, S. 377ff. 아래의 서술에 관해서는 또한 K. Stern, Interpretation - eine existentielle Aufgabe der Jurisprudenz, NJW 1958, 695(697f.)도 참고.

있듯이, '해석금지'(더 정확히는 법률에 대한 '주석금지')를 법률로 규정하는 것은 아무런 의미가 없다. 그건 입법자의 순진함과 무지를 여실히 보여주는 기념비적인 역사적 증거이다. 이렇게 '해석금지'를 법률로 규정하는 것만큼이나 해석방법을 법률로 규정하는 것 또한 별다른 힘을 발휘하지 못한다.[34] 예를 들어 법률에 규정된 해석규칙이 해석자는 입법자의 의사에 엄격히 구속되어야 한다고 요구한다면, 이 규정 자체는 타당하고 또한 충분한 의미가 있다고 할지라도, 입법자의 진정한 의도를 원용하거나 또는 입법자의 명확한 의도를 탐문할 수 없다는 근거로 객관적 해석이 비집고 들어오는 것까지 막을 수는 없는 일이다. 거꾸로 해석규칙에 관한 법률규정이 해석자는 어떤 식으로든 법률의 객관적 의미를 확인해야 한다고 요구할지라도, 역사적 입법자의 의도를 탐색하는 방법이 법률의 객관적 의미를 확인하는 데 최선의 길이라는 이유를 내세워 이를 해석의 기준으로 삼는 것 역시 얼마든지 가능한 일이다. 더욱이 해석규칙을 규정한 법률 자체가 다시 해석을 필요로 한다. 그렇다면 이 법규정의 내용을 규정 자체에 적용해도 좋은가? 그렇게 되면 역설[35]이 발생할 위험이 있지 않은가? 예를 들어 입법자가 객관적 해석규칙을 명문으로 규정했다면, 입법자 스스로 이 명문의 조항 자체에서 드러나는 자신의 의지는 중요하지 않다고 선언한 것인가? 실제로 주관적 이론과 객관적 이론 사이의 논쟁이 법률에 규정된 해석규칙 자체를 둘러싸고 발생할 수 있다. 예를 들어 1934년 10월 16일에 발효된 과세조정법

---

34) 해석금지는 예컨대 시민법대전(Corpus juris civilis)의 Constitution Tanta (§21)과 1745/51년의 프리드리히 대법전(Corpus juris Friedriciani) 서문, 1794년 프로이센 일반란트법 서장의 제46조 이하에 규정되어 있었다. 해석에 관한 법률규정에 대해서는 Sax, S. 73ff.; Legaz y Lacambra, S. 517f.; Kriele, S. 61; R. Ogorek, Richterkönig oder Subsumtionsautomat?, 1986, S. 39ff. 참고.

35) '방법논쟁에서의 역설'에 관해서는 Kriele, S. 35f.도 참고.

제1조를 보자. 이 조항은 "조세법은 민족사회주의 세계관에 따라 해석한다"고 되어 있었다. 내용 자체로만 보면 객관적 해석을 요구하고 있다. 그러나 민족사회주의 세계관의 핵심은 '영도자원칙'이었고, 이 영도자원칙은 주관적 해석방법의 방향(즉, 법률은 '영도자의 의사'였다)으로 흐르기 때문에, 주관적 해석방법도 얼마든지 과세조정법에 규정된 해석규칙에 관한 조항을 근거로 삼을 수 있었다. 이밖에도 이 조항을 어느 정도까지 일반화할 수 있는지, 즉 이 조항이 과세조정법에만 적용되는 것인지 아니면 다른 법에도 적용되는 것인지를 묻기도 했다. 흔히 법률상의 개념정의라고도 부르는 이른바 '진정한 의미의 해석'도 법률에 규정된 일반적 해석규칙만큼이나 해석문제의 근원적인 해결에 별다른 도움이 되지 못한다. 이와 같은 법률적 개념정의 조항은 이 조항이 분명히 밝히고 있는 법률규정의 해석에 대해서만 의미를 가질 뿐이다. "법률에 규정된 해석이라고 부르는 것들은 새로운 법명제가 성립했다는 것이고, 따라서 … 이 규정 자체가 다시 학문적 해석의 대상이 된다."[36]

법률에 규정된 해석규칙이 우리에게 별로 중요하지 않으며, 그렇다고 해서 어떤 선험적 원칙이 해석이라는 근본적인 문제를 해결해줄 수도 없다면, 우리가 이미 앞에서 설명한 바와 같은 해석의 법적 기능을 올바른 해석의 척도로 삼을 수밖에 없다는 결론에 도달한다. 물론 순수히 학문적 차원만을 지향하는 해석은 모든 방법을 이용할 수 있고, 실제로도 그래야만 한다. 그러므로 법학자들은 원한다면 전적으로 역사학적 관점만을 취할 수도 있고, 다양한 객관적 관점들을 고려하여 법률텍스트의 가능한 내용을 탐문하여, 텍스트에 '합리적'이고, '합목적적'이며, '현재의 상황에

36) Regelsberger, S. 142f. 이에 관해서는 또한 Enneccerus/Nipperdey I 1, §53 II; Keller, S. 52ff.도 참고.

부합하는' 어떤 의미내용이 담겨 있는지를 밝힐 수도 있다. 그러나 그와 같은 역사적 또는 객관적 의미내용이 얼마만큼 실제 법적용에 구속력을 갖는지는 별개의 물음이다.[37] 실무가 및 법실무에 기여하는 법도그마티커에게 결정적 의미가 있는 이 물음은 여러 국가권력들 사이의 관계, 입법과 사법의 기능, 특히 법적용이 법률에 대해 갖고 있거나 갖고 있어야 할 태도 등을 고려할 때에만 대답할 수 있다. 법관만을 염두에 둔다면, 법관이 국가 내에서 어떠한 지위를 갖고 있고, 법관과 법률의 관계가 어떻게 규율되어 있는지가 중요하다.[38] 절대군주의 시종이었던 법관이 법률을 다룰 때에는 주관적 방법에 따라 해석해야 했다는 사실은 자주 언급되는 점이다. 왜냐하면 "주권자인 군주의 개인적인 의사가 곧 법률이었고, 따라서 이 의사를 탐구해야 했기" 때문이다.[39] 이에 반해 권력분립과 다수정당제도를 갖춘, 입헌주의 국가나 민주주의 국가에서는 사정이 다르다.[40] "전반적인 헌법적 상태가 해석학적 법률이해에도 영향을 미친다"는 말은 상당부분 옳다.[41] 따라서 혁명 직후에 혁명 이전의 법에 대한 해석방법과 새로운 법에 대한

37) 만일 해석원칙이 법적용에 구속력을 갖는다면 해석원칙은 곧 법규범으로서의 성질을 갖는다(Esser, Grundsatz, S. 116ff.). 해석방법을 '법제화'하는 것에 반대하는 입장으로는 Hruschka, Verstehen, S. 89ff. 참고.

38) 이에 관해서는 P. Bockelmann, Richter und Gesetz, FS f. R. Smend(1952), S. 23; Kriele, S. 60ff.(입법자가 '법제정 독점권'을 갖고 있지는 않지만, '우선권'은 갖고 있다. 입법자가 이러한 우선권을 행사하지 않는 한, 법관은 독자적으로 법을 창조할 권력을 갖는다).

39) H. Reichel, Gesetz und Richterspruch, 1915, S. 69f(70). 또한 Esser, Grundsatz, S. 116, 176 참고.

40) 이에 관해서는 Schmitt, S. 17f.; Zippelius, Methodenlehre, S. 23("어떠한 해석을 선택하는가는 어떠한 국가철학을 갖고 있느냐에 달려 있다") 참고.

41) E. Forsthoff, Recht und Sprache, 1940, S. 45. 또한 E.-W. Böckenförde, Die Methoden der Verfassungsinterpretation, NJW 1976, 2089(2097); Larenz, Methodenlehre, S. 317f.; Müller/Christensen, Methodik, Rn. 289f. 참고.

해석방법이 분열되는 상황도 얼마든지 생각할 수 있다. 즉, 혁명 이전의 구법은 객관적 방법을 통해 혁명 이후의 새로운 상황에 맞게 조정하는 반면, 혁명 이후에 제정된 새로운 법은 권력을 장악한 새로운 입법자의 의사에 딱 들어맞게 해석하게 된다.[42] 그렇지만 문제를 지나치게 단순화하여 의회주의 및 민주주의 헌법체제에서는 객관적 해석방법이 유일하게 올바른 해석방법이라는 식으로 주장해서는 안 된다. 내 생각으로는 민주주의에서도 입법은 입법자의 의사에 따르며, 이 점에서 정치적, 결단적 의미를 갖고 있다는 사실을 제대로 주목하지 않는 경향이 있는 것 같고, 그 때문에 입법자의 의사 및 국가 전체를 관통하는 지침에 따라야 할 의무가 있는 국가권력들에게 너무 많은 독자성을 인정하고 있는 것 같다. 이는 권력을 남용하고 국가의 통합을 저해할 위험을 내포하고 있다.[43] 객관적 해석방법은 특히 의사논거와 형식논거를 결합한 논거를 과대평가한다. 이 결합된 논거에 따르면 단지 국민을 대표하는 기관의 의사만이 법률의 형식이 될 뿐이지만, 이러한 의사는 결코 파악 가능한 현실이 아니라고 한다.[44] 이와는 반대로 국민의 대표기관인 의회가 법률을 심의하고 결정

---

42) 이에 관해서는 1933년 이후의 상황에 대한 Engisch, Einheit, S. 87ff.; E. Fraenkel, Die Bedeutung weltanschaulicher Überzeugung in der Gesetzes-anwendung, Universitas 15(1960), 1203(1205f.) 참고. 1945년 이후의 상황에 관해서는 W. Wengler, Die Nichtanwendung nationalsozialistischen Rechts, JR 1949, 67; Bogs, S. 75ff. 참고.

43) 슈미트(Schmitt, S. 20f.)는 입법자의 지시가 계획과 조종의 수단인 경우에는, 입법자의 의사를 기준으로 삼아야 한다고 올바르게 지적하고 있다. 이에 관해서는 또한 Germann, S. 105; Esser, Vorverständnis, S. 82도 참고.

44) 예컨대 헤세(Hesse, Rn. 56)는 이렇게 말한다:"헌법의 객관적 의사 또는 헌법제정자의 주관적 의사의 확인을 해석의 '목표'로 고찰한다는 것은 곧 … 실제로는 전혀 존재하지 않는 것을 미루어 생각해보려는 것과 같다." 이러한 입장은 모든 형태의 입법에 실제로 작용하는 의지적 요소를 과소평가하고 있다고 보인다. 이와 다른 입장으로는 Ebsen, S. 43; Heusinger, S. 96f. 각주 69 참고.

할 때에 의회 스스로 어떤 독자적인 의미를 핵심기준으로 설정하지는 않지만, 최소한 법률안 작성자들이 법률텍스트에 부여해 놓았고, 또한 '법제정이유'에 밝혀 놓은 의미를 의회가 인정한 것이라고 주장하는 이론도 있다(이른바 '협정이론'). 나는 여러 사람으로부터 비판을 받는 이 협정이론이 여전히 어느 정도 설득력이 있다고 본다.[45] 나는 여기서 '입법자료의 문제'에 대해서는 자세히 다루지 않겠다.[46] 다만 입법자료는 법률이 아니라고 하는, 흔히 제기되는 반론은 온당한 반론이 아니라고 생각한다. 왜냐하면 입법자료는 법률안을 작성할 때 생각했던 내용을 인식하기 위한 보조수단이 되기 때문이다. 따라서 제대로 된 주관적 이론이라면 입법자료 및 법률의 전체 성립사를 성실하게 검토하지 않을 수 없다. 문제의 핵심은 "역사적 입법자의 의사가 분명히 존재하긴 하지만, 그것이 법률에 뚜렷하게 표현되어 있지 않은 경우에는 이를 완전히 무시해도 좋은가?"라는 물음이다. 만일 역사적 입법자의 의사를 파악할 수 없다면, 법률의 '이성적' 의미를 기준으로 삼으면서, 역사적 입법자도 그러한 의미를 의도했을 것이라고 주장할 수 있을 것이다. 물론 그렇다고 해서 주관적 이론이 진정한 해석이론이라는 뜻은 아니다. 나 자신은 이 모든 문제들이 결코 완전하게 해결될 수 있는 문제가 아니고, 모든 근본적인 문제들이 그렇듯이 결코 완벽하게 해결될 수 없는 문제에 속한다고 생각한다. 우리는 늘 새롭게 그때그때의 시대에 부합하는 결정을

---

45) 협정이론에 관해서는 Enneccerus/Nipperdey I 1, §55; Keller, S. 95; Kelsen, Rechtslehre, S. 7 참고. 이 이론에 대한 비판으로는 A. Wach, Handbuch des deutschen Civilprozeßrechts, Bd. 1, 1885, S. 259ff.; Binding, Handbuch, S. 470ff.; Mennicken, S. 34; Larenz, Methodenlehre, S. 328f. 참고.

46) 이에 관해서는 Enneccerus/Nipperdey I 1, §55; Keller, S. 109ff., 165ff.; K. Roth-Stielow, Das Ärgernis vom 'historischen Gesetzgeber' in der Rechtsprechung, NJW 1970, 2057 참고.

내려야 한다는 도전을 받는다. 따라서 어떤 관습법이 형성되어 있어서 법관이 역사적 입법자의 의사를 배제한 채, 법률텍스트를 현재에 근접하고, 이성적이며 합목적성을 갖는 의미로 채워도 좋은지를 검토해야 한다. 이 책은 법률해석과 관련된 확고한 '교리'를 제공할 과제를 수행하지는 않는다. 단지 문제를 지적하고, 문제를 해결하는 방향을 지시하는 것만으로 충분하다.

나는 앞장의 마지막 부분에서 방법문제, 특히 여러 가지 해석수단들 사이의 관계에 대한 물음을 해결해야 할 필요성을 명백히 강조했기 때문에, 내 자신의 입장에 대해 몇 가지 설명을 덧붙일 필요가 있다고 생각하며, 이를 통해 방법문제에 대한 논의에 참여하고자 한다.

1. 나는 여전히 주관적 이론이 어느 정도는 옳다고 생각한다. 특히 입법자가 명시적으로 명령, 금지, 허용, 의욕한 내용은 ─이를 확인할 수 있다면─ 법률의 내용으로 인정해야만 한다. 이 때 언어사용(일상언어 또는 법적 전문언어) 또는 경우에 따라서는 '법률상의 개념정의'를 통해 자세히 규정된 '문언의 의미'는 '좁은 의미의 해석'의 한계가 된다. 법률문언에 어떤 식으로도 표현되어 있지 않은 의사는 어떠한 해석을 동원할지라도 결코 법률로부터 도출될 수 없기 때문이다(그와 같은 의사는 흠결보충이나 법형성을 통해서나 등장할 수 있을 뿐이다). 예를 들어 해석을 통해 여자를 '남자'라는 법개념에 속한다고 하거나, 고릴라를 '인간'이라는 법개념에 속한다고 할 수는 없는 일이다. 다른 한편 언어사용은 다른 해석방법들(체계적 해석 등)과 함께 입법자의 의사를 탐구하기 위한 수단이 된다. 어떠한 해석방법을 우선적으로 고려해야 하는가에 대해서는 모든 역사적 연구에서도 그렇듯이 각 방법의 적합성에 따라 결정한다. 이 때 입법자료는 반드시 고려해야 하지만, 입

법자의 의사를 탐구하기 위한 보조수단으로 그칠 수도 있다.

2. 입법자가 의욕한 내용이 분명하게 표현되어 있지 않다면, 상황에 따라 '확장해석' 또는 '제한해석'을 통해 법률로부터 입법자의 진정한 의사를 추론해낼 수 있다. 물론 이 경우에도 해석이 '명백한 문언'에 모순되어서는 안 된다. 특히 역사적 해석을 통해 입법자가 추구했던 목적을 밝힐 수 있다면, 그러한 목적은 입법자의 의사를 밝히는 중요한 기준이 된다. 예를 들어 확장해석이나 제한해석을 통해 여자를 남자로, 동물을 인간으로 해석할 수는 없지만, '야기하다'라는 법개념을 '상당인과관계'로 제한하는 것은 가능하다(아래의 171면, 176면의 보기를 참고).

3. 위의 1과 2를 통해서도 입법자의 의사를 인식할 수 없을 때에는 해석을 하는 시점을 기준으로 현재에 근접하고, 이성적이며, 특히 '객관적-목적론적'인(즉, 현재의 법적용과 관련하여 합목적적이라고 여겨지는) '해석'이 적절하다. 물론 이 때에도 '가능한 문언의 의미'와 갈등을 빚는 상태에 빠져서는 안 된다. '효력시점 중심의 객관적 해석'이 법률문언에 '내재하는 이성적 의미'로서 도출할 수 있는 것 또는 목적론적 해석이나 헌법합치적 해석을 통해 법률문언으로부터 도출할 수 있는 것은 그것이 명백하게 인식할 수 있는, 입법자의 의사에 모순되지 않는다는 전제하에서 정당한 해석결과로 인정해야 한다.

4. 입법자가 명시적으로 의욕한 것과 모순되는 법적 사고를 전개하는 것은 결코 '해석'이 아니라, 넓은 의미에서 법형성이며, 따라서 '흠결보충', '편집실수의 제거', '법률에 반하는 법형성' 등 별도의 정당화를 필요로 한다.

5. 해석과 이와 같은 다른 법획득방법 사이의 경계가 불분명하다는 점은 사실이며, 따라서 이 측면을 강조하는 학자들[47]에

47) 예컨대 Esser, Vorverständnis, S. 117, 174ff.; Mennicken, S. 100f.; Kriele, S. 221ff.

대해 달리 반론을 제기할 필요가 없다. 하지만 어느 쪽에 속하는지 의심스럽다면 일단은 '해석'이라고 전제해야 옳다. 그렇게 주장하는 것이 가능하다면 말이다. 예를 들어 형법 제223a조의 '무기'개념은 의미의 변화를 감안하면서, 염산도 이 개념에 속한다고 '해석'할 수 있다(아래의 254면 및 각주 48 참고). 하지만 어디엔가는 방법 및 방법의 정당성과 관련된 원칙적인 차이가 드러나는 경계선이 있기 마련이며, 특히 「죄형법정주의원칙」이 적용되는 형법에서는 그러한 경계선을 존중해야 한다. 그러한 경계선을 넘어설 때에는 결코 '해석'이라는 표현을 동원하여 논증을 해서는 안 된다.

주관적 해석방법과 객관적 해석방법 사이의 다툼에 관한 논의는 이 정도에서 그치고, 몇 가지 결론들만을 제시하기로 하자.

1) 우선 앞장의 마지막 부분에서 언급했고, 이 장의 서두를 장식했던 문제부터 다시 한 번 논의하기로 하자. 나는 지금까지의 서술이 이론적 및 실천적 이해, 입법자가 염두에 두었고 의도했던 내용에 대한 역사적 해석 그리고 현재 시점에 적합한 의미이해 등이 어떻게 하면 적절한 관계를 맺도록 할 수 있는지에 대해 짧게나마 설명했다고 생각한다. 이와 함께 해석의 목표에 대한 여러 이론들 사이의 논쟁 속에서 충분한 근거를 갖고 특정한 입장을 취할 때에만 비로소 전통적인 해석방법들(문법적 해석, 체계적 해석, 목적론적 해석)을 해석의 지침으로 삼을 수 있다는 점[48]도 분명하게 밝혔다고 생각한다. 여기서 다시 한 번 우리가 보기로

---

48) 유감스럽게도 '해석이론'이라는 표현은 다의적이다. 즉, 해석이론이 때로는 바로 앞에서 언급했던 해석목표의 의미로 사용되기도 하고, 때로는 해석목표에 도달하기 위한 주관적 또는 객관적 해석방법의 의미로 사용되기도 한다. 따라서 이 표현이 구체적으로 무엇을 의미하는지는 각각의 맥락에 따라 판단할 수밖에 없다.

삼았던 대체장물죄를 생각해 보면, 지금까지 설명했던 해석방법들을 역사적 또는 객관적 해석목표와 결합시킴으로써 확실한 결정을 내릴 수 있다는 사실을 알 수 있다. 즉, 형법 제259조의 적용과 관련하여 이 조항을 만든 '입법자의 의사'가 중요한지 아니면 '법률 자체의 의사'가 중요한지에 대해 분명하게 알고 있지 않는 한, 문법적 해석, 논리적-체계적 해석, 목적론적 해석 등 모든 해석단계에서 형법 제259조를 대체장물에도 적용할 것인지 여부는 계속 불확실한 상태로 남아 있게 된다. 그러므로 이 모든 해석단계에서 "입법자인가 법률인가?"라는 물음은 계속 반복된다. 즉, 문법적 해석을 할 때에는 "입법자가 문언을 어떠한 의미와 결합시켰는가?" 및 "법률문언 자체가 어떠한 의미를 담고 있는가?"라고 묻게 되며, 논리적-체계적 해석을 할 때에는 "입법자의 의도에 따를 경우 논리적-체계적 연관성이 어떠한 의미를 갖고 있는가?" 및 "법률 자체 내의 연관성은 어떠한 의미를 갖는가?"를 묻게 되고, 목적론적 해석을 할 때에도 "역사적 입법자가 어떠한 목적을 추구했는가?" 및 "법률에는 어떠한 목적이 내재하는가?"라는 질문을 하게 된다. 심지어 '성립사'마저도 — 역설적으로 들릴지 모르겠지만 — 엄격한 역사적 방식으로 탐구할 수도 있지만, 입법자료들을 입법자들이 실제로 생각했고 의도했던 측면에서가 아니라, 단지 역사적 사실이 갖는 객관적 의미를 구성하기 위한 보조자료로 삼아서 성립사를 객관적으로 '해석'하는 것도 얼마든지 가능하다. 따라서 우리가 특정한 해석이론을 선택하겠다고 결정하는 순간 이미 문언, 체계적 연관성, 목적에 대한 물음 또한 더욱 확실한 형태를 띠게 된다. 앞에서 보았듯이, 이 물음들 그 자체만으로는 언제나 여러 가지 대답이 가능하지만, 만일 문언, 체계적 연관성, 목적의 배후에 있는, 역사적 입법자의 개인적 의사를 탐구할 것인지 아니면 현재의 시점에 맞추어 합리적인 결정을 추구할 것인지를 결정하고 나면 상황이 달라진다. 물론 그러한 결정을 내리고 나서도 여전히 대답하기 어려운 구석이 있고, 의문이 남아 있을 수 있지만, 최소한 물음을 더욱 분명하게 제기하게 되고, 물음에 답하기 위한 방법 또한 더욱 확실해진다. 이런 의미에서 해석목표와 해석절차를 하나로 결합하여, '주관적-문법적 해석', '객관적-문법적 해석' 또는 '주관적-목적론적 해석', '객관적-목적론적 해석' 등의 해석방식으로 구별한다.[49]

2) 그러나 주관주의와 객관주의만으로는 해석과 이해의 방법 모두를 표현하지 못한다는 사실에 주의해야 한다. 예들 들어 내가 주관적 관점에 더 커다란 비중을 둔다고 할지라도, 어떤 측면을 1차적으로 중시할 것인지, 즉 역사적 입법자가 주관적으로 '법적 명령에 대해 생각했던 내용'(입법자가 염두에 두었던 구성요건과 법률효과)에 초점을 맞출 것인지 아니면 입법자의 '목적'(입법자가 명령을 통해 달성하려고 했던 단기적 및 장기적 효과)에 초점을 맞출 것인지,[50] 그것도 아니면 입법자의 전반적인 태도(입법자가 지침으로 삼았던 이념과 원칙)에 초점을 맞출 것인지는 여전히 물음의 대상이 된다. 객관적 관점을 취하더라도 사정은 마찬가지이다. 아니, 객관적 이론은 주관적 이론에 비해 더욱 까다롭다고 볼 수 있다. 왜냐하면 객관적 이론은 법률에 내재하는 의미를 밝히기 위해 끌어들인 목표와 관점들을 더욱 분명하게 제시할 의무를 부

49) 이에 관해서는 Larenz, Methodenlehre, S. 333ff.; Bydlinski, S. 453ff. 참고. 내 생각으로는 에써(Esser, Vorverständnis, S. 174ff.)와 크릴레(Kriele, S. 167ff)가 권장하는 '합리적인 결과'를 지향하는 해석방법도 (넓은 의미의) '객관적-목적론적 해석'에 속한다고 보인다. 에써(S. 175) 스스로도 "법률이해의 기초는 규율목적을 통해 … 묵시적으로 함께 생각하지 않을 수 없었던 모든 내용들을 '자명한 것'으로 밝히는 일이다"라고 말하고 있다.

50) 역사적 입법자의 의사에 대한 심리학적 접근과 목적론적 접근 사이의 차이는 비얼링(Bierling)의 해석방법인 '입법자의 사고에 대한 역사적 탐구'와 헤크의 해석방법인 '역사적 이익탐구' 사이의 대립을 보면 분명하게 드러난다. 이에 관해서는 Heck, Gesetzesauslegung, S. 207f. 참고.

담하기 때문이다. 즉, 법률텍스트로부터 객관적으로 합리적인 것, 객관적으로 정당한 것, 객관적으로 합목적적인 것, 객관적으로 시대에 부합하는 것, 객관적으로 현재에 근접한 것을 도출할 수 있기 위해서는 먼저 우리가 무엇을 원하고 있는지를 잘 알고 있어야만 한다. 다시 말해 사전에 일정한 결정을 내리고, 이 결정을 뒷받침하는 실질적 근거들을 어느 정도 구상하고 있을 때에 비로소 이러한 결정이 어느 정도 법률문언에 '가능한 의미'로 내재하고 있는가라는 물음을 갖고서 법률에 접근할 수 있게 된다. 이렇게 사전에 어느 정도 결정을 하기 위해서는 세세한 문제들에 대한 심도 깊은 연구를 필요로 한다. 무엇보다 최근 들어 법규정의 실질에 대한 견해들이 여러 측면에서 커다란 변화를 겪고 있기 때문이다. 이 점을 밝히기 위해 여기서는 우리가 객관주의의 입장을 취하고 있다고 가정하기로 하자. 즉, 아래의 서술은 객관주의가 옳다는 전제하에 이루어진다. 우리가 앞에서 보기로 삼았던 대체장물의 경우, 과거에는 '가벌적 행위를 수단으로 취득한'이라는 문언에 대해 일상적인 언어사용에 비추어 어떤 식으로 생각해야 하고, 대체장물과 관련하여 어떠한 법익이나, 어떠한 이익을 보호할 필요가 있는지 정도만을 고려하면 충분했을 것이다. 물론 오늘날에도 당연히 이러한 물음을 제기할 것이다. 하지만 그 사이 우리는 문헌학적 해석이나 이익보호를 지향하는 목적론적 해석을 뛰어넘어, 다른 문제영역까지도 고려해야 하는 상황에 처해 있다. 즉, 오늘날에는 특히 형법을 포함하여 법 일반이 단순히 이익의 보호나 이해갈등의 해소에 그치지 않고, 도덕적 사고를 내포하는 제도로까지 생각한다. 그리하여 위증죄, 매춘알선죄 및 장물죄 등의 범죄에 대한 법적 반가치판단은 이들 범죄가 '보호할 필요가 있는 이익'을 침해했다는 것뿐만 아니라, 법이 강화해야 할 소임을 맡고 있는 윤리질서에 동요를 불러일으켰다는 점도 포함한다. 이런 의미에서 예컨대 마이어(H. Mayer)는 "범죄는 법익침해이며, 더 나아가 윤리질서에 대한 참을 수 없는 위반이기도 하다" 라고 말한다.[51] 형법에서는 한동안 '규범적 행위자 유형(normativer Tätertypus)'이라는 개념을 통해, 가벌적 행위가 단순히 이익침해를 넘어 실질적 불법내용을 갖고 있다고 표현하기도 했었다. 즉, 학자나 법실무가들이 그렇고 형사입법자 역시 그렇겠지만, 일반 국민들은 몇몇 중요한 범죄구성요건과 관련해서는 그 범죄행위나 범죄자 개인의 인격적 성향 및 심정적 요소에 대해 어떤 정형화된 사고방식을 갖기 마련이며, 따라서 '법률구성요건'을 해석하는 사람도 그러한 정형화된 사고방식을 감안해야 한다. 예를 들어 전형적인 '살인자', 전형적인 '사기꾼', 전형적인 '뚜쟁이' 등 정형화된 사고가 실제로 존재한다. 그래서 규범적 행위자이론의 대표적인 주창자인 담(Dahm)은 우리의 보기인 대체장물과 관련하여 다음과 같이 서술한다. "형법 제259조를 대체장물에까지 확장해야 하는 이유는 일반 국민들의 생각에 따를 경우 훔친 5만 원짜리 한 장 대신에, 이를 만 원짜리 다섯 장으로 바꿔서 받은 자도 장물아비이기는 마찬가지이기 때문이다."[52]

'규범적 행위자 유형'에 관한 이론은 1945년 이후에는 다시 뒷전으로 물러나긴 했지만, 이 이론도 분명 올바른 생각을 담고 있다. 즉, 범죄는 단순히 외부적인 결과일 뿐만 아니라, 행위자의

51) H. Mayer, Lehrbuch des Strafrechts(AT), 1953, S. 50.

52) G. Dahm, Deutsches Recht, 1944, S. 434. 규범적 행위자 유형 이론에 대한 비판으로는 C. Roxin, Strafrecht, Allgemeiner Teil, Bd. 1, 4. Aufl. 2006, §6 Rn. 6ff. 참고. 담은 자신의 책 제2판(1966), 48면의 각주 14에서 규범적 행위자 유형에 관한 이론은 포기할지라도, 그 방법적 원칙, 즉 '이러한 행위자 유형론에 포함되어 있는, 법개념과 생활사실 사이의 관계에 대한 사고'는 여전히 의미가 있다고 강조한다. 이에 관해서는 Engisch, Idee, S. 275f. 참고. 그리고 '유형(Typus)'이 법발견에서 갖는 의미에 관한 일반적 내용은 아래의 180면 이하 각주 6 참고.

심정이라든가 아버지, 공무원 등과 같이 특정한 어느 누구로서 부담하는 특수한 의무도 중요한 역할을 한다는 생각이다. 예를 들어 의학적 징후가 있어서 임신중절을 해야 하는 경우에서 볼 수 있듯이 예외상황과 서로 대립하는 이해관계들을 고려하는 일은 우리들의 감정에 비추어 볼 때 단순히 '이익형량'의 문제에 그치는 것이 아니라, 사회윤리적인 관점에서 사안과 관련된 여러 가지 요소들을 총체적으로 평가하는 작업이기도 하다. 이와 같이 범죄의 본질을 바라보는 기본적인 사상에 변화가 발생하게 되면, 이 새로운 사상은 곧 바로 객관적 이론을 통해 해석에서도 상당한 영향력을 발휘하게 된다. 그리하여 대체장물의 획득 역시 형법 제259조의 '가능한 문언의 의미'에 포함된다고 보아, 그 가벌성을 인정해야 하는 것은 아닌가라는 물음을 제기하게 된다. 왜냐하면 대체장물의 획득은 비록 이익보호의 관점은 아닐지라도, 최소한 사회윤리적 평가의 측면에서 우리가 오늘날 갖고 있는 생각에 비추어 얼마든지 장물죄에 속한다고 볼 수 있기 때문이다. 이에 반해 오로지 주관적-역사적 해석방법을 취할 때에만, 제259조를 제정할 당시에 과연 어느 정도로 그러한 도덕적 사고가 영향을 미쳤는지를 묻게 될 것이다. 이렇게 볼 때, '객관적 해석'이 사법의 법률구속원칙과 법적 안정성에 얼마나 커다란 위험을 야기하는지는 너무나도 명백하다. 이러한 위험은 객관적 이론이 갖고 있는 장점과 떼려야 뗄 수 없는 관계를 맺고 있다. 바로 그 때문에 주관적 이론의 의도와 객관적 이론의 의도를 모두 고려하여, 실질적으로 타당한 관계를 맺도록 시도하는 것이 중요하다.

3) 한 가지 측면을 더 고려해야만, 주관적 해석이론과 객관적 해석이론 사이의 대립이 지배하는 문제영역 전체를 완전히 이해할 수 있다. 앞에서 우리는 '확장해석'과 '제한해석'에 대해 간단히 언급한 적이 있다. 자주 사용되곤 하는 이 두 해석 역시 결코 명

확한 의미를 갖고 있지 않다. 이에 대해서는 그 내용이 겹치는 부분도 있긴 하지만, 최소한 세 개의 사고방향이 있다.[53]

a) 해석활동이 언어의미의 영역에서 이루어질 때에도, '가장 가까운' 의미, '좁은' 의미, '엄격한' 의미, '제한적' 의미와 '먼' 의미, '넓은' 의미, '확장된' 의미가 서로 대립한다.[54] 그리하여 장물죄 사례와 관련해서도 이렇게 말할 수 있다. 즉, '가벌적인 행위를 통해 취득한'이라는 구성요건은 '엄격한' 의미에서는 선행행위자 본인의 위법한 행위를 통해 직접 취득된 물건만을 뜻한다고 보아야 하지만, 그러한 물건을 대체한 물건도 '위법한 행위로 취득한' 것이라고 하게 되면, 언어의 의미를 '확장'한 것이 된다. 또는 다음과 같은 예를 들 수도 있다. "'전과'가 있는 사람은 특정한 공직에서 배제한다는 규정을 그것이 언제 어떤 식으로 이루어졌는지 관계없이 어쨌든 처벌을 받은 적이 있는 사람이라면 모두 이 규정에 해당한다고 해석하면, 이는 '좁은' 해석이 되고, 이에 반해 시기적으로 비교적 최근에 받은 처벌이어야 하고 또한 단지 행정벌을 받은 사람은 이 규정에 해당하지 않는다고 해석하게 되

53) 아래의 서술에 관해서는 W. Burckhardt, Methode und System des Rechts, 1936, S. 286ff.; J.-M. Priester, Zum Analogieverbot im Strafrecht, in: H.-J. Koch(Hg.), Juristische Methodenlehre und analytische Philosophie, 1976, S. 155(158ff.) 참고.

54) 이러한 대립은 사실상 라렌츠(Larenz, Methodenlehre, 2. Aufl. 1969, S. 328)의 구별과 거의 비슷하다. 라렌츠에 따르면 '어떤 표현의 의미가 그 표현에 담긴 생각의 핵심에 엄격히 한정되어 있으면', '좁은' 해석이고, 이에 반해 표현의 의미를 '주변영역'에까지 확장하면 '넓은' 해석이라고 한다. 다만 라렌츠는 '확고한 문언의 의미'가 있다고 인정하지 않기 때문에, 위 본문의 구별과는 약간 차이가 있다. 그러나 라렌츠는 제3판(1975)부터는 '좁은' 해석과 '넓은' 해석의 구별과 관련하여 곧 이어 설명할 b)의 방식으로 생각을 바꾼 것으로 보인다. "여러 가지 의미들 가운데 다른 가능한 의미들에 비해 상대적으로 더 좁은 적용영역을 갖는 의미를 '좁은' 의미라고 불러야 한다"(Larenz, Methodenlehre, 3. Aufl. 1975, S. 342; 6. Aufl. 1991, S. 354)라고 하기 때문이다.

면, 이는 '넓은' 해석이 된다. 전자의 해석은 후자의 해석에 비해 문언의 언어적 의미를 훨씬 더 엄밀하게 준수한다."[55] 물론 확장해석과 제한해석이라는 개념을 훨씬 더 자유롭게 이해하여, 문언의 의미를 거의 완전히 배제한 채, 입법자나 법률의 진정한 의사가 중요하다고 논증할 때에 이 개념을 사용하기도 한다.[56] 하지만 그렇게 되면 해석과 나중에 다루게 될 흠결보충 또는 법률교정 사이의 경계가 희미해져 버린다.

b) 확장해석과 제한해석이라는 개념을 사용하는 두 번째 사고경향은 개별 법규정의 문언적 의미와 그 적용영역 사이의 관계에 주목한다. 즉, 더 좁은 해석(제한해석)은 더 넓은 해석(확장해석)에 비해 법규정을 적용하는 사례의 범위가 좁다고 한다. 예를 들어 '야기(惹起)'라는 단어가 법률에 등장하는 경우가 자주 있다. 이 단어는 때로는 '조건적 연관성'이라는 의미로 해석되기도 하고, 때로는 '전형적 연관성'이라는 의미로 해석되기도 한다. 전자의 해석방식에 따른다면, 작은 상처가 났을 뿐이지만, 어떤 복합증세로 말미암아 사망에 이르렀다면, 그러한 상처를 낸 행위는 사망을 '야기'한 것이 되며, 이에 반해 후자의 해석방식을 따르면 전형적으로 사망에 이르게 만드는 상처만이 이로 인해 사망을 '야기'했다고 보게 된다. 따라서 후자의 해석은 전자의 해석에 비해 더 좁은 해석이다. 왜냐하면 이 해석은 '야기'라는 개념의 적용영역 및 이와 관련된 전체 법규정의 적용영역을 제한하기 때문이다. 앞의 a)에서 부르크하르트(Burckhardt)가 보기로 삼았던 '전과'사례를 이러한 구별방식에 따라 고찰해 보면, a)에서와는 반대로 비교적 최근에 저지른 형사범죄에 대해 부과된 형벌만이 '전과'에 해

55) Burckhardt, S. 287.
56) 예컨대 Heck, Gesetzesauslegung, S. 195f., 208f.; Enneccerus/Nipperdey I 1, §57 II.

당한다고 보게 되는 해석을 제한해석이라 해야 하고, 언제 어떤 식으로든 처벌이 되었다면 공직에서 배제된다고 해석하는 것을 확장해석이라고 불러야 한다. 또 다른 예를 들어보자. 구형법 제46조 2호는 가벌적 행위를 시도한 미수범과 관련하여, 행위자가 "아직 행위가 발각되지 않은 시점에서 행위의 완료에 … 속하는 결과발생을 스스로 저지한 때"에는 처벌되지 않는다고 규정했다. 만일 이 규정의 해석과 관련하여 결과발생의 저지가 절대적으로 자발적으로 이루어져야 한다는 요건을 추가하게 되면, 이 규정의 적용영역을 제한하는 해석이 된다. 이에 반해 a)에서처럼 문언만을 기준으로 삼게 되면, '자발성'이라는 추가요건을 원용하는 것은 '확장'해석이 된다. 왜냐하면 법률에는 '자발성'이라는 표현이 별도로 언급되어 있지 않기 때문이다.[57] 제국법원은 서랍에 있는 종이에 독주를 부어 불을 붙여서 불을 질렀다가 누군가 오는 소리를 듣고 발각될 것이 두려워 급히 불을 끈 행위자에 대해, 분명 이러한 행위가 '아직 발각되지 않은 시점'이라는 문언에 해당함에도 불구하고, 제46조 2호를 적용하지 않고, 방화범으로 처벌한 사례가 있다. 이 사건에서 제국법원은 법률에는 명시적으로 표현되어 있지 않은, '진정한 자발성'이라는 요건을 통해 제46조 2호의 적용범위를 '제한'한 것이다(RGSt 38, 402).

c) 제한해석과 확장해석이라는 개념을 앞의 b)에서 설명한 대로 이해하는 것은 순수한 언어적 이해가 아니라, 그 대상과 관련된 이해이다. 그렇다면 이러한 이해는 약간은 형식주의라는 꼬리표가 붙게 된다고 할 수 있다. 왜냐하면 법규정과 법규정의 적

57) 구형법 제46조 2호는 1975년의 형법개정을 통해 현재의 제24조로 바뀌었다. 현행 조항은 중지로 인한 미수의 가벌성을 배제하기 위한 요건으로 자발성을 명시적으로 규정하고 있다. 여기서는 단지 방법론적 사고와 관련된 보기를 들기 위해 구형법 조항을 원용했을 뿐이다.

용'범위'라는 외적 관계를 중시하기 때문이다. 이에 반해 제한해석과 확장해석을 법규범과 시민의 자유나 주관적 권리의 보유 또는 보편적 원칙의 존재와 관련시켜 이해한다면, 제한해석과 확장해석의 구별은 실질적 의미를 갖게 된다. 이런 맥락에서 "의심스러울 때는 자유의 이익으로(in dubio pro libertate)"[58] 또는 "특별규정은 확장해서는 안 된다(singularia non sunt extendenda)"라는 원칙이 적용된다고 말하는 경우가 자주 있다. 이러한 원칙에 따른다면, 형사법률, 소유권제한(저작권제한과 과세부담도 포함), 의무부과, 원칙의 파괴 등을 해석할 때, 형벌권, 소유권 침해, 의무부담, 원칙의 예외 등을 최대한 제한하려고 한다면, 그러한 해석은 좁고 엄격한 (제한)해석이 된다. 따라서 앞에서 보기로 들었던 공직배제에 관련된 조항에서 '전과'를 이러한 의미로 해석하는 것은 '제한적' 해석이 된다. 물론 a)의 구별방식에 따른다면 이는 확장해석이다. 그리고 '규범적 행위자 유형'의 문제를 다루면서 '뚜쟁이'나 '부랑자'로 처벌되는 범위가 지나치게 넓지 않도록 해석하는 것 역시 여기서 의미하는 '제한해석'에 해당하는 전형적인 보기에 속한다[이를 위해서는 '문언'으로부터 조금은 멀어져야 하기 때문에, a)의 의미에서는 확장해석이 된다]. 이에 반해 시민의 자유를 희생시키면서 국가권력이 확대되거나 국가권력이 개인의 권리를 침해하도록 해석하거나 또는 법원칙의 적용이 배제되는 예외의 범위를 확장하는 쪽으로 해석하는 것은 여기서의 구별에 따르면 '확장'해석이 된다. 따라서 대체장물의 획득을 처벌하는 것은 형법 제259조에 대한 '확장해석'을 뜻하는 반면, 예컨대 범죄로 취득한 물건을 가공하여 만든 물건을 획득한 행위를 장물죄의 구성요건에서 배제하는 것

58) P. Schneider, In dubio pro libertate, in: FS f. dt. Juristentag, Bd. II(1960), S. 263; W. Maihofer, Rechtsstaat und menschliche Würde, 1968, S. 126; W. Knies, Schranken der Kunstfreiheit als verfassungsrechtliches Problem, 1972, S. 58f.; Müller/Christensen, Methodik, Rn. 127ff., 394.

은 여기서의 의미에 따르면 '제한해석'이 된다[이는 b)의 구별에서도 그렇다. 하지만 a)의 구별에서는 거꾸로 확장해석이다]. 구형법 제46조 2호에 대한 제국형법의 해석은 시민의 자유라는 관점에서 보면, 명백히 '확장해석'이다. 그러한 해석을 통해 가벌성의 범위가 확대되기 때문이다. 물론 앞의 b)의 구별에 의하면 이 판례는 제한해석에 해당한다[이에 반해 a)의 구별에 의하면 제한해석이다]. 다른 예를 들어 보자. 긴급피난에 관한 형법 제35조에 따르면 생명과 신체에 대한 현재의 위험을 방지하기 위해 저지른 가벌적 행위는 처벌되지 않는 것이 원칙이다. 만일 이 원칙을 확대하여 가벌성을 더욱 제한한다면, 긴급피난원칙의 적용범위가 확대되긴 하지만, 여기서 설명하는 관점에 따르면 제한해석이 된다. 이와는 달리 선원은 어떠한 경우에도 생명에 대한 위험을 견뎌야 한다(선원법 제106조, 제109조)는 규정은 긴급피난원칙의 예외를 뜻한다. 만일 선원법의 이 규정을 이 규정에 직접적으로 언급되어 있지 않은 사람에까지 확대하면, "특별규정은 확장해서는 안 된다"는 원칙에 반하는 확장해석이 된다.[59] 물론 순전히 형식적으로만 본다면, 긴급상황을 감수하라는 의무를 부과함으로써 형법 제35조의 긴급피난규정의 적용범위를 제한하고 있기 때문에, b)의 구별방식에 따른다면 이는 제한해석이다. 이 보기를 통해 알 수 있듯이, '적용범위'라는 개념은 형식적 성격을 갖고 있으며, '원칙'과 '예외'의 관계는 상대성을 갖는다. 즉, 선원법의 예외규정은 예외의 예외, 다시 말해 긴급피난에 따른 행위는 처벌대상이 되지 않는다는 예외의 예외이기 때문에 어떤 의미에서는 다시 가벌성이라는 원칙으로 되돌아간다고 할 수 있다.

이로써 우리는 확장해석과 제한해석에 대한 기존의 구별을

59) 이에 관해서는 R. Frank, Kommentar zum StGB, 18. Aufl. 1931, §54 IV; H. Henkel, Der Notstand nach gegenwärtigem und künftigem Recht, 1932, S. 131f.; BGH NJW 1964, 730 참고.

비판해야 할 지점에 도달했다. a)에서 c)까지의 구별은 현재의 형태로는 모두 문제점을 안고 있다. 먼저 a)의 구별은 어떠한 문언의 의미가 '가장 가까운' 의미인지가 불확실하다는 점 그리고 법률은 자주 독자적인 언어사용을 하고, 법률전문용어를 구사하는 경우가 많다는 점에서 실패하지 않을 수 없다. b)의 구별은 지나치게 대상영역에만 국한된 형식적 구별이다. 왜냐하면 이 구별방식은 언제나 개별 법규정의 적용범위에만 집착하기 때문이다. 다수의 법규정이 상호 보충적인 관계에 있는 한, 한 법규정에 대한 제한 또는 확장은 정반대로 다른 법규정에 대해서는 확장 또는 제한을 뜻할 수 있다. 이와 마찬가지로 c)에서 말하는 원칙과 예외의 관계 역시 이미 언급했듯이 상대적이며, 자유라는 개념 역시 상대적인 경우가 많다. 예를 들어 '국가권력에 반항하는' 시민과 경찰공무원 사이의 갈등에는 그 시민의 자유뿐만 아니라, 경찰공무원의 행위자유도 개입되기 때문이다. "의심스러울 때는 자유의 이익으로" 또는 "의심스러울 때는 세무서의 이익으로(in dubio pro fiscum)" 또는 "특별규정은 확장해서는 안 된다" 등과 같은 원칙들만으로는 확실한 문제해결에 도달할 수 없다. 이 점은 부르크하르트나 나비아스키 같은 자유주의 법이론가들도 인정하고 있다.[60]

d) 그렇다면 제한해석과 확장해석이라는 대립되는 개념을 이해할 때에도 다시 '입법자의 의사'와 '법률의 의사'라는 개념을 끌어들이는 것이 올바른 길일 것 같다. 다수의 학자들 역시 이러한 길을 걷고 있다. 만일 이러한 방식을 선택한다면, 법률문언을 입법자의 의사 또는 법률의 의사를 표현하는 수단으로 보고, 그런 이후에 그 확장 또는 제한을 판단하면 된다. 이는 주관적 이론의

60) Burckhardt, S. 287f.; Nawiawsky, S. 135f.. 또한 OGHSt 1, 271f.도 참고.

입장에서는 아주 간단하다. 이미 사비니(S. 231)가 명쾌하게 말했듯이, 확장해석과 제한해석은 단지 "표현과 생각 사이의 논리적 관계와 관련을 맺을 뿐이다. 즉, 표현에 생각보다 더 많은 내용이 담길 수도 있고, 더 적은 내용이 담길 수도 있다. 만일 생각에 비해 표현에 더 적은 내용이 담겨 있다면, 확장해석을 통해 표현을 교정하면 되고, 그 반대의 경우라면 제한해석을 통해 표현을 교정하면 된다. 어느 경우에나 표현을 (입법자의) 진정한 생각과 일치되도록 만드는 작업일 뿐이다." 이와 비슷한 표현은 다른 주관주의자들인 빈트샤이트(§21), 레겔스베르거(S.152ff.), 에넥체루스(Enneccerus/Nipperdey I 1, §57)에서도 찾아볼 수 있다. 다만 에넥체루스는 그와 같은 '교정적 해석'은 "법률문언이, 고려할 수 있는 모든 사정들을 감안해 볼 때, 비록 불완전할지라도 법률의 의사를 어느 정도 이해할 수 있는 설명으로 여길 수 있을 때에만 허용된다"는 점을 특별히 강조한다. 다시 말해 해석은 어떻게 해서든 '문언의 한계'를 준수해야 하고, 비록 문언의 극단적 한계에까지 '진입'할 수는 있지만, 결코 이를 넘어서는 안 된다. 이러한 한계를 넘어서면 확장해석이 아니라, '유추'일 뿐이다. 이 점은 제한해석 역시 마찬가지이다. 예를 들어 심지어 입법자의 의사와는 반대로 법규정에 '남성'이라고 명시적으로 표현되어 있다면, 어떠한 경우에도 확장해석을 통해 '여성'에까지 적용되도록 하여, '모든 인간'으로 확장해서는 안 된다.[61]

그렇다면 객관적 이론의 입장에서는 확장해석과 제한해석이라는 개념이 어떠한 의미를 갖는가? 객관적 이론은 입법자의 의사와는 관계없이 텍스트 자체가 일정한 내재적 의미를 갖고 있다

61) 이러한 견해에 대한 비판으로는 Heck, Gesetzesauslegung, S. 138ff. 참고. 이와 관련된 '암시이론' 및 해석의 한계로서의 '가능한 문언의 의미'에 대해서는 앞의 본문 서술을 참고.

고 보기 때문에, 얼핏 생각하면 이 이론은 확장해석이나 제한해석과는 아무런 관련이 없다고 생각할 수 있다. 즉, 문언이 명확하다면 이미 그 속에 객관적 정신이 표출되어 있다고 생각하면 되고, 문언이 다의적이라면 법률의 '이성적' 의미에 부합하는 결정을 내리면 그만이기 때문이다. 그럼에도 불구하고 객관주의자들 역시 '확장'해석 또는 '제한'해석이라는 개념을 사용한다. 예를 들어 바하(Wach)는 이렇게 말한다. "문언이 부정확할지라도 이성적 의미가 펼쳐질 수 있도록 하기 위해서는 … 법률상의 표현에 오류가 있다는 점을 확인해야 하는 경우가 자주 있다(따라서 확장해석과 제한해석을 해야 한다)."[62] 다시 말해 객관적 이론의 관점에서는 법률이 입법자보다 더 현명할 수 있을 뿐만 아니라, 해석자가 법률 자체보다도 현명할 수 있는 가능성이 얼마든지 있다.

이제 여기서 해석이론에 관한 서술은 일단 마감하기로 하자. 우리는 확장해석과 제한해석에 관한 상당히 복잡한 고찰을 통해 이미 해석방법론에 속하는 문제영역의 한계에 도달했다. 확장해석과 제한해석은 어떤 의미에서는 해석이라기보다는, 법률에 대한 지속적 형성에 속한다고 볼 수도 있다. 여기서 한 발짝만 더 내딛으면 우리는 '유추(Analogie)'가 그 대표적인 보기에 속하는, 이른바 '법률을 보충하는(praeter legem)' 법발견과 '법률에 반하는(contra legem)' 법발견 — 이는 엄밀한 의미에서는 법률의 '수정'을 뜻한다 — 의 영역으로 들어가게 된다. 이에 반해 진정한 의미의 해석이란 '법률에 부합하는(secundum legem)' 법발견을 위한 안내자인 법률에 충실해야 한다는 원칙을 따른다. 이제 '법률을 보충하는' 법발견과 '법률에 반하는' 법발견에 대해 논의를 하기 전에, 법률에 부합하는 법발견을 다루었던 우리의 지금까지의 논의에 대한 보충으로서 몇 가지 중요한 점들을 더 설명하기로 한다(제6장).

---

62) A. Wach, S. 276.

제 6 장 법률가법(Ⅰ)[1]: 불확정 법개념, 규범적 개념, 재량, 일반조항

지금까지 우리는 법적용 및 법적용을 위한 해석이 비록 독특한 정신과학적 구조를 갖고 있긴 하지만, 기본적으로는 인식행위라는 묵시적 전제에서 출발했다. 그렇지만 많은 측면들에 비추어 우리의 이러한 전제는 혼동과 동요를 겪게 되었다. 즉, '포섭'의 수행과 관련된 불확실성, 해석의 모든 단계에서 우리가 씨름해야 하는 불명확성, 해석방법의 다양성 및 해석의 근본적 의미를 둘러싼 논쟁 그리고 '확장'해석과 '제한'해석이라는 개념이 갖는 여러

1) 이 장과 다음 제7장의 제목에 등장하는 '법률가법(Juristenrecht)'이라는 개념은 법률가들(이론가와 실무가)이 앞으로 서술하게 되는 전제들 아래 '창조적인' 활동을 통해 법의 내용적 형성에 커다란 기여를 한다는 의미로 사용한다. 즉, 단순히 입법자가 가졌던 생각을 재음미하고 이를 끝까지 생각해 보는 데 그치지 않는다는 의미이다. 이에 반해 법률가법이 독자적인 법원(法源)인지 그리고 권력분립 국가의 기본원칙에 부합하는지 여부에 관련된 문제는 여기에서 자세히 다룰 수 없다. 이 문제는 오래 전부터 논의의 대상이었다. 이미 사비니도 민족정신에 뿌리박고 있는 법의 발전과 형성에서 법학이 갖는 의미를 강조했다. 19세기 말에 뷜로(O. Bülow, Gesetz und Richteramt, 1885)는 법관법이 법률과 동등한 가치를 갖는다고 강조했다("법률과 법관이라는 직책이 국민에게 법을 만들어준다", S. 48). 법관이 법의 창조자라는 '법관제왕'을 찬양했던 자유법론은 당연히 법관법을 독자적인 종류의 법원으로 파악했으며, 제국법원까지도 그들의

가지 의미 등은 인식행위로서의 법적용이라는 우리의 묵시적 전제에 의문을 제기하게 만들었다. 그러나 이런 정도의 어려움들은 모든 학문이 견뎌내야 할 어려움에 속한다. 가장 결정적인 문제는 '진리'를 추구하는 노력이 원칙적으로 의미있는 일인지 그리고 그러한 노력이 성공을 거둘 수 있는지이다. 물론 법과 법에 대한 인식에 관련된 영역에서는 이미 진리를 추구한다는 원칙 자체에 의문이 제기되고, 그로 인해 순수한 학문적 법인식의 한계를 마치 '그림자의 윤곽'처럼 드러내 보여주는 여러 현상들이 존재한다.[2)]

예전에는 규범을 정확하게 표현함으로써 법의 절대적 명확성과 안정성을 확보하고, 특히 사법과 행정의 모든 결정과 행위가 절대적 확실성을 갖도록 보장하는 것이 가능해야 한다는 생각을 낙관적으로 숭배하는 시대가 있었다. 계몽기가 바로 그 시대였다. 이러한 기본적 사고를 보켈만(Bockelmann)은 1952년에 다음과 같이 적절하게 설명하고 있다. "법관의 법적용은 … 마치 자동기계처럼 기능해야 한다. 다만 이 기계가 기계적 자동성이 아니라, 논리적 자동성에 따라 기능한다는 점만이 유일한 차이가 있을 뿐이

추종자로 끌어들일 수 있었다(이에 관해서는 E. Fuchs, Was will die Freirechtsschule?, 1929, S. 18ff. 참고). 최근 들어 다시 법률가법, 특히 법관법은 법원으로서의 품격을 주장해도 좋다는 생각이 점차 다시 고개를 들기 시작하고 있다. 이와 관련된 여러 문헌들 가운데 주로 다음의 문헌들을 참고. Esser, Vorverständnis, S. 184ff., 189ff.; Fiktentscher III, S. 701ff.; J. Ipsen, Richterrecht und Verfassung, 1975; F. Müller, "Richterrecht", 1986; ders./Christensen, Methodik, Rn. 105ff.; Bydlinski, S. 501ff.; Larenz, Methodenlehre, S. 366ff.; J. Vogel, Juristische Methodik, 1998, S. 83ff., 160ff.; Zippelius, Methodenlehre, S. 78ff.; Röhl/Röhl, S. 570ff.; Rüthers, Rechtstheorie, Rn. 235ff., 936ff.; Maurer §4 Rn. 35.

2) 이에 관한 기본적인 내용은 Kelsen, Rechtslehre, S. 346ff.; Engisch, Wahrheit, S. 17f.; Hassemer, S. 127ff.; Rödig, S. 151ff. 참고.

다."[3] 계몽기 이전의 시대에는 자의적인 사법 그리고 추밀사법(Kabinettsjustiz, 즉 영주의 지시에 복종했던 사법)으로 말미암아 법관이 불신의 대상이었고, 다른 한편 법률에 대한 합리주의적 숭배는 법관이 법률에 엄격히 구속되는 것을 핵심적인 요청으로 삼게 만들었다. 이로 인해 해석금지와 주석금지, 법관을 통한 양형의 철저한 배제(1791년의 프랑스 형법전 Code penal에 규정된 '고정형량'체계) 등과 같이 법관이 '법률의 노예'가 되어야 한다는 생각은 도저히 실현할 수 없는 내용들을 원칙으로 삼는 오류를 범하게 되었다.[4] 그러나 법률과 법관의 관계에 대한 이러한 생각은 19세기에는 점차 동요를 겪게 된다. 즉, 법률의 적용과 관련하여 등장하는 모든 의문들을 말끔히 불식시킬 수 있을 정도로 법률을 엄밀하게 규정하고, 공식 주석서에 모든 경우의 법률해석을 정확하고 면밀하게 서술하는 것은 결코 성공할 수 없기 때문에, 법관의 엄격한 법률구속이라는 요청 자체가 실현불가능하다는 점을 깨달았다. 이뿐만 아니라 법률구속이라는 요청 자체가 장기적으로 볼 때 결코 이상적이지 않다고도 느끼게 되었다. 그리하여 법원이 영주의 권력에서 벗어나고, 실질성과 정의감각을 갖춘 '독립된' 재판관청으로 자리잡아 가면서, 법원은 법률의 사슬로부터 벗어나 삶의 다양하고 예측불가능한 측면들을 적절히 처리하기 위해 필요한 결정의 자유를 획득해야 한다는 생각이 확산되어 갔다. 여기서 그러한 발전과정의 구체적인 내용들을 자세하게 서술할 수는 없다.[5] 오늘날에는 법원과 행정관청의 법률구속이 20세기 초반에

---

3) Bockelmann, in: FS Smend(1952), S. 26.

4) Bockelmann, in: FS Smend(1952), S. 27; 몽테스키외의 이론에 관해서는 아래의 211면 각주 49 참고. 또한 Engisch, Idee, S. 180f.도 참고. Scheuerle, AcP 167(1967), 307에서는 이에 대해 '인과적 포섭'이라는 표현을 쓴다. 이와 관련해서는 앞의 156면의 서술 및 각주 34 참고.

5) 이에 관해서는 Bockelmann, in: FS Smend(1952), S. 28ff.; O. Bachof, Grundgesetz und Richtermacht, 1959, S. 25ff.; Hanack, S. 55ff. 참고.

이른바 '자유법학파(Freirechtsschule)'가 불가피하고 올바르다고 여겼던 정도로 크게 완화된 것은 아니지만, 우리의 방법론적 고찰이 새로운 방향으로 선회해야 할 정도로는 완화되었다고 말할 수 있다.

물론 사법과 행정의 법률구속원칙 자체는 전혀 침해되지 않은 상태로 남아 있다. 즉, 기본법 제20조 제3항은 집행권과 사법권은 법률과 법에 구속된다고 명문으로 규정하고 있다. 하지만 오늘날 모든 법영역에 걸쳐 법률의 구조 자체가 법관이나 행정공무원이 단순히 해석을 통해 그 내용을 확실하게 포착할 수 있는 고정된 법개념에 포섭함으로써 결정을 찾아내고 이를 정당화하는 것이 아니라, 법관이나 행정공무원이 독자적으로 평가를 하고, 어느 정도는 입법을 하듯이 결단을 내리며 자유롭게 처분하지 않을 수 없도록 되어 있다. 이러한 상황은 앞으로도 계속될 것이다. 다시 말해 법률구속의 정도에 차이가 있을 뿐, 법률구속 자체를 완벽하게 실현하는 것은 불가능하다. 그렇기 때문에 법률구속이 완화되고, 이런 의미에서 '엄격법(ius strictum)'에 대립하는 '형평법(ius aequum)'과 관련을 맺는다면, 과연 법학적 사고는 어떠한 형태를 취하는지에 대해 더 자세히 고찰해 볼 필요가 있다.

우리의 새로운 고찰의 출발점은 법원과 행정관청의 법률구속이 완화되는 경우 입법 자체의 방법은 어떠한 양태를 띠는가이다. 오늘날 우리는 법률 자체에서 법적용자가 법률에 대해 독립성을 갖지 않을 수 없도록 만드는, 여러 가지 형태의 표현방식을 볼 수 있다. 이 여러 형태들을 불확정 법개념, 규범적 개념, 재량조항 및 일반조항으로 구별해 볼 수 있다.[6] 다만 유감스럽게도

---

6) 아래에서 설명하게 될 법개념들은 점차 주목을 받고 고찰대상이 되고 있는 '유형개념(Typusbegriff)'과 여러 가지 측면에서 관계가 있다. 유형개념

은 법 이외의 영역에서도 중요한 역할을 한다(이에 관해서는 Engisch, Idee, Kap. VIII 참고). 법 자체와 관련하여 '유형'개념은 획기적인 방식으로 수용되었다. 이에 관해서는 G. Radbruch, Klassen- und Ordnungsbegriffe im Rechtsdenken, Int. ZS f. Theorie des Rechts 12(1938), 46; H. J. Wolff, Typen im Recht und in der Rechtswissenschaft, Studium generale 5(1952), 195 참고. '유형과 법'이라는 주제에 관한 다른 문헌으로는 Hassemer; Strache; R. Zippelius, Die Verwendung von Typen in Normen und Prognose, in: FS f. K. Engisch(1969), S. 224; ders., Gerechtigkeit, S. 411ff.; D. Leenen, Typus und Rechtsfindung, 1971; L. Kuhlen, Die Denkform des Typus und die juristische Methodenlehre, in: H.-J. Koch(Hg.), Juristische Methodenlehre und analytische Philosophie, 1976, S. 53; Kaufmann, Analogie; Bydlinski, S. 543ff.; Larenz, Methodenlehre, S. 216ff., 226f., 461ff.; Pawlowski, Rd. 146ff.; Rüthers, Rechtstheorie, Rn. 930ff. 참고.

여러 가지 의미를 갖고 있는, 이 '유형'개념에 대해 상세한 방법론적 고찰을 하는 것은 이 책의 범위를 벗어나는 일이다. 다만 다음과 같은 점들만을 지적하기로 하자. 유형이 법이론적으로 사용될 수 있는 측면은 끝이 없을 정도로 많다. 방법론적으로 보면 유형은 목적론적 법적용과 상당히 많이 겹치는 측면이 있다. '유형론적 고찰방식'이라는 표제하에 이루어지는 여러 가지 생각들은 목적론적 법적용의 범위 내에서도 다룰 수 있는 것들이다(이에 관해서는 Leenen, S. 190ff. 참고). 즉, 법개념의 적용영역을 그 '비유형성'에 비추어 제한하는 것은 제한해석의 영역에 속할 것이며, 유형론적 유사성을 이유로 개념의 적용범위를 확장하는 것은 유추(Analogie)에 해당한다(Leenen, S. 110, 162ff., 172ff.). 또한 유형론적 법적용에서는 이익법학에서 말하는 것과 비슷하게 '유(전)형적인' 이익상황 및 이익갈등을 감안하는 경우도 있다(고객이 현재 보유하고 있는 자동차의 가액을 판매액에 산입시켜 새 자동차를 판매한 경우, 나중에 중고차의 가치가 산정한 것보다 더 낮게 판명된 사례와 관련된 Leenen, S. 157ff.의 서술; '동물사육자'의 '유형'에 관한 Larenz, Methodenlehre, S. 218ff. 참고). 물론 나는 법학적 사고와 관련하여 유형론이 갖고 있는 의미에 대해 결코 의문을 제기하지 않으며, 다만 유형론이 고전적인 법학적 사고방법과 여러 가지 측면에서 합치할 수 있다는 점만을 강조하고자 할 뿐이다.

아래에서 다루게 될 법개념들의 집합들에 덧붙여 새로운 개념집합으로서 유형개념을 추가하여, 특수한 성격을 갖는 별도의 개념집합으로 삼을 수도 있을 것이다. 그러나 유형개념은 상당부분 '불확정'개념의 하위영역(왜냐하면 유형개념은 그 경계가 '유동적'이기 때문에) 또는 규범적 개념의 이들 개념들에 대한 통일된 용어가 존재하지 않는다. 그리고 이들 개념과 관련해서는 법원의 판결이나 행정청의 행정행위에 대해 법률구제수단을 통해 상소나 취소청구를 제기하는 문제 —이 문제 자체는 우리가 여기서 관심을 기울일 대상이 아니다— 도 개입되어 있다. 그렇지만 여기에서 우리는 법률구속이 완화되는 여러 형태들을 그것들이 우리의 방법론적 의미와 관련하여 어떠한 의미를 갖고 어떤 식으로 처리하는 것이 적절한지의 관점에서만 서술하도록 한다.

1) '불확정개념'[7]이란 개념의 내용(내포)과 범위(외연)가 상당히 불확실한 개념을 말한다. 법의 영역에서는 절대적으로 확정적인 개념이 극히 드물다. 물론 법에서도 사용되는 숫자개념(특히, 도량형, 시간 및 금전개념과 관련하여 사용되는 숫자)은 절대적으로 확정된 개념에 속한다고 볼 수 있다(예컨대 50km, 24시간의 기간, 100만원). 이에 반해 나머지 대다수 법개념들은 많든 적든 불확정적이다.[8] 이 점은 예컨대 '야간', '밤의 평온', '소음', '위험', '물건'

하위영역임을 알 수 있다. 예를 들어 '회사' 또는 '위험한 상습범'이라는 유형에서는 이 유형의 적용영역의 경계가 불확정적이라는 특징을 갖는다. 또한 '선량한 가부장(bonus pater familias)'이나 '정상적인 상인'이라는 유형은 '규범적' 색채가 강하며, 후자의 '정상적인 상인'이라는 유형은 '일반조항'의 성격도 갖고 있다. 그리고 '거래관행'과 같은 '유형론적' 개념들은 유형 및 '객관적 평가'의 척도라는 의미에서의 규범성 사이의 연관성을 드러내고 있다(Larenz, Methodenlehre, S. 464). 이렇게 볼 때 각각의 개념집합들에 대한 아래의 서술은 유형개념에도 해당될 수 있다. 물론 그것만으로 유형개념의 논리적 의미가 완전히 파악될 수 있다는 뜻은 아니다.

7) 불확정법개념에 관해서는 Maurer, §7 Rn. 26ff.(이 문제에 관한 여러 참고문헌들은 Rn. 64f.) 참고. 형법 제1조의 명확성원칙에 관해서는 Schönke/Schröder-Eser, §1 Rn. 17ff. 참고.

8) 법개념의 '불확정성(불명확성)'은 개념을 표현하는 단어의 다의성에 근거할 수 있다. 예를 들어 '物(Sache)'은 소유, 절도, 횡령, 손괴의 대상이 되는 '유체물'이거나 소송의 대상('소송물') 또는 (착오로 인한 취소의 경우처

등과 같이 법으로 수용된 자연적인 개념들도 마찬가지이다. 그리고 '살인', '위법성', '범죄', '행정행위', '법률행위'와 같이 법에 고유한 개념들은 더욱더 그렇다. 불확정법개념과 관련해서는 필립 헤크처럼[9] 개념의 핵심(Begriffskern)과 개념의 주변영역(Begriffshof)을 구별할 수 있다. 즉, 개념의 의미와 범위가 명확한 경우에는 개념의 핵심에 해당하고, 이에 대해 의문이 생기게 되면 개념의 주변이 시작된다. 예를 들어 달빛도 전혀 없는 밤 12시경에 불이 밝혀지지 않은 벌판에 있다면 분명히 '야간'에 해당한다고 볼 수 있지만, 해가 지고 있는 때라면 '야간'이라고 해도 좋을지 의문이 생기게 된다. 그리고 토지, 가구, 식료품 따위가 '물건'이라는 점에 대해서는 아무도 의문을 제기하지 않을 것이지만, 전기라든가 하늘에 새겨진 광고용 구름글자(Rauchfahne)가 물건인지에 대해서는 의문을 갖게 된다. 또한 산모가 아이를 순산한 행복한 순간, 갓 태어난 아기를 법적 의미에서 '사람'이라고 부르는 데에 아무런 문제가 없지만, (진통이 시작된 이후) 출산과정 중에도 또는 그 과

럼) '법률행위의 대상'일 수도 있다(이에 관하여는 Larenz, Methodenlehre, S. 321 참고). 이와 같이 단어가 다의적인 경우에는 대개 해석을 통해 맥락에 비추어 단어가 각각의 경우에서 무슨 의미로 쓰였는지를 분명하게 밝히면 된다. 이러한 경우보다 실제적으로 더 중요한 상황은 헤크(Heck)가 '개념의 주변영역'이라는 말로 표현하고 있듯이, '불확정성'이 개념의 경계가 불확실한 탓에 발생하는 경우이다. 이런 의미에서 설령 숫자개념과 같이 엄밀한 개념일지라도 숫자가 예컨대 어느 정도 '판단여지'를 남겨 놓고 있는 시험성적("1점에는 해당", "분명한 2점", "상위영역에 속하는 4점")을 의미할 때에는 이러한 개념조차도 불확정적일 수 있다.

9) Heck, Gesetzesauslegung, S. 173; ders., Begriffsbildung und Interessenjurisprudenz, 1932, S. 52, 60. 치펠리우스(Zippelius, Mehtodenlehre, S. 46)는 '개념의 주변영역'이라는 표현 대신 '의미의 폭(Bedeutungsspielraum)'이라는 표현을 선호한다. 코흐[H.-J. Koch, Der unbestimmte Rechtsbegriff im Verwaltungsrecht, in: ders. (Hg.), Juristische Methodenlehre und analytische Philosophie, 1976, S. 186ff.(203ff.)] 역시 헤크의 비유를 거부하고, '불확정' 개념 또는 '모호한' 개념을 더욱 섬세하게 구성하려고 시도한다.

정의 어느 시점부터 (단순히 '태아'가 아니라) '사람'이라고 해야 하는지는 결코 확실하지 않다. 심지어 이 물음은 각 법영역마다 대답이 다르기까지 하다. 즉, 민법에 따르면 '출생이 완료'된 이후에 비로소 '권리능력을 갖는' 사람(민법 제1조)이라고 하는 반면, 형법적 판단에 따르면(제217조 영아살해죄: 그 사이 삭제되었다) 이미 출산 중에도(문제는 과연 어느 순간부터?) 살인 또는 과실치사의 대상이 될 수 있는 '사람'이 존재한다.[10] 이러한 불확정개념은 법명제의 이른바 '구성요건'에서만 등장하는 것이 아니라, '법률효과'에서도 등장한다. 형사소송법 제231조 제1항은 그러한 예에 속한다. 즉, 구두변론에 출석한 피고인에 대해 재판장은 피고인의 도주를 막기 위해 '적절한 조치'를 취할 수 있다고 규정되어 있다.

2) 상당수의 불확정개념들은 이제부터 자세히 서술하게 될 의미에서 '규범적' 개념이기도 하다.[11] 규범적 개념은 '서술적' 개념, 즉 실재 또는 실재와 유사하며,[12] 기본적으로 지각가능하거나 또는 다른 방식으로 경험가능한 대상들을 '서술하는' 개념과 대비되는 개념이다. '사람', '죽음', '동침', '야간', '빨간', '속도', '의도'

---

10) 영아살해에 관한 형법 제217조가 1998년 1월 26일의 제6차 형법개정을 통해 삭제된 이후에도 '사람'에 대한 형법적 보호는 계속해서 출산의 개시(이에 관해서는 BGHSt 31, 348 참고)와 함께, 더 자세히는 진통의 시작과 함께 이루어진다. 이와 관련해서는 Schönke/Schröder-Eser, vor §211 Rn. 13; Lackner/ Kühl, vor §211 Rn. 3 참고.

11) 이에 관해서는 K. Engisch, Die normativen Tatbestandselemente im Strafrecht, in: FS f. E. Mezger(1954), S. 127; M. Herberger, Die deskriptiven und normativen Tatbestandsmerkmale im Strafrecht, in: H/-J. Koch(Hg.), Juristische Methodenlehre und analyische Philosophie, 1976, S. 124; Jescheck/Weigend, S. 269f.; Röhl/Röhl, S. 59f.; Rüthers, Rechtstheorie, Rn. 180ff. 참고. 이에 대한 비판으로는 Lampe, S. 25ff. 참고.

12) 이에 관해서는 R. Carnap, Der logische Aufbau der Welt, 1928, S. 239f.; Engisch, Studien, S. 41f.; Rüthers, Rechtstheorie, Rn. 177ff. 참고.

등이 이와 같은 서술적 개념에 속한다. 이 예들만을 보더라도 서술적 개념들 가운데에도 상당수는 불확정개념이라는 것을 알 수 있다. 따라서 불확정개념이라고 해서 모두 '규범적' 개념인 것은 아니다. 그렇지만 규범적 개념은 대부분 상당히 불확정적이며, 그 때문에 불확정성의 대표적인 보기에 해당한다. 따라서 규범적 법개념을 적용하는 것은 안정성이 없으며, 법률구속의 정도도 낮아진다. 그렇다면 '규범적' 개념은 어떠한 개념을 말하는 것인가? 유감스럽게도 '규범적' 개념이라는 개념 자체가 '명확'하지 않다. 모든 법개념은 하나의 법규범의 구성부분이고 법규범을 통해 그 의미와 내용을 갖게 된다는 점을 감안한다면, 사실상 모든 법개념(그리고 '법률상의 구성요건'에 표현된 모든 구성요건표지)은 '규범적'이라고 칭할 수 있고, 실제로 그렇게 하는 경우도 있다.[13] 만일 그렇게 본다면 앞에서 설명한 '서술적' 개념들도 기본적으로는 '규범적' 개념이다. 왜냐하면 '사람', '죽음', '야간' 같은 개념들도 법개념으로서 이에 대한 생물학적, 신학적 또는 물리학적 개념과는 상당한 차이가 있는 나름의 의미를 갖고 있기 때문이다. 그러나 서술적 개념에 대비되는 규범적 법개념이라고 말할 때에는 이 개념이 법규범의 체계에 속한다든가 구성요건의 표지에 속한다는 것과는 다른 특별한 의미를 갖는다고 보아야 한다. 그저 법규범의 체계에 속한다는 점은 모든 법개념에 해당한다. 그 때문에 모든 법개념의 내용과 범위는 특수한 법적 가치관과 관련을 맺는다는 의미에서 '가치관련성'을 갖지 않을 수 없다. 그렇다면 좁은 의미의 '규범적' 개념이 갖는 특수성을 어디에서 찾아야 하는가? 이에 대해서는 견해가 나뉘어 있고, 더욱이 상당부분 용어사용이 통일되어 있지 않다. 여기서는 좁은 의미의 '규범적'이라는 단어가

13) E. Wolf, Der Sachbegriff im Strafrecht, in: FS f. das Reichsgericht, Bd. 5(1929), S. 44(56). 또한 Heller, S. 93; Esser, Vorverständnis, S. 54, 59 도 참고.

갖는 두 가지 의미를 설명하고, 두 가지 가운데 어느 한쪽에 우선순위를 부여하도록 하자. 먼저 '규범적' 법개념을 서술적 법개념과는 반대로 지각 또는 경험이 아니라, 규범의 세계와 관련시킬 때에만 사고 및 이해가 가능한 대상을 지향하는 개념으로 이해할 수 있다.[14] 규범적 개념을 이렇게 이해하면, '사람', '죽음', '야간' 등의 서술적 개념들은 설령 이 개념들이 가치와 관련되어 있고, 그 내용과 범위가 법규범에 의해 규정된다고 할지라도 단순히 경험적 개념으로 여길 수 있다. 이에 반해 어떤 물건이 '타인의' 것이고, 그리하여 절도나 횡령 또는 손괴의 대상이 될 수 있다는 사실은 곧 그 물건이 행위자 이외의 자에게 '속한다'는 뜻이다. 따라서 논리적으로 볼 때, 이 개념은 하나의 규범복합체인 민법상의 소유권질서를 전제하고 있다. 다시 말해 소유권규범을 동시에 생각하지 않고서는 '타인의' 물건이라는 생각 자체를 할 수 없다. 따라서 '혼인', '인척', '공무원', '미성년', '음란한', '건전한', '저열한', '불명예스러운' 등의 법개념 및 이와 비슷하게 의미내용이 특정한 규범 —물론 이러한 규범은 법이나 도덕 또는 다른 문화적 영역으로부터 연원하는 것일 수 있다— 속에서 확정되는 법개념들은 모두 규범을 포함하고 있는(이는 단순히 가치와 관련되어 있다는 뜻이 아니다) 의미를 갖는다. 물론 규범적 법개념을 이렇게 이해한다고 해서, 규범적 법개념은 언제나 불확정적이어야 한다는 뜻은 아니다. 예를 들어 '혼인'이나 '미성년'이라는 개념은 비교적 확정적이다. 왜냐하면 이 개념들을 적용하기 위한 요건들이 상당히 섬세하게 서술되어 있기 때문이다. 그리고 그러한 요건들을 서술적 표지들을 통해 그 개념을 정의할 수 있는 가능성도 있다. 예를 들어 '미성년'은 아직 만 18세를 완료하지 않은 사람이라고 설명하면 된다. 이와 같이 규범적 법개념을 서술적 표지로 바꾸

---

14) 예컨대 H. Henkel, Recht und Individualität, 1958, S. 27.

어 표현할 수 있기 때문에 앞에서 말한 '규범적'의 의미가 별로 특별하게 여겨지지 않을 수도 있다. 따라서 '규범적'의 의미에 관한 두 번째 이해방식 – 우리는 이 두 번째 이해방식을 선호한다 – 에 따르면, 좁은 의미의 '규범적' 개념이 갖고 있는 특수성은 구체적 사례에서 규범적 개념을 적용하기 위해서는 가치평가를 필요로 한다는 점에서 찾아볼 수 있다고 한다. 누군가가 혼인을 했는지 또는 미성년인지는 서술적 기준에 비추어 '확인'할 수 있다. 이에 반해 어떤 심정이 '불명예스러운지', 어떤 동기가 '저열한지', 어떤 문서가 '음란한지', 어떤 표현이 '신을 모독하는지' – 이 마지막 예와 관련해서는 얼굴에 방독면을 쓰고 군화를 신고서 십자가에 걸려 있는 예수를 묘사한, 게오르게 그로스(George Grosz)의 유명한 작품을 생각해 보면 된다(이 작품에 대한 판결은 RGSt 64, 121) – 여부는 오로지 가치평가에 근거할 때에만 결정할 수 있다. 그렇기 때문에 이러한 규범적 개념을 '가치의 충족을 필요로 하는' 개념이라고 부른다. 이 끔찍하게 복잡한 단어는 그와 같은 개념들이 각 사례에 비추어 가치평가를 통해 그 내용이 채워져야 한다는 뜻이다. 물론 이와 관련하여 가치평가가 법적용자의 주관적이고 개인적인 평가인지 아니면 사실상으로 주어져 있는, '일반인'의 평가 또는 '주도계층'의 평가를 지침으로 삼아야 하는지는 아직 확실하지 않다. 따라서 우리는 일단 '가치평가'가 독자적인 개인적 평가이면서 동시에 다른 사람의 평가도 함께 고려하는 것쯤으로 이해하기로 하자. 어떤 식으로든 가치평가에는 불확정성이 함께 하기 마련이며, 그 때문에 규범적 개념들은 많은 경우 불확정개념의 특수한 집합으로 여겨진다.[15)]

---

15) 라렌츠(Larenz, Methodenlehre, 1. Aufl. 1960, S. 124f.)는 '가치평가'(Wertung)라는 개념 자체가 상당히 불확실하다는 점을 강조한다. 즉, 하나의 행위로서의 가치평가는 평가행위가 지향하고 있는 가치 자체와는 구별해야 한다고 한다. 하지만 이와 같은 용어사용의 명확성과 관련해서는 다음

3) 조금 전에 말했던 주관적-개인적 가치평가의 '독자성'은 얼핏 보기에는 법률구속을 느슨하게 만드는 특수한 개념집합, 즉 여러 측면에서 논의대상이 되는 '재량조항'의 특성처럼 여겨진다.[16] '법관의 재량' 또는 행정공무원의 '행정재량'[17]은 법이론에서

과 같은 사실을 지적할 필요가 있다. 즉, '가치평가'라는 개념이 가치평가 행위와 그 내용 전체를 포괄하는 의미로 사용될 수도 있으며 –'-ung'으로 끝나는 다른 단어들, 예컨대 '감각(Empfindung)', '지각(Wahrnehmung)', '경험(Erfahrung)' 등에서 볼 수 있듯이 – 행위와 내용을 전체가 갖고 있는 각각의 두 측면으로 구별할 수도 있다. 내가 여기서 '가치평가'라는 단어를 사용할 때에는 이러한 두 측면 모두를 함께 포괄하는 의미로 사용한다. 물론 그 자체로서 존재하는, 객관적이고 '이상적'인 구성체로서의 '가치'(예를 들어 가치로서의 정의)는 철학적으로 문제가 많은 개념구성이지만, 여기에서는 이에 대해 자세히 서술할 수 없다[이와 관련해서는 다음과 같은 법철학 문헌을 참고: Zippelius, Wertungsprobleme im System der Grundrechte, 1962, Kap. 2; A. Podlech, Wertungen und Werte im Recht, AöR 95(1970), 185; Henkel, Rechtsphilosophie, S. 321ff.; Coing, S. 112ff.; Arthur Kaufmann, Problemgeschichte der Rechtsphilosophie, in: ders./W. Hassemer/U. Neumann(Hg.), Einführung in Rechts philosophie und Rechtstheorie der Gegenwart, 7. Aufl. 2004, S. 30(109ff.)]. 따라서 예컨대 나중에 324면에서 등장하는 '가치'라는 표현은 여하한 형태의 가치이론과도 관계가 없이, 그저 가치평가의 영역에서 사용되는 개념이라는 단순한 의미로 이해할 수 있으며, 이 개념 자체는 – 칸트식으로 표현하면 – 가능한 (가치)판단의 술어(Prädikat)일 따름이다.

16) 행정재량에 관해서는 Wolff/Bachof/Stober/Kluth, §31 Rn. 35ff.; F.O. Kopp/U. Ramsauer, Kommentar zum Verwaltungsverfahrensgesetz, 11. Aufl. 2010, §40; Maurer, §7 Rn. 7ff.(관련 문헌은 Rn. 64f.); 참고. 민사법관의 재량에 관해서는 D. Behrens, Die Nachprüfbarkeit zivilrechtlicher Ermessensentscheidung, 1979; A. Baumbach/W. Lauterbach/J. Albers/P. Hartmann, Kommentar zur Zivilprozessordnung, 68. Aufl. 2009, Einl. III Rn. 31ff. 참고. 형사법관의 재량(이는 상당히 커다란 논쟁대상이다)에 관해서는 K. Engisch, Karl Peters und der Ermessensbegriff, in: FS f. K. Peters(1974), S. 15; R. Maurach/K.H. Gössel, Strafrecht, Allgemeiner Teil, Bd. 2, 7. Aufl. 1989, §63 Rn. 187ff; Jescheck/Weigend, S. 871f.(재량의 부정).

'재량'은 원칙적으로 "행정이 여러 가지 행위방식 가운데 선택을 할 수 있다"

여러 가지 의미를 갖고 있고 또한 가장 논란이 심한 개념에 속한다.[18] 여기에 덧붙여 재량에 관한 학설이 소송법의 핵심쟁점이 되었다는 사정[19]으로 인해 재량의 문제가 안고 있는 난점은 그

는 뜻이다(Maurer, §7 Rn. 24. 이와 관련해서는 또한 Sachs, in: P. Stelkens/ H.J. Bonk/ M. Sachs, Kommentar zum Verwaltungsverfahrensgesetz, 7. Aufl. 2008, §40 Rn. 13ff.도 참고). 구체적으로는 이른바 '허용규정(Kannschrift)'이 있는 경우, 즉 '할 수 있다', '해도 좋다' 또는 '선택한다'와 같은 명시적 표현이 있는 경우에는 재량이 인정된다. 때때로 규율의 전체적인 맥락에 비추어서도 재량을 인정할 수 있다[이에 관해서는 Wolff/Bachof/Stober/Kluth, §31 Rn. 45(구체적인 보기); Kopp/Ramsauer, §41ff; Maurer, §7 Rn. 9 참고]. 허용규정의 경우보다는 약한 정도이지만, '당위규정(Sollschrift)'의 경우에도 인정되는 재량의 의미에 관해서는 Wolff/ Bachof/Stober/Kluth, §31 Rn. 41; Kopp/Ramsauer, §40 Rn. 44ff. 및 이에 반대하는 입장에 서있는 Baumbach, Einl. III Rn. 32 그리고 섬세하게 구별하여 판단하는 Warda, S. 99f. 참고.

17) '입법적 재량' 또는 '입법자의 형성영역'은 재량에 관한 우리의 논의에서 의미가 없는 것으로 배제하기로 한다(이에 관해서는 K. Stern, Ermessen und unzulässige Ermessensausübung, 1964, S. 11; Zippelius/Würtenberger, §45 Rn. 105ff. 참고). 그리고 예컨대 민법 제315조에서 등장하는 '당사자재량'(이에 관해서는 Palandt-Grüneberg, § 315 Rn. 5 참고) 역시 논의에서 배제한다.

18) 제7판까지만 해도 저자 엥기쉬는 '자유재량'이라는 표현을 자주 쓰면서, '법관이나 행정공무원의 개인적인 숙고'라는 의미로 이 표현을 사용했다. 그러나 이 개념 및 개념에 대한 이해는 오늘날의 재량이론과 더 이상 부합하지 않는다(이에 관해서는 Maurer, §7 Rn. 17 참고). 이런 이유에서 개정판을 내면서 우리 편집자들은 이러한 새로운 이론적 발전을 감안하여 수정을 했다. 하지만 －형벌재량 이외에는－ 재량결정 및 그에 대한 법적 구속과 관련하여 의지중심적이고, 주관적인 입장을 취하고 있는 엥기쉬의 견해를 그대로 유지했다.

이밖에도 엥기쉬는 재량권한에 관련된 논의를 하면서 재량이론에 불확정 법개념을 포함시키는 입장(이는 오늘날 극히 소수의 견해이다. 이와 관련된 학설논쟁에 관해서는 Maurer, §7 Rn. 34 참고) 그리고 재량과 불확정 법개념을 대립시키는 입장(Engisch, Einführung, S. 266 각주 126a) 사이에서 분명한 입장을 취하지 않았다. 따라서 신판에서는 (통설의 입장에 따라) 재량과 불확정법개념을 엄격하게 분리하는 입장에 우선권을 부여하는 방향으로 수정을 가했다.

절박성과 비중이 더욱 커지게 되었다. 즉, 행정관청의 재량결정이 법원의 심사 및 수정의 대상인지 그리고 하급심의 재량결정이 상급심의 심사 및 수정의 대상인지는 매우 중요한 물음이다. 때때로 '재량결정'은 사법적 심사가 이루어지지 않는다는 것이 그 개념정의에 해당한다고 주장하기도 한다.[20] 그러나 우리의 논의에서 가장 중요한 논리적 관점에서 보면 재량이라는 개념은 일단 재량행위에 대한 심사가능성과 관련하여 이 개념이 갖고 있는 의미와는 관계없이 설명이 이루어져야 한다. 그런 이후에야 이른바 '통제밀도(Kontrolldichte)'에 대한 물음이 등장한다. 이 통제밀도에 관한 물음은 재량행위가 법원의 통제 대상인지 여부 및 그 범위에 관한 것이고, 이 물음에 답하기 위해서는 재량의 '본질'이 기준이 될 뿐만 아니라, 다른 특수한 절차상의 고려, 즉 예컨대 상소 또는 취소청구의 대상이 된 결정과 이러한 결정을 내린 기관의 구조 또는 상고심의 과제 등으로부터 도출될 수 있는 특수한 고려[21]도 중요한 역할을 할 수 있다. 흔히 행정관청의 재량결정 그리고 법원의 재량결정이 일정한 법적 한계를 준수하는 한, 결정에 대한 취소청구나 상소가 성공할 가능성이 없으며, 다만 그러한 법적 한계를 무시한 때에만 법원이 개입할 계기가 될 수 있다는 의미에서 재량결정은 자유라는 특성을 갖는다고 강조한다. 즉, '재량의 남용', '권한남용(detournement de pouvoir)'이 있을 때에 비

---

19) 이에 관한 비판적 논의로는 H. H. Rupp, Ermessensspielraum und Rechtsstaatlichkeit, NJW 1969, 1273; Soell, S. 97ff. 참고.

20) 예컨대 H. Mannheim, Beiträge zur Lehre von der Revision wegen materiellrechtlicher Vorstöße im Strafverfahren, 1925, S. 148: 만하임은 "자유재량에 대한 선험적 개념을 구성하여, 이로부터 자유재량이 상고대상이 될 수 있는지와 관련하여 일정한 요청을 제기하려는 것이 아니라, 오히려 그 반대로 상고에 대해 어떠한 제한이 가해지는지를 묻고, 그러한 한계 바깥에 있는 모든 것은 자유재량에 속한다"고 보고자 한다. 이에 대한 비판으로는 예컨대 Engisch, in: FS f. Peters(1974), S. 25f. 참고.

21) 이에 관해 상세히는 Behrens, S. 43ff., 63ff., 106f. 참고.

로소 하자 있는 재량결정[22]이 된다고 한다.

---

22) 구체적으로는 재량의 미사용(즉, 행정관청이 재량에 따라 결정을 해야 할 법적 의무가 있었던 경우), 재량의 초과(행정관청이 인정된 재량의 범위에 속하지 않는 법률효과를 규정한 경우), 재량의 남용(재량을 행사할 때 법률에 규정된 기준 또는 기본법 제3조 제1항의 평등원칙을 준수하지 않은 경우)으로 나누어 볼 수 있다. 이에 관해서는 Wolff/Bachof/Stober/Kluth, §31 Rn. 56ff.; Maurer, §7 Rn. 19ff. 참고.
행정공무원의 재량결정에 하자가 있는지, 특히 목적을 그르치거나 법률상의 한계를 초과했는지에 대한 법원의 심사는 행정법원법 제114조에 다음과 같이 규정되어 있다. "행정관청이 재량에 따라 행위할 권한을 부여받은 때에는 법원은 재량의 법률상의 한계를 초과했거나 권한부여의 목적에 부합하지 않는 방식으로 재량을 행사했다는 이유로 행정행위 또는 행정행위의 거부 및 부작위가 위법한지 여부를 심사한다." 이에 관해서는 K. Redeker/H.-J. v. Oertzen, Kommentar zur Verwaltungsgerichtsordnung, 15. Aufl. 2010, §114 Rn. 117ff. 참고.
법관의 재량행사 및 이에 대한 상급심의 통제와 관련해서도 －소송법의 영역에서는 기본적으로－ 동일한 원칙이 적용된다. 민사법관의 재량결정에 대해서는 행정법원법 제114조를 유추적용할 수 있다(민사법관의 재량결정에 대한 심사). 이에 관해서는 Behrens, S. 31ff., 55ff., 93ff. 참고. 또한 H. Thomas/H. Putzo, Kommentar zur Zivilprozessordnung, 30. Aufl. 2009, §546 Rn. 13; 의무에 따른 재량행사에 대한 심사가능성에 관한 Baumbach, Einl. III Rn. 33도 참고. 다만 행정재량의 경우와는 달리 민사법관의 재량결정과 관련해서는 －의무에 따라 행사된－ 재량에 대해 많은 경우 심사가 불가능하며, 오히려 그 자체로 종국적 결정이 된다. 예컨대 '신속한 제1차 구두변론기일'과 '서면준비절차' 가운데 선택(민사소송법 제272조 2항)을 하는 문제는 '사후 심사가 불가능한', 법관의 재량영역에 속한다(Baumbach, §272 Rn. 6). 이와 비슷하게 형사소송의 영역에서도 재량을 인정하는 허용규정 －물론 법적으로 구속되어 있고, 전 범위에 걸쳐 사후 심사가 가능하다－ 에 따른 재량이 존재한다(이에 관해서는 H. Maul, in: Karlsruher Kommentar zur Strafprozessordnung, hg. v. R. Hannich, 6. Aufl. 2009, §34 Rd. 7 참고). 하지만 그 사이 형사소송법에서도 예컨대 다수의 공판절차가 개시된 이후에 관련된 형사사건을 병합하는 문제와 관련하여 법관이 내린 재량결정에 대해서는 항고가 불가능한 것으로 인정되고 있다(형사소송법 제4조 1항). 이에 관해서는 L. Meyer-Goßner, Kommentar zur Strafprozessordnung, 52. Aufl. 2009, §4 Rn. 10, 16 참고.
이에 반해 '양형'이라는 특수한 영역에서는 상당한 견해의 대립이 있다.

그렇지만 여기에서는 재량과 법원의 심사가능성 사이의 관련성에 대한 구체적 내용은 서술하지 않고 −그렇다고 이 문제가 중요하지 않다는 뜻은 결코 아니다− 오로지 '법률가법'의 관점에서 재량의 도그마틱적 구조를 설명하는 데에만 집중하기로 한다.

과거의 문헌들에서는 양형은 개별 법관의 결정으로서 '자유로운' 재량에 속한다고 주장하는 견해가 다수였다[이에 관해서는 Engisch, in: FS f. Peters(1974), S. 20ff. 및 여기에 소개되어 있는 문헌 참고]. 그러나 피고를 보호하기 위한 상소가능성의 범위를 더욱 확대하기 위한 노력의 일환으로 점차 양형은 예외없이 '법적으로 구속되는' 재량(어쨌든 재량이기는 하다)이라고 보는 견해가 점차 설득력을 얻게 되었다(예컨대 Schönke/Schröder-Stree, §46 Rn. 7; Lackner/Kühl, §46 Rn. 6, 50; 이와 관련된 문헌들은 Maurach/Gössel, §63 Rn. 189 참고). 하지만 최근에는 양형이 갖는 재량의 성격을 완전히 배제하고, 이를 '순수한 법적용'으로 이해하는 것이 다수의 입장이다. 이에 따르면 '정당한 형벌'이란 포섭을 통해 확인할 수 있다고 한다[이에 관해서는 H.-J. Bruns, Zum Revisionsgrund der - ohne sonstige Rechtsfehler - "ungerecht" bemessenen Strafe, in: FS f. K. Engisch(1969), S. 708(715ff); ders., Das Recht der Strafzumessung, 2. Aufl. 1985, S. 24f., 62ff.; H. Zipf, Die Strafmaßrevision, 1969, S. 165ff.(치프는 양형이 '결코 재량결정이 아니라, 순수한 법적용'이라고 한다. S. 166); W. Frisch, Revisionsrechtliche Probleme der Strafzumessung, 1971, S. 146, 227f.; ders., Gegenwärtiger Stand und Zukunftsperspektiven der Strafzumessungsdogmatik, ZStW 99(1987), 751(802f.); Jescheck/Weigend, S. 871ff. 참고]. '재량'을 기본적으로 다수의 '똑같이 정당한' 대안들 사이의 선택가능성과 선택의 자유로 고찰한다면, 양형을 재량이 아니라, 순수한 법적용으로 보는 입장에 서지 않을 수 없다. 양형의 경우 법관은 여러 개의 '똑같이 정당한' 형벌들 가운데 하나를 선택해도 좋은 작업이 아니라, 형의 양정이 설령 경험적인 현실 속에서 가치평가상의 난점과 불확실성을 안고 있을지라도, 단계적 과정을 밟아 '유일하게 정당한' 형벌을 찾아내는 것이어야 하기 때문이다[자세히는 Zipf, S. 164ff.; Frisch, S. 175ff.; ders., Ermessen, unbestimmter Rechtsbegriff und "Beurteilungsspielraum" im Strafrecht, NJW 1973, 1345(1346ff.), 프리쉬는 특히 이와 관련하여 기본법 제20조 제3항의 법치국가원칙 및 제3조 제1항의 평등원칙을 그 근거로 삼는다]. 이러한 논의 전반에 관해서는 Maurach/Gössel, §63 Rn. 187ff.; Lackner, §46 Rn. 50; Jescheck/Weigend, S. 871f.; Lackner/ Kühl, §46 Rn. 50 참고.

이런 관점에서 보면 무엇보다 앞의 1)과 2)에서 다루었던 불확정 법개념과 규범적 개념과 같이 행정공무원과 법관으로 하여금 특별한 태도와 입장을 갖게 만드는 경우와 마찬가지로 재량권한을 부여 받은 경우도 독자적인 카테고리로 인정해야 하는가를 물어볼 수 있다. 아래에서는 재량을 별도의 특별한 카테고리로 인정할 수밖에 없는 특성들을 탐구해 보도록 한다.

재량독트린의 고전적인 주창자들은 원래의 의미의(즉, '자유로운') 재량은 이를 인정하는 경우 재량을 행사하는 자의 개인적인 견해가 척도가 되어야 한다고 해석한다. 예를 들어 라운(Laun)은 "집행권에 속하는 기관들에게 재량이 인정되어 있는 경우" 그러한 기관은 "의무에 준하는, 기관 나름의 견해와 의무에 준하는 나름의 의지에 따라 … 기관의 행위가 갖는 직접적인 목적이 무엇인지를 스스로 규정할 권한이 있다"고 말한다.[23] 이와 마찬가지로 옐리넥크(Jellinek)도 '자유재량'의 본질은 "행정공무원의 개인적인 견해가 결정적이라는 데 있다"고 본다. 그렇기 때문에 설령 같은 형태의 사건일지라도 결정을 담당하는 공무원에 따라 서로 다르게 판단하고 결정을 내리더라도 위법하지 않다. '법률 자체가 의욕한 이 다의성'은 '자유재량'에 내재하는 측면이다.[24] 그러나 이러한 설명들은 '개인적 견해' 이외에 다른 요소들도 재량의 기준이라고 상정하고 있다. 즉, 서로 대립되는 결정가능성들 사이에서 선택을 하는 것 및 다의성이라는 요소가 그것이다. 이런 의미에서 포어스트호프(Forsthoff)에 따르면, 재량이란 "행위와 결단의 여지, 즉 같은 방식으로 가능할 수 있는 다수의 종류의 사안들 가운데 어느 하나를 선택한다는 뜻이며 … 실정법은 가능할 수 있는 이 여

23) R. Laun, Das freie Ermessen und seine Grenzen, 1910, S. 62.
24) W. Jellinek, Verwaltungsrecht, 3. Aufl. 1931, S. 30. 이에 관해서는 Soell, S. 76ff. 참고.

러 개의 종류들 가운데 어느 하나가 우선한다고 보지 않는다"고 말한다.[25] 그렇다면 이 지점에서 재량에 대한 여러 가지 해석, 즉 개인적 견해, 선택가능성, 판단여지 등이 서로 어떠한 관계를 맺는지에 대해 물음을 제기해 볼 수 있다. 이들 모두가 결국은 같은 내용을 갖는 것일까? 결코 '그렇다'라고 대답할 수는 없다. 예를 들어 브룬스(Bruns)는 그의 저서 「양형법」에서 선택가능성('선택권한')에 대해 선택하는 자의 개인적 견해와는 사뭇 다른 내용으로 해석을 하고 있다. 브룬스의 견해에 따르면, "법률에 정해진 형벌범위 내에서 양형을 하는 법관에게 인정되는 선택권한은 두 가지 올바른 해결책 사이에서 선택을 하는 실질적 결정의 자유가 아니라, 단지 단 하나의(!) 정당한 형벌을 … 찾아내야 하는 외적 선택가능성을 뜻할 뿐이다. 외적 선택가능성을 인정하는 문제는 결정의 내용적 정당성과는 하등 관계가 없다"고 한다.[26] 브

25) E. Forsthoff, Lehrbuch des Verwaltungsrechts I, 10. Aufl. 1973, S. 84. 재량을 '선택의 자유'로 파악하는 것은 테츠너(F. Tezner, Das freie Ermessen der Verwaltungsbehörden, 1924, S. 69ff.)에서 시작되었으며, 예컨대 Warda, S. 14("판단여지를 인정하면, 법관은 이 범위 내에서 다수의 행위방식들 가운데 하나를 선택할 수 있다"), Maurer, §7 Rn. 7, Rn. 54("행정이 … 여러 가지 행위방식 가운데 하나를 선택할 수 있다면 재량이 존재한다") 또는 Stelkens/Bonk/Sachs-Sachs, §40 Rn. 13("재량행정의 특징은 … 행정청에게 … 선택할 수 있는 결정의 자유가 인정되어 있다는 점이다")도 같은 입장을 취하고 있다. 재량을 이렇게 파악하는 것을 거부하는 입장으로는 Soell, S. 116ff. 참고. 물론 앞으로 본문에서 밝히겠지만, 여기서 말하는 '선택의 자유'를 주관적인 임의성의 의미 또는 심지어 '자의'로 해석해서는 안 된다. 선택의 자유는 언제나 '실질적' 관점(설령 실질적 관점이 주관적 확신에 따라 도입되었다고 할지라도)에 비추어 확인되어야 한다. 그러므로 어떠한 경우든 재량에 관한 이론에서 '선택의 자유'라는 방법론적 기준을 완전히 배제해서는 안 된다.

26) H.-J. Bruns, Strafzumessungsrecht, 1. Aufl. 1967, S. 68(그러나 브룬스는 이 책의 제2판 1974, S. 92에서 자신이 사용한 용어가 "오해의 여지가 있다"는 이유로 그 이전의 입장을 수정한다. 양형에서 '선택가능성'이라는 개념을 사용하는 것에 대해 비판적인 입장으로는 Frisch, S. 187ff. 참고).

룬스의 이러한 설명에서는 '정당성'이라는, 그 내용이 전혀 고정되어 있지 않은 개념이 쓸데없이 등장하고 있다. 과연 '정당성'이란 무엇인가? 하나의 물음에 대한 다수의 상이한 대답들(이런 의미에서 '다의성'이라고 부를 수 있다)을 배제하는 명확한 정당성을 말하는 것인가? 아니면 그저 '인정가능성(Vertretbarkeit)'27)이라는 정도의 의미를 갖는 정당성 또는 내용적으로는 서로 다르지만 그 가치에 비추어 볼 때에는 모두 똑같이 정당한 다수의 대답들이 가능할 수 있도록 하는 '판단여지'와 비슷한 것을 말하는가? 그리고 '판단여지'라는 말은 도대체 무슨 뜻인가?

재량에 대한 이런 식의 이해를 출발점으로 삼는다면, 결국 재량이 있다는 말은 여러 가지 상이한 결정대안들 가운데 어느 하나를 선택할 가능성을 뜻한다고 볼 수밖에 없다. 이 때 판단여지가 서로 모순되는 두 가지 결정들(허가나 인가의 발급 또는 불가, 귀화의 인정 또는 거부, 국가시험의 합격 또는 불합격) 사이에 있을 수도 있고, 아니면 양립 가능한 다수의 결정들(대학교수를 채용할 때, '후보자 리스트'에 있는 세 사람 가운데 어느 한 명을 선택하거나 여러 가지 학점들 가운데 어느 하나로 성적을 평가하는 경우) 사이에 있을 수도 있다. 이 점은 아래에서 자세히 논의하게 될 좁은 의미의 '판단여지(Beurteilungsspielraum)'에도 해당되는 내용이다. 왜냐하면 판

---

27) 울레(C. H. Ule, Verwaltungsprozeßrecht, 9. Aufl. 1987, §2 I 3)는 명시적으로, '인정가능성'이라는 드물지 않게 사용되는 용어를 구사하여, '한계사례'에서는 여러 개의 '인정가능한' 관점들이 모두 같은 정당성을 갖는다고 보고자 한다. "비록 드물긴 하지만 도저히 명확한 대답이 불가능할 정도로… 의문이 가는 한계사례에 국한하여 법원은 행정관청이 내린 결정을 법적으로 인정가능한 것으로 존중해야 한다"(ders., Unbestimmte Begriffe und Ermessen im Umweltschutzrecht, DVBl. 1973, 7569758). '인정가능성'에 관해서는 Engisch, in: FS Peters(1974), S. 31ff.; Larenz, Methodenlehre, S. 294, 353 참고.

단여지가 존재하는 경우에는 여러 가지 대안들 가운데 어느 하나를 선택할 가능성이 있다는 뜻이기 때문이다.

내 생각으로는 재량의 특수성은 '선택가능성'이라는 기준의 내용을 살펴볼 때 비로소 드러나는 것 같다. '가능성'이라는 개념이 갖고 있는 여러 가지 섬세한 논리학적, 철학적 측면들을 상세히 거론하지 않더라도, 재량에서 의미하는 가능성이란 사실상의 가능성뿐만 아니라, 법적 가능성이기도 하다는 점은 분명하다. 즉, 규범의 한 구성부분에서 사실상으로 가능한 다수의 대안들 가운데 선택할 가능성을 열어 두고 있는 것은 바로 법(대부분의 경우에는 실정법률)이다. 그리고 이러한 법적 가능성은 법률이 이러한 가능성들을 거쳐 의도하는 내용을 통해 그 구체적 의미를 얻게 된다. 실제로 이 법적 선택가능성은 '권한을 부여받은' 행정공무원 또는 법관이 개별사례의 모든 구체적 상황을 고려하여 유일하게 정당한 결정을 찾아내도록 하기 위해 주어진 것일 수도 있다. 그와 같은 경우, 입법자가 부여한 권한은 입법자 스스로 결정을 내릴 수 없기 때문에 행정공무원이나 법관에게 결정을 위임한 것이다. 왜냐하면 구체적으로 확인해야 할 모든 사실과 사정을 감안할 때에야 비로소 결정을 내릴 수 있기 때문이다.

행정이 법률 및 헌법의 기준에 구속되어야 한다는 점을 더욱 진지하게 고려한다면, '자유재량'이라는 과거의 개념을 포기하고, 그 대신 '법적으로 구속된 재량'이라고 표현할 수 있다. 즉, 구속된 재량이란 선택권한을 행사할 때 고려해야 할 모든 법적 지침들[28]을 엄격히 준수하고, 특히 '개별사례의 모든 사정들'을 주의

28) 이런 맥락에서 행정절차법 제40조는 다음과 같이 규정하고 있다. "행정청이 재량에 따라 행위할 권한을 부여받은 경우, 행정청은 수권(受權)의 목적에 맞게 재량을 행사해야 하고 재량의 법률적 한계를 준수해야 한다."

깊게 탐구하고 고려하는 가운데 '유일하게 정당한' 결정이라는 목표와 결과에 도달하기 위해 최선을 다해야 한다는 의미이다. 물론 그렇더라도 완벽하게 '정당한' 결정을 내리지 못할 수도 있다는 불확실성이 늘 남아 있기 마련이며, 그러한 상황을 감수하지 않을 수 없다. 즉, 생각할 수 있는 모든 법적 기준과 사실상의 사정을 모두 감안한 이후에도 결국 결정을 내리는 사람이 '주관적으로 정당하다고 여기는 것'과 객관적으로 완벽하게 정당한 것 사이에는 여전히 '조금의 간격'(이 또한 좁긴 하지만 역시 '판단여지'이다)이 남아 있기 마련이며, 따라서 이러한 간격을 완전히 배제할 수는 없는 일이다. 구속된 재량이라는 개념은 대강 이와 같은 의미를 갖고 있으며, 특히 죌(Soell)은 '침해행정의 재량'이 구속된 재량이라고 밝히고 있다.[29] 죌의 재량이론과 유사하게 바하오프(Bachof)는 시험성적에 관한 결정이나 업무능력평가와 관련하여 '판단여지'라는 개념을 도입했다. 바하오프에 따르면 판단여지를 충족하기 위해서는 반드시 (개인적인) 평가를 필요로 하며, 이러한 평가를 법원이 사후적으로 심사할 수는 없지만, 그럼에도 판단여지의 범위 내에서 이루어진 평가는 객관적 정당성을 목표로 해야 한다고 한다. 다만 판단여지와 재량권한의 부여는 구별되는데, 후자는 전자에 비해 결정의 자유와 관련하여 주관적 평가의 여지가 훨씬 넓다는 차이가 있다고 한다.[30] 실제로 이와 같은 특

이에 관해서는 Kopp/Ramsauer, §40 Rn. 587ff. 참고.

29) Soell, S. 141ff., 200ff., 370ff.(S. 180ff., S. 372에서 "주관적으로 정당하다고 여기는 것이 갖는 여지"라는 표현이 등장한다).

30) 판단여지라는 개념은 그 사이 여러 가지 의미로 사용되어 그 의미가 복잡해지긴 했지만, 일단은 바하오프(Bachof, Beurteilungsspielraum, Ermessen und unbestimmter Rechtsbegriff im Verwaltungsrecht, JZ 1955, 97: ders., Neue Tendenzen in der Rechtsprechung zum Ermessen und zum Beurteilungsspielraum, JZ 1972, 641) 본인이 발전시키고 계속 주장해 왔던, 원래의 형태대로 이해할 필요가 있다. 바하오프는 불확정법개념을 출발점으로 삼아, 과거와 같이 불확정법개념을 모든 범위에 걸쳐 사후적인

심사가 가능한 좁은 의미의 불확정법개념과 사후심사가 불가능하거나 또는 전형적인 하자있는 재량행사의 존재 여부만을 심사할 수 있는 수권재량(즉, 행정청에게 결정의 자유를 인정하고, 이러한 자유에 근거하여 행정청이 독자적인 생각을 가지고 합목적성 등의 관점에 비추어 행위 및 결정하는 경우)으로 분류하는 것은 더 이상 설득력이 없는 진부한 분류라고 본다. 오히려 '판단여지'라고 부르는 제3의 불확정법개념이 존재하고, 이를 적용하기 위해서는 가치평가를 필요로 한다고 한다. 그리고 이러한 가치평가는 그것이 법률에 규정되어 있는 판단여지의 범위 내에 있는 한, 법원의 사후심사 대상이 되지 않는다고 한다. 이로써 판단여지의 본질적 특성은 다음과 같이 요약된다. 즉, 판단여지가 법률에 명문으로 규정되어 있는 한, 설령 그것이 법률규범의 구성요건 측면('도덕적으로 청소년에 유해하기에 적합한', '부당한', '매우 적합한', 능력평가와 관련된 '탁월한 성과' 등)에 관련된 것일지라도, 하나의 (불확정) 법개념이 존재한다는 것을 뜻하며, 이에 대해서도 다른 모든 법개념들과 마찬가지로 우선 법률문언의 해석을 통해 그 내용을 밝힐 필요가 있다. 그렇게 해서 내용이 충족된 개념에 개별 사안을 포섭하는 작업은 가치평가와 함께 이루어지는데, 이러한 가치평가는 순전히 개인적 가치평가로서 다른 가치평가로 대체할 수 없으며, 어떠한 경우에든 '유일하게 정당한' 것으로 입증할 수 없다. 따라서 이와 관련된 가치평가가 해석을 통해 확인된 여지 내에서 이루어지는 한, 법원의 사후심사 대상에서 배제된다. 오로지 '인정불가능한' 결정, 즉 판단여지의 한계를 초월한 결정을 내린 때에만 법원의 통제가 개입할 수 있다.

판단여지가 (좁은 의미의) 불확정법개념과 구별되는 측면은 개별 사례에 따라 서로 다른 결정을 하더라도 모두 똑같이 정당성을 가질 수 있는 가능성이 있다는 점이다. 그렇기 때문에 판단여지 내에서 이루어진 하나의 결정을 다른 (법원 또는 상급법원의) 결정(다른 결정이 '더 좋은' 결정이라고 표방하겠지만, 실제로는 판단여지 내에서 이루어진 결정과 마찬가지로 똑같이 문제가 있는 결정일 수 있다)으로 대체하는 것은 판단여지의 의미에 반한다. 이에 반해 좁은 의미의 불확정법개념은 유일한 해석과 적용을 목표로 해야 하기 때문에, 이에 대한 사후 심사가 가능해야 한다. 판단여지와 재량의 차이점은 다음과 같은 데 있다. 즉, 판단여지의 경우에는 해당되는 특수한 법개념('적합', '형평', '업무상의 필요')이 비록 여러 가지 적용가능성의 '폭'을 허용하고 있긴 하지만, 이러한 법개념 자체로부터 도출되는 한계에 훨씬 더 강하게(최소한 그 정도에 비추어 볼 때) 구속된다. 이에 반해 수권재량은 허용규정이나 '재량에 따라 결정한다'는 문구를 통해 인정되며, 모든 재량행사에 공통으로 해당되는 법치국가적 제한(자의금지,

성들은 우리가 방법론적 관점에서 관심을 갖고 있는 재량의 본질에 해당하는 측면이며, 이를 감안해 볼 때 재량에 대해 불확정법개념이나 규범적 법개념과는 구별되는 별도의 지위를 인정해야 한다.

따라서 구체적인 사례에서 정당한 것(정의로운 것, 합목적적인 것, 적절한 것)에 대한 최종결정이 개별 결정을 담당하는(때에 따라서는 한 위원회 내에서 표결을 통해 '표출'되는) 사람의 개인적 확신에 맡기는 경우에 법과 법률은 재량을 인정하게 된다. 그 이유는 아무리 엄밀하게 규율을 하더라도 불확실성의 '잔재'를 완전히 불식시킬 수 없기 때문일 수도 있고, 또는 책임의식을 갖는 사람이 일정한 범위 내에서 그 자신의 '견해'를 관철하는 것이 최상책이라고 여기기 때문일 수도 있다. 따라서 행위하거나 판단하는 공무원이 '의무에 준하는' 재량행사[31]를 통해 도달했고 또한 아마도

과잉금지, 평등원칙, 정당한 이익형량)을 통해서만 그 한계가 설정된다. 이상의 서술이 불확정법개념, 판단여지 그리고 재량을 구별하는 바하오프의 입장에 대한 엥기쉬의 서술이다. 바하오프의 입장은 재량결정의 주관성이라는 엥기쉬 자신의 기준에도 부합한다(이에 관해서는 앞의 각주 18 참고). 하지만 오늘날의 지배적인 견해(물론 이견이 없는 것은 아니다)에 따르면 법률구성요건의 측면(여기에서는 불확정법개념과 판단여지)과 법률효과의 측면(여기에서는 재량의 인정)은 엄격히 구별된다. 이에 관해서는 Wolff/Bachof/Stober/Kluth, §31 Rn. 16, 35f; Maurer, §7 Rn. 26(구별에 관해서는 §7 Rn. 47ff.) 참고. 오늘날의 견해는 권리보호를 강화하기 위해 통제밀도를 바하오프(그리고 엥기쉬)보다 훨씬 더 넓게 파악하고 있다. 따라서 불확정법개념에 대한 해석은 법원에 의해 그 전체가 사후 심사대상이 되며, 판단여지는 특별한 결정상황이나 사안 자체의 특수성으로 인해 법원의 사후심사가 애당초 불가능한 예외적인 경우가 아닌 한, 사후 심사를 인정한다(이에 관해서는 아래 203면 각주 37 참고). 단지 재량결정에 대해서는 제한적으로만 사후심사가 가능하다고 한다. 즉, 하자있는 재량결정이 존재하는지 여부만을 사후적으로 심사할 수 있을 뿐이라는 것이다.

31) 재량과 관련된 이 개념표지에 대한 비판으로는 Soell, S. 202f. 각주 19 참고.

이에 도달하고자 최선을 다했던 견해가 법적으로 정당한 것의 척도가 된다. 그리하여 개별사례가 갖는 개별적 측면은 그 객관적 측면(즉, 개별사례의 특수한 사정)뿐만 아니라, (판단을 내리는 기관의) 주관적 측면에 비추어서도 중요성을 갖게 된다. 다시 말해 객체(즉, 구체적 사례)의 개별성과 주체(즉, 사례를 판단하는 자)의 개별성이 서로 만나는 것이다. 철학자 테오도르 리트(Theodor Litt)는 다음과 같이 말한 적이 있다. "개별적 '형태'는 개별적인 방식이 아니고서는 달리 체험될 수 없으며," "이해는 개별적인 것을 대상으로 할 뿐만 아니라, 반드시 개별적인 방식으로 이루어질 수밖에 없다."[32] 리트의 이 말은 재량결정에도 해당한다. 왜냐하면 재량결정에서도 이해는 평가의 요소가 되기 때문이다. 즉, 재량결정은 개별적인 것과 관련을 맺을 뿐만 아니라,[33] 그 자체 개별성의 표출이기도 하기 때문이다.

물론 이와 같은 재량이 과연 우리의 법치국가적 법질서에서 실제로 어떤 자리를 차지할 수 있을 것인지 그리고 자리를 잡는다면 어떻게 이를 정당화할 수 있는지라는 물음이 당연히 제기될

---

32) Th. Litt, Kant und Herder als Deuter der geistigen Welt, 2. Aufl. 1949, S. 158, 229. 이에 관해서는 또한 O. F. Büllow, Die Objektivität der Geisteswissenschaften und die Frage nach dem Wesen der Wahrheit, ZPhF 16(1962), 3; Engisch, Wahrheit, S. 18ff.; Hassemer, S. 138ff. 참고.

33) 이 점을 죌(Soell, S. 200ff.)은 '구속된' 재량의 핵심으로 여긴다. 즉, 구속된 재량의 기능은 법률을 개별사례에 맞게 조율한다는 의미에서 개별화라고 한다. 이에 관해서는 또한 M. Bullinger, Ermessen und Beurteilungsspielraum – Versuche einer Therapie, NJW 1974, S. 769(770)도 참고: "재량여지와 판단여지는 어떤 부분에서는 행정에 대해 개별사례를 그 특수한 사정에 따라 … 취급할 수 있는 가능성을 부여하는 기능을 갖는다." 여기에 덧붙여 불링어는 재량이 '활동적인 행정'에게 결정프로그램을 세울 수 있도록 하는 기능도 갖는다고 한다. 이러한 견해는 우리가 위 본문에서 취하고 있는 입장에 근접한다.

것이다. 첫 번째 물음에 관련해서는, 앞에서 설명한 의미의 재량이 존재하고 존재할 수 있으며 또한 존재하지 않을 수 없다는 점 자체가 입법자의 재량이나 관습법 또는 '사물의 본성'(예컨대 '행정의 본질')에 근거한다고 답할 수 있다. 예를 들어 지금까지 대학교수를 초빙할 때에는 (학과의 추천후보 리스트에 근거하여) 담당 장관이 저명한 학자를 초빙할 것인지 아니면 강의를 잘하는 사람을 초빙할 것이지 또는 연구소나 병원의 확장을 위해 조직능력을 갖춘 인물을 초빙할 것인지 등의 관점에 따라 선택을 한다. 이 경우 교육부 장관은 －라운(Laun)의 표현을 빌리자면[34]－ 의무에 준하는 나름의 견해에 따라 무엇이 그의 행위의 '직접적 목적'이 되어야 하는지에 대해 결정을 내린다(이에 반해 교육부 장관은 예컨대 후보자의 종교와 같이 '전혀 실질적이지 못한 관점'을 기준으로 결정을 해서는 안 된다. 물론 상당수의 행정행위와 정부의 활동에서는 소속정당과 같은 정치적 요소가 중요한 역할을 할 수 있지만, 그러한 정치적 요소들은 다른 맥락에서는 '전혀 실질적이지 못한' 관점으로 보아야 할 것이다). 법률과 사법 및 행정 사이의 관계에 비추어 어느 경우에 재량이 열려 있다고 여겨야 할 것인지, 즉 예컨대 법관의 양형이나 손해배상의 액수가 과연 재량의 차원에 속하는지 여부는 전체적으로 볼 때 좁은 의미의 법발견, 특히 법률과 제도에 대한 해석이 담당할 문제이다. 그리고 재량을 인정하고 있는 것으로 의심되는 법명제가 어떠한 의도를 갖고 있는지, 이 법명제가 확고한 척도에 따라 유일하게 정당한 결정이 가능하고 또한 그래야만 한다고 여기는지 또는 의문에 준하고 또한 실질에 구속되긴 하지만, 그럼에도 구체적으로 '정당한 것', '합목적적인 것', '정의로운 것'에 대한 독자적인 개인적 견해가 표출될 수 있고 또한 그래야만 하도록 규정하고 있는 것으로 법명제를 이해할 수 있는지 등에 대해서

34) Laun, S. 62.

는 구체적인 사례에 따라 그때그때마다 결정을 내려야 한다.[35)]

재량이 존재하고, 따라서 법에 따라 법관 또는 행정공무원이 독자적으로 재구성을 해야 한다는 점을 입증하는 것보다 더욱 어려운 문제는 그렇게 하는 것이 불가피할 뿐만 아니라, 또한 좋은 것이기도 하다는 점을 입증하는 일이다. 이 문제에 대해서는 여기서 즉답을 피하고, 먼저 재량의 행사가 실제로 어떻게 이루어지는지를 살펴본 이후에 이 장의 마지막 부분에서 언급하기로 한다. 우선은 재량에 대한 개념적 논의를 계속하는 것이 우리에게 더 중요하다. 우리가 이 장의 1)과 2)에서 각각 다루었던 불확정법개념과 규범적 개념을 재량과 비교해 보면, 재량이 이러한 개념들과는 별개로 하나의 독자적인 카테고리를 형성한다고 말할 수 있다.[36)] 왜냐하면 불확정개념(정확히는 불확정적인 서술적 개념)과

---

35) 후버(E. R. Huber, Wirschaftsverwaltungsrecht, Bd. II, 2. Aufl. 1954, S. 654)는 이 점을 다음과 같이 적절하게 지적하고 있다. "어떠한 경우에 자유를 … 그리고 어떠한 경우에는 구속을 원했는지, 어떠한 경우에 행정관청의 주관적 견해가, 어떠한 경우에는 객관적 척도가 결정적이어야 하는지는 법률규범이 추구하는 여러 가지 목표들과 이익들을 비교형량할 때에만 확인할 수 있다." 이에 관해서는 또한 G. Schmidt-Eichstaedt, Ermessen, Beurteilungsspielraum und eigenverantwortliches Handeln der Verwaltung, AöR 98(1973), 173(186ff.)도 참고.

36) 물론 규범의 구성요건은 불확정법개념을, 법률효과는 재량조항을 담고 있는, 이른바 '중첩규정(Kopplungsvorschriften)'(이에 관해서는 연방재판소 전원합의체 판결, JZ 1972, 655 참고)의 경우처럼 여러 가지가 혼합되는 상황도 발생할 수 있다. 이렇게 두 가지 개념집단이 함께 작용하는 상황은 불확정법개념이 재량의 소거를 유발하거나(이렇게 되면 허용규정은 원칙적으로 명령규정으로 바뀐다) 또는 재량조항이 불확정개념을 포괄(이렇게 되면 불확정법개념도 사실상 재량에 포함되게 된다)하는 결과를 낳을 수 있다. 이에 관해 상세히는 Wolff/Bachof/Stober/Kluth, §31 Rn. 47; Maurer, §7 Rn. 48ff. 참고. 그러나 불확정법개념과 재량조항의 개념적 구별 자체가 중복조항으로 인해 의문의 대상이 되지는 않는다(이에 관해서는 Kopp/Ramsauer, §40 Rn. 21도 참고).

규범적 개념(예컨대 형법 제253조 제1항의 '현저한 해악'과 같은 형법상의 규범적 구성요건표지)은 비록 구체적 사례에서 이를 해석하고 적용하는 문제가 완전히 고정되어 있지는 않기 때문에 '개인적으로 올바르다고 여기는 잔재영역'이 남아 있을 수밖에 없다고 할지라도, 그 자체는 결코 개인적 가치평가에 의존하지 않기 때문이다.[37)]

그러나 오로지 행정의 영역에서만 재량에 따라 결정할 수 있다는 식으로 절대적으로 주장해서는 안 된다. '입법적 재량'을 도외시할지라도 법관의 재량 또한 얼마든지 존재한다는 사실을 충분히 입증할 수 있다. 예를 들어 청소년형법의 영역이나 단순히 합목적성을 이유로 소송상의 처분을 행하는 경우(예컨대 형사사건의 병합)를 생각해 볼 수 있다. 그리고 형사소송법 제4조 제1항의 '허용규정'도 재량을 인정하고 있다. 여기서 '허용'은 단순히 사실상의 가능성이 아니라, 선택권한이다.[38)]

따라서 우리의 법치국가적 법질서 내에서도 법적으로 구속된 재량이라는 한계 내에서 일정한 결정여지를 인정하는 것은 가능할 뿐만 아니라 －내가 보기에는－ 효율적이기도 하다. 그리하여 행정이나 사법의 영역에서 결정을 담당하는 자의 개인적 확신(특히

---

37) 하지만 판례는 포괄적인 기본권보호(기본법 제19조 제4항)를 보장하기 위해 불확정법개념 역시 전 범위에 걸쳐 법원의 사후심사 대상이 된다고 전제한다(이에 관해서는 Maurer, §7 Rn. 35f. 참고). 행정의 판단여지는 단지 '시험에 관한 결정'(BVerfGE 84, 34, 59), '공무원법상의 판단' (BVerwGE 61, 176(185f.); BVerfG DVBl. 1981, 1053), '지시에 구속당하지 않는, 전문가로 구성된 위원회에 의한 가치평가적 방식의 결정' (BVerwGE 77, 75: 청소년에 유해한 출판물에 관한 연방심사청의 심사), '예측결정 및 위험평가'[BVerwGE 79, 208(213ff.)] 및 행정정책적으로 중요한 결정[BVerwGE 39, 291(299)]의 경우에만 인정된다(이 내용은 Maurer, §7 Rn. 37ff.의 서술을 요약한 것이다). 이에 관해서는 Kopp/Ramsauer, §40 Rn. 71ff.도 참고.

38) 법관의 재량에 관한 여러 가지 보기는 앞의 191면 이하 각주 22 참고.

가치평가)이 ‘판단여지’ 내에서 제공되는 다수의 대안들 가운데 어느 것을 최선의 대안이자 ‘정당한’ 대안으로 확정할 것인지에 관해 결정적인 의미를 갖도록 할 수 있다. 물론 어떠한 경우에 그리고 어느 정도의 범위 내에서 그러한 재량을 (입법자가) 의도했는지를 심사하는 것은 법발견이 담당할 과제이다. 그리고 이와 같은 재량 조항에 대해 방법론적으로 ‘불확정개념’과 ‘규범적 개념’과는 별도의 지위를 인정하는 것이 용어상으로도 합목적적이다.

4) 불확정개념은 확정된 개념과, 규범적 개념은 서술적 개념과 대립되며, 재량에 따른 판단여지는 (최소한 부분적으로는) 정당성에 관한 객관적 척도에 완전히 구속되는 것에 대립된다. 이와는 달리 ‘일반조항’이라는 다의적인 개념은 법률구속이 완화되는 위의 개념들과 같은 의미로 사용되는 경우가 자주 있다. 그러나 일반조항 개념에 독자적인 의미를 부여하고자 한다면, 그 반대개념인 ‘사례집단 중심의(kasuistisch)’ 구성요건서술을 자세히 고찰해 보는 것이 바람직하다.[39] ‘사례집단 중심의’ 구성요건서술이란 법률구성요건(즉, 법률상의 법률효과 지시의 근거가 되는 조건의 총체)을 각각 특수한 성격을 갖는 개개의 사례집단으로 나누어 서술하는 방식을 말한다. 예를 들어 형법 제224조의 구성요건은 고의의 상해가 “피해자의 신체의 중요한 부분, 한쪽 또는 양쪽의 시력, 청력, 언어능력 또는 출산능력을 상실하게 만들거나 이에 대한 현

39) 일반조항과 사례집단론(Kasuistik)에 관해서는 J. W. Hedemann, Die Flucht in die Generalklauseln, 1933; Engisch, Idee, S. 79f., 154f.; G. Teubner, Standards und Direktiven in Generalklauseln, 1971; W. Naucke, Über Generalklauseln und Rechtsanwendung im Strafrecht, 1973; H. Garstka, Generalklauseln, in: H.-J. Koch(Hg.), Juristische Methodenlehre und analytische Philosophie, 1976, S. 96(123); Bydlinski, S. 582ff., 627; Larenz, Methodenlehre, S. 288ff.; Pawlowski, Rn. 186ff., 197ff.; Zippelius, Methodenlehre, S. 47 참고.

저하고 지속적인 장애를 유발하거나 또는 중증질환, 마비, 정신병 등에 빠지게 한 때에는 …" 이라고 서술되어 있는데, 이는 사례집단 중심의 구성요건서술이다.

이에 반해 이 제224조에 상응하는, 1930년의 형법개정초안 제260조의 앞부분에는 다음과 같이 구성요건을 서술하고 있다. "피해자가 그 육체나 건강에 중대한 손상을 당한 때에는 …"[40] 이는 전형적인 '일반조항'으로 볼 수 있다. 따라서 일반조항이란 상당히 커다란 보편성을 갖고 하나의 사례영역을 포괄하면서 이를 법적으로 취급하도록 하는 형태의 구성요건서술이라고 이해할 수 있다. 이와 관련하여 니퍼다이(Nipperdey)의 한 논문은 다음과 같은 탁월한 문장으로 시작하고 있다. "불법행위법에서는 적어도 자신의 과책에 대한 책임에 관한 한, 두 가지 체계의 법률규정이 가능하다. 하나는 손해배상이라는 법률효과를 갖게 되는 불법행위의 개별 구성요건들을 하나하나 열거하는 방법(민법 제823조－제825조가 대강 여기에 해당한다)이고, 다른 하나는 불법행위에 관한 통일적인 구성요건을 만드는 방법이다. 후자의 방법에 따른다면, 사례집단 중심으로 구성요건을 서술하는 대신 타인의 이익에 대한 위법하고 유책한 침해를 내용으로 삼는 일반조항을 규정한다."[41] 이러한 두 체계 사이의 차이는 부정경쟁방지법(UWG)에서도 찾아볼 수 있다. 이 법 제3조에서는 부작위의무에 연결되는 구성요건을 다음과 같이 사례집단 중심으로 서술하고 있다. "영업거래에서

40) 나는 여기서 의도적으로 당시의 형법개정초안을 인용한다. 왜냐하면 정작 개정형법 자체에서는 다시 사례집단 중심으로 상해죄 구성요건을 서술했기 때문이다. 이에 관해서는 StGB-Entwirf von 1962, §147; Alternativ-Entwurf, StGB BT(제안자: J. Baumann 등), 1970, §110 참고.

41) H.C. Nipperdey, Die Generalklausel im künftigen Recht der unerlaubten Handlungen, in: ders.(Hg.), Grundfragen der Reform des Schadensersatzrechts, 1940, S. 36.

영업관계, 특히 개별 상품이나 영업적인 서비스 또는 전체 청약 및 가격리스트의 속성, 출처, 제조방식 또는 가격산정에 관한 경쟁을 목적으로 … 잘못된 정보를 기재한 자는 …" 이에 반해 같은 법의 제1조에는 다음과 같은 일반조항이 규정되어 있다. "영업거래에서 경쟁을 목적으로 선량한 풍속에 반하는 행위를 한 자는 …" 사례집단 중심의 '열거방법'과 일반조항 사이의 차이에 관한 유명한 보기는 행정법에서 행정구제절차의 허가에 관련된 것이다. 전자의 경우에는 행정법원에 제소할 수 있는 개별 사례집단을 열거하는 반면, 후자의 경우에는 일반조항을 통해 행정법원에 대한 제소를 허용한다. 행정법원법의 다음과 같은 규정은 후자에 속한다. "행정구제는 비헌법적 형태의 모든 공법적 분쟁으로서 … 명시적으로 다른 법원이 관할을 갖는다고 규정되지 않은 모든 분쟁을 포괄한다"(행정법원법 제40조 1항 1문).

물론 사례집단 중심의 서술방법과 일반조항식 서술방법의 차이는 상대적인 차이일 뿐이다. 앞에서 인용한 형법 제224조에서도 구성요건의 앞부분('신체의 중요한 부분')은 그 뒤의 다른 구성부분들과 비교해 보면 거의 일반조항처럼 읽힌다. 이에 반해 1930년의 형법개정초안 제260조와 비교해 보면 제224조의 전체 구성요건은 상당히 사례집단 중심이다. 더 나아가 형법초안의 제260조의 서술을 1919년 초에 뮌헨 인민정부에서 제정한, "혁명원칙에 반하는 모든 행위는 처벌한다. 형벌의 종류는 법관의 재량에 따른다"라는 규정[42]과 비교해 보면 상대적으로 사례집단 중심으로 여겨진다. 법치국가에서는 가벌성에 관한 일반조항은 비난의 대상이다. '죄형법정주의'에 반하기 때문이다. 하지만 이 원칙을 따른다 할지라도 어느 정도는 사례집단 중심의 서술이 불가피하다.

---

42) Bayerische Sondergesetzgebung, ZStW 40(1919), 511.

그러나 우리의 법질서 전체를 모두 하나하나 살펴서 일반조항에 해당할 수 있는 조문들을 분류하여, 각 경우마다 과연 우리가 말하는 의미의 일반조항인지 여부를 검토하는 일을 할 수는 없는 노릇이다. 어쨌든 앞에서 언급한 부정경쟁방지법 제1조나 민법 제826조("선량한 풍속에 위반되는 방식으로 타인에게 고의로 손해를 입힌 자는 그 타인에게 손해를 배상할 의무가 있다") 또는 형법 제226a조("타인의 동의를 받고 상해한 자는 그 행위가 피해자의 동의에도 불구하고 선량한 풍속에 반한 때에는 위법성이 있다")와 같이 '선량한 풍속'의 위반을 대상으로 하는 조문들은 일반조항의 대표적인 보기라 할 수 있다.[43]

이 밖에도 앞에서 제시했던 예를 보면 하나의 법적 소재와 관련하여 일반조항과 사례집단 중심의 방법이 항상 대립되는 것이 아니라, 서로 보충적인 관계를 맺을 수도 있다는 것을 알 수 있다. 즉, 부정경쟁방지법 제1조의 일반조항은 같은 법 제3조의 사례집단 중심의 서술방법과 병존하고 있으며, 비교적 사례집단 중심의 서술로 볼 수 있는 민법 제823조 – 제825조는 제826조의 일반조항에 의해 보충된다. 양자를 결합시키는 것이 특별히 권장되는 경우는 이른바 예시적인 구성요건 서술방법이다.[44] 앞에서 여러 번 언급했지만 그 전문을 인용하지 않았던, 1930년의 형법초안 제260조가 여기에 해당한다. 즉, 이 조항에서는 "피해자가 그 육체나 건강에 중대한 손상을 당한 때에는"이라는 일반조항

43) 일반조항의 여러 유형과 종류에 관해서는 F. Werner, Zum Verhältnis von gesetzlichen Generalklauseln und Richterrecht, 1966, S. 7ff. 참고. 또한 '기대가능성조항'에 특히 주목할 필요가 있다. 이에 관해서는 Henkel, Recht, S. 33ff. 참고.

44) 이에 관해서는 Wach, Legislative Technik, in: K. v. Birkmeyer u.a.(Hg.), Verglichende Darstellung des deutschen und ausländischen Strafrechts, AT VI, 1908, S. 1(41ff.). 참고.

다음에 예시적인 사례집단을 다음과 같이 열거하고 있다. "특히 피해자의 신체 일부가 절단되거나 영구적이고 현저하게 훼손된 경우 또는 신체, 감각기관, 정신능력, 노동력의 사용에 영구적이거나 장기간에 걸쳐 현저한 침해가 있는 때에는 …"[45)]

이제 이와 같은 '일반조항'이 불확정개념, 규범적 개념 및 재량조항과는 어떠한 관계에 있는가라는 물음을 제기해 보자. 과연 일반조항은 다른 개념들과는 구별되는 어떤 독자적이고 특수한 의미를 갖고 있는가? 무엇보다 일반조항이 절대적으로 특수성을 갖고 있는 것은 아니라는 점을 인정해야 한다. 물론 모든 불확정개념이나 규범적 개념 또는 재량이 곧 일반조항을 뜻하지는 않는다. 왜냐하면 이미 보았듯이 일반조항에는 다른 개념들이 갖고 있지 않은 일반성이 포함되어 있기 때문이다(예를 들어 형법 제242조는 사례집단 중심의 서술방법을 취하고 있지만, 다수의 불확정개념과 규범적 개념을 포함하고 있다). 그렇지만 일반조항이란 그저 불확정개념과 규범적 개념 그리고 재량조항에 속하는 것들 가운데 비교적 일반성을 갖고 있는 부분을 뜻하는 것은 아닐까? 어쨌든 모든 일반조항이 필연적으로 불확정개념, 규범적 개념 또는 재량조항을 지향한다거나, 동시에 이 세 가지 모두가 되는 것은 아니라는 점

---

45) 이에 반해 1962년의 형법초안 제147조(현행 형법 제224조와 유사하다)는 중상해가 성립하는 경우를 다시 망라적으로(erschöpfend) 규율하고자 했고, 그리하여 사례집단을 서술하는 방법은 별다른 비중을 차지하지 않았다(이에 관해서는 1962년의 형법초안의 제안이유서 S. 283 참고). 1970년의 형법초안 제110조도 이와 동일한 의도를 갖고 최대한 면밀하게 규정하고자 노력했다. 현행 형법에서 '예시적 방법'을 구사하고 있는 대표적 보기는 1974년 3월 2일에 발효된 형법 제243조이다. 즉 '특별히 중대한 경우'(일반조항)의 절도는 그 형량을 가중하여(10년 이하) 자유형에 처한다고 하면서, 침입, 월장, 복사한 열쇠를 사용한 절도 및 상습성 등이 있는 때에는 '원칙적으로 특별히 중한 경우'에 해당한다(사례집단 서술)고 덧붙이고 있다.

은 분명하다. 왜냐하면 어느 정도(!) 확정적이고 또한 서술적 개념을 사용하면서 법적용자의 개인적 견해를 필요로 하지 않는 일반조항도 얼마든지 생각해 볼 수 있기 때문이다. 예를 들어 "고의로 사람의 생명에 위험을 야기한 자는 …"이라는 위험범에 관련된 일반조항은 그와 같은 경우에 해당한다.[46] 그러나 현실적으로 고려대상이 되는 일반조항은 거의 대부분 －비록 최소한의 정도일지라도－ 불확정적이거나 규범적이기도 하다. 이에 반해 일반조항이 대개는 재량조항이기도 하다고 말할 수는 없다(오히려 그 반대이다. 일반조항이 객관적으로 타당한 가치평가를 지향하는 경우, 일반조항은 전혀 재량의 위임을 포함하지 않는다. 이 점은 예를 들어 부정경쟁방지법 제1조, 민법 제826조, 형법 제226a조에서도 마찬가지이다). 그렇다면 일반조항은 불확정적인 규범적 개념으로 또는 －제한적인 경우이긴 하지만－ 재량조항으로 볼 수 있기 때문에, 그 독자성을 인정할 필요가 없다고 해야 하지 않을까? 실제로 일반조항은 방법론적 관점에서 볼 때 특수한 구조를 지니고 있지 않다. 그리고 일반조항은 불확정개념이나 규범적 개념 또는 재량조항에서 필요한 사고과정 이외에 별도의 특별한 사고과정을 필요로 하지도 않는다. 물론 일반조항은 예를 들어 불확정개념과 그 상대개념인 확정개념 사이에 존재하는 간격을 더욱 확장한다. 하지만 이는 정도의 차이일 뿐, 종류 자체의 차이는 아니다. 일반조항은 입법기술의 영역에서 그 진정한 의미를 발휘한다. 즉, 일반조항은 높은 일반성을 갖고 있어서 광범위한 집단의 사안들을 빠짐없이 그리고 각 사례마다 적응을 해가면서 법률효과에 귀속시키는 것을 가능하게 만들어준다. 이에 반해 사례집단 중심의 방법은 대상이 되는 법적 소재를 단편적이고 '임시적'으로만 처리할 위험을 안고 있다.

---

46) 프랑스 민법전 제1382조의 앞 부분은 어느 정도 이 모델에 상응한다. 즉, 타인에게 손해를 야기한 행위는 이에 대해 과책이 있는 자로 하여금 손해배상을 할 의무를 부과한다.

일반조항을 사용하면 이러한 위험을 피할 수 있게 된다. 일반조항의 장점과 단점을 여기서 자세히 논의하지는 않겠다. 이는 자주 다루어지는 주제이다.[47] 다만 이와 관련하여 일반조항 자체에 내재하는 장점 및 위험을 일반조항이 불확정적 또는 규범적이거나 재량을 포함하기 때문에 갖게 되는 장점 및 위험과 혼동해서는 안 된다는 점을 지적해 두기로 한다.

이제 우리는 법률의 엄격한 형식성을 '완화하는 개념' 및 '형평법(ius aequum)'의 개념과 조항이 존재함으로 인해 법학적 사고에는 어떠한 결론이 도출되는지에 대해 생각해 볼 필요가 있다. 이 모든 개념과 조항들이 법률의 범위 안에 있는 한, 그러한 범위를 확인하는 일 또한 법률해석이 담당해야 할 과제이다. 예를 들어 양형의 범위를 확인하는 데에는 간단한 법률해석만으로 충분한 경우가 대부분이다. 그리고 법률에 준하여 양형이 이루어지도록 하기 위해 고려해야 할 관점들을 찾아내는 것도 법률해석이 담당한다. 형법 제46조는 다음과 같이 규정되어 있다. "행위자의 책임은 양형의 기초이다. 형벌이 행위자의 장래 사회생활에 미칠 것으로 기대되는 영향도 고려해야 한다. 양형을 할 때 재판부는 행위자에게 유리한 사정과 불리한 사정을 서로 형량하여야 한다. 이와 관련해서는 특히 행위자의 행위동기, 목표 … 를 고려해야 한다." 이 조항에서 볼 수 있듯이 양형에서 고려되어야 할 관점들을 자세히 설명하는 일(예를 들어 '책임'이란 무엇인가?)은 법률해석의 과제이다. 또한 앞에서 이미 보았듯이, 법률해석이란 법률에 등장하는 규범적 개념과 규범적 조항들이 과연 객관적 가치척도인지 아니면 해석자가 독자적으로 가치평가를 하도록 권한을 부여한 것인지를 탐문해야 한다. 이 모든 것들과 관련하여 앞장에

47) 특히 Hedemann; Werner, S. 20ff.; Naucke, Generalklauseln, S. 13ff.; Garstka, in: Koch, S. 115ff. 참고.

서 밝혔던 여러 가지 해석원칙들이 개입하게 된다.

법률규정을 해석한 이후에도 특히 법적용자의 가치평가와 같이 별도의 결정을 필요로 하는 경우에 어떠한 사고과정을 거치는지에 대해서는 더욱 면밀하게 분석해 보아야 한다. 물론 서술적인 불확정법개념의 경우에는 해석 및 해석과 밀접한 관련을 맺는 포섭이라는 토대로부터 벗어나지 않는다. 포어스트호프가 올바르게 지적하고 있듯이 "순전히 경험적인 개념을 다루는 일은… 해석이다."[48] 예컨대 '야간', '어두움'과 같은 경험적 개념이 대개는 불확정적이라는 사실은 해석 및 해석에 기초하는, 개별사례의 포섭을 어렵게 만들고, 법적용자로 하여금 특별한 사고를 거치지 않을 수 없게 만들며, 따라서 법관은 "법률을 그대로 따라서 말하는, 법률의 입"(몽테스키외)[49]이라고 하거나 법률해석은 기계적으로 작동하는 '자동기계'라고 하는 이론은 분명 거짓에 불과하다. 그렇지만 이와 같은 불확정개념의 의미를 밝히는 작업은 분명 앞에서 설명했던 해석과 포섭이 담당한다. 해석과 포섭은 창조적인 정신활동을 뜻하기도 하기 때문이다.[50]

그러나 좁은 의미의 규범적 개념과 관련된 법학적 사고는 전혀 다른 성격을 갖게 된다. 물론 앞에서 지적한 대로 규범적 개념이 이중의 의미를 갖고 있다는 점에 주의를 기울여야 한다. 다

48) Forsthoff, Verwaltungsrecht, 10. Aufl. 1973, S. 86.

49) Ch. De Montesquieu, Vom Geist der Gesetze, Bd. 1, eingl. u. hg. v. E. Forsthoff, 2. Aufl. 1992, S. 225: "법관은… 법률의 문언을 말하는 입이며, 법률의 예리함과 엄격함을 결코 누그러뜨릴 수 없는, 의지없는 존재이다." 이에 관해서는 Arthur Kaufmann, in: ders./Hassemer/Neumann, S. 74 참고.

50) 이런 이유에서 법관의 기능을 전자정보처리기술을 통해 자동화하려는 시도는 곧바로 한계에 부딪히게 된다. 법적용과 관련된 전자정보처리시스템의 가능성과 한계에 대해서는 Zippelius, Methodenlehre, S. 110ff.; Müller/Christensen, Methodik, Rn. 395f. 참고.

시 말해 '규범성'이 그저 어떤 개념이 그 의미내용에 비추어 볼 때 규범을 전제하고 있다(예컨대 미성년, 혼인, 공무원 등)는 사실을 뜻하는지 아니면 '가치충족의 필요성'을 뜻하는지에 따라 커다란 차이가 있다. 첫 번째 경우에는 개념을 밝히는 작업은 결국 해석이 되고, 구체적 사례에 이 개념을 적용하는 것은 포섭이다. 이에 반해 두 번째 경우에는 법적용자의 평가라는 완전히 새로운 측면이 부각된다. 이제 우리는 이 가치충족의 필요성이라는 의미의 규범성에 대해 자세히 고찰하기로 한다.

물론 우리는 이미 재량이 인정되어 있지 않는 한, 가치평가라고 해서 법적용자의 주관적-개인적 평가를 필요로 하지는 않는다는 점을 살펴보았다. 즉, '규범적' 개념과 관련하여 법적용자는 '주도적인' 계층이나 '중요한 척도가 되는' 계층의 가치평가라는, 기존의 가치평가를 찾아 확인해야 한다. 이 점에서 우리는 '객관적' 가치평가라는 표현을 사용하고자 한다.[51] 둘째 손가락이 '신체의 중요한 부분'인지, 권투경기와 경기 중에 당한 부상이 '선량한 풍속'에 부합하는지, 부양권자가 '부양의무를 현저하게 위반'했는지, 어떤 회화(예컨대 그로스의 '방독면을 쓴 예수')가 '신성모독'(구형법 제166조)인지 아니면 최소한 교회에 대한 '모욕'인지, 혼인이 '파탄'되었는지 등 이 모든 물음들은 법률이 법관의 주관적-개인적 가치평가를 거쳐 대답해야 한다고 여기는 물음이 아니다. 오히려 법률은 법관이 지침으로 삼아야 할 윤리적 견해가 사실상으로 존재한다고 전제하고 있다. 즉, "관련되는 집단의 견해를 고려하는

51) 죌(Soell, S. 190ff.)이 밝히고 있듯이 가치평가의 '객관성'과 관련해서는 당연히 법률상의 지침이 1차적인 기준이 되어야 한다. 그러나 우리가 여기에서 말하고 있는, 가치평가의 객관성은 법관의 '보충적인' 가치평가를 위해 법률 바깥으로부터 공급되어야 할 가치평가의 객관성을 말한다. 이에 관해서는 Zippelius, Methodenlehre, S. 12ff. 참고. 이에 대한 이익법학의 입장에 관해서는 Kallfass, S. 40ff. 참고.

가운데 구체적 사례의 상황이 척도가 된다."[52] 물론 여기서 '관련되는 집단'의 판단 역시 국가질서와 법질서의 범위 내에 속하는 것이어야 한다. 만일 법관 자신이 이러한 집단에 속한다면, 법관은 자신의 윤리관에 대해 스스로 물어보면 된다. 하지만 이 경우에도 법관은 자신의 생각이 매우 이례적이어서 다른 사람과 공유할 수 없는 것인지를 검토해 보아야 한다. 더욱이 법적 판단에서 전제되어야 할 관련집단에 법관이 속하지 않는 경우(예컨대 종교와 관련된 문제인데 법관 자신은 종교가 없다거나 스포츠와 관련된 문제를 심리하는데 법관 스스로는 스포츠팬들을 천박한 미치광이로 치부하는 경우)에는 법관 자신의 극히 개인적인 입장이 아니라, 문제된 사안과 관련을 맺는 집단에서 '일반적'으로 생각하고 느끼는 것을 기준으로 삼아야 한다. 그 때문에 제국법원은 게오르게 그로스의 그림 「방독면을 쓴 예수」에 대한 유명한 판결(RGSt 64, 121)에서 이 그림이 "기독교 교회 신자들 가운데 … 그런 문제에 지나치게 민감하게 반응하지도 않고 그렇다고 해서 지나치게 무관심하지도 않은, 일반적인 신도들의 종교적 감정"을 침해하기에 적합한가라는 물음을 제기했다.[53] 그리고 궁극적으로는 윤리적 근본문제가

---

52) Schönke/Schröder, 16. Aufl. 1972, §180(구형법) Rn. 4(이 표현은 단지 이 조문에만 해당되는 것이 아니라, 위에서 언급한 모든 물음에도 해당된다). 이에 관해서는 또한 F. Wieacker, Gesetz und Richterkunst, 1958, S. 12f.; Bachof, Grundgesetz, S. 40; Larenz, Methodenlehre, S. 223ff., 288ff.도 참고. 에써(Esser, Vorverständnis, S. 115, S. 159ff.)에 따르면 법발견을 할 때에는 '합리성에 관한 법적용자와 관련 당사자들 사이의 합의'가 중요하다고 한다. 거래관행이 인정하고 있는 척도에 대해 에써는 '표준(Standards)'이라는 용어를 사용한다.

53) 1969년 6월 25일의 형법개정을 통해 제166조의 내용이 변경되었기 때문에 위 본문에 서술된, 제국법원의 물음은 오늘날에는 그와 같은 그림이 기독교 신앙의 내용을 모욕하여 공공의 평화를 저해하기에 적합한 것인가라는 의미로 바꾸어 이해해야 한다. 이 사안에 대한 오늘날의 평가에 대해서는 Knies, S. 21f.; Th. Würtenberger(sen.), Rechtliche Grenzen politischer Kunst in historischer Betrachtung, in: H.-O. Mühleisen(Hg.),

개입될 때에는 법관은 입법자가 승인하고 또한 전제하고 있는 '객관적 도덕률'을 무시해서는 안 된다. 그렇기 때문에 연방재판소는 약혼자 사이의 성교와 관련된 판결(BGHSt 6, 46)[54]에서 이 문제가 '간음이라는, 가치평가를 필요로 하는 개념'과 관련되어 있고, 따라서 '형법 외부의 규범영역'에 관련된 문제이지, 단순히 '각 국민계층에 따라 다른 생각이나 다른 행동방식을 갖고 있다'(S. 50)는 점을 원용해서 판단할 문제가 아니라고 한다. 왜냐하면 성적 순결이라는 명령은 단순히 풍속이나 관습의 명령이 아니라, '윤리, 즉 도덕률의 명령'이기 때문이라는 것이다(S. 52). "도덕률의 규범은 그 자체로서 타당성을 갖는다. 이 규범의 (강한) 구속력은 이미 주어져 있고 또한 있는 그대로 받아들여야 할 가치질서 및 인간의 공동생활을 지배하는 당위명제의 질서에 기초한다. 그러므로 도덕률 규범은 이 규범에 복종하도록 요구를 받는 사람들이 실제로 이를 준수하고 승인하는지에 관계없이 타당하다. 따라서 이

Grenzen politischer Kunst, 1982, S. 17(30ff.); Schönke/Schröder-Lenckner, §166 Rn. 9f. 참고.

54) 연방재판소의 이 판결은 '간음'이라는 개념에 관한 한, 오늘날에는 더 이상 설득력이 없다. 다만 '도덕률의 규범'에 관한 표현이라는 점에서는 여전히 의미가 있다고 볼 수 있다. 이와 관련해서는 다음과 같은 연방행정재판소 판결(BVerwGE 10, 164, 167f.)을 참고: "도덕과 예의범절에 따른 명령은 특정한 법과 문화 속에서 서로 이해하고 공정하고 정의롭게 사고를 하는 사람들이 각각의 태생과 교육에 의해 형성된 견해의 지배를 받는다는 점은 당연한 사실이다. 따라서 도덕과 예의범절과 관련된 모든 문제에 대해 … 통일된 견해란 존재하지 않는다. 이에 대해 서로 다른 견해들이 존재할 때에는 … 특정한 견해를 갖고 있는 사람쪽에서 자신과 다른 견해를 가진 사람들은 이해능력이나 공정하고 정의로운 사고능력이 없다는 식으로 단정해서는 안 된다. 따라서 법관은 … 자신의 개인적 견해만을 척도로 삼아서는 안 된다. 오히려 법관은 존재하고 있는 여러 견해들 가운데 주도적인 견해를 판단의 기초로 삼을 수 있도록 생각해야 한다." 법이 '선량한 풍속'을 원용할 경우 및 그와 유사한 경우에 법과 도덕이 어떠한 관계에 있는지에 대해서는 H.-M. Pawlowski, Die Sittlichkeit und Moral, ARSP 50(1964), 503; Engisch, Schopenhauer-Jahrbuch 51(1970), S. 107 참고.

규범의 내용은 타당성에 대한 견해가 바뀌었다고 해서 변경되는 것이 아니다”(S. 52). 과연 연방재판소가 이 판결에서 서술하고 있는 내용을 철학적으로 입증할 수 있는지 그리고 “내용이 없는 상대주의는 사회현실에 대한 아무런 가치평가도 없이 그저 존재하는 사실을 척도로 삼는 파괴적 작용을 하기 때문에 당연히 상대주의를 거부해야 한다”는 재판소의 입장이 어떤 확고한 토대를 갖고 있는지에 대해서는 여기에서 대답할 문제가 아니다. 객관적으로 타당한 도덕률이라는 문제는 너무나도 까다로운 도덕철학적 문제여서 우리가 여기에서 간단하게 대답하고 끝낼 수 있는 성격의 것이 아니다. 그저 어떤 문제들과 관련해서는 확립된 도덕적 전통이라는 것이 존재하고, 또한 법은 ‘객관적 도덕률’이라는 의미에서 이러한 전통을 기초로 삼을 수 있다는 점을 지적하는 것만으로 만족하기로 하자.

어쨌든 조금 전에 다루었던 ‘가치의 충족을 필요로 하는’ 객관적-규범적 개념의 내용을 채우는 작업이 확고한 도덕적 전통을 원용할 수 있는지 아니면 ‘각 국민계층에 따라’ 변화하는 유동적인 가치평가에 의존해야 하는지 – 가치평가의 변화에 탄력적으로 대응한다는 것은 그러한 규범적 개념의 중요한 기능이기도 하다 – 는 우리에게 중요하지 않다. 어쨌거나 규범적 개념이 요구하는 ‘평가’는 어느 경우이든 인식의 문제라는 점이 중요하다. 다시 말해 법적용자는 무엇이 사실상으로 효력을 갖고 있는 윤리적 견해인지를 ‘확인’해야 한다. 사안에 대한 법적용자 자신의 견해는 이와 동등한 자격을 갖고 있는, 다른 많은 평가들 가운데 하나일 뿐이다. 그러므로 법관은 자신의 견해를 다른 견해들과 비교해 보아야 하고, 상황에 따라서는 자신의 견해를 그에 따라 수정해야 한다. 따라서 법관 자신의 평가는 인식을 위한 소재들 가운데 한 구성부분일 뿐, 결코 종국적인 인식척도가 아니다. 그렇기 때문에 가치의 충족을 필요로 하는 객관적-규범적 개념들을 '구체화' 하는 개별적인 결정 또는 비슷한 결론을 담고 있는 결정집합은 이러한 개념에 대한 일종의 해석과 비슷한 의미를 가지며, 또한 개별사례에서 해당되는 가치평가를 확인하는 것은 '포섭'과 비슷한 의미를 갖는다. 그러므로 "학생들 사이의 결투는 선량한 풍속에 반하지 않는다"(BGHSt 4, 24) 또는 "약혼자 사이의 성교는 간음이다"[구형법 제180조 이하(매음매개죄)의 의미: BGHSt 6, 46]는 결정명제[55]는 서술적 개념과 관련하여 개념의 내용을 설명하거나 포섭 또는 하속(Subordination)을 하는 것과 비슷한 주석기능을 갖고 있다. 그래서 이들 결정명제는 교과서나 주석서에서도 서술적 개념에 대한 개념정의, 적용범위, 예시 등과 함께 인용되는 내용이다. 그렇긴 하지만 객관적-규범적 개념은 서술적 개념에서는 찾아볼 수 없는 특성과 장점을 지니고 있다. 즉, 이러한 개념이 끌어들이는 가치평가를 통해 이 개념은 개별사례의 특수한 사정 및 가치관의 변화에 탄력적으로 대응할 수 있다.[56] 바로 그렇기 때문에 객관적-규범적 개념은 '형평법'에서 주도적 역할을 담당하며, 최근 들어서는 선호도가 매우 높은 개념이다. 이에 반해 '동침'이라는 서술적 개념은 '불명예스러운 행동'이나 '간음'과 같은 규범적 개념처럼 개별화나 탄력적인 변화를 시도하기 어렵다. 그러므로 개별사례를 객관적-규범적 개념에 관련시켜 포섭해야 하는 법관이나 행정공무원은 독특한 방식의 구체화를 수행한다. 이러한 구체화는 -라렌츠의 말[57]을 빌리면- '종합적인' 성격을 갖고 있고, 그 시

---

55) 바움가르텐(A. Baumgarten, Die Wissenschaft vom Recht und ihre Methode, Bd. I, 1920, S. 207)은 결정명제 대신 '법실무의 판결요지(Leitsätze der Praxis)'라는 표현을 사용하며, 하낙(Hanack, S. 114)은 규범 및 개별사례를 이 규범에 포섭하는 것 사이에 위치하는 '중간명제'라는 표현을 사용한다.

56) 모든 규범적 개념과 관련하여 이 점을 뚜렷하게 강조하고 있는 Soell, S. 173ff. 참고.

대에 부합하는 가치평가를 찾아서 가치의 충족을 필요로 하는 기본사상에 확정성을 부여하게 되며, 그러한 확정성을 개념 그 자체로부터 도출해 내지 않는다. 그리고 이와 같은 구체화는 구체화가 가능하고 또한 의미가 있는 한계[58] 내에서, 판단해야 할 사례의 특수한 속성도 함께 고려한다.

이렇게 볼 때, '객관적-규범적' 개념은 법적용과 관련된 법학적 사고과정에 새로운 방향을 제시하는 특성을 갖고 있다고 할 수 있다. 그러나 이제 우리가 법관이나 행정공무원의 (최소한 부분적으로나마) 주관적-개인적 결정이 척도가 된다고 선언하는 재량조항을 다루게 되면, 우리는 완전히 새로운 영역에 발을 들여 놓는 셈이다. 왜냐하면 객관적-규범적 개념의 적용은 비록 그것이 '종합적' 성격과 '구체화'의 성격을 갖고 있음에도 불구하고 어쨌든 '인식', 즉 타당성을 갖는 것에 대한 확인 및 그 의도와 이념에 비추어 명백하게 정당한 것을 포착하는 것임에 반해, 판단여지를 가진 재량조항에서는 주관적-개인적 결정이 핵심적인 역할을 하기 때문이다. 다시 말해 재량조항은 법적용자로 하여금 –법률에 정해진 기준을 준수하는 가운데– 법적용자가 개인적으로 정당하다고 여기는 가치평가를 곧 구속력있고 '정당한' 가치평가로 볼 수 있도록 권한을 부여한다. 이를 위해 재량규정은 의도적으로 선택가능성을 인정한다. 그리하여 재량조항은 오로지 '객관적' 관점만을 찾으려고 몸부림치는 불확실한 방법보다는 개인적인 입장을 정직하게 추구하는 것이 훨씬 더 나은 결정을 보장할 수 있다고 신뢰하는 가운데 결정에서 법적용자의 개인적 태도가 표출되기를

57) K. Larenz, Über Gegenstand und Methode des völkischen Rechtsdenkens, 1938, S. 19.
58) 개별화의 내용과 한계에 관해서는 죌(Soell)의 저작(이 책의 사항색인 '개별화'를 볼 것) 및 Engisch, Idee, S. 194ff.; Henkel, Recht 참고.

기대한다. 아래에서는 이와 같이 법적용자를 거의 법창조자이자 개별사례의 입법자로 만드는 법적 가치평가행위에 대해 상세히 살펴보고자 한다.

일단 다음과 같은 점을 강조해 둘 필요가 있다. 즉, 재량조항을 적용할 때에도 개인적인 결정의 여지는 뚜렷하게 인식할 수 있는 법률적 한계를 통해 좁혀질 뿐만 아니라, 관습법이나 '법이념 또는 국가이념'에 의해서도 상당한 제한을 받는다는 사실이다.[59] 그리고 '자의'금지 및 '실질에 반하는 결정'의 금지를 항상 준수해야 한다. 아래에서는 재량의 행사와 관련하여 재량의 초과 또는 재량의 남용을 피하고 있다고 전제하면서 서술한다. 즉, '개인적인' 결정이 실질에 부합하고 또한 결정을 내리는 자의 진정한 확신에 근거하고 있다고 가정한다.

재량의 행사에서는 법적 관점과 법 이외의 관점이 아무런 조종력을 발휘하지 못한 채 오로지 '주관적'으로 정당하다고 여기는 결정이 성립할 뿐이라고 생각하는 것은 잘못이다. 오히려 이러한 '의지적 사고활동'[60]이 갖고 있는 일정한 논리적 구조를 밝히는 것은 얼마든지 가능하다. 이는 무엇보다 흔히 행정재량의 특징이라고 말하는 자유로운 목적선택에 해당된다.[61] 자유로운 목적선택 －우리가 다시 한 번 보기로 삼고자 하는 대학교수 초빙과 관련해서는 장관이 추천후보자들의 학문적 명성 또는 강의능력 가운데 어느 하나를 선택하는 것－ 은 목적론(Teleologik)의 법칙에

59) 재량에 대한 구속과 그 제한에 관해서는 Warda, S. 111ff.; Stern, S. 24ff.; Maurer, §7 Rn. 17ff. 참고.

60) Maier, S. 782ff.

61) Laun, S. 62. 행정재량의 범위 내에서 '자유로운 목적선택'의 가능성과 한계의 현상황에 관해서는 Stelkens/Bonk/Sachs-Sachs, §40 Rn. 13, 15; Maurer, §7 Rn. 17f., 54 참고. 또한 앞의 189면 각주 18도 참고.

따라 수행된다. 이때 '가장 근접한' 목적은 더 장기적이고 일반적인 목적에 귀속된다. 이런 목적 또는 저런 목적으로 방향을 설정할 때에는 그 결과와 부수효과까지 함께 고려하게 된다. 또한 다른 중요한 목적들과도 잘 조합될 수 있도록 노력한다. 따라서 결코 같은 형태의 결정을 내리라고 요구되지 않는다. 예를 들어 지난번에 교수초빙을 할 때에는 학문적 명성을 더 중시했지만, 이번에는 강의능력에 더 주안점을 둘 수 있다. 더 나아가 목적론의 논리는 수단의 선택까지 좌우한다. 물론 수단은 목적 자체에 의해 미리 명확하게 규정되지 않는다. 따라서 다수의 학자들은 재량이 목적의 자유로운 선택뿐만 아니라, 상황에 따라서는 수단의 자유로운 선택까지도 포함한다고 강조한다(물론 양자의 차이가 상대적이라는 사실을 부인할 수는 없다). 이러한 맥락에서 예를 들어 위험제거를 위한 경찰행위의 여러 가능성들 가운데 어느 하나를 선택해야 한다거나 청소년 범죄자에 대한 처분과 관련하여 법률상 같은 가치를 갖는 다수의 처분을 허용하여 어느 하나를 선택하거나 또는 몇 가지 처분들을 적절하게 결합시키도록 한다. 이러한 경우에도 실효성, 지속성, 단순성, 경제성, '비례성'[62]등에 관한 고려가 중요한 역할을 한다. 이러한 여러 관점들 역시 목적론적 구조를 갖고 있지만, 그러면서도 결정에서 개인적인 색채가 개입할 여지를 배제하지는 않는다.

목적과 수단의 규정이라는 관점을 통해 정의와 형평이라는

62) 비례성원칙은 국가의 개입 전반에 걸쳐 갈수록 중요한 의미를 획득하고 있다. 이 원칙에 관해서는 H. Schneider, Zur Verhältnismäßigkeitskontrolle insbesondere bei Gesetzen, in: FS f. das BVerfG, Bd. II(1976), S. 390; Henkel, Rechtsphilosophie, S. 430f.; P. Lerche, Grundrechtsschranken, in: Handbuch des Staatsrechts, Bd. V, §122 Rn. 16f.; Röhl/Röhl, S. 655f.; Maurer, §10 Rn. 17, §27 Rn. 57ff.; Pieroth/Schlink, Rn. 289ff., 306ff., 916ff. 참고.

특수한 법윤리적 이념[63]이 서로 맞물리는 경우도 자주 있다. 이 점은 다수의 행정행위에도 해당되는 얘기이다. 예를 들어 한 공무원을 전보발령하는 것이 매우 합목적적이긴 하지만, '형평에 반하거나' '부정당'하다고 여겨질 수 있다. 거꾸로 한 공무원을 어떤 직위에 임명하는 것이 정당하긴 하지만, 합목적성이 없는 경우도 있다. 그렇다면 행정공무원이 합목적성에 대한 고려를 할 때에는 정의와 형평의 문제도 함께 고려해야만 하는가?

우리는 이에 대해 자세히 논의할 만한 충분한 공간을 가지고 있지 않다. 다만 이 장에서 행한 단편적인 고찰의 결과를 감안해 볼 때, 다음과 같이 말할 수 있다. 즉, 비록 그 방식과 정도가 다르긴 하지만, 법적용자는 불확정개념, 규범적 개념, 재량조항, 일반조항에 내재해 있는 형평법(ius aequum)적 요소때문에 단순히 해석과 포섭뿐만 아니라, 가치평가와 의사결정도 행함으로써 개별 사례에 부합하는 정당한 법을 발견해야 한다는 점이다.[64] 이와 관련하여 법적용자에게 때로는 객관적 척도(도덕률, 주도적인 계층의 가치평가)가, 때로는 개인적인 견해를 많이 펼칠 수 있는 일정한 자유영역이 부여된다는 점은 이미 앞에서 살펴보았다. 그러나 후자에 해당하는 경우에도 아무런 구속도 받지 않거나 자의적으로 결정할 수 있는 상태가 지배하는 것이 아니라, 개인적 결정에 대

---

63) 이들 이념에 관해서는 Engisch, Suche, S. 147ff., 180ff; Henkel, Rechtsphilosophie, S. 391ff., 419ff.; O. Höffe, Politische Gerechtigkeit, 1987; Coing, S. 150ff.; Zippelius, Gerechtigkeit, S. 31ff., 39ff., 110ff.; ders. Rechtsphilosophie, §§11ff., 24, 29ff. 참고. 그리고 법의 합목적성에 관해서는 Henkel, Rechtsphilosophie, S. 427ff.; Bydlinski, S. 330ff.; Arthur Kaufmann, Rechtsphilosophie, 2.Aufl. 1997, S. 165ff.; ders., in: ders./Hassemer, S. 112f. 참고.

64) 이 점에 대한 선구적인 작업으로는 G. Rümelin, Werturteile und Willensentscheidungen im Civilrecht, 1891 참고.

한 법률적 및 초법률적 한계 이외에도 목적론적 규칙과 가치론적 규칙을 고려해야 한다. 물론 이러한 규칙이 결정을 실질적으로 엄밀하게 규정해 주지는 못하지만, 결정에 대해 논리적 버팀목을 제공해 준다. 그렇더라도 실질적 가치평가와 의지결정에 개인적 색채가 개입할 여지는 언제나 남아 있다.

여기서 다시 재량행사에 대한 제한과 규율 및 그 구조화에 대해 서술했던 내용들을 되돌아보면, 우리는 마침내 앞에서 제대로 대답하지 않았던 물음, 즉 개인적 색채를 띤 자의적 결정이 어떠한 의미에서 그리고 어떠한 기준에 따라 '정당하다'고 여겨질 수 있으며 또한 어떻게 법치국가원칙에 비추어서도 정당화될 수 있는가라는 물음에 더 가까이 다가설 수 있게 된다. 이 물음은 재량을 제한하는 여러 가지 구속들(여기에는 법적 및 가치론적 지침 이외에도 당파성의 금지, 자의금지, 남용금지, 과잉금지 등이 속한다) 모두를 감안하면서 형성되는 '정당성'에 관한 것일 뿐만 아니라, 재량이 인정되는 경우에는 심지어 서로 반대되는 결정들까지 포함하여 다양한 결정들이 모두 같은 가치를 갖는다고 인정할 수 있다는 사실로 인해 문제의 대상이 되는 특수한 정당성에 관한 것이기도 하다. 이렇게 병렬적인 다수의 결정들(E1, E2, E3 또는 E와 nonE)이 모두 똑같이 법적 정당성의 인정을 요구할 수 있다는 상황은 특이하기도 하지만, 동시에 불쾌한 것이기도 하다. 예컨대 부분적으로만 평화롭지 않게 진행되고 있는 시위에 경찰이 개입할 것인지 개입하지 않을 것인지에 대한 결정(결정재량), 경찰이 개입하기로 결정하고 여러 가지 적절한 조치들 가운데 어느 하나를 선택하는 것(선택재량),[65] 허가의 발급 또는 미발급, 국적부여

---

65) 그러나 선택재량을 고려하는 경우는 매우 드물다. 왜냐하면 다수의 조치가 모두 동시에 가능성, 적절성, 필요성 및 비례성을 갖추는 경우는 극히 예외적이기 때문이다. 이에 관해서는 Th. Würtenberger/D. Heckmann/R.

의 이행 또는 불이행 등은 모두 그와 같은 경우에 해당한다. 이러한 경우에 '정당성'이란 분명 모순율(둘 가운데 어느 하나!)에 구속되는 어떤 것이 아니며, 또한 진리나 명확성도 아니다. 아마도 가치평가가 개입하는 곳에서는 원칙적으로 진리나 명확성에 도달할 수 없을 것이다. 그렇기 때문에 법률가들은 이러한 경우에 여러 가지 맥락에서 사용되는, '인정가능성'이라는 개념을 구사할 수 있다. 즉, 재량이 인정되어 있어 여러 가지 대안들 가운데 하나를 선택할 수 있다면, 재량의 여지가 넓다는 사실에 비추어 볼 때 이 대안들 가운데 어느 것이나 '인정가능'하다는 것이다. 그리하여 예컨대 부분적으로 평화롭지 않게 진행되고 있는 시위에 개입을 하든 그냥 지켜보고만 있든 어느 것이나 인정가능하며, 국적부여를 수행하든 이를 거부하든 모두 인정가능하다. 이렇게 재량이 인정한 범위 내에서 이들 가능성 가운데 어느 하나를 선택한 결정을 내린 사람이라면 누구든지 합법적으로 행위한 것이 되며, 어느 누구도 자신만이 합법적으로 행동했다고 말할 수 없다. 물론 모든 가능성이 인정가능하다고 해서, 왜 이 결정이 다른 결정에 비해 더 좋은 결정이라든가 더 '정당한' 결정인지에 대해 비판적인 논거를 주고받는 것까지 배제된다는 뜻은 아니다. 그렇기 때문에 결정하는 사람 스스로 과연 자신이 '진정으로' 정당한 결정을 내렸는지에 대한 의심에서 빠져나오지 못하면서도, 그가 인정가능한 결정을 정당한 것으로 여겼다는 식으로 말하는 때도 자주 있다. 이런 때에는 양형에서의 준칙인 "의심스러울 때는 경미한 쪽으로!"가 도움이 되곤 한다. 물론 '인정가능한 것'을 그저 재량사용의 '정당성'과 동일한 것으로 볼 것인지 아니면 정당한 것은 언제나 인정가능한 것이지만, 인정가능한 모든 것이 곧 '정당하다'고 여겨져서는 안 되기 때문에(즉, 인정가능한 것들에 대해서는

Riggert, Polizeirecht in Baden-Würtemberg, 2. Aufl. 1994, Rn. 322f. 참고.

그 정당성 여부에 관해 계속 논의할 필요가 있다) '정당성'을 '인정가능성'보다는 더 좁게 파악해야 할 것인지(나는 이 후자 쪽에 가까운 생각을 갖고 있다)[66]는 언어규칙의 합목적성에 관련된 문제이다. 어쨌든 실질적으로 볼 때, 재량이 인정된다는 전제하에서는 '여하한 경우든' 인정가능한 것으로 승인되어야 할 것들은 모두 '재량의 범위에 속하고', 따라서 '정당하다'고 여길 수밖에 없다는 결론에 도달한다.

'개인적으로' 정당하다고 여기는 것을 그 자체 정당한 것과 같다고 볼 수 있다는 점[67]을 더욱 깊은 차원에서 정당화하는 데에는 아마도 다음과 같은 생각에 익숙해지는 것이 가장 빠른 길이라 생각한다. 즉, 우리의 전체 법생활은 우리 인간의 극도로 세분화된 정신생활의 일부로서 개인의 소질과 개인에서 시작된 여러 계기를 통해 형성된다는 사실을 생각해 보아야 한다. 입법뿐

66) 이에 관해서는 Engisch, in: FS Peters(1974), S. 33; Larenz, Methodenlehre, S. 294 참고.

67) 나는 이 책의 초판(1956년)부터 '정당한' 결정에서 개인적인 판단과 사고가 중요한 몫을 차지한다는 사실을 긍정적으로 평가했다. 나와 같은 입장에 있는 문헌으로는 Arthur Kaufmann, Richterpersönlichkeit und richterliche Unabhängigkeit, in: FS f. K. Peters(1974), S. 295ff.(304ff.); K. Peters, Lehrbuch des Strafprozeßrechts, 5. Aufl. 1985, S. 110ff.; Larenz, Methodenlehre, S. 295; Zippelius, Methodenlehre, S. 18f. 등을 참고. 법관과 행정공무원의 법률구속을 주장(이 주장 자체는 당연히 옳다)하는 루프(H. H. Rupp, Die Bindung des Richters an das Gesetz, NJW 1973, 1769)조차도 다음과 같이 설명한다:"법률은 법관이나 행정공무원의 … 주관적 견해를 용납할 뿐만 아니라, 개인의 기회이자 희망을 뜻하는 법치국가적 다양성 속으로 적극 수용하기도 한다. 따라서 법률은 법관을 그저 맹목적인 컴퓨터나 정치적 전도사가 아니라, 하나의 인간으로 이해한다"(1774). 특히 행정공무원에게는 '독자적으로 책임을 부담할 여지'와 '형성의 자유'가 확보되어야 한다고 요구한다. 이에 관해서는 Schmidt-Eichstaedt, AöR 98(1973), 192; Bullinger, NJW 1974, 770ff.; Maurer, §7 Rn. 63, §16 Rn. 14(계획재량 및 계획에 관련된 형성의 자유) 참고.

만 아니라, 행정이나 사법의 차원에서도 '인격적 존재'로서의 인간이 법을 형성하고 법을 유지, 발전시킬 과제를 담당하고 있다. '무엇인가를 주관적으로 정당하다고 여긴다'는 것은 그저 '고통스러운 부담(Goethe)'이 아니다. 즉, 가치평가를 해야 하는 한, 아쉽긴 하지만 결코 없앨 수 없는 어떤 부정적인 것이 아니다. 그것은 오히려 법적 문화에서 당연히 긍정해야 할 중요한 요소이다. 행정이나 사법보다 더 높은 차원에 있는 입법 또한 추상적 원칙에 따라 '유일하게 정당한' 법률을 제정하는 합리적 기관이 아니라, 수많은 개인적 요소들 – 이들 가운데 상당부분은 '세계관'이나 '정치적' 고려의 영향을 받는다 – 이 통합되는 유기적 과정이며, 이 과정 속에서 어떤 정당한 것에 도달하기 위해 투쟁한다. 이보다 하위에 있는 (넓은 의미의) 사법의 영역에서도 공무원, 행정기관, 법관, 법원이 그저 도식적으로 법률을 집행하기만 하는 것은 결코 아니다. 오히려 사법에 종사하는 사람들은 스스로 책임을 부담하면서 자신들이 '갖고 있는 지식과 양심에 비추어 최선을 다하며', 창조적이며 동시에 상상력을 동원하여 개별사례에서 정당한 것, 합목적적인 것, 적절한 것을 찾아 내려고 노력하도록 선발된 인간이다. 그렇기 때문에 이들은 개별사례의 특수한 사정뿐만 아니라, 그 구체적 사례의 '당사자'로 관여하고 있는 사람들의 개인적 이해관계나 희망사항, 개인적인 요구사항과 논거들 그리고 절박한 곤궁상태에까지 직면하지 않을 수 없으며, 때로는 당사자들을 대리하는 전문가들(예컨대 변호사)이 제시하는 도전적인 설명을 논박해야 하거나 같은 동료들의 견해를 참작하기도 해야 한다. 이처럼 '안팎으로 광풍과 다툼이 끊이지 않는' 상황 속에서 과연 결정을 내리는 공무원이나 법관이 자신의 자아를 완전히 배제하고[마치 과거를 탐구하는 역사가는 자신의 자아를 배제해야 한다는 랑케(Ranke)의 말처럼. 하지만 이러한 시도는 애당초 불가능하다], 오로지 규칙과 원칙만을 엄격히 고집해도 되는 것일까? 아니면 그들 또한 인간들 속에서 살아가는 인간으로서 이런저런 요구나 이런저런 이해관계가 갖는 가치성 또는 그들이 처리해야 하는 이런저런 논거의 설득력에 대해 개인적인 입장을 표명(여기서 사실확인과 관련된 자유심증주의는 그 자체 법률로 규정되어 있는 것이기에 별개의 문제로 생각하도록 하자)해야 하는 것일까? 우리는 직무를 수행하는 사람이 오로지 추상적인 원칙과 규칙에만 얽매여 내린 결정보다는 기능담당자나 법기술자, 즉 '테크노크라트'이면서 동시에 자율적인 인격이기도 한 존재로서 내린 결정을 훨씬 더 신뢰하지 않을까? 예를 들어 어떤 신청을 인용할 것인지 여부에 대한 결정이 결정자 개인에 의존한다는 사실에 문제가 있다고 여기는 사람은 다음과 같은 점을 생각해 볼 필요가 있다. 즉, 결정이란 단순히 마지막 결과일 뿐만 아니라, 결정을 담당하는 사람이 갖고 있는 성격에 따라 형성되는 전체 과정이기도 하며, 때로는 엄격하게 일을 처리하는 사람이 더욱 철저하고 정의로운 사람이고, 느슨하게 일을 처리하는 사람은 편하기는 하지만, 어쩌면 책임을 회피하는 사람일 수도 있다는 사실이다. 행정관청이나 법원과 관련된 경험을 갖고 있는 사람이라면 그저 단순한 '법적용자'이기보다는, 개성과 나름의 관점을 갖고 있고 사안에 적극적으로 관심을 보이는 직무담당자를 상대하기가 훨씬 더 낫다는 사실을 인정할 것이다. 물론 '개인적 정당성'이라는 사고가 변질될 가능성이 얼마든지 있지만, 이는 법치국가 속에서 법학을 고도로 발전시키고 또한 공정하고 실질적이며 청렴한 법관과 공무원을 교육함으로써 충분히 예방할 수 있다. 그리고 선고한 결정의 실질적 근거를 제시할 의무, 다른 동료들과의 논의 및 상급기관에서 결정을 사후적으로 심사할 가능성 등과 같이 자의를 예방하기 위한 제도적 장치들도 존재한다는 사실 또한 잊어서는 안 된다.

이미 몇 십 년 전에 흔히 '자유법학(Freirechtslehre)'이라고 불리는, 법학 내부의 운동이 표방했던 것도 바로 이와 같은 생각이었다. 물론 이 자유법학은 매우 다양한 이론적 전제에서 출발하고 있다. 즉, 제정법률의 흠결 또는 다수의 법률이 안고 있는 오류를 지적하면서 법관들에게 마치 입법자와 같이 '창조적'으로 흠결을 보충하고 잘못된 법률은 수정(이에 관해서는 다음 장을 참고)하라고 호소한다. 하지만 자유법학의 근원적인 관심사는 – 그 사이 비판자들의 격렬한 반론 때문에 자유법학 스스로 이러한 관심사를 가졌다는 사실 자체를 부인하고 있지만 – 법관을 제왕으로 등극시키고 법률구속을 완화하며 '자유재량'을 전체 법형성의 포괄적 원칙으로 격상시키려는 것이었다.[68] 자유법학파의 이러한 노력은 이미 오래 전에 – 그것이 너무 지나치게 확장될 위험이 있어서 – 잠잠해졌고, 이제는 그저 역사적 관심의 대상이 될 뿐이다.[69] 그러나 법을 개별사례에 적용하는 법실무가를 그저 법률에만 구속

---

68) 카우프만(Arthur Kaufmann, Freirechtsbewegung – lebendig oder tot?, JuS 1965, 1)은 자유법학을 이렇게 파악하는 것은 오해라고 한다. 그러나 예컨대 푹스의 저작(Ernst Fuchs, S. 12ff., 24ff.)을 찾아 읽어 보면 그렇지 않다는 것을 알 수 있다. 물론 카우프만은 자유법학자들이 원래 그들이 생각하고 있던 것보다 훨씬 더 극단적인 표현을 썼을 뿐이라고 지적한다(JuS 1965, S. 5). 나 또한 이들이 법률의 명백한 문언에 반하여 판결하라고 호소했다고 주장하지 않는다. 그래서 위 본문에서 법률구속의 '완화'라고 표현했다. 하지만 자유법론자들이 법률의 대다수가 다의적이고 흠결을 갖고 있다고 보았고, 따라서 일반적 법감정을 가장 먼저 문의해야 할 법원(法源)으로 여겼기 때문에, 법관의 개인적 평가를 진정한 방법론적 해결책으로 높이 평가했다는 것은 틀림없는 사실이다.

69) 자유법론에 관해서는 예컨대 G. Boehmer, Grundlagen der bürgerlichen Ordnung II 1, 1951, S. 158ff.; Engisch, Idee, S. 183ff.; Wieacker, Privatrechtsgeschichte, S. 579ff.; K. Riebschläger, Die Freirechtsbewegung, 1968; Fikentscher III, S. 365ff.; M. Rehbinder, Die Begründung der Rechtssoziologie durch Eugen Ehrlich, 2. Aufl. 1986, S. 88ff.; Larenz, Methodenlehre, S. 59ff.; K. Kroeschell, Rechtsgeschichte Deutschalnds im 20. Jahrhundert, 1992, S. 22f., 85; H. Schlosser, Grundzüge der Neueren Privatrechtsgeschichte, 9. Aufl. 2001, S. 277ff.; Rüthers, Rechtstheorie, Rn. 610 참고.

시킬 것이 아니라, 법적 분쟁이나 행정의 문제와 관련된 구체적 상황에서 사례의 특성과 개인적 확신에 비추어 정당하고 합목적적으로 문제를 처리할 수 있도록 이들에게 권한과 기회를 부여해야 한다는 생각 자체는 여전히 살아 있다. 그리하여 이 생각이 일부에서는 법관은 '법률과 법'에만 노예처럼 구속되어 있는, 입법자 또는 입법자를 배후에서 조종하는 세력들의 하수인이 아니라, 그 스스로가 정치가이고 사회생활을 형성하는 '사회엔지니어'이거나 최소한 '특수한 종류의 사회부조자'가 되어야 하고, 또한 시대의 흐름에도 열린 자세를 갖고 때로는 흐름을 함께 조종하는 존재이어야 한다는 형태로 등장하기도 한다[비트횔터(Wiethölter), 라제호른 (Raserhorn), 바서만(Wassermann), 오스터마이어(Ostermeyer) 등의 견해]. 이러한 새로운 조류를 어떤 식으로 평가하든(나 자신은 걱정스럽게 생각한다) 관계없이, 이 조류가 '법학적' 사고라는 특수한 기술의 본질을 구성하고 있는 내용들을 훨씬 뛰어넘고 있고, 따라서 이 책에서 다룰 대상이 아니라는 점만은 분명한 것 같다. 법을 다루는 작업을 어떤 식으로 형성해야 하는가에 대한 구체적인 전개양상은 —성급한 오해를 피하기 위해서라도— 새로운 조류의 주연급 인물들의 몫으로 남겨 두어야 할 것이다.[70]

---

70) 이 '정치적 법학(politische Jurisprudenz)'에 대해서는 H.H. Klein, Richterrecht und Gesetzesrecht, DRiZ 1972, 333(336f.); Fikentscher III, S. 607ff.; Bydlinski, S. 158ff.; Pawlowski, Rn. 139ff., 755 참고. 또한 자유법학의 노력과 정치적으로 지향된 법학을 서로 결부시키고 있는 E. A. Kramer, Der Kampf um die Rechtswissenschaft, ZRP 1970, 82도 참고.

제 7 장 법률가법(II): 흠결보충과 잘못된 법률의 수정

앞장에서 우리는 법률가들로 하여금 일정한 범위 내에서 입법자를 대리하고, 입법자 대신 '가치판단과 의사결정'을 내리도록 법률이 권한을 부여한 경우에 법률가들이 과연 어떻게 이러한 권한을 행사하게 되는가를 살펴보았다. 이와는 달리 이제부터는 법의 흠결을 보충하거나 법질서 내에 있는 '오류'를 수정해야 할 때에는 법적용자가 앞 장에서 설명한 것과는 전혀 다른, 새로운 사고과정을 거치게 된다는 점을 보게 될 것이다. 여기서 말하는 '흠결'이나 '오류'는 '하자(Mangel)'라는 한 개념으로 요약할 수 있다.[1] 법의 '흠결'과 '오류'는 하자있는 법의 두 가지 서로 다른 형태를 지칭한다. 우리가 '흠결'이라고 부르는 하자는 '법보충'을 통해 제거하게 된다. 이 경우 법관은 '법률을 넘어서서(praeter legem)' '법

1) 카우프만(Arthur Kaufmann, Naturrecht und Rechtspositivismus zur juristischen Hermeneutik, JZ 1975, 337, 339)은 이 '하자'라는 용어가 적절치 않다고 비판한다. 카우프만도 법률의 '불완전성'이나 '불충분성'을 인정하기는 하지만, 그렇다고 그것을 '하자'라고 볼 수는 없다고 한다. 왜냐하면 법률이란 "생활사실의 다양성과 변화가능성 때문에 … 결코 완결되고 명확하게 표현될 수 없기" 때문이라는 것이다. 하지만 새로운 문제에 직면한 법률가가 법률로부터 아무런 답도 구할 수 없고, 따라서 '보충'과 '발전적 형성'을 해야 한다면, 얼마든지 '하자'라고 불러도 되지 않을까?

률을 보충하는(supplendi causa)' 활동을 하게 된다("집정관은 법률의 하자를 보충한다: supplet praetor in eo, quod legi deest" – 학설휘찬 19.5.11). 이에 반해 우리가 '오류'라고 부르는 하자는 법률수정을 통해 제거하는데, 이 경우 법관은 '법률에 반하여(contra legem)' '법률을 수정하는(corrigendi causa)' 활동을 한다. 그러나 흠결보충과 법수정의 경계가 항상 뚜렷하고 확실한 것은 아니다. 그렇지만 원칙적으로 양자의 경계가 존재하고, 또한 각 경우마다 법적용자가 취하게 되는 태도가 서로 다르기 때문에 이 경계는 의미가 있다. 양자 사이의 경계선이 대강 어떤 식으로 그어지는지는 개별 개념을 고찰할 때에야 비로소 분명해진다.

I

먼저 '법의 흠결'이라는 개념[2)]에서 시작해 보자. 흠결은 모든 법에서 등장할 수 있다.[3)] 물론 법의 흠결은 법관뿐만 아니라, 행정공무원에게도 당황스러운 일이다.[4)] 하지만 서술의 편의를 위해

---

2) 흠결문제에 대한 문헌으로는 E. Zitelmann, Lücken im Recht, 1903; K. Engisch, Der Begriff der Rechtslücke, FS f. W. Sauer(1949), S. 85; Fikentscher III, S. 718ff.; Canaris, Lücken; Bydlinski, S. 472ff.; Larenz, Methodenlehre, S. 370ff.; Pawlowski, Rn. 453ff.; Coing, S. 282ff.; K. Larenz/C.-W. Canaris, Methodenlehre der Rechtswissenschaft(Studienaus- gabe), 3. Aufl. 1995, S. 246ff.; Zippelius, Methodenlehre, S. 64ff.; Röhl/Röhl, S. 633ff.; Rüthers, Rechtstheorie, Rn. 822ff. 참고. 흠결문제에 대해 비판적인 입장으로는 E. E. Ott, Juristische Methode in der Sackgasse?, 2006, 78ff. 참고.

3) 헌법에서의 흠결에 관해서는 Germann, S. 130ff.; Zippelius/Würtenberger, §7 Rn. 53f.; Müller/Christensen, Methodik, Rn. 451ff. 참고. 국제법에서의 흠결에 관해서는 G. Dahm/J. Delbrück/L. Wolfrum, Völkerrecht, Bd. I 1, 2. Aufl. 1989, S. 68, 79ff. 참고. 국제사법 역시 여러 가지 흠결을 갖고 있다. 이에 관해서는 J. Kropholler, §12 I 1 b, §52 IV 2 d 참고.

법관과 관련하여서만 흠결의 문제를 다루기로 한다. 법관에 관련된 내용은 행정법률가들에게도 그대로 해당될 수 있기 때문이다. 법의 흠결과 관련된 첫 번째 물음 —동시에 가장 어려운 물음— 은 '흠결'이라는 말을 어떻게 이해해야 하는가이다. 치열이나 치아에 틈이 생겼다고 말할 때의 구체적 의미로부터 벗어나 법에도 적용할 수 있는 어떤 개념적인 것으로 '흠결'을 이해한다면, 흠결이란 하나의 전체 내에 존재하는, 만족스럽지 못한 불완전성이다. 그렇다면 법과 관련하여 흠결이라는 개념은 전체 법 내부에 만족스럽지 못한 불완전성이 존재한다는 의미이다. 이에 대한 가장 대표적인 보기는 헌법상의 남녀평등원칙에 비추어 여러 흠결을 갖고 있었던 가족법이다(이 흠결은 1958년 7월 1일부터 가족법개정으로 제거되었다). 즉, 기본법은 제3조 제2항에서 남녀평등을 선언하고 있고,[5] 제117조에서는 이 남녀평등원칙에 반하는 모든 법은 무효라고 규정하고 있다. 그러나 오랫동안 헌법에 상응하는 새로운 법규를 마련하지 않았었다. 그로 인해 혼인법과 가족법이 상당히 많은 '흠결'을 갖고 있었다.[6] 그렇다면 곧장 다음과 같은 의문을 제기할 수 있다.[7]

---

4) 행정법상의 흠결에 관해서는 예컨대 Anschütz, Lücken in den Verfassungs- und Verwaltungsgesetzen, VerwArch 14(1904), S. 315; Germann, S. 126ff.; Wolff/Bachof/Stober/Kluth, §25 Rn. 16, §28 Rn. 54ff. 참고.

5) 1994년 10월 27일의 헌법개정을 통해 추가된, 기본법 제3조 제2항 2문은 '남녀평등의 사실상의 관철' 및 '기존의 불이익의 제거'까지 규정하고 있다. 이에 관해서는 Jarass/Pieroth, Art. 3 Rn. 90ff. 참고.

6) 이로 인해 발생한 방법론적 문제에 관해서는 Esser, Grundsatz, S. 72ff. 참고. 1957년의 남녀평등법 제정 이후의 새로운 상황에 관해서는 W. Müller-Freienfels, Kernfragen des Gleichberechtigungsgesetzes, JZ 1957, S. 685 참고.

7) 아래의 내용에 관한 더욱 상세한 설명은 Engisch, in: FS Sauer(1949), S. 85 참고.

1) 흠결을 갖고 있는 전체 법이란 무슨 의미인가? 무엇보다 법의 흠결이라는 개념은 법의 개념을 어떻게 확정하느냐에 따라 유동적이다. 예를 들어 법을 오로지 제정법으로만 생각하면, '법의 흠결(Rechtslücke)'은 '법률의 흠결(Gesetzeslücke)'과 같은 뜻이 된다. 이 점에서 주어진 법적 물음에 대해 법률이 (앞에서 설명한 의미의) 해석을 거치더라도 아무런 대답도 주지 못하는 경우에는 더 정확하게 '법률의 흠결'이라고 부르겠다. 이에 반해 '법'을 제정법과 관습법을 포함하는 전체 '실정법'으로 이해하게 되면, 법률과 관습법 모두 어떤 법적 물음에 대해 아무런 대답도 주지 못할 때에만 '법의 흠결'이 존재한다고 보게 된다. 따라서 만일 법률로부터는 대답을 구할 수 없지만, 관습법에 의하면 대답이 가능하다면, '법률의 흠결'이 존재하긴 하지만, 실정법의 흠결은 존재하지 않는다고 보아야 한다. 그리고 만일 실정법 전체에 비추어 흠결이 존재한다면, 초실정법적 사고를 원용하여 흠결을 보충하는 가능성이 있다. 이렇게 흠결에 대한 보충이 어떤 식으로든 가능하다면, 과연 흠결이 존재한다고 말할 수 있을 것인가? 더욱이 단순한 법률'해석'을 통해 드러나는 '법률의 흠결'은 '유추' 또는 법률에 기초한 비슷한 사고활동을 통해 얼마든지 제거할 수 있는 가능성이 있다. 그렇게 할 수만 있다면, 과연 이런 경우에 우리가 '흠결'이라고 말을 해도 되는가를 되묻지 않을 수 없다. 왜냐하면 비록 간접적이긴 하지만 어쨌든 제기된 법적 물음에 대해 법률이 답을 주고 있기 때문이다. 그리고 입법자가 일반조항과 같은 형태를 통해 법관으로 하여금 입법자처럼 법을 발견하도록 하여 문제해결을 법관에게 묵시적으로 이양하고 있는 경우를 어떻게 생각해야 할 것인가? 이와 같은 권한부여 자체가 이미 '흠결'이 전혀 발생할 수 없다는 것을 뜻하지 않겠는가? 법은 언제나 법관을 통해 대답을 하게 되고, 또한 법관은 '재판거부금지'에 의해 모든 법적 분쟁에 대해 어떤 식으로든 결정을 내려야 하고, 따라서 법관의

결정이 어떤 식으로든 하나의 법학적 사고에 기초하고 있는 것이라면, 법 전체는 결코 결정을 내리는 데 실패하는 경우가 없으며,[8] 이 점에서 법질서는 흠결을 갖지 않는 '완결성'이 있다고 보아야 한다. 그렇다면 법 전체의 불완전성이라는 의미의 '법의 흠결'이라는 개념은 존재할 수 없는 개념이 아닐까? 실제로 '법질서의 완결성'을 교조로 삼고, 법의 흠결의 존재 자체를 부정하는 이론이 발전되어 왔다.[9] 또한 이 이론은 법철학적으로 매우 흥미있는 개념인 '법으로부터 자유로운 영역(rechtsfreier Raum)'이라는 개념을 그 근거로 삼기도 한다. 이 개념[10]을 —개념 자체는 그 실체가 상당히 불명확하고, 여러 가지 의미로 사용된다— 이용하면 법 전체는 특정한 영역에만 걸쳐 있고, 그런 한에서는 완결성을 갖는다고 논증하는 것이 가능해진다. 다시 말해 법에 의해 지배되는 영역 이외에도 예컨대 순수한 사유나 믿음 또는 친분관계에 속하는 영역도 존재한다는 것이다. 이러한 영역들은 '법으로부터 자유로운 영역'에 속하게 된다. 이 영역에서는 법의 흠결에 해당하는 문제가 발생하지 않으며, 법과는 전혀 관계없는, 법 바깥에 있는 문제가 등장할 뿐이다. 그러므로 다음과 같은 대안들 가운

8) 이에 관해서는 예컨대 Zitelmann, Lücken, S. 9 참고. 여기서 치텔만은 법은 그 자체 흠결이 없는 완전한 총체이며, 단지 법률만이 흠결을 가질 뿐이라고 말한다. 그러나 치텔만이 전제로 삼고 있는 재판거부금지[이에 관해서는 E. Schumann, Das Rechtsverweigerungsverbot, ZZP 81(1968), 79 참고]가 절대적으로 효력을 갖는 것은 아니다. 예컨대 국제법에서는 이 금지가 효력을 갖지 않는다[F. J. Berber, Zur Problematik der Rechtsquellen im internationalen Wasserrecht, FS f. P. Gieseke(1958), S. 117(122) 참고].

9) 이에 관해서는 Engisch, in: FS Sauer(1949), S. 96ff. 참고.

10) 이에 관해서는 Engisch, ZgS 108(1952), 385; Germann, S. 121ff.; Arthur Kaufmann, Rechtsfreier Raum und eigenverantwortliche Entscheidung dargestellt am Problem des Schwangerschaftsabbruchs, in: FS f. R. Maurach(1972), S. 327(331ff.); Canaris, Lücken, S. 40ff. 참고.

데 선택을 하게 된다. 즉, 어떤 문제가 실정법 내에서 결정되어야 한다면, 어떠한 법의 흠결도 존재하지 않으며, 그 문제가 실정법 바깥에서 결정된다면 이는 '법으로부터 자유로운 영역'에 속하는 문제이기에, 법의 흠결이 발생할 여지가 없다. 왜냐하면 법의 흠결은 전체 법 내부에 존재하는 흠결이고, 이에 반해 법으로부터 자유로운 영역은 법을 둘러싼 바깥쪽에 자리잡고 있기 때문이다.[11]

이렇게 복잡한 개념의 숲에서 빠져나가기 위해서는 확실한 이론적 목표를 염두에 두고, 그 관점에서 개념적 확정을 해야 할 필요가 있다. 즉, 일종의 '명목적 개념정의(Nominaldefinition)'로 도피를 해야 한다. 지금 우리의 목표는 특수한 방식의 판결활동과 그에 따른 법적 사고의 방법론에 대해 알고자 하는 것이다. 우리가 '법의 보충'이라는 표현을 썼을 때에는 바로 이러한 점을 염두에 두고 있다. 논리적으로 보면 법의 보충은 흠결개념을 전제한다. 이 흠결개념은 대략 다음과 같이 정의할 수 있다. 즉, 흠결이란 실정법(제정법과 관습법)의 하자로서, 이 경우에는 특정한 사안에 대한 법적 규율내용이 존재할 것이라고 기대하는 상황인데도 그러한 규율내용이 없음을 감지할 수 있고, 그리하여 법을 보충하는 법관의 결정을 통해 이를 제거해야 하고 또한 그렇게 제거하는 것이 허용된다.[12] 다시 말해 법률이나 관습법이, 제기된 법

11) K. Bergbohm, Jurisprudenz und Rechtsphilosophie, 1892, S. 371ff.이 취하고 있는 입장이다. 이에 관해서는 Engisch, in: FS Sauer(1949), S. 99ff. 참고.

12) 라렌츠(Larenz, Methodenlehre, S. 373)는 흠결이란 "법률이 계획과는 반대로 불완전한 것"을 말한다고 한다. 또한 카나리스(Canaris, Lücken, S. 39)는 흠결이란 "실정법 내에(즉, 가능한 문언의 의미 범위 내에서의 법률과 관습법 내에) 현행 전체 법질서에 비추어 볼 때 계획과는 반대로 불완전한 것"(여기서 '계획과는 반대로'라는 요소는 사실상 '가치의 충족을 필

적 문제에 대해 아무런 답도 주지 못할 때에는 흠결이 드러난다. 이미 언급했듯이, 설령 확장해석일지라도 해석을 통해 법률로부터 어떤 대답을 도출할 수 있다면, 법률은 법적 문제에 대한 대답을 주는 셈이다. 따라서 해석만으로 법적 문제에 대해 대답하기에 충분하다면, 법에 흠결이 없는 것이다. 이에 반해 '유추'는 이미 법보충적인 기능을 갖는다.[13] '일반적 법원칙'에 근거한 법학적 사고 역시 법보충적인 기능을 갖는다. 그리고 입법자가 의식적이고 의도적으로 하나의 법적 문제에 대한 결정을 '내리지 않은' 채, 그 대신 '학문과 법실무에 결정을 맡겨 놓은' 경우(예컨대 1871년의 형법전의 입법이유서에서는 범죄의 불능미수에 대한 형법적 처리와 관련하여 이 점을 명시적으로 밝히고 있다), 흠결이 존재한다고 말해야 한다. 그러므로 의도하지 않은 흠결뿐만 아니라, 의도한 흠결도 존재한다. 이에 반해 입법자가 불확정개념이나 규범적 개념 또는 일반조항이나 재량조항을 통해 결정의 여지를 부여한 경우에는 흠결이 존재한다고 볼 수 없다는 것이 내 생각이다(이 점에서 나는 필립 헤크[14]와는 견해를 달리한다). 왜냐하면 이러한 경우는 의도적

요'로 하는 정도가 상당히 강하기 때문에 '전체 법질서'라는 표현을 통해 그에 대한 일반적 지침을 제시하고 있는 셈이며, 카나리스 자신도 전체 법질서라는 척도를 더욱 자세히 규정하기 위해 상세하게 서술을 하고 있다)을 뜻한다고 한다. 이에 관해서는 Engisch, in: FS Sauer(1949), S. 90ff. 참고.

13) 카나리스(Canaris, Lücken, S. 24f.)도 해석을 통해 대답이 가능하다면 법의 흠결이 존재하지 않는다는 원칙을 인정하면서, 이러한 원칙의 예외에 해당하는 경우에 주목하고 있다. 이에 관해서는 Germann, S. 174f.도 참고.

14) Heck, Gesetzesauslegung, S. 161f., 173f. 이에 관해서는 또한 Keller, S. 60; Germann, S. 120f.; A. Meier-Hayoz, Lücken intra legem, in: FS f. O.A. Germann(1969), S. 149; Rehbinder, Rechtswissenschaft, S. 225f.; U. Klug, Rechtslücke und Rechtsgeltung, in: FS f. H. C. Nipperdey (1965), S. 71(74f.:'기술적 흠결') 참고. 죌(Soell, S. 160ff., 170ff.)은 일반조항을 '법률 내부의 흠결(Lücken intra legem)'이라고 부르지만, 내 생각

이고 계획적으로 법률구속을 완화한 것이다. 다시 말해 결정을 개별사례의 특수한 사정이나 법공동체의 사고의 변화에 적응할 수 있도록 할 목적에서 계획적으로 법률구속을 완화한 경우이다. 더욱이 이 경우에도 법률은 결정권을 가진 법관에 대해 사전에 일정한 지침과 한계를 확정해 두고 있다.[15] 바로 그 때문에도 이 장에서 서술할 내용을 앞장에 넣지 않고, 별도의 장으로 구성했다. 물론 일반조항이나 재량조항과 관련하여 법률에 따르는 법적용과 법률에 반하는 흠결보충 사이의 경계가 불확실하다는 점은 인정하지 않을 수 없다. 어느 정도까지 흠결개념을 확장할 것인지는 궁극적으로는 용어상의 문제라고 볼 수 있다.

2) 앞의 1)에서 법 전체와의 관계에 비추어 '흠결'에 대해 얘기를 했다면, 이제는 '불충분한', '계획에 반하는' 불완전성이라는 요소를 특별히 고찰해 보자.[16] 하나의 (실정)법 내에 우리가 있을 것이라고 생각하는 규율이 없다고 해서 곧바로 흠결이 존재한다고 말할 수는 없다. 즉, 어떤 규율이 존재하지 않는다는 사실을 곧 법의 '흠결'이라고 말할 수 있기 위해서는 단순히 하나의 규율이 있으리라고 추정하는 것만으로는 안 되고, 그러한 규율을 절실하게 필요로 하는 경우이어야 한다. 왜냐하면 해당하는 규율이 존재하지 않는 것 자체가 입법자 또는 법률의 계획에 따른 것이라면, 이는 결코 '흠결'이 아니며, 따라서 비판대상으로 삼아도 좋을 '하자'가 아니다.

으로는 이에 반대되는 입장에 있는 Canaris, Lücken, S. 26ff., 130의 견해가 타당하다.

15) Esser, Grundsatz, S. 51도 같은 식으로 설명하고 있다.

16) '계획에 반한다'는 요소에 대한 상세한 설명은 Canaris, Lücken, S. 31ff. 참고.

예를 들어 우리가 아마도 형사처벌의 대상이 될 것이라고 기대하는 행위에 대해 정작 실정법은 '의식적이고 의도적으로' 가벌성이 없다고 선언하는 경우에는 그와 같이 계획적으로 특정한 규율이 존재하지 않도록 한 것(이는 소극적 규율, 즉 의도적으로 규율을 하지 않음으로써 규율을 한 것이다)에 해당한다.[17] 이렇게 특정한 행위가 가벌성이 없다는 사실에 대해 불만을 가진 사람이 '법정책적 흠결'이나 '비판적 흠결' 또는 '부진정 흠결'이 있다고 말할지도 모른다. 즉, 장래에 법을 개선한다는(입법론적 de lege ferenda) 관점에서 보면 흠결이 있다고 말할 수도 있을 것이다. 그러나 결코 현행법상(de lege lata) 흠결이 있다고 말할 수는 없다. 따라서 입법적 흠결이 입법자에게 법개정의 동기를 부여할 수는 있지만, 법관으로 하여금 흠결을 보충하도록 동기를 부여할 수는 없다. 법관의 흠결보충은 현행법의 흠결을 전제로 하기 때문이다. 우리는 이러한 법관의 흠결보충의 관점에서 흠결의 문제를 바라보기 때문에 우리의 논의는 전적으로 현행법의 흠결에 국한된다.[18] 이렇게 볼 때, 앞에서 언급했던 '법으로부터 자유로운 영역'이라는 개념은 이 개념이 하나의 구성요건에 법률효과를 '의식적이고 의도적으로' 연결시키지 않음으로써 이 구성요건을 가능한 한 법의 영역의 바깥으로 완전히 배제해두고, 진정한 흠결의 여지를 전혀 남겨 놓지 않는다. 이 점에서 법으로부터 자유로운 영역이라는 개념은 상당부분 타당성을 지니고 있다. 물론 구체적 사례에서 하나의 구성요건이 법으로부터 자유로운 영역에 속한다고 법률을 해석할 수 있을지 여부는 다시 해석의 문제이고, 그리하여 '의식적이고 의도적으로' 법으로부터 벗어난 것이 역사적 입법자의 관점에서 그렇다는 것인지 아니면 법률의 관점에서 객관적으로 그

17) 이에 관해서는 Legaz y Lacambra, S. 497f. 참고.
18) Canaris, Lücken, S. 39; Larenz, Methodenlehre, S. 373f. 역시 같은 입장에서 출발한다.

렇다는 것인지를 둘러싸고 해석이론의 다툼이 재현될 것이다. 어떠한 경우든 '일반적 소극적 원칙'을 주장하여 실정법에 법률효과가 규정되어 있지 않으면 이 법률효과의 부과는 그 자체 이미 허용되지 않으며, 따라서 예컨대 특정한 방식의 손해야기에 대해 명문으로 손해배상의무를 규정하고 있지 않다면 당연히 피해자의 손해배상청구는 기각되어야 한다는 식으로 도식적으로 처리[19]하는 것은 지나친 과장이다. 해당하는 법률효과(손해배상의무)가 법률에 없다고 해서 반드시 법으로부터 자유로운 영역이 존재한다는 뜻은 아니며, 오히려 그와 같은 규정이 없다는 사정이 곧 법관이 보충해야 할, 진정한 흠결을 뜻할 수도 있다. 해당하는 법률효과를 배제하는 것이 입법자나 법률의 '의사'에 해당하지 않을 수 있기 때문이다.

예외규정이 부재하는 경우에는 흠결개념을 구성하는, '계획과는 반대로'라는 요소가 특히 중요한 의미를 갖게 된다.[20] 순전히 형식적으로만 본다면 이 경우에는 원칙규정이 적용되기 때문에 '흠결'이라고 말할 수 없다. 예를 들어 '의학적 징표'를 사유로 하는 인공임신중절(형법 제218a조 제2항)이 현행 형법에서 명시적으로 인정되고 있지 않다고 가정한다면, 당연히 원칙규정이 적용되어 그러한 임신중절은 형법 제218조에 따라 '낙태'로 처벌할 수 있다. 그렇지만 이때에도 과연 예외규범이 아니라, 원칙규범을 적용하는 것이 실제로 입법자 및 법률의 계획에 부합하는지를 따져보아야 한다. 물론 보기로 든 이 사례와 관련해서는 오래 전부터

19) Zitelmann, Lücken, S. 19. 이에 관한 비판으로는 Engisch, in: FS Sauer(1949), S. 94ff.; Legaz y Lacambra, S. 499ff.; Canaris, Lücken, S. 49ff.; Larenz, Methodenlehre, S. 378 참고.

20) 이에 관해서는 Canaris, Lücken, S. 136f.; Larenz, Methodenlehre, S. 377('은폐된 흠결'). 그렇다면 '은폐된 흠결'은 '목적론적 축소'에 상응한다.

원칙규범을 적용하는 것이 계획에 반하는 것은 아니라고 여겨졌다. 그렇지만 법관의 사고가 시작되는 첫 번째 단계는 언제나 흠결보충의 필요성과 정당성을 심사하는 것이어야 한다.[21)]

방법론적으로 중요한 의미를 갖는 이 문제를 아래에서는 한 '역사적' 판결에 비추어 더욱 구체적으로 살펴보기로 한다. 여기서 '역사적'이라는 수식어는 두 가지 뜻을 담고 있다. 이 판결은 오늘날의 법발견에서는 전혀 중요한 의미가 없다는 뜻에서 '역사적'이다. 다른 한편 이 판결이 전체 법질서 내에서 법의 흠결보충과 관련하여 여전히 가장 중요한 의미를 갖고 있고, 따라서 얼마든지 '현재의 문제'라고 말해도 좋을 '초법률적 긴급피난'이라는 도그마의 형성에 결정적인 영향을 미친 판결로 형법의 역사에 기록될 것이라는 점이다.[22)] 1927년 3월 11일에 제국법원이 선고한 이 판결(RGSt 61, 242)은 의학적 징표에 따른 임신중절의 문제를 처리해야 했다. 한 산부인과의사는 환자인 임신부가 자살충동을 보인다는 정신과의사의 소견서를 근거로 환자의 자살을 방지하기 위해 임신중절을 행했다. 그 당시에는 임신부의 생명 또는 건강을 구할 목적에서 행한 임신중절에 관련된 법률상의 특별규정이 없었다(오늘날에는 형법 제218a조 제2항이 기준이 된다). 제국법원으로서는 사안을 형식적으로 고려하여 아주 간단하게 다음과 같이 선고할 수도 있었다. 즉, "명문의 법률규정이 존재한다. 한편으로 임신부의 몸속에 있는 태아를 살해하는 행위를 처벌하는 형벌규정(제218조)이 있고, 다른 한편으로는 원칙적으로 가벌성이 있는 행위에

---

21) 이에 관해서는 Engisch, in: FS Sauer (1949), S. 91 참고. 또한 Canaris, Lücken, S. 109, 161ff.도 참고.

22) 이와 같은 '현재적' 의미는 H. Otto, Dogmatik als Aufgabe der Rechtswissenschaft, Int. Jahrbuch f. interdisziplinäre Forschung 2 (1975), 116(123 각주 24)도 강조하고 있다. 이에 대해서는 또한 Schönke /Schröder-Lenckner/Perron, §34 Rn. 2; Wessels/Beulke, Rn. 298도 참고.

대한 처벌을 예외적으로 배제하는 긴급피난 규정이 있기 때문이다. 그러나 긴급피난 규정은 이 사례에서는 적용될 수 없다. 특히 '행위자에 책임이 없고 다른 방식으로는 제거할 수 없는 긴급피난 상황에서 행위자 자신 또는 그 가족을 신체나 생명에 대한 현재의 위난으로부터 구조하기 위하여 행한 행위인 때에는' 그에 대한 처벌을 배제하고 있는 그 당시의 형법 제54조 역시 이 사례에는 해당되지 않는다. 왜냐하면 낙태를 한 산부인과의사는 그 자신이 위난을 당하지도 않았고, 임신부는 의사의 가족도 아니었기 때문이다. 따라서 현행 법규정에 따라 의사는 처벌되어야 한다." 논리적 측면에서 보면 이 결론은 당연하게 여겨진다. 하지만 제국법원은 당시의 현행법상 낙태죄 규정과 긴급피난 규정 모두 '흠결'이 있다고 함으로써 이 논리적 필연성을 비켜나갔다. 그 전제는 낙태죄 규정이 임신부의 생명이 위험한 때에는 예외를 인정해야 할 필요가 있고, 행위자 및 그 가족에 대한 위난의 경우에만 가벌성을 배제하도록 한 당시의 제54조 긴급피난 규정은 실정법적으로 불충분하다는 판단이었다. 그리하여 제국법원 판결의 핵심은 당시의 형법 제54조의 긴급피난 규정이 존재한다고 해서 "일정한 긴급피난행위와 관련된 성문 또는 불문의 법원칙을 기초로 … 위법성을 배제하는 것이 불가능하게 되지는 않는다"는 명제였다 (RGSt 61, 252). 우리가 앞에서 서술한 내용에 비추어 볼 때, 이 명제는 당시의 형법 제54조가 낙태죄 조항에 의한 처벌대상에서 배제되어야 할 모든 사례들을 포괄하기에 충분하지 않았다는 사실을 의미한다. 전체 법적 규율의 흠결성은 바로 이 점에 기인한다. 만일 '의학적 징표'에 따른 낙태의 경우도 제218조에 근거하여 처벌을 배제할 생각이 전혀 없었고, 제54조의 긴급피난 규정이 전혀 문제가 없다고 여겼으며 현행법에 따른 처리가 하자가 있다는 평가도 하지 않았다면, 결코 흠결이 있다고 말할 수 없었을 것이다. 하지만 제국법원이 '재화형량과 이익형량'이라는 '초법률적' 법원칙을 빌려 보충해야 했던 흠결이 존재했었다. 즉, "의학적 징표에 따른 인공임신중절은 … 임신부의 명시적 또는 추정적 승낙이 있는 경우에는 문제상황을 판단할 능력을 가진 제3자에 의해 행해졌을지라도 그것이 생명에 대한 현재의 위난이나 중대한 건강손상으로부터 … 임신부를 구하기 위한 때에는 위법하지 않다"고 판결했다(RGSt 61, 256). 제국법원의 이 판결이 선고된 이후 1933년 7월 14일 및 1935년 6월 26일에 제정된, 「유전병을 보유한 후손을 예방하기 위한 법률」을 통해 처음으로 의학적 징표에 따른 낙태를 합법화하는 명문의 법규정이 비로소 마련되었다. 오늘날에는 형법 제218a조 제2항에 의해 '의학적 징표에 따른 임신중절 규정'이 효력을 갖고 있다(임신 12주 이후의 시점에 관련된 이 규정은 1976년에 처음 형법에 도입되었고, 1995년에 개정되었다).

1927년의 이 제국법원 판결은 해석이론을 둘러싼 논쟁이 언제나 현실적으로 커다란 영향을 미친다는 사실을 다시 한 번 보여준다. 즉, 의학적 징표를 이유로 인공임신중절을 한 행위에 대해 어떤 예외규정이 존재하지 않는다는 사실이 당시의 현행법에 비추어 하자에 해당하고, 따라서 '흠결'이 존재한다고 보아야 하는가라는 문제를 역사적 입법자의 시각 또는 그 당시 법률의 시각에서 검토해 보는 것은 해석이론에 속하는 문제이다. 상당수 학자들[23]은 어떤 법률규정에 하자가 있는지 여부는 오로지 과거의 역사적 입법자의 관점(우리의 사례에서는 1871년에 제정된 형법전의 입법자의 관점)에서 대답해야 한다고 생각한다. 이에 반해 오늘날의 지배적인 견해인 객관적 해석이론에 따르면 이 물음은 '현재의' 관점에서 대답해야 한다고 본다. 내 생각으로도 '흠결'을 확인할 때에는 단순히 역사적 입법자의 의사에만 집착할 필요가 없다고

23) 이들 학자에 관해서는 Engisch, in: FS Sauer(1949), S. 92 각주 26; Canaris, Lücken, S. 32ff.(그리고 S. 39 각주 100) 참고.

보인다. 세계관의 변화로 인해 과거에는 의식하지 못했던 흠결이 발생할 수 있고, 그리하여 현재의 관점에서는 단순히 '법정책적 흠결'이 아니라, 실정법 자체의 흠결로 고찰해야 할 경우가 있기 때문이다. 다시 말해 흔히 말하듯이 '1차적 흠결'뿐만 아니라, 상황의 변화로 말미암아 사후적으로 발생하게 되는 '2차적 흠결'도 얼마든지 존재한다. 이는 가치평가가 변화한 경우뿐만 아니라, 규율대상과 관련된 사실상의 상태가 변화한 경우에도 해당한다. 즉, 법률규정은 과거와는 전혀 다른 경제현상(1923년의 공황)이나 기술적 진보(비행기, 영화, 레코드, 라디오, 텔레비전, 뇌수술, 인공수정 등)로 인해 기존의 규정들로는 만족스럽게 해결할 수 없는, 새로운 법적 문제가 등장함으로써 사후적으로 흠결이 발생하는 경우가 자주 있다.[24] 아무튼 앞으로는 흠결개념을 여러 가지로 구별하는 문제는 더 이상 다루지 않기로 한다.[25] 지금까지의 논의만으로도 흠결개념에 대해 충분한 명확성을 확보했고, 따라서 이제는 어떠한 법학적 사고방법을 빌려 흠결보충이 이루어져야 하는가라는 핵심문제에 눈길을 돌리도록 하자.

흠결보충을 위한 가장 유명한 방법은 유추추론이다. 따라서

---

24) Kaufmann, Analogie, S. 42에서는 이 점을 다음과 같이 적절하게 서술하고 있다. "법률문언은 동일하게 남아 있는데도 왜 '법률의 의미'가 바뀌게 될까? 그 유일한 이유는 '법률의 의미'는 법률 속에 들어 있는 것이 아니라, 법률의 적용대상인 생활사실 속에 들어 있기 때문이다." 또한 Esser, Vorverständnis, S. 175에서는 다음과 같이 말한다. "어떤 문제를 해결할 규율이 '없다'는 확인은 … 입법자의 '계획'이라는, 도저히 객관적으로 입증할 수 없는 주장이 아니라, 해당하는 갈등을 규율할 필요성에 관한 선이해(先理解)에 의존한다."

25) 이 문제에 관해서는 Engisch, in: FS Suaer (1949), S. 89f.; Klug, in: FS Nipperdey (1965), S. 71; Canaris, Lücken, S. 59ff., 129ff., 140ff.; Larenz, Methodenlehre, S. 377ff. ; Pawlowski, Rn. 461ff.; Rüthers, Rechtstheorie, Rn. 841ff. 참고.

짧게나마 유추의 문제를 다루어야 한다.[26] 간단한 예를 하나 들어보자. 우리가 앞에서 설명했던 형법 제226a조는 문신이나 신체에 대한 의학적 실험과 같은 신체손상행위는 피해자가 이를 승락하고 또한 선량한 풍속에 위반되지 않을 때에는 위법성이 없다고 규정하고 있다. 이에 반해 예컨대 어느 대학생이 연구실에서 밤새워 공부를 하기 위해 자발적으로 바깥에서 문을 잠그라고 한 경우와 같이 감금죄와 관련하여 피해자의 승낙이 어떤 의미를 갖고 있는지에 대해서는 법률에 명확한 규정이 없다. 제226a조와 같은 규정이 없기 때문이다. 이 점에서는 감금죄 규정의 흠결이라고 말해도 좋을 것이다. 이때에는 제226a조를 유추하여 다음과 같이 흠결을 보충할 수 있다. 즉, 상해죄와 관련된 피해자의 승낙과 마찬가지로 감금죄의 경우에도 해당되는 행위가 선량한 풍속에 반하지 않는 한, 피해자의 승낙이 있으면 위법성이 없다고 판단할 수 있다.

---

26) 유추에 대한 일반적인 내용으로는 Enneccerus/Nipperdey I 1, §58; Heller; Kaufmann, Analogie; Klug, S. 109ff.; Bydlinski, S. 475f.; Larenz, Methodenlehre, S. 381ff.; Pawlowski, Rn. 476ff.; E. Schneider/F. E. Schnapp, Logik für Juristen, 6. Aufl. 2006, S. 149ff.; Zippelius, Methodenlehre, S. 68ff.; Rüthers, Rechtstheorie, Rn. 889ff.; 비판적인 입장을 취하는 Ott, S. 85ff. 참고. 역사학에서의 유추에 관해서는 R. Wittram, Das Interesse an der Geschichte, 1958, S. 50ff.; 형이상학에서의 유추에 관해서는 Kaufmann, Analogie, S. 20ff.; 신학과 관련해서는 G. Söhngen, Analogie, in: Handbuch theologischer Grundbegriffe, Bd. 1, hg. v. H. Fries, 1962, S. 49ff. 참고. 유추라는 사고가 법적인 영역에만 국한되지 않는다는 점은 너무나도 당연하다(이에 관해서는 Kaufmann, Analogie, S. 21 참고). 그리고 법적인 영역에서도 단순히 흠결보충을 위해서만 유추가 원용되는 것도 아니다(Heller, S. 76 각주 208, S. 82f., 86f. 참고). 카나리스는 흠결을 확인할 때에도 유추가 중요하다는 점을 강조한다(Canaris, Lücken, S. 71ff.). 그렇지만 법률가들에게 유추는 흠결보충을 위한 것이라고 여기는 경우가 대부분이다.

이 추론의 형식논리적 구조를 밝히기 위해 많은 사람들이 고통스러울 정도로 온갖 생각을 다 했지만, 뚜렷한 결론을 내지 못하고 있다.[27] 여기서 우리는 단지 법학적 유추추론의 특수한 문제점이 시작되는 지점만을 지적하기로 한다. 통상 유추는 '특수에서 특수를 도출하는 추론'임에 반해, 연역은 보편에서 특수를, 귀납은 특수에서 보편을 도출하는 추론이라고 말한다. 연역추론, 즉 보편으로부터 특수를 도출하는 추론의 정당성은 자명한 것이고, 이는 현대 논리학의 방법을 통해서도 충분히 정당화할 수 있다.

특수로부터 보편을 추론하는 귀납추론은 이미 오래 전부터 연역추론에 비해 훨씬 더 문제가 많다고 여겨져 왔다. 이 점에서 특수로부터 특수를 추론하는 유추는 논리학적으로 더욱 커다란 의문의 대상이 아닐 수 없다. 왜냐하면 모든 특수한 것은 다른 특수한 것과 구별되기 때문이다. 하나의 특수한 것에 속하는 사정을 다른 특수한 것에도 속한다고 생각하거나 심지어 '추론'을 하는 것을 어떻게 정당화할 수 있을까? 앞에서 우리가 보기로 든 사례를 다시 끌어들이자면, 상해죄와 관련된 피해자의 승낙으로부터 어떻게 감금죄와 관련된 피해자의 승낙과 똑같이 위법성을 배제하는 결과를 낳는다고 말할 수 있을까? 상해죄와 감금죄는 완전히 다른 종류의 불법이 아닌가? 이 물음에 대한 대답은 이렇다. 즉, 상해죄와 감금죄는 매우 유사하기 때문에, 상해죄에서 타당한 내용은 감금죄에서도 얼마든지 타당할 수 있다는 것이다. 이렇게 해서 '유사성'이라는 다의적인 개념이 추론의 핵심으로 떠

---

27) Klug, S. 115ff.에서는 유추와 관련된 전통적인 논리학의 핵심테제 및 논리학적 기초 위에서 유추를 설명하는 논의가 전개되어 있다. 유추에 대한 형식적, 특히 논리학적 분석에 관해서는 Sax, S. 97ff.; Heller; Kaufmann, Analogie, S. 33ff.도 참고. Schreiber(Logik, S. 47ff.)는 유추추론이 반대추론, 대소추론, 소대추론과 마찬가지로 논리학적으로나 '문장구조론적'으로 허용될 수 없다고 설명한다.

오른다. 이와 함께 추론의 정당성 근거가 되는 공통성, 즉 보편이 갖는 의미를 뚜렷하게 의식할 수 있게 된다. 다시 말해 상해죄와 감금죄는 어떤 공통의 성격(즉 개인의 이익에 대한 침해)을 갖고 있어야 하며, 그래야만 두 가지를 같이 취급할 수 있다. 그래서 유추추론에 대한 전통적인 견해에 따르면 유추는 귀납과 연역의 조합으로 구성된다고 한다. 즉, 추론의 출발점이 되는 특수한 현상(우리의 사례에서는 피해자의 승낙이 갖는 의미에 관한 규율)으로부터 보편적 사고를 추론할 수 있을 때(우리의 사례에서는 승낙이 있을 때에는 개인적 이익에 대한 침해도 합법적이라는 원칙) 비로소 한 특수한 현상으로부터 다른 특수한 현상(피해자가 승낙한 감금은 합법적이다)으로의 추론이 가능하다고 한다(이 점에서 유추 역시 연역이다).

유추의 논리학적 구조는 다음과 같이 표현할 수 있다(이는 일반적인 '긍정논법 modus poens'에 해당한다):

대전제: 두 가지 사안 S와 S'가 특정한 법규범의 관점에서 유사하다면, 다시 말해 그 본질적인 측면이 일치한다면, 두 가지 사안은 같은 법률효과를 갖는다.
소전제: 사안 F(= S')는 법규범 N에 규율된 사안 K(=S)와 본질적인 측면에서 일치한다(여기서 F는 감금죄, K는 상해죄를 뜻한다).
결론: F는 K와 동일한 법률효과를 갖는다.

헬러(Heller, S.118)도 '가치론적(즉, 위에서 서술한 순수논리학적 추론에 반대되는)' 유추와 관련하여 같은 결론에 도달한다. 물론 우리와 같이 법학적 유추를 통상의 삼단논법으로 해석하게 되면, 논리학적 유추의 특수성, 즉 '알려져 있는 것으로부터 알려져 있지 않았던 것으로의 추론'(Heller, S. 19)이라는 측면이 상실되어 버린다. 그렇지만 법의 영역에서 '유추'라고 부르는 추론에서는 소전제로 기능하는 유사성판단(즉, 본질적인 측면에서 일치한다는 확인)을 명백히 평등원칙에 연원한다고 볼 수 있는 대전제(본질적인 관점에서 서로 일치하는 것은 같게 다루어야 한다)와 결합시키는 것을 특징으로 한다.[28] 법학적 유추를 '감행'한다는 것은 무엇보다 유사성판단을 감행한다는 뜻이고, 이 유사성판단은 결코 논리적 감행이 아니라, '메타논리적', '가치론적' 또는 '목적론적'인 감행이다.[29]

유추의 논리학적 측면에 대한 설명은 이 정도로 그치고, 이제는 이 추론이 법적 사고에서 갖는 특수한 '가치론적' 문제를 더 자세히 살펴보고자 한다. 우선 다음과 같이 말할 수 있다. 즉, 법학적으로 충분한 근거가 있는 유추가 이루어지기 위해서는 법적 규율이 존재하지 않는 특수한 사례(우리의 보기에서는 피해자가 승낙한 감금행위)가 법적 규율이 존재하는 특수한 사례(피해자의 승낙이 있는 상해)에 대한 법적 규율(제226a조)의 토대가 되는 것과 공통된 요소를 갖고 있다는 점을 입증해야 한다. 형법 제226a조는 "승낙이 있는 행위는 불법이 아니다(volenti non fit iniuria)"는 오래 된 '근본사상'에 기초하고 있다. 물론 이 사상이 타당하기 위해서는 그 의미상 침해행위가 승낙을 한 사람 본인에게 해당하는 것이어야 하고, 또한 그 자신이 처분할 권한이 있는 개인적 재화에 관련된 것이어야 한다는 점을 전제한다.[30] 이밖에도 제226a조는 '선

28) 이에 관해서는 Heller, S. 83, 110, 118; Alexy, Argumentation, S. 244; Larenz, Methodenlehre, S. 381 참고.

29) 이에 관해서는 Sax, S. 141ff.; Klug, S. 136f.; Esser, Vorverständnis, S. 107; Zippelius, Gerechtigkeit, S. 385ff. 참고(또한 Heller, S. 55, 78ff., 109ff.; Alexy, Argumentation, S. 344ff.도 참고). 유추개념을 상당히 넓게 파악(이에 관해서는 Larenz, Methodenlehre, S. 381 각주 31 참고)하여 카우프만(Kaufmann, Analogie, S. 44ff.)은 유추를 통한 사고를 '사물의 본성' 및 '유형'과 결합시키기도 한다. 즉, "'사물의 본성'은 유추의 핵심이다"(S. 44)든가 "구체적인 법발견에서는 항상 법률이 의도하는 유형을 원용해야 한다"(S. 51)는 표현이 등장한다.

량한 풍속'을 감안하도록 규정하여 처분의 자유에 대해서도 일정한 한계를 설정하고 있다. 이렇게 볼 때, "승낙이 있는 행위는 불법이 아니다"는 원칙과 그 전제조건이 감금죄와 상해죄 모두에 해당한다는 이유만으로도 상해죄에 관한 제226a조의 규율을 유추를 통해 감금죄에도 적용하는 것이 가능하다. 상해죄와 감금죄의 '유사성'은 양자 모두 일정한 한계 내에서 침해를 받은 자의 처분에 맡겨져 있는 개인적 이익에 관련된다는 점에 있다. 이러한 유사성이 존재하는 범위 내에서는 유추가 허용된다. 이에 반해 본질적인 차이가 드러나서 더 이상 유사성이 없는 곳에서는 유추가 한계에 부딪힌다. 그렇게 되면 상황에 따라서는[31] 이른바 반대추론(argumentum e contrario), 즉 구성요건의 차이로부터 법률효과의 차이를 도출하는 추론을 하게 된다. 예컨대 형법 제218a조를 도입(이 조항은 1976년에 신설되었고, 1995년에 개정되었다)하기 이전의 구법하에서 임신부의 승낙을 받아 낙태를 했다면, 제226a조를 반대추론하여 임신부의 승낙을 위법성배제사유라고 볼 수는 없다. 왜냐하면 낙태는 임신부의 육체에 대한 침해에 그치지 않고, 태아까지 침해를 하게 되는데, 태아는 단순히 임신부의 '육체의 한 부분(pars viscerum)'이 아니어서 임신부가 마음대로 처분해도 되는 개인적 법익이 아니기 때문이다.

법률가들이 유추냐 아니면 반대추론이냐라는 대안 앞에 서는 경우가 자주 있고, 이 두 추론 가운데 어느 것을 우선시킬 것인지에 대해 의문에 사로잡히곤 한다는 사실은 익히 알려져 있는

---

30) 자세히는 Jescheck/Weigend, S. 376ff. 참고.

31) 따라서 반드시 그렇게 된다는 뜻이 아니다! 이에 관해서는 Klug, S. 143ff. 참고. 반대추론에 관해서는 또한 Heller, S. 132ff.; Canaris, Lücken, S. 44ff., 48f.; Bydlinski, S. 476f.; Larenz, Methodenlehre, S. 390f.; Pawlowski, Rn. 488f.; Schneider/Schnapp, S. 155ff.도 참고.

대로 이러한 법학적 논증방식에 대해 근원적인 논리적 혐의를 제기하는 계기가 된다.[32] 특히 자유법학은 바로 이 지점을 파고든다. 이미 에넥체루스(Enneccerus)와 바르톨로마이칙(H. Bartolomeyczik)이 제시했던 보기[33]를 설명해 보자. 로마의 12동판법(이에 관해서는 학설휘찬, 제9권 1 참고)에 따르면 '네발짐승(quadrupes)'의 주인은 이 짐승이 날뛰다가 야기한 손해에 대해 책임을 부담하도록 되어 있었다(이에 관해서는 '동물보유자'의 책임에 관한 독일민법 제833조도 참고). 그러다가 어느 날 아프리카에서 수입한 타조와 같은 '두발짐승'이 야기한 손해에 대해서도 그 주인이 배상할 책임이 있는지가 문제가 되었다. 만일 우리가 아주 '단순한 해석'을 통해 두발짐승을 '네발짐승'으로 만들 수는 없다는 관점을 취하게 되면, 우리는 유추와 반대추론 가운데 어느 하나라는 대안 앞에 서게 된다. 순전히 형식논리적으로만 생각하면 정반대되는 결론에 도달하게 되는 이 두 가지 추론 모두 타당성을 갖는다. 즉, 네발짐승에 해당하는 사항은 유사성을 이유로 네발짐승만큼 위험한 두발짐승에 대해서도 똑같이 적용되어야 한다는 추론이나 네발짐승에 대해서만 명령된 내용을 두발짐승에게 적용할 수 없다는 추론 모두 가능하다. 로마인들은 유추를 선택했다. "네발짐승이 아니라, 다른 짐승이 침해행위를 한 때에도 소권으로서 인정된다(haec action

32) 이에 관해서는 특히 Isay, S. 149; Cohn, S. 109f.; Kelsen, Rechtslehre, S. 346ff.; Esser, Vorverständnis, S. 107; Coing, S. 273ff. 참고.

33) L. Enneccerus, Lehrbuch des Bürgerlichen Rechts, Bd. I, 12. Aufl. 1928, §53 II 1 a; H. Bartolomeyczik, Die Kunst der Gesetzesauslegung, 1951, S. 84ff. 1967년 3월 4/5일자 「쥐트도이체 차이퉁」에 보도된 다음의 사건도 이 보기와 유사하다. 즉, 영국의 공군장성 아더 해리스 경(Sir Arthur Harris)은 2차 세계대전 중의 드레스덴 폭격과 관련하여 자신에게 제기되고 있는 비난에 대해 거의 냉소에 가까울 정도의 반대추론을 통해 자신의 행위를 정당화했다고 한다. 즉, 자신은 '가스가 채워진 풍선으로 만든 폭발물을 던지는 행위'를 금지한, 1870/71년 전쟁 때 체결된 공중전에 관한 협약을 엄격히 준수했다는 것이다.

utilis competit et si non quadrupes, sed aliud animal pauperiem fecit - 학설휘찬 9,1,4의 바울루스의 법격언).” 이는 전적으로 타당한 것이었다. 왜냐하면 “이 책임규정의 법정책 목표는 제멋대로 행동할 수는 있지만, 사람과 같이 이성을 갖고 있지 않아서 그 동물적 본성으로 말미암아 아주 쉽게 중대한 손해를 유발할 수 있는 생명체에 대한 특수한 책임을 확인”하려는 것이었기 때문이다.[34] 따라서 유추와 반대추론 가운데 선택하는 일은 사실상 오로지 논리와 관련된 문제가 아니라는 점을 알 수 있다. 논리와 목적론을 결합해야 하기 때문이다.[35] 다시 말해 논리학적으로 당연히 문제가 없는 형식적 추론절차일지라도 특수한 법적 방법을 통해 획득되어야 하는 특정한 실질적 인식과 결합할 때에만 실제적으로 기능할 수 있다. 한 걸음 더 나아가 다음과 같이 말해도 무방할 것이다. 즉, 법학적 유추는 유추가 논리적으로 신뢰할 수 있다는 점 그리고 ‘법적 유사성’에 비추어 실제로 법적 이용가능성이 있다는 점 때문에 설득력을 가질 뿐만 아니라, 이 추론을 통해 사법부로서는 직접 또는 간접적으로 법률과 관습법 규정의 내용을 더욱 풍부하게 만들 수 있어서 법의 깊숙한 영역에까지 발을 들여놓게 되기 때문에도 중요한 의미를 갖는다. 법률과 관습법이 내용으로 하는 일반적인 가치판단은 이 규정들에 직접 해당하는 사례들뿐만 아니라, 이와 유사한 사례들도 규율하고 통제할 수 있어야 한다.[36]

흠결보충의 수단으로서의 유추에 대해 언급할 수 있는 원칙적인 측면은 이 정도에서 그치기로 하자. 법에서 ‘유추’라는 개념

34) Bartolomeyczik, S. 86.
35) 이에 관해서는 Nawiawsky, S. 147f. 참고.
36) 유추의 정당성에 대한 이러한 설명에 관해서는 예컨대 Bierling IV, S. 407f.; H. Herfahrdt, Lücken im Recht, 1915, S. 38ff. 참고.

과 연결되는 여러 가지 구체적인 문제들에 대해서는 여기서 상세하게 다룰 수 없기 때문에, 눈에 띄는 몇 가지만을 간략하게 언급하겠다.

1) 모든 법명제는 유추적용이 가능하다. 즉, 좁은 의미의 법률뿐만 아니라, 모든 종류의 정관이나 관습법 규범도 유추적용을 할 수 있다. 이밖에도 유추는 하나의 법전이나 하나의 법영역 내에서뿐만 아니라, 한 법전과 다른 법전 사이 그리고 한 법영역과 다른 법영역 사이에서도 얼마든지 가능하다.[37]

2) 유추가 해석과 반대추론 사이에 끼어 있다는 점은 앞에서 살펴보았다. 유추와 반대추론의 관계를 구체적으로 규정하는 일이 쉽지 않은 것처럼 해석과 유추의 경계를 찾아내는 일 역시 항상 쉬운 것만은 아니다. 하지만 일반적으로 말한다면, 유추는 해석의 다음 단계이고, 따라서 당연히 확장해석의 다음 단계에 해당한다.[38] 예컨대 해석과 관련하여 하나의 법적 결정이 가능한 문언의 의미 내에 있다고 볼 수 없을 때에는 해석은 한계에 도달한다

---

37) 이에 관해서는 예컨대 Engisch, Einheit, S. 75f.; Heller, S. 122ff. 물론 민법규정을 공법에 적용하는 것과 같이 여러 법영역 사이에서 유추를 할 때에는 실질적 근거가 장애로 등장할 수 있다. 이에 관해서는 J. Burmeister, Die Verfassungsorientierung der Gesetzesauslegung, 1966, S. 44 각주 155; Maurer, §3 Rn. 41ff. 참고.

38) 이에 대해 회의적이지만, 내 생각으로는 충분한 설득력을 갖고 있지는 않다고 보이는 Heller, S. 135ff. 참고. 해석과 유추에 대한 이러한 단계적 구별에 비추어 흔히 '점차적인'('여러 단계의') 법발견이라고 말하기도 한다. 예컨대 Th. Zimmermann, Mehrstufige Rechtsfindung als Verbindung von subjektiver und objektiver Auslegungsmethode, NJW 1954, 1628; B. Bender, Zur Methode der Rechtsfindung bei der Auslegung und Fortbildung gesetzten Rechts, JZ 1957, 593(597f.); Siebert, S. 45; Priester, in: Koch, S. 155; Larenz, Methodenlehre, S. 366ff. 참고.

는 규칙(필립 헤크: "해석가설의 한계는 '가능한 문언의 의미'이다.")[39]을 기초로 삼는다면, 이 한계선에서부터 유추의 가능성을 탐색하기 시작한다. 다시 한 번 타조를 예로 들어 보자. 타조는 아무리 해석을 할지라도 '네발짐승'이라는 개념에 속한다고 볼 수 없다. 가능한 문언의 의미에 속한다고 보기 어렵기 때문이다. 하지만 '확장해석'을 통해 과연 문언의 의미를 사안에 적용할 수 있는지가 의심스러운 경우도 자주 있다. 예를 들어 구형법 제46조는 자발적 중지미수의 경우에는 '행위자'를 처벌하지 않는다고 규정하고 있는데, 이 '행위자'라는 '문언의 의미'에 교사범이나 방조범과 같은 공범도 함께 포함되는지를 물어볼 수 있다. 물론 해석(특히 확장해석)과 유추의 경계는 유동적이다. 이 점은 특히 모든 종류의 해석이 법적으로 허용되는 반면, 법률규정의 유추적용은 금지되는 경우(아래의 5 이하 참고)에는 실제적으로 매우 중요한 문제가 된다.

3) 해석의 방법에 관련된 문제들은 유추의 경우에도 그대로 등장한다. 특히 유추의 척도로 삼아야 할 '기본사상'을 확인할 때 역사적 입법자의 의사를 탐구해야 하는지 아니면 법률 자체의 '객관적' 의사를 탐구해야 하는지의 문제 그리고 하나의 법규정과 결부되어 있는 목적이 법규정의 의미를 파악할 때 어떠한 의미를 갖는지(앞에서 보았듯이 목적론적 해석뿐만 아니라, 목적론적 유추도 얼마든지 가능하다)의 문제는 당연히 유추에서도 등장하는 문제이다.

4) 전통적으로 법률유추(Gesetzesanalogie)와 법유추(Rechtsanalogie)를 구별한다. 이 구별의 내용은 대강 다음과 같이 설명할 수 있다. 즉, 법률유추는 개별 법명제(예컨대 형법 제226a조)에서 출발해서, 이로부터 유사한 사례들에 적용할 수 있는 기본사상을 도출하는 반면,

39) Heck, Gesetzesauslegung, S. 33.

법유추는 '다수의 개별 법규정'에서 출발해서, 이로부터 "(귀납추론을 거쳐) 일반원칙을 도출하고, 이를 어떠한 법률규정에도 포섭되지 않는 사례들에 적용"한다(이는 에넥체루스의 설명이다).[40] 법유추에 관한 한 가지 보기를 들어 보자. 계약협상의 단계에서 계약상대방에 대한 유책한 행위로 발생하게 되는 손해배상의무를 구성하고 있는 다수의 민법조항들(제122조, 제179조, 제307조, 제309조, 제463조 2문, 제523조 제1항, 제524조 제1항, 제600조, 제663조)로부터 계약협상이 개시되었다는 사실만으로도 이미 당사자들 사이에 주의의무가 성립하고, 이 의무에 대한 위반 역시 손해배상의무의 근거가 된다는 일반원칙을 도출하게 된다(이른바 계약체결상의 과실 culpa in contrahendo에 따른 책임).[41] 이 문제에 대해서는 그 사이 입법자가 반응을 보여서 2002년 1월 1일부터 발효된, 채권법 현

---

40) Enneccerus/Nipperdey I 1, §58 II 1. 법률유추와 법유추의 차이에 대해서는 또한 Nawiawsky, S. 146; Sax, S. 102ff.(이 구별에 대해 비판적이다); Esser, Vorverständnis, S. 182; Canaris, Lücken, S. 97f.(각주 135); Bydlinski, S. 477ff.; Larenz, Methodenlehre, S. 383f.도 참고. 라렌츠는 '법유추'라는 표현에 거부감을 갖고, 그 대신 '전체유추'라는 표현을 사용하는 반면, 카나리스는 '법유추'가 특수에서 특수로의 추론이 아니라, 특수에서 보편을 추론하는 귀납추론이고, 따라서 법유추는 '불특정 다수의 사례들'에 대해 일반적으로 통용될 수 있다는 이유로 이 표현이 부적절하다고 본다(Canaris, Lücken, S. 98). 유추(법률유추를 포함하여)에 귀납추론의 요소가 내재하고 있다는 점은 이미 앞의 본문에서 강조한 바 있다. 하지만 귀납을 통해 도출된 일반원칙을 법률에 직접 규율되어 있지 않은 사례들에 적용할 때에는 특수와 특수 사이의 결합이 이루어지며, 이러한 결합을 감안한다면 법유추이든 법률유추이든 모두 '유추'라고 불러도 무방하다. 이에 관해서는 Larenz, Methodenlehre, S. 383ff.도 참고.

41) 이에 관해서는 예컨대 Esser, Grundsatz, S. 162ff.; K. Larenz, Lehrbuch des Schuldrechts, Bd. I, 14. Aufl. 1987, S. 104ff.; ders., Methodenlehre, S. 421ff. 참고. 라렌츠는 계약체결상의 과실이라는 이론의 기저에는 법윤리적 원칙이 자리잡고 있다고 하는데(Methodenlehre, S. 421ff.), 그렇다고 해서 이른바 '법유추'도 이 이론의 근거로 삼을 수 있다는 점을 배제하는 것은 아니다.

대화를 위한 법률을 통해 민법 제311조 제2항 2문과 3문의 형태로 계약체결상의 과실을 성문화했다.[42] 아무튼 법률유추와 법유추를 이렇게 이해하면, 양자의 차이는 기본적으로 기본사상을 도출할 때 귀납추론이 얼마만큼 비중을 차지하는가에 달려 있을 뿐이다. 즉, 법률유추의 경우 귀납이 큰 비중을 차지하지 않지만, 법유추의 경우에는 상당히 큰 비중을 차지한다. 따라서 양자의 차이는 정도의 차이일 뿐이라고 말해도 무방하다.[43] 법률유추와 법유추를 다르게 구별하려는 시도[44]에 대해서는 여기서 다루지 않겠다.

5) 당연히 유추에도 한계가 있다. 하지만 "예외규정은 유추를 통해 확장해서는 안 된다(singularia non sunt extendenda)"는 유명한 원칙이 유추의 한계설정이 될 수 있는지 의문이다.[45] 물론 실제로 하나의 규정이 특정한 예외사례 또는 예외사례집단을 위해 제정되었다면, 유추를 통해 예외상황이 존재하지 않는 사례에까지 이 규정을 적용하는 것은 당연히 허용되지 않는다. 예를 들어 민법 제844조 이하의 규정은 불법행위를 통해 간접적으로 손해를 입은 사람들에 대해서도 예외적으로 손해배상청구권을 인정하고 있는데(보기: 유책한 살인행위로 인해 가장이 사망하여 손해를 입은, 부양청구권이 있는 유가족들에 대해 부양연금 청구권을 인정하는 경우), 이 규정을 유추하여 간접적 손해를 입은 또 다른 사람들(예컨대 사망

42) 자세히는 Palandt-Grüneberg, §311 Rn. 11f. 참고.

43) Nawiawsky, S. 147.

44) 예컨대 Bierling IV, S. 411f.; W. Sauer, Juristische Methodenlehre, 1940, S. 310ff. 참고.

45) 이에 관해서는 Heck, Gesetzesauslegung, S. 186ff.; Enneccerus/Nipperdey I 1, §48 각주 6; Klug, S. 112ff.; Larenz, Methodenlehre, S. 355f. 참고. Müller/Christensen, Methodik, Rn. 370에서는 '예외규정'이 존재하는지를 확인하는 것 역시 해석을 거쳐야 한다는 당연한 사실을 강조하고 있다.

한 자가 생존시에 자발적으로 선행을 베풀었던 사람들)에게까지 적용해서는 안 된다.[46] 이 경우에는 반대추론을 해야 한다. 즉, 예외를 인정할 특별한 요건이 충족되어 있지 않기 때문에 특수한 법률효과가 발생하지 않아야 한다. 이에 반해 예외규정의 토대가 되는 기본사상의 한계 내에서는 얼마든지 유추가 허용된다. 예컨대 형사소송법 제247조는 피고인은 원칙적으로 공판에 출석할 권리가 있지만, 만일 피고인이 있는 곳에서는 공동피고인 또는 증인이 '진실을 말하지 못할' 우려가 있을 때에는 예외적으로 피고인의 출석을 배제할 수 있다고 규정하고 있는데, 증인이 피고인이 있는 곳에서는 도저히 진술하지 못할 정도로 정신적 혼란을 겪는 경우에 대해서도 당연히 이 '예외적' 규정을 유추를 통해 적용할 수 있다. 제국법원 역시 피고인으로부터 강간을 당한 여인이 피고인이 출석한 공판정에서는 경련을 일으키면서 증언 자체를 할 수 없는 상황에서는 피고인을 공판에서 배제한다고 결정을 내렸다(RGSt 73, 355). 그 근거를 제국법원은 다음과 같이 서술했다. "형사소송법 제247조 제1항의 규정이 배경으로 삼고 있는 기본사상은 증인신문을 할 때 피고인이 출석하는 것이 분명한 진실탐구에 장애가 되지 않아야 한다는 사실까지 포함하고 있다." 따라서 증인이 피고인의 범행으로 인해 중대한 정신적 고통을 받아 피고인이 출석한 상태에서는 진술을 할 수 없으리라고 우려되는 경우는 "형사소송법 제247조가 증인이 진실을 진술하지 못하리라고 우려될 때에는 피고인의 출석을 배제하는 조치를 정당화하기 위해 명시적으로(물론 당해 규정은 증인에 대해서는 명시적으로 규정하고 있지 않다 - 지은이) 이를 규정하고 있는 경우와 같이 취급해야 한다"(RGSt 73, 356f.).[47]

46) 이에 관해서는 BGH 7, 30 참고. 또한 민법 제618조 제3항 및 제844조 이하의 규정을 도급계약에 유추적용하는 문제에 관해서는 Canaris, Lücken, S. 181f.; Palandt-Weidenkaff, §618 Rn. 1 참고.

47) 물론 그 사이 법개정이 이루어져서 현행 형사소송법 제247조 2문 후단

이렇게 볼 때, "예외규정은 유추를 통해 확장해서는 안 된다"는 원칙은 매우 신중하게 다루어야 하며, 이 원칙이 유추와 반대추론의 관계에 대해 앞에서 다루었던 내용 이상을 담고 있지 않음을 알 수 있다. 이에 반해 가끔 입법자에 의해 직접 명령되기도 하는 유추금지는 허용되는 유추의 한계로서 인정되어야 한다. 유추금지의 가장 유명한 적용사례는 "법률 없으면 범죄 없고, 법률 없으면 형벌 없다(nulla poena sine lege, nullum crimen sine lege)"라는 형법상의 죄형법정주의원칙에 포함되어 있다. 압도적인 다수의 견해에 의하면 이 죄형법정주의 원칙에는 불법한 행위를 이유로 유죄판결과 처벌을 하는 것은 직접 적용가능한 법률에 근거해야 한다는 명령도 포함되어 있다고 한다(이에 관해서는 기본법 제103조 제2항, 형법 제1조 참고). 따라서 예컨대 한밤 중에 이상한 전화를 하는 행위를 주거침입으로 처벌하는 것은 허용되지 않는다. 왜냐하면 제123조의 형벌규정은 주거침입자가 주거에 '침입'할 것을 요구하고 있기 때문이다. 이에 반해 묽게 탄 염산을 형법 제223a조에서 의미하는 '무기'에 해당한다고 본 연방재판소의 판결 역시 별다른 의문 없이 인정할 수 있다(BGHSt 1, 1).[48] 어쨌든 허용되는 확장해석과 허용되지 않는 유추 사이의 경계는 사례에 따라 결정해야 하고, 양자의 경계가 불확실한 경우가 자주 있긴

은 "증인의 건강에 중대한 불이익이 가해질 급박한 위험이 있을 때에는" 피고인의 출석을 배제할 수 있도록 규정하고 있다. 제247조에 대해서는 BGHSt 22, 18을 참고

48) 이에 관해서는 G.u.D. Reinicke, Die Auslegungsgrundsätze des Bundesgerichtshofes, NJW 1951, 681 (683 Nr. 5) 참고. '객관주의적' 해석관점(즉, 현재의 언어사용을 지향하는 관점)에서 연방재판소의 이 판결을 지지하는 입장으로는 Larenz, Methodenlehre, S. 324 참고. 그 사이 이 판결은 일반적으로 인정되고 있다. 1998년 1월 26일부터는 제244조의 규율내용이 바뀌게 되었는데, 이에 따르면 염산은 '무기'에 해당할 뿐만 아니라, '독극물투입'으로 고려할 수도 있다. 이에 관해서는 Lackner/Kühl, §224 Rn. 1b, 5; Th. Fischer, § 224, Rn. 6, 8 참고.

하지만, 가능한 문언의 의미가 그 기준이 된다.[49)]

---

49) 지나친 확장해석에 대해 원칙적으로 반대하는 입장으로는 예컨대 J. Baumann, Strafrecht, Allgemeiner Teil, 9. Aufl. 1985, §13 I 3 참고. 바우만은 문언, 문언의 맥락 및 문장이 갖는 '자연적인(당연한)' 의미를 '해석의 한계'로 본다.

형법상의 유추금지에 관해서는 예컨대 Sax; Kaufmann, Analogie, S. 4ff., 52f., 60ff.; Priester, in: Koch, S. 155ff.; Schönke/Schröder-Eser, §1 Rn. 24ff. 참고. 작스와 카우프만은 전통적 의미의 유추금지에 대해 회의적인 입장을 취한다. 심지어 작스는 "'유추금지'란 존재하지 않는다"고 선언한다(S. 152). 카우프만은 여기서 한 걸음 더 나아가, "그런 식의 엄격한 유추금지는 형법에서 존재한 적이 없다"라고까지 말한다.(S. 53). 그에 따르면 형법에서 유추는 오로지 '법률구성요건의 바탕이 되는 불법유형'에서만 그 한계를 발견한다고 한다(S. 52). 이 뒷문장의 근거는 유추적인 사고의 배경에 '사물의 본성'과 '유형'이 자리 잡고 있다는, 카우프만의 근본테제(S. 47)에 기인한다. 여기서 '유형'이란 엄격한 개념정의가 불가능하고, 다만 그에 대한 '서술의 완전성이 크고 작은 정도의 차이가 있을 뿐'인 경우라고 한다(S. 52). 따라서 유형과 관련해서는 해석과 유추 사이에 아무런 차이가 없다는 것이 카우프만의 주장이다. 상당히 많은 학자들이 카우프만의 입장에 동조한다. 이에 관해서는 예컨대 Hassemer, S. 160ff.; Hruschka, Verstehen, S. 102; G. Stratenwerth/L. Kuhlen, Strafrecht, Allgemeiner Teil I, 5. Aufl. 2004, §3, Rn. 31ff. 참고. 이에 반해 나는 전통적인 견해를 고수하고 싶다 즉, 형벌구성요건의 법률상의 표지 자체가 이미 척도로 삼아야 할 '불법유형'을 지시하고 있을 뿐만 아니라, '가능한 문언의 의미'가 허용되는 해석과 금지되는 유추 사이의 경계를 확정할 수 있을 정도로 법률상의 표지가 불법유형을 뚜렷하게 규정하고 있다고 생각한다. 양 입장 사이의 논쟁에 관해서는 Schönke/Schröder-Eser, §1 Rn. 55f. 참고.

형법적 유추금지에 상응하는 민법상의 규정은 민법 제253조("재산상의 손해가 아닌 손해에 대해서는 법률이 명문으로 규정한 경우에만 금전으로 그 배상을 청구할 수 있다.")이다. 이와 관련하여 E. Bötticher, Die Einschränkung des Ersatzes immateriellen Schadens und der Genugtuungsanspruch wegen Persönlichkeitsminderung, MDR 1963, 353(360)은 "비물질적 손해에 대한 배상에 관련된 민법 제253조는 기본법 제103조 제2항을 정확히 반영하고 있다"는 점을 강조하면서, "두 규정 모두 법관이 행위자에게 유죄를 선고할 때에는 반드시 하나의 법률에 근거할 수 있어야 하며, 따라서 보통의 경우에는 허용되는 유추가 이 경우에는 결코 허

유추와 반대추론과 비슷한 방식으로, 주어져 있는 법규범을 흠결보충을 위해 사용하는 데 기여할 수 있는 다른 논거들에 관해서는 여기서 더 이상 자세히 다룰 수 없다. 예를 들어 '대소추론(argumentum a maiore ad minus)', 그 거꾸로인 '소대추론(argumentum a minore ad maius)' 등과 같은 논거들에 대한 논의는 생략하기로 한다.[50] 이제부터는 법률 또는 관습법의 논리적 및 목적론적 '팽창력'

용될 수 없다"고 한다. 그리하여 일반적 인격권을 침해한 경우 금전 손해배상을 인정한 연방재판소의 판결은 유추금지를 무시한 것이라고 한다. 이에 관해서는 뒤의 305면 각주 137 참고. 그렇지만 연방헌법재판소는 '소라야(Soraya)사건'에서 '일반적 인격권의 침해'와 관련하여 금전손해배상을 인정한 것은 헌법적으로 효력을 갖는 유추금지를 위반한 것이 아니라고 판결했다(BVerfGE 34, 269, 특히 IV와 V). 이 판결에 동조하는 입장으로는 Larenz/Canaris, Methodenlehre, S. 249f., 비판적인 입장으로는 Larenz, Methodenlehre, S. 425f. 참고.

50) 이 추론들의 논리적 구조와 엄밀성에 관해서는 Nawiawsky, S. 148(나비아브스키는 이 두 추론이 '유추의 특별한 경우'라고 본다); Kriele, S. 151[크릴레는 양자가 단지 '논점(Topoi)'일 뿐이라고 한다]; Klug, S. 146ff.(클룩은 앞에서 언급한 모든 논거들이 '내용적으로 밀접한 유사성'을 갖는다는 점을 강조하면서, '당연히'라는 표현을 사용하여 이들 논거를 사용하는 경우가 자주 있다는 사실을 지적한다); U. Neumann, Juristische Argumentationslehre, 1986, S. 34ff.; Bydlinski, S. 479f.; Larenz, Methodenlehre, S. 389ff.; Schneider/Schnapp, S. 159ff. 참고. 또한 소대추론의 경우에는 "한 규정의 근거들이 이 규정이 직접적으로 포함하고 있는 사례들보다는 이 규정으로 규율되지 않은 사례들에 해당될 때가 훨씬 더 많다"는 점을 정확히 지적하고 있는 Canaris, Lücken, S. 78ff.도 참고. 여기서 카나리스는 적절한 보기를 제시한다. 즉, 긴급피난에 관한 민법 제904조 2문에 대해서는 '당연추론(argumentum a fortiori)'이 적용되기 때문에, "타인의 희생을 대가로 하나의 법익을 구한 경우" "합법적인 침해만으로도 책임을 부담해야 한다면… 당연히 위법적인 침해가 책임이 없이 발생한 경우에도 마찬가지다"라고 추론해야 한다고 본다(S. 78f.). 이 민법상의 보기와 유사한 형법상의 보기를 들어 본다면, 자살에 대한 고의의 방조가 처벌되지 않는다는 점으로부터 자살을 과실로 조장한 행위 역시 처벌되지 않는다는 추론이 가능하다(BGHSt 24, 342). 이 역시 당연추론에 해당하며, 동시에 유추의 한 경우로 볼 수 있다. 어떤 작위의 불가벌성으

이 결정을 발견하거나 그 근거를 제시하는 데 충분하지 않을 때에는 어떠한 방식으로 흠결보충이 이루어져야 하는가에 대해 설명하기로 한다.

이와 관련하여 가장 인상적인 보기로서 형법상 금지착오의 문제를 간략하게 살펴보기로 하자. 금지착오는 제2차 형법개정법에 따른 새로운 법률규정(형법 제17조) 덕분에 1975년 1월 1일부터는 더 이상 '흠결'이 아니게 되었다. 하지만 이 법률개정이 이루어지기 전까지만 해도 금지착오는 해당하는 법규정이 없어서 형법 도그마틱의 가장 끔찍한 논쟁대상이었다. 1871년에 제정된 형법은 가벌적 행위를 한 행위자일지라도, 그가 가벌적 불법의 '법률구성요건'을 충족하는 사정과 그 결과에 대해 전혀 알지 못한 때에는 고의의 책임비난으로부터 배제한다고 규정하고 있었다(예를 들어 자신이 허위의 진술을 하는지를 몰랐다거나 화재를 유발한다는 사실을 전혀 모른 경우). 그렇지만 행위자가 자신의 작위 또는 부작위와 관련된 사정과 결과를 분명하게 알고 있었지만, 그것이 결코 금지규범에 해당하지 않는다고 생각한 경우(예를 들어 동성애는 어느 경우에나 허용된다고 믿은 경우)에는 어떤 식으로 행위자의 고

로부터 그에 상응하는 (결과발생을 저지하는) 부작위의 불가벌성을 추론하는 것 역시 당연추론에 해당한다.

Canaris, Lücken, S. 82ff., 136f.; Larenz, Methodenlehre, S. 391에서는 이른바 '은폐된' 흠결을 보충하기 위한 추론 절차로서 유추와 여타의 논거 이외에도 '목적론적 축소'를 제시하고 있다. 카나리스와 라렌츠는 일정한 의미에 비추어 한 규정에 대해 제한을 가하는 경우를 '목적론적 축소'로 이해한다. 즉, 유추는 같은 것을 같게 취급하도록 하기 위한 것임에 반해, 목적론적 축소는 입법취지(ratio legis)에 비추어 다른 것을 다르게 취급하기 위한 것이라고 한다(목적론적 축소의 실례는 Canaris, Lücken, S. 82ff.; Larenz, Methodenlehre, S. 391 참고. 이밖에도 Bydlinski, S. 480f.; Pawlowski, Rn. 493ff.; Rüthers, Rechtstheorie, Rn. 902ff. 그리고 아래의 299면 이하와 각주 129; Ott, S. 97ff. 참고).

의를 판단해야 하는가에 대해서는 법률에 명문의 규정이 없었다. 이 까다로운 '흠결'을 보충하여, 판례로 하여금 이 문제를 어떻게 다루어야 하는지를 설명하기 위해 제시된 여러 가지 이론들을 여기에서 자세히 다룰 수는 없다. 다만 연방재판소가 설립 직후 어떤 식으로 해서 최근까지도 끝없는 논쟁의 대상이었던 이 금지착오의 문제를 극단적인 '법보충'을 통해 해결(BGHSt 2, 194)했는지에 대해서는 설명할 필요가 있다. 즉, 연방재판소는 형벌이 책임을 전제한다는, 모든 형벌과 관련된 불가침의 원칙을 원용했다. 다시 말해 책임의 '본질'에 대한 분석('책임은 비난가능성이다', S. 200)을 통해 이 원칙의 의미를 면밀하게 구성함으로써 연방재판소는 범죄행위의 행위자가 불법을 행한다는 의식을 갖고 있었거나 또는 최소한 '제대로 양심의 긴장이 있었다면'(S. 194) 이를 의식할 수 있었던 때에만 행위자에게 책임을 부담시킬 수 있다는 결론에 도달했다. 연방재판소의 이러한 입장은 이미 형법학에서 몇몇 학자들에 의해 제안된 적이 있고, 그 자체 명쾌하고 만족스러운 해결책이라 할 수 있다. 형사입법자 역시 이를 받아들여 아주 간명한 표현으로 새로운 법규정(제17조)을 제정했다. "행위시에 불법을 행한다는 인식을 하지 못한 경우, 그러한 착오가 회피불가능했다면 행위자는 책임이 없다. 행위자가 착오를 회피할 수 있었다면, 형벌을 … 감경할 수 있다." 연방재판소는 판결문에서 "법관의 법발견을 통해 … 책임원칙의 실현을 보장하고 책임의 본질에 부합하는 법원칙을 확인하여 이를 적용하는 것"을 과제로 삼았다고 밝히고 있다(S. 204). 심지어 법률에 '빠져 있는' 규정을 판결을 통해 사후적으로 만회하는 때에는 "책임의 본질로부터 필연적으로 도출되는 －다시 말해 모든 법률규범에 우선하는－ 법원칙"(S. 209)을 밝혀야 한다고까지 선언하고 있다. 연방재판소의 이러한 선언은 거의 '자연법'에 유사하다고 볼 수 있다.

앞에서도 '역사적'이라는 표현이 갖는 이중적 의미에 대해서 언급했지만, 그와 똑같은 맥락에서 '역사적'이라고 부를 수 있는 이 보기가 지금도 여전히 해결되지 않은 채 남아 있는 '현재의' 흠결문제라고 한 번 가정해 보자. 그렇게 가정한다면 아마도 오늘날 커다란 논란에 휩싸여 있는 '안락사'의 문제영역에 해당하는 사례집단이 설명을 위해 좋은 실례가 될 것 같다. 즉, 사망선고를 받았다고 말해도 무방한 어느 말기 암환자에게 도저히 참을 수 없는 고통을 줄여주기 위해 의사가 몰핀주사를 처방했고, 투약한 몰핀의 양에 비추어 볼 때 환자의 사망을 더 빨리 진행시킬 수 있는 위험이 매우 높은 경우라면, 이 의사의 행위에 대해 어떤 식으로 법적 판단을 내려야 할까? 우리가 형법 및 이에 대한 '전통적인' 해석만을 고수한다면, 생명의 단축을 의식적으로 '용인'(왜냐하면 고도의 개연성이 있다고 예측했기 때문에)한 행위는 고의의 살인행위이며, 다만 죽은 환자의 '명시적이고 진지한 요구'가 있었던 경우라면 형을 감경할 수 있다고 판단(형법 제216조)하지 않을 수 없다. 그러나 환자가 "의사선생님, 제발 좀 도와주세요!"라고 소리치는 것만으로는 그와 같은 명시적이고 진지한 요구라고 볼 수 없다. 그리고 이 의사에게 이른바 '자비심에 근거한 살인(Gnadentod)'의 경우처럼 회피불가능한 금지착오가 존재했다고 볼 수도 없다. 그렇지만 순간적인 형법적 판단만으로는 결코 충분하지 않을 뿐만 아니라, 심지어 비인간적으로 여겨지는 사건이 자주 발생하기 마련이다. 그 때문에 사람들은 한편으로는 법률규정에 '흠결'이 있다거나, '보충을 필요로 한다'고 여길 수밖에 없도록 만드는 관점과 다른 한편으로는 만족스러운 해결책을 제시할 수 있는 관점을 찾아내려고 한다. 우리의 사례에서는 아마도 다음과 같은 내용들이 그러한 관점으로 고려될 수 있을 것이다: 죽어가는 환자의 자율, 위험이 따르더라도 치료를 통해 환자를 도와야 하는 의사의 제도적 사명, '이성적인' 이익형량(이 역시 '초법률적 긴급피난'에서 제기되는 논거이다),[51] 지나치게 엄격하고 경직된 요구에 대항하여 (동정심과 자비심의) 도덕을 관철해야 한다는 요청, 세계관과 종교관의 변화, '확신범'에 대한 특수한 판단의 필요성, 헌법이 인정하고 있는 '인간존엄'의 유지라는 명령에 따라 인간이 가능한 한 '잔혹한' 죽음을 겪지 않도록 해야 한다는 요청 등.

앞에서 열거한 것들은 분명 법적으로 승인된 형태이거나 최소한 논의해 볼 수 있는('인정할 수 있는') 준칙 또는 '논점(Topos)'들로서 법보충을 위해 유용하다고 권장되는 실질적 관점에 해당하고, 이들은 유추, 반대추론 및 이와 밀접한 관련이 있는 논거들과 같이 단순히 형식적 관점이 아니다. 이들 실질적 관점들이 얼마만큼 영향력을 행사하는지를 살펴보면, 입법(일반적 지침의 차원), 판결 그리고 학설에서 이들 실질적 관점은 이미 언급했던 법형식과 사유형식(책임의 본질, 초법률적 긴급피난, 제도 등)과는 별개로 매우 중요한 것으로 설명되고 있음을 알 수 있다. 즉 이 관점들은 법의 일반원칙,[52] 법질서의 정신,[53] 주도적 계층의 가치평가,[54] '정당한 법',[55] 자연법 및 '사물의 본성',[56] '정당한 목적을 위한

---

51) 이에 관해서는 Schönke/Schröder-Leckner/Perron, §34 Rn. 2 참고.

52) 예컨대 H. J. Wolff, Rechtsgrundsätze und verfassungsgestaltende Grundentscheidungen als Rechtsquellen, in: FS f. W. Jellinek(1955), S. 33; ders./Bachof/Stober/Kluth, §25 Rn. 2f., §28 Rn. 74; Germann, S. 151ff., 181ff.; Esser, Grundsatz, S. 242ff.; Larenz, Methodenlehre, S. 336ff., 421f., 474ff. 참고. 이와 관련해서는 민법 제1초안의 제1조도 참고할 만하다. 즉, 이 초안 제1조는 법률규정이 존재하지 않아서 유추를 통해서만 적용을 할 수 있을 때에는 "법질서의 정신에 비추어 도출되는 원칙을 척도로 삼는다"고 되어 있었다.

53) 이에 관해서는 예컨대 Bierling IV, S. 411ff.; Keller, S. 122ff. 참고. Canaris, Systemdenken, S. 95ff.에서 말하는, 법질서의 '내적 체계'에 따른 흠결보충 역시 이와 유사하다고 이해할 수 있다.

54) Bierling, in: FS Heck u.a.(1931), S. 13.

55) Stammler, Theorie, S. 647ff.; ders., Rechtsphilosophie, §132. 이에 대

정당한 수단'(이에 관해서는 뒤의 264면 각주 64 참고) 또는 (자유법학의 주창자들이 즐겨 쓰는 표현을 빌리자면) '법관 나름의 창조적인 평가'[57] 등의 이름을 달고 등장한다. 입법 역시 흠결이 발생할 때에는 이 준칙들 가운데 하나를 원용하면서 법률의 제정 또는 개정의 필요성을 느끼는 경우가 자주 있다. 이미 프로이센 일반란트법의 서장(序章) 제49조는 '일반 법원칙'을 원용했고, 독일민법 초안의 제1조도 '법질서의 정신'을 원용하고 있다. 또한 1917년의 교회법 제20조는 명문의 규범이 없거나 유추적용할 규범이 없을 때에는 '교회법적 정의에 기여할 수 있는 일반 법원칙'에 따라 결정해야 한다고 규정하고 있다. 그리고 헤이그 국제법원 협약 제38조는 '문명국가의 일반 법원칙'을 신봉한다고 규정하고 있다.[58] 그렇지만 아리스토텔레스에까지 거슬러 올라가는 이 원칙[59]에 관

해서는 또한 Keller, S. 126; K. Larenz, Richtiges Recht, 1979; ders., Methodenlehre, S. 90ff.; Pawlowski, Rn. 588ff.도 참고.

56) 흠결보충의 도구로서의 자연법('사물의 본성'을 포함)에 관해서는 Reichel, S. 106; G. Radbruch, Die Natur der Sache als juristische Denkform, in: FS f. R. Laun (1948), S. 157 (162f.); Kaufmann, Analogie; Larenz, Methodenlehre, S. 417ff.; Müller, Rechtslehre, S. 102; Rüthers., Rechtstheorie, Rn. 919ff. 참고. 또한 Bydlinski, S. 51ff.도 참고. 자연법과 사물의 본성에 관한 일반적인 문헌들은 앞의 296면 각주 124와 334면의 각주 38 참고.

57) 이러한 자유법학의 입장에 관해서는 H. U. Kantorowicz (Gnaeus Flavius), Der Kampf um die Rechtswissenschaft, 1906, S. 14f., 20, 41; Isay, S. 223f.(흠결이 존재하면, 법관은 자신의 법감정에 따라 결정을 형성할 자유가 있다) 참고. 이에 대한 비판적 입장으로는 예컨대 Boehmer, S. 158ff. 참고. 또한 자유법학에는 속하지 않지만, 법관 '나름의 평가'를 긍정하는 견해로는 특히 Heck, Gesetzesauslegung, S. 238; E. Huber, Recht und Rechtsverwirklichung, 2. Aufl. 1925, S. 354; Petrascheck, S. 308; R. Zippelius, Rechtsnorm und richterliche Entscheidungsfreiheit, JZ 1970, 241; Bydlinski, S. 19ff. 참고.

58) 이에 관해서는 R. Laun, Allgemeine Rechtsgrundsätze, in: FS f. G. Radbruch (1948), S. 117; Dahm/Delbrück/Wolfrum, S. 62ff. 참고.

련된 가장 유명한 사례는 다음과 같은 스위스 민법전 제1조이다. "법률로부터 명확한 규율을 도출할 수 없는 경우에 법관은 관습법에 따라 결정하고, 만일 해당하는 관습법도 없는 경우에는 그 자신이 입법자라면 제기할 규칙에 따라 결정한다. 이 경우에도 법관은 확립된 학설과 전통에 따라야 한다."[60]

도대체 흠결보충과 관련된 이 모든 원칙들이 어디에서 연원하는지 그리고 각 원칙들 사이에는 어떠한 위계질서가 있는지(예컨대 관습법이나 유추로도 해결되지 않는 경우 먼저 주도적 계층의 가치평가를 원용하고, 그래도 안 되면 일반적 법원칙을 원용해야 하는지 또는 법관 나름의 가치평가를 가장 먼저 고려해야 하는지 아니면 이를 최후의 은신처로 삼아야 하는지 등등)에 대해서는 여기서 논의하지 않겠다. 이는 법철학의 핵심에 해당하는 문제이기 때문이다. 물론 흠결을 보충해야 하는 법관의 사명이나 흠결보충과 관련된 이런저런 방법의 정당성을 법률이 부여하고 있는 특수한 권한이나 관습법, 특히 법관의 지위에 관한 전통적인 사고를 근거로 삼는 경우가 자주 있다. 이는 실증주의적인 문제해결 방식에 해당한다. 하지만 이 책에서 다루고자 하는 주제에 비추어 볼 때에는 앞에서 인용한 여러 가지 원칙들이 과연 어떠한 사고에 기초하고 있는지가 중요하다. 이 문제는 매우 다양한 측면들을 포괄하고 있기 때문에 여기서는 아주 간략한 서술에 머무를 수밖에 없다. 각각의 원칙들의 표현이 다를 수밖에 없는 이유는 이른바 '법질서를 구성하는 원칙들'이 갖고 있는 추상화의 정도가 다르다는 데 기인한다.

---

59) Aristoteles, Nikomachische Ethik, übers. v. O. Gigon, Zürich 1951, V. 14.

60) 이에 관해서는 A. Meier-Hayoz, Der Richter als Gesetzgeber, 1951; ders., in: Berner Kommentar zum schweizerischen Zivilrecht, Bd. 1, hg. v. H. Becker, 1962, Art. 1; Germann, S. 159ff. 참고. 또한 BGH-Gutachten v. 6. 9. 1953, JZ 1954, 152 (153f.)도 참고.

즉, 어떤 원칙이 보편타당한 원칙인지 아니면 구체적인 역사적 맥락에 속하는 '특수한' 원칙인지를 물어볼 수 있다.[61] 물론 흠결보충이 일반 법원칙 또는 '자연법'에 기초한 절대적이고 보편적으로 타당한 법원칙에 따라 이루어질 수도 있고 아니면 이익형량 및 의무형량의 원칙이나 '정당한 목적을 위한 정당한 수단'과 같이 특수한 역사적 상황에 지향된 형식적 원칙에 따라 이루어질 수도 있다. 이에 반해 '법질서의 정신'[62] 또는 이보다 더욱 분명하게 '주도적 계층의 가치평가'를 원용하는 경우는 특정한 시대에만 타당성을 갖는 원칙에 지향되어 있다. 이제 다시 우리가 앞에서 든 보기들에 대해 생각해 보면, 금지착오의 문제에 대한 해결은 -물론 논란이 많긴 하지만- 상대적으로 보편타당한 결정에 해당하는 반면, 커다란 위험을 수반하는 고통완화치료는 비교적 역사적 가변성을 갖는 가치평가에 따르는 결정이라고 볼 수 있다. 만일 흠결보충을 자연법사상을 중심으로 사고하게 되면, 이에 대한 법학적 사고는 완전히 법철학적 궤도로 들어가게 된다. 하지만 자연법의 논리를 파헤치고자 하는 의도를 갖고 있지 않은 이 책에서는 그와 같은 문제를 계속 추적할 수 없다. 이와는 달리 흠결보충을 위해 특정한 역사적 평가를 원용한다면, 이 경우에는 우리가 앞장에서 다룬 법관의 '객관적' 가치평가(이는 물론 법관의 자의적인 평가가 아니라, 기존의 사회적 가치평가에 의존한다)에 대해 서술한 내용이 이 경우에도 타당성을 갖는다. 물론 여기서도

---

61) 이하의 서술과 관련하여 여러 가지 중요한 내용을 담고 있는 Wieacker, Gesetz, S. 12ff.; Larenz, Methodenlehre, S. 336ff., 474ff. 참고. 라렌츠가 말하는 '법윤리적 원칙'은 법적 진리 또는 '실질적 법사상'으로서 일반적인 법의식 속에 자리잡고 있기 때문에, 법의식의 변화와 함께하며 각각의 역사적 발전단계에 따라 그에 상응하는 기준이 될 수 있다. 따라서 법윤리적 원칙은 결코 이미 주어져 있는 고정불변의 규범이 아니다. 이 원칙은 제정되는 것이 아니라, '발견'되는 원칙이다.

62) 이에 관해서는 Esser, Grundsatz, S. 172ff. 참고.

규범적 개념이나 특정한 가치평가('선량한 풍속에 대한 위반')에 지향된 법조항과 흠결보충을 위한 원칙들 사이의 경계가 모호해지고, 그리하여 법률에 부합하는(secundum legem) 법발견과 법률을 보충하는(praeter legem) 법발견 사이의 경계가 불확실하게 된다는 사실이 다시 한 번 드러난다. 그렇지만 방법론의 관점에서 특별히 관심을 끄는 것은 정당한 목적을 위한 정당한 수단이라는 원칙이나 이익형량과 의무형량의 원칙 또는 자우어(Sauer)가 제기한 '법적 기본법칙'(즉, "국가공동체에 대한 최대한의 효용… 손해보다는 이익이 더 많도록 할 것을 지침으로 삼는" 원칙)[63]과 같은 흠결보충을 위한 형식적 준칙들이다. 정당한 목적을 위한 정당한 수단이라는 원칙은 예컨대 에버하르트 슈미트(Eb. Schmidt)[64]가 슈타믈러(Stammler)와 그라프 추 도나(Graf zu Dohna)의 사상을 이어받아 흠결보충의 수단으로 권장하고 있는데, 만일 이 원칙을 적용하면 분명 (특정한 의학적 징표를 이유로 임신중절을 하는 문제에서도 그렇듯이) 하나의 법규율이 특정한 목적을 실현하는 데 실제로 적절한가에 관련된 순수한 목적론적 고려 이외에도 목적 그 자체 및 목적에 도달하기 위해 투입될 수단에 대한 법적, 도덕적 및 문화적 평가도 필요로 하게 된다. 이미 19세기의 법학문헌에서도 등장하는 이익형량과 의무형량의 원칙[65]은 의학적 징표에 따른 임신중절에 관한 제국법원의 판결(RGSt 61, 242)에 수용되었다. 제국법원은 이 원칙을 다음과 같이 표현한다. "범죄형식의 외부적 사실을 충족하는 행위가 법익을 보호하거나 또는 법이 부과 또는 승인하고 있는 의무를 이행하기 위한 유일한 수단이 되는 상황에서는 당해 행위가

---

63) Sauer, S. 255. 비례성원칙 역시 이 기본법칙의 한 부분이다.

64) F. v. Liszt/E. Schmidt, Lehrbuch des Deutschen Strafrechts, 26. Aufl. 1932, §32 B(각주 20). 이에 관해서는 또한 Schönke/Schröder- Lenckner, vor §32 Rn. 6도 참고.

65) 예컨대 Binding, Handbuch, S. 760.

합법적인 행위인지, 금지되지 않는 행위인지 또는 위법한 행위인지에 대한 물음은 서로 대립하는 법익들 또는 의무들 사이의 가치관계를 현행법으로부터 도출하여 이를 기준으로 결정해야 한다."[66] 당연히 이 이익형량 및 의무형량 공식은 실제적이고 기술적인 고려(문제되는 법익에 대해 가해지고 있는 위험의 정도 또는 하나의 이익 또는 의무를 희생시켜야 할 필요성의 정도)뿐만 아니라, 진정한 의미의 가치평가(어떠한 이익 또는 어떠한 의무가 더 비중이 큰가?)까지도 요구한다. 이 가치평가는 다시 어떤 '객관적' 가치척도에 의존해야만 한다. 이와 관련하여 제국법원은 형법에 규정된 형량(刑量)으로부터 각각의 법익에 대한 가치평가를 도출할 수 있다고 함으로써 '현행법'을 그러한 객관적 척도로 삼았다. 다시 말해 형법상 살인죄가 낙태죄보다 더 엄격하게 처벌된다는 사실은 사람의 생명이 태아의 생명보다 더 중요하다는 것을 보여준다고 한다. 자우어가 제기한 '법적 기본법칙' 역시 이익형량원칙과 비슷하게 이해할 수 있다.

---

66) 이와 관련해서는 이익형량원칙이 원래 형법에서 발전되어 개정 형법 제34조에 수용되었는데, 민사법의 법발견에서도 점차 이 원칙이 확고하게 자리잡게 되었다는 사실을 언급할 필요가 있다. 이 원칙을 수용하고 있는 민사판결에는 예컨대 '콘스탄체 사건'(BGHZ 3, 270), '녹음테이프판결'(BGHZ 17, 266), '인삼판결'(BGHZ 35, 363; 이 판결의 쟁점은 인격권과 의사표현의 자유 사이의 형량이었다) 등이 있다. 이에 관해서는 Larenz, Methodenlehre, S. 409f. 참고. 이밖에도 '뤼트판결'(BVerfGE 7, 198) 이후 이익형량원칙은 헌법에서도(특히 기본권 제한과 관련하여) 원용되고 있지만, 이에 대해서는 여러 측면에서 의문이 제기되고 있다. 이에 관해서는 예컨대 P. Häberle, Die Wesensgehaltsgarantie des Art. 19 Abs. 2 Grundgesetz, 2. Aufl. 1972, S. 31ff.; Larenz, Methodenlehre, S. 404ff.; Zippelius/Würtenberger, §7 Rn. 35ff., §26 Rn. 76ff. 참고. 비판적인 입장으로는 Hesse, Rn. 72, 423; Müller/Christensen, Methodik, Rn. 64ff. 참고. 기본권의 기저에 자리잡고 있는 '가치질서'라는 사고 역시 '이익형량'의 맥락에서 격렬한 논쟁의 대상이 되고 있다.

스위스 민법전 제1조 역시 상당히 까다로운 문제를 제기한다. 예를 들어 입법자처럼 행동해야 되는 법관이 올바른 입법에 관한 자신의 극히 개인적인 견해를 어느 정도까지 원용할 수 있으며, 역사적 입법자와의 연결성을 어느 정도까지 유지하도록 노력해야 하는가? 입법자가 법을 발견할 때에는 도대체 어떠한 원칙에 따랐던 것일까? 스위스의 법학자 마이어-하이오츠(Meier-Hayoz)는 스위스 민법 제1조 제2항에 관한 두툼한 단행본(「입법자로서의 법관」)을 출간했다. 우리로서는 이 책을 지적하는 것으로 만족하기로 한다. 입법자에 의한 법발견의 문제, 즉 '입법 방법론'의 문제는 매우 광범위한 독립된 문제영역으로서, 여기서는 단지 그와 같은 문제영역이 존재한다는 점만을 지적하고, 자세히 논의하지는 않겠다.[67]

자유법학에 속하든 그렇지 않든 상당수 법학자들이 흠결보충의 수단으로 칭송해마지 않는 '법관 나름의 가치평가'에 관해서는 법관의 가치평가에 대해 제6장에서 서술한 내용 이외에는 더 이상 추가할 내용이 없다. 이와 관련된 가장 결정적인 물음은 늘 그렇듯이 법관의 '독자적인 평가'가 과연 얼마만큼 법관의 극히 개인적인 주관적 평가를 허용하는지 그리고 과연 얼마만큼 객관적인 척도를 바탕으로 삼는 결정이어야 하는지의 문제이다.[68] 흠

---

67) 입법방법론에 관해서는 F. Zitelmann, Die Kunst der Gesetzgebung, 1904; A. Wach, in: v. Birkmeyer u.a., AT VI, S. 1; E. Beling, Methodik der Gesetzgebung, 1922; P. Noll, Gesetzgebungslehre, 1973; J. Rödig(Hg.), Studien zu einer Theorie der Gesetzgebung, 1976; H. Kindermann(Hg.), Studien zu einer Theorie der Gesetzgebung, 1982; W. Hugger, Gesetze – Ihre Vorbereitung, Abfassung und Prüfung, 1983; Bydlinski, S. 625ff.; Vogel, S. 197ff.; H. Schneider, Gesetzgebung, 3. Aufl. 2002 참고. 입법학에서는 경제적 효율성과 결과지향에 비추어 '법의 경제적 분석'이 갈수록 주목을 받고 있다. 이에 관해서는 앞의 128면 각주 37과 Hugger, S. 41ff., 245ff.; Deckert, S. 233, 237; Pawlowski, Rn. 852, 855 참고.

결보충과 관련하여 이러한 의문이 생길 때에는 결과적으로 객관적인 결정이 되도록 노력해야 한다고 말하지 않을 수 없다.

끝으로 보충적인 법발견과 관련하여 앞에서 설명한 모든 방법을 동원하더라도 흠결보충이 불가능한 사례가 존재하는가라는 물음을 제기해 볼 수 있다. 다시 말해 실정법의 흠결과는 별개로 전체 법질서의 흠결이 존재하는지를 물어볼 수 있다. 이 문제 역시 방법론의 문제라기보다는 법철학의 문제에 속한다. 그렇긴 하지만 다음과 같은 점만을 짧게 언급하기로 하자. 즉, 사실상 보충이 불가능한 흠결이 남아 있을 가능성이 있으며, 법질서의 완결성이라는 도그마 —슈타믈러의 표현을 빌리자면, "모든 법적인 문제에 대해 반드시 법적인 대답이 가능해야 한다"[69]는 도그마— 가 절대적으로 타당하지는 않다는 점이다.[70] 물론 프랑스 민법전(code civil) 제4조("법률의 침묵, 모호성, 불충분성을 이유로 재판을 거부하는 법관은 사법거부죄로 소추대상이 된다")에 고전적인 형태로 표현되어 있는, 유명한 재판거부금지원칙은 보편적인 효력을 갖는다. 즉, 이 재판거부금지는 법관으로 하여금 모든 법적 문제에 대해 대답을 하도록 강제한다. 그렇지만 재판거부금지가 선험적으로 효력을 갖는 것은 아니다.[71] 다시 말해 흠결이 있는 경우 법관이 법적 문제에 대한 답을 거부하는 것도 얼마든지 생각해 볼 수 있다. 더욱이 모든 법적 문제와 관련하여 법원이 그 갈등을 해결할 소명을 갖고 있는 것도 아니다. 국가법이나 국제법에 관련된 분

68) '이익법학'의 '독자적인 평가'가 갖는 의미에 관해서는 Kallfass, S. 40ff., 57f., 103f. 참고.
69) Stammler, Theorie, S. 643.
70) 이에 관해 자세히는 Engisch, in: FS Sauer (1949), S. 96ff. 참고. 같은 입장으로는 Larenz, Methodenlehre, S. 402 참고. '보충할 수 없는 흠결의 존재가능성'에 대해 상세하게는 Canaris, Lücken, S. 172ff. 참고.
71) Canaris, Lücken, S. 174.

쟁을 생각해 보라! 독일 연방헌법재판소가 매우 폭넓은 권한을 행사하고 있는 것은 결코 자명한 일이 아니다. 설령 법원이 결정을 내려야 하고 또한 그렇게 강제당한다고 할지라도, 그것이 곧 법원의 결정은 언제나 법원칙에 비추어 충분한 근거를 갖는다거나 법원의 결정은 자의적인 결정이 아니라, 진정한 의미의 법적(정당한) 결정이라는 사실을 뜻하지는 않는다. 물론 일반적으로 법원은 자의 또는 순간적으로 떠오른 관점에 따라 결정을 내려서는 안 되고 또한 그럴 권한도 없다. 이 점에서 연방재판소는 양성평등에 관한 소견서에서 법관이 "필요하다면 법률을 초월해서 법을 발견해야 하는 자신의 과제"를 "법원칙의 전개를 통해 법을 발견하는 대신 합목적성의 관점에 따른 의지적 결단을 통해 법을 정립하는 방식"으로 해결하는 것은 결코 권력분립원칙에 부합할 수 없다고 선언했다.[72]

따라서 논리적으로나 법이론적으로 법질서의 완결성을 주장할 필연적인 근거는 존재하지 않는다. 물론 법질서의 완결성은 '규제' 이념으로서, 다시 말해 "대상 자체에 … 이미 주어져 있다고 예상할 수는 없지만 … 마땅히 우리에게 그렇게 되어야 한다고 요청되는 규칙으로 작용하는 이성의 원칙"[73]으로서 고수해야 한다. 즉, 우리는 제기된 모든 법학적 문제에 대해 대답을 할 수 있도록 최선을 다해야 하며, 실정법의 흠결을 법학적 사고를 통해 보충할 수 있도록 노력해야 한다.

---

72) BGH-Gutachten, JZ 1954, 155. 이에 관해서는 또한 OLG Freiburg, NJW 1952, 886 (887)도 참고. 소견서가 갖는 의의에 관해서는 Engisch, in: FS Sauer (1949), S. 98; H. J. Hirsch, Richterrecht und Gesetzesrecht, JR 1966, 334 (339)도 참고.

73) Kant, KdRV, S. 472(A 509).

II

법질서의 완결성 원칙과 함께 논의되곤 하는 것은 법질서의 통일성 원칙이다. 법질서의 통일성 원칙은 우리가 이 장에서 다루고자 하는 두 번째 문제영역, 즉 하자 있는 법에 대한 수정이라는 문제영역과 밀접한 관련이 있다. 물론 법질서의 통일성이 갖는 의미는 단순히 이 문제영역에만 국한되는 것은 아니지만,[74] 이 문제영역의 깊숙한 곳까지 영향을 미친다는 점은 틀림없는 사실이다. 왜냐하면 통일성 원칙의 한 측면은 법질서 내의 모순을 제거하라는 명령이기 때문이다. 여기서 모순은 '하자'를 뜻한다. 물론 거꾸로 모든 하자가 곧 모순이라는 뜻은 아니다. 어쨌든 우리는 먼저 모순으로 등장하는 하자에 대해 서술하기로 한다(다른 하자에 관해서는 III에서 설명한다).

법질서 내의 모순들 – 우리는 편의상 제정법만을 법질서로 보기로 한다 – 에는 여러 가지 종류가 있다. 우선 흠결에도 1차적 흠결과 2차적 흠결이 있듯이 모순 역시 1차적 모순과 2차적 모순으로 구별할 수 있다. 즉, 모순이 전체 법명제의 체계 속에 처음부터 존재했는지 아니면 사후적으로 체계에 들어가게 되었는지에

---

74) 법질서의 통일성에 관해서는 Engisch, Einheit 참고. 더 나아가 Sauer, S. 280ff.; Hanack, S. 104ff., 154ff.; D. C. Göldner, Verfassungsprinzip und Privatrechtsnorm in der verfassungskonformen Auslegung und Rechtsfortbildung, 1969, S. 52ff., 125ff.; Canaris, Systemdenken, S. 13ff.; Larenz, Methodenlehre, S. 166f.; M. Baldus, Die Einheit der Rechtsordnung, 1995; Heckmann, S. 143(비판적인 입장에 서 있다); H.D. Jarass, Die Widerspruchsfreiheit der Rechtsordnung, AöR 126(2001), 588; D. Felix, Die Einheit der Rechtsordnung, 1997; Röhl/Röhl, S. 430, 451ff.; Rüthers, Rechtstheorie, Rn. 145ff., 270ff.도 참고.

따라 그러한 구별이 가능하다. 보통은 1차적 모순보다 2차적 모순을 고찰하게 되는 경우가 더 많다. 왜냐하면 한 순간에 효력을 갖게 되는 전체 규범복합체와 관련해서는 그 내적 조화에 많은 주의를 기울이고, 그에 따라 모순이 존재하지 않도록 미리 예방을 하는 반면, 입법자가 새로운 규범을 제정하면서 앞으로 이 규범이 편입될 광범위한 전체 법질서에 속해 있는 기존의 개별 규범들과 모순된다는 사실을 간과하는 일이 발생할 수 있기 때문이다. 물론 법질서가 격변과 붕괴를 겪게 되어 기존의 법상태와 새로운 법상태 사이에 커다란 간격이 발생하는 경우도 있다. 독일의 경우에는 1918년(바이마르 공화국 성립), 1933년(히틀러집권), 1945년(2차대전 종식), 1989년(동독 붕괴)에 그러한 격변을 겪었다. 그와 같은 상황에서는 법원과 다른 국가기관이 기존의 법에서 어떠한 규정들은 새로운 법상태에 합치하고 또 어떠한 규정들은 그렇지 않은가를 밝히기 위해 상당한 노력을 경주하게 된다. 예를 들어 1945년 이후에는 '헌법이 공포되기 전에' 입법자가 제정한 법규들이 1949년의 새로운 법치국가질서 및 기본법에 합치하는지를 심사해야 하는 경우가 자주 있었다.[75] 이와 관련해서는 특히 명확한 법원칙이 아니라, 과거의 질서와 새로운 질서의 '정신'에 비추어 볼 때에야 비로소 구법과 신법 사이의 모순을 포착할 수 있다는 사정이 커다란 난점으로 작용했다.

---

75) 이에 관해 기본법 제123조 제1항 자체에 다음과 같이 규정되어 있다. "(제1차) 연방의회가 소집되기 이전에 제정된 법률은 기본법에 저촉되지 않는 한 계속 효력을 갖는다." 또한 기본법 제143조("통일 이후 독일연방 공화국에 신규 가입한 구동독의 주 및 동베를린에 대한 경과규정")도 참고. 이 문제에 관해서는 Wengler, JR 1949, 67; K. Stern, Zur Fortgeltung vorkonstitutionellen Rechts, JuS 1961, 350; Zippelius/Würtenberger, §45 Rn. 141ff.; Jarass/Pieroth, Art. 123, 143(특히 1990년 8월 31일의 통일조약에 관한 내용) 참고.

이러한 난점까지 고려하면 법질서 내의 모순이 과연 어떠한 구조를 지니고 있는가라는 핵심적인 물음에 도달하게 된다. 내 생각으로는 각 모순이 미치는 영향과 그 방법론적 의미 —물론 양자를 묶어서 함께 다루기는 하겠지만— 에 비추어 다음과 같이 모순의 종류를 구별할 수 있을 것 같다.[76)]

1) 법률기술적 모순 이 모순은 용어의 통일성이 없어서 생겨나는 모순이다. 예를 들어 국가법에서의 공무원개념은 형법의 공무원개념과 항상 일치하지는 않는다. 다시 말해 형법적 의미에서는 공무원인 사람이 국가법적 의미에서는 공무원이 아닐 수 있

---

76) 아래의 내용에 관해서는 Schreiber, Logik, S. 57ff.; Ch. Perelmann (Hg.), Les Antinomies en droit, 1965; Canaris, Systemdenken, S. 53ff., 112ff. 참고. 슈라이버는 내가 아래에서 설명하게 되는 모순들의 일부는 결코 논리적 모순이 아니라는 점을 밝히려고 노력한다(S. 59ff.). 하지만 나는 결코 슈라이버가 생각하는 논리적 모순을 주장한 적이 없다. 그렇지만 논리적 모순 말고 또 다른 종류의 모순이 존재하는 것일까? 예를 들어 하나의 행위가 법적 규범에 '모순된다'라고 지칭한다면, 그것은 논리적 모순이 아니고 무엇인가? Engisch, Einheit, S. 41ff.에서 밝히고 있는 모순들은 그 맥락에 비추어 볼 때, 분명히 법질서의 통일성에 대한 장애를 의미한다. 이는 마치 수백 년에 걸쳐 건축된 교회에 서로 상반되는 건축양식이 표현되어 있다면 그것을 건축상의 장애로 느끼는 것과 하등 다를 바가 없다. 특히 법률기술적 모순은 논리적 모순이 아니라는 슈라이버의 지적에는 전적으로 동의한다. 이 점은 Engisch, Einheit, S. 45f.에서도 분명하게 밝히고 있다. 나는 그 곳에서 내용상의 부조화를 피하기 위해서는 그러한 용어상의 모순을 감수할 수밖에 없다는 점을 강조했다. 더 나아가 한 개념의 의미내용을 변경시키는 일은 법질서의 통일성을 저해하며, 그 점에서 모순이라고 할 수 있다는 것은 예컨대 연방재판소의 두 판결 [BGHst 6, 41(42f.); BGHZ 39, 333(335f.)]도 강조하고 있는 내용이다. 즉, 두 판례 모두 상이한 법규정에서 등장하는 어떤 개념을 통일적으로 해석하는 일은 법질서의 통일성에 부합한다고 선언하고 있다. 이에 관해서는 또한 BVerfGE 33, 52(66ff.); Hanack, S. 156f.; Canaris, Systemdenekn, S. 120 각주 30도 참고.

다. 이와 마찬가지로 '물건', '점유', '착오', '공개성', '과실', '항변' 등의 개념들도 각각의 법규마다 서로 다른 의미를 갖게 된다. 이러한 경우에는 보통 '법개념의 상대성'(이에 관한 문헌은 앞의 124면 이하 각주 34 참고)이라고 말한다. 법질서는 "개별 법규정의 의미에 맞추어 개념을 개별 상황에 따라 변용"하라고 요구한다.[77] 예컨대 형법상의 '과실'개념은 민법상의 과실개념과는 달리 훨씬 더 구체적으로 해석해야 한다. 왜냐하면 형사처벌을 위해서는 손해배상을 위해 과책을 확인하는 경우와는 달리 모든 구체적인 정황들을 훨씬 더 섬세하게 고려해야 하기 때문이다. 그러므로 한 의사가 형사소송에서는 자신이 일정한 능력을 갖고 있지 않았다는 사실을 주장하여 기소대상인 과실상해의 죄가 없다는 판결을 얻어내는 데 성공하는 반면, 똑같은 사건에 대한 민사소송에서는 그가 의사에 대한 '일반적인' 기대를 충족하지 못했고, 따라서 －민법 제276조에 표현되어 있는 대로－'일반 거래상의 주의의무'를 소홀히 했기 때문에 과실상해로 인한 손해를 배상하라는 판결을 받는 일이 얼마든지 가능하다. 우리가 이미 '해석과 이해'라는 장에서 보았듯이 개념은 각각의 맥락으로부터 그 내용과 범위를 획득하게 되며, 특히 그 규범적 및 목적론적 맥락이 매우 중요하다. 그러므로 법적 언어사용의 명확성보다는 실질적 상대성이 우선할 수밖에 없다. 그렇지만 "법질서의 통일성과 무모순성이라는 도그마를 이런 식으로 상대화"[78]하더라도 법의 실질에는 아무런 영향이 없다. 이에 반해 앞으로 설명하는 종류의 모순들은 법의 실질에 커다란 영향을 미친다.

2) 규범모순 이 모순은 하나의 행위가 추상적 또는 구체적

77) M. Grünhut, Methodische Grundlagen der heutigen Strafrechtswissenschaft, in: FS f. R. v. Frank(1930), Bd. I, S. 1(19).
78) Grünhut, in: FS v. Frank(1930), Bd. I, S. 19.

으로 한편에서는 명령되어 있다고 보이면서도 또 다른 한편에서는 금지되어 있다고 보이는 경우에 발생한다. 여기서는 규범모순의 보기로 자주 거론되는 사례 하나만을 제시하겠다. 즉, 한 법질서가 상관의 명령에 무조건 복종하라고 명령하면서 동시에 특정한 가벌적 행위(살인, 자유박탈 등)를 저지르는 것을 금지하는 경우가 있다. 만일 상관이 전쟁포로 한 명을 사살하라고 명령한 경우, 이 명령을 받은 부하는 경우에 따라서는 서로 모순되는 규범들 사이에 끼어들어 이러지도 저러지도 못하는 상황이 발생할 수 있다. 즉, 명령에 반항하지 말고 복종하라는 규범과 사람을 고의로 살해하지 말라는 규범이 서로 모순된다고 여겨진다. 그러한 규범모순이 해결되지 않은 채 그대로 남아 있을 수는 없다는 점은 아주 분명하다.[79)]

이 모순을 제거하려고 시도해 보면 금방 상당수 규범모순들이 단지 겉으로 보기에만 모순일 뿐이라는 사실을 알게 된다. 이는 얼핏 보기에는 서로 모순되는 것처럼 보이는 규범들을 각각의

---

79) 이에 대해 Schreiber, Logik, S. 60에서는 "법질서 내에 그러한 모순이 계속 존재하게 되면, 결국에는 법체계를 파괴하고 말 것이다"라고 쓰고 있다. 슈라이버에 따르면 규범적 모순이 있는 경우에는 "갈등상황에서 어떠한 규범이 다른 규범보다 우선하는지를 확정하는 규율이 제시되어 있어야 한다"(S. 60)고 한다. 예를 들어 위 본문에서 보기로 든 사례에서는 군인복무법 제11조와 군형법 제5조가 그와 같은 규율에 해당한다. 만일 그러한 규율이 존재하지 않고, 서로 갈등관계에 있는 규범들 가운데 어느 규범이 우선해야 하는가의 문제를 해결하는 법적 규율이 전혀 없어서 어느 규범을 우선시킬 것인지가 전적으로 자의에 내맡겨져 있다면, 결국 자의금지 원칙에 의거하여 서로 모순되는 두 규범 모두 효력이 없다고 전제하지 않을 수 없게 된다. 즉, '모순해결규칙의 흠결'이 성립하게 된다(이에 관해서는 Canaris, Systemdenken, S. 124 참고). 규범모순에 관해서는 또한 Kelsen, Rechtslehre, S. 209ff.; Weinberger, S. 235ff.; Larenz, Methodenlehre, S. 266ff., 313도 참고.

맥락에 비추어 올바르게 해석하는 것만으로도 이미 한 규범이 다른 규범에 우선해야 한다는 사실을 확인할 수 있을 때에는 언제나 그렇게 주장할 수 있다. 이와 관련하여 법학은 수백 년에 걸친 오랜 전통 속에서 규범들이 서로 조화를 이루고, 따라서 규범들 사이의 모순을 피할 수 있도록 해주는 여러 가지 규칙들을 형성해 왔다. 그 배경에는 법질서의 통일성과 무모순성이라는 '요청'이 자리잡고 있다. 예를 들어 "특별한 규범은 일반적 규범에 우선한다(lex specialis derogat legi generali)", "상위의 규범은 하위의 규범에 우선한다(lex superior derogat legi inferiori)" 또는 "신법이 구법에 우선한다(lex posterior derogat legi priori)" 등이 그러한 규칙에 속한다. 물론 이 규칙들이 논리적으로도 자명한 것은 아니다. 이 규칙들에 대한 근거설정은 심지어 이론적으로 커다란 난관에 봉착하기도 한다.[80] 이 점은 앞에서 예로 든 규칙들 가운데 세 번째 규칙을 보면 금방 알 수 있다. 왜냐하면 구법이 곧 좋은 법이라고 여겨서 구법은 당연히 신법에 우선한다고 생각하던 시대도 있었기 때문이다.[81] 하지만 이 규칙들에 대한 이론적 정당화는 여기서 논외로 치기로 하자. 이 규칙들 상호간의 내적 관계의 문제가 아직 해결되지 않았기 때문이다. 즉, 예를 들어 하위규범에 속하는 신법은 상위규범에 속하는 구법보다 우선하는가? 이 경우

80) 이에 관해서는 Engisch, Einheit, S. 47ff. 참고. 또한 Rödig, S. 211ff.; Bydlinski, S. 573f.; Larenz, Methodenlehre, S. 266ff.; Zippelius, Methodenlehre, S. 37ff.도 참고.

81) F. Kern, Recht und Verfassung im Mittelalter, 2. Aufl. 1958, S. 15ff.; H. Coing, Grundformen des Rechts, Universitas 15 (1960), 249(251f.); Rehbinder, Rechtswissenscaft, S. 21ff.; 그러한 시대가 있었다는 사실 자체에 대해 회의적인 입장으로는 K. Kroeschell, Deutsche Rechtsgeschichte, Bd. 1, 10. Aufl. 1992, S. 151 참고. 영국에서는 오늘날에도 구법을 더 높게 평가하는 전통이 어느 정도 남아 있다. 이에 관해서는 C. M. Schmitthoff, Systemdenken und Fallrecht in der Entwicklung des englischen Privatrechts, JZ 1967, 1 (3f.) 참고.

에는 신법이 구법에 우선한다는 규칙이 효력을 갖는가 아니면 상위규범이 하위규범에 우선한다는 규칙이 효력을 갖는가? 우리는 여기서 이 물음을 제기할 뿐, 이를 자세히 다룰 수는 없다.[82] 법질서 내의 외관상 모순을 해소하면서 여러 법률규정들의 '경합'을 다루는 이론은 법도그마틱을 구성하고 있는 중요한 부분에 해당한다. 바하오프(Bachof)가 제기한 문제인 '헌법에 반하는 헌법규범' 역시 상당 부분 이 맥락에 속한다. 왜냐하면 헌법의 전체 규정들 가운데 규범에 따라 그 강도가 다르다고 인식할 수 있고, 그렇다면 규범의 상하위 우선관계나 특수성에 따른 우선관계에 해당하는 규칙을 적용할 수 있다고 생각하기 때문이다.[83] 결론적으로 말하자면 도저히 해소할 수 없는 규범모순이 등장하는 경우는 극히 드물지만, 그 가능성을 완전히 배제할 수는 없다는 점을 강조할 필요가 있다. 서로 모순되는 다수의 규범들 가운데 어느 하나를 '더 강한' 규범[84]으로, 즉 유일하게 타당한 기준이 되는 규범으로 입증하는 데 성공하지 못하게 되면, 결국 서로 모순되는 규범들은 서로가 서로를 배제하는 관계에 있게 된다는 것이 지배적인 견해이며, 이렇게 되면 결국에는 흠결보충의 일반원칙에 따라 보충해야 되는, 이른바 '모순해결의 흠결'이 성립한다.[85] 바로 이 지점에서 우리는 법질서의 무모순성이라는 요청과 법질서의 완결성이라는 요청이 어떻게 마주치게 되는지를 보게 된다.

---

82) 이에 관해서는 Engisch, Einheit, S. 28f., 47ff.; Bydlinski, S. 572f.; Röhl, S. 601f.; Zippelius, Methodenlehre, S. 40f.; Röhl/Röhl, S. 585f. 참고.

83) 더 자세히는 O. Bachof, Verfassungswidrige Verfassungsnormen?. 1951; P. Großkreutz, Normwidersprüche im Verfassungsrecht, 1966; Zippelius, Methodenlehre, S. 40(기본법 제79조 3항과 관련시키고 있다); ders./Würtenberger, §12 Rn. 26ff. 참고.

84) 이에 관해서는 Kant, Metaphysik der Sitten, S. 330(AB 23f.)도 참고.

85) 이 흠결에 대해서는 Kallfass, S. 55ff.; Canaris, Lücken, S. 65ff.; ders. Systemdenken, S. 121ff. 참고.

3) 평가의 모순 입법자가 규범모순을 야기하는 상황에 빠지지는 않았지만, 입법자 자신이 내렸던 가치평가에 충실하지 않음으로 인해 법질서 내부에 모순이 발생한 경우를 나는 '평가의 모순'이라고 부른다. 실례로 다음과 같은 보기를 들어 보자. 형법은 사람을 유기하여 그 생명에 위협을 가한 행위보다는 살인행위를 당연히 더 중대한 행위로 평가한다. 하지만 한 엄마와 그 사생아의 관계에 관한 과거의 형법규정(1998년의 제6차 형법개정이 이루어지기 이전)에 따르면 '영아살해', 즉 "출산 중 또는 출산 직후에"(구 형법 제217조) 영아를 고의로 살해한 행위는 살해의 의사가 없이 출산 직후에 아이를 방치하여 이로 인해 영아가 사망하도록 한 경우보다 더 가볍게 처벌하고 있는데, 이는 살인과 유기에 대한 일반적인 형법적 평가와는 모순된다. 물론 영아살해와 유기의 경우 모두 기본형량은 똑같다. 즉, 3년 이하의 자유형에 처하고 있었다(당시의 형법 제217조 제1항, 제221조 제3항). 그렇지만 영아살해의 경우에는 사망의 결과를 야기한 유기의 경우와는 달리 '중하지 않는 사례'를 규정하여 6개월의 자유형까지 형량을 낮출 수 있는 가능성을 남겨 놓고 있다(제21조 제2항). 이는 명백히 '모순'에 해당한다는 사실은 제국법원 판결도 인정한 적이 있다(RGSt 68, 410).[86] 이밖에도 기물손괴죄의 경우에는 미수를 처벌(제303조)하

86) 이에 관해 Schreiber, Logik, S. 60은 "이 경우에는 논리적 모순이 존재하지 않는다"고 쓰고 있다(나 역시 논리적 모순이 존재한다고 주장한 적이 없다). "이 경우 법질서의 가치평가 체계에 모순이 있다고 생각하는 것 역시 잘못이다. 왜냐하면 가치체계는 법질서에 의해 비로소 규정되는 것이기 때문이다. 법질서 바깥에는 법질서가 복종해야 할 어떠한 가치체계도 존재하지 않는다. 엥기쉬는 우리 형법전이 유기로 인한 생명의 위협에 비해 고의의 살인을 더 중대한 것으로 판단하고 있다고 생각하는데, 이는 잘못된 생각이다. 왜냐하면 엥기쉬가 모순으로 확인하고 있는 예외야말로 그의 주장이 전적으로 타당하지만은 않다는 점을 보여주고 있기 때문이다. 만족스럽지 못한 법률규정이라고 해서 곧바로 모순이라고 볼 수는 없다." 슈라이버의 이러한 서술에 대해서는 다음과 같은 반론을 제

면서 (입법자 자신의 평가에 비추어) 이보다 훨씬 더 중대한 범죄에 해당하는 상해죄와 감금죄(제223조, 제239조)에 대해서는 미수를 처벌하는 규정이 없는 것 역시 평가의 모순으로 볼 수 있다.[87)]

이러한 보기들[88)]에서는 입법자가 자기 자신이 내린 평가와 모순에 빠졌으며, 따라서 평가의 모순은 내재적 모순이라고 말할 수 있다. 이와는 뚜렷이 구별해야 할 사례는 입법자의 평가가 우리 자신의 평가, 즉 법률의 바깥에서 법률에 대해 이루어진 평가와 조화를 이루지 못하는 경우이다. 예컨대 우리가 재산죄의 형량에 비해 명예훼손죄의 형량이 너무 낮다고 평가를 하게 되면, 이는 어디까지나 법질서 외부에서 이루어지는 평가일 뿐이다. 하

기하지 않을 수 없다. 1. 법질서 바깥에는 이 법질서가 복종해야 할 어떠한 가치체계도 존재하지 않는다는 주장은 명백한 실증주의적 테제로 반박할 수 있지만, 일단 슈라이버의 주장이 옳다고 전제를 해보자. 2. 우리 형법전이 유기에 의한 생명의 위협을 처벌하도록 규정한 제221조에 비해 고의의 살인을 더욱 중대한 행위로 평가하고 있다는 점은 제211조, 제212조, 제217조에 규정된 형량과 제221조의 형량을 비교해 보면 금방 알 수 있다. 물론 이 때 유기행위의 처벌이 유기가 생명에 위험을 야기한 행위이기에 처벌한다는 해석을 출발점으로 삼아야 한다. 이 해석은 지배적인 견해와 합치한다[예컨대 RGSt 68, 407(409f.).; Schönke/Schröder-Eser, § 221 Rn. 1 참고]. 3. 형법 제221조 제3항이 제217조의 예외라는 지적은 입법자가 제221조 제3항에서 의도적으로 더 중한 형량을 선택하기 원했었다는 전제하에서만 받아들일 수 있다. 그러나 입법자가 실제로 그러한 의도를 가진 적이 없다. 따라서 행위에 대한 평가와 그에 대한 형량 사이에 격차가 발생했고, 이를 외부에서 관찰하는 사람의 입장에서는 당연히 만족스럽지 못하게 여겨질 뿐만 아니라, 형법전의 내재적(!) '가치체계'에 비추어 볼 때에도 모순이라 하지 않을 수 없다. 따라서 이 경우에는 제국법원과 마찬가지로 (평가의) '모순'이 존재한다고 생각할 수 있다.

87) 1998년 1월 26일부터는 이러한 평가의 모순이 제거되었다. 즉, 개정 이후에는 제223조, 제239조 모두 제2항에 미수의 가벌성을 추가했다. 이에 관해서는 Schönke/Schröder-Eser, §223 Rn. 66 참고.

88) 민사법상의 비슷한 보기들은 Larenz, Methodenlehre, S. 335f. 참고.

지만 앞에서 이미 짧게 언급했듯이 여기서 다루는 문제는 전적으로 내재적 평가의 모순이다.

이러한 평가의 모순은 어떠한 법적용 기술을 구사하도록 요구하는가? 계속 남아 있어서는 안 되는 규범모순의 경우와는 달리 평가의 모순은 감수할 수밖에 없다는 것이 일반적인 견해이다. 그래서 앞에서 인용한 판결(RGSt 68, 410)에서 제국법원은 다음과 같이 서술하고 있다. "법률 자체에 근거한 모순은 판결을 통해 제거할 수 없다."[89] 이와 마찬가지로 상해미수와 기물손괴미수에 대한 형법적 처리와 관련된 모순 역시 법관이 제거할 수는 없다.[90] 어쨌든 모든 내재적 평가의 모순은 과연 해석기술을 통해 모순을 제거할 수 있는지를 섬세하게 검토해야 할 계기가 되어야 한다.[91]

4) 목적론적 모순　목적론적 모순은 다른 모순들에 비해 드문 경우에 속한다. 이 모순은 규범들 사이의 수단-목적 관계가 일

---

89) 이에 반해 Canaris(Systemdenken, S. 118)는 (당연추론을 통해) 형법 제217조와 제221조 사이에 존재하는 평가의 모순을 제거할 수 있다는, 납득할 만한 견해를 주장하고 있다. Schönke/Schröder-Eser, 25. Aufl. 1997, § 221 Rn. 13 역시 같은 견해를 표방했다.

90) 이 점에서 평가의 모순을 제거하는 데에는 한계가 있다는 사실(Canaris, Systemdenken, S. 119ff., 126ff.)을 인정하고 있는 카나리스의 견해(S. 120)에 얼마든지 동의할 수 있다. 다만 카나리스는 평가의 모순과 원칙의 모순을 "일반적으로 감수할 수 밖에 없다"는 나의 견해에 대해서는 반대한다(S. 116). 이 모순들은 결과적으로 평등원칙에 대한 위반이기 때문에, 법률가는 이러한 모순을 제거하기 위해 "모든 방법론적 도구를 동원해야 한다"(S. 116; S. 125ff)고 말한다. 이와 관련해서는 Ch. Degenhardt, Systemgerechtigkeit und Selbstbindung des Gesetzgebers als Verfassungs postulate, 1976도 참고.

91) 해석을 통해 평가의 모순을 제거하는 문제에 관해서도 역시 Canaris, Systemdenken, S. 116ff.; Larenz, Methodenlehre, S. 335ff. 참고.

치하지 않을 때에 발생한다. 예를 들어 입법자는 특정한 규범을 통해 특정한 목적을 추구함에도 불구하고, 이 목적에 도달할 수 있는 유일한 수단으로 고려되는 조치가 다른 규범에 의해 봉쇄되는 경우를 생각해 볼 수 있다. 입법자가 일정한 조치를 규정하고 있긴 하지만, 조치의 수행을 위해 필요한 다른 규범을 제정하지 않은 경우도 이 목적론적 모순에 속한다고 볼 수 있다. 후자에 해당하는 보기로는 구형법 제28b조를 들 수 있다. 이 조항은 행형기관으로 하여금 유죄를 선고받은 자에게 자발적인 근로를 통해 벌금형을 분납할 수 있는 가능성을 인정하도록 규정하고 있지만, 제2항에서 정하고 있는, '상세한 규율'의 보충은 그 어디에서도 찾아볼 수 없다. 물론 이 경우에는 모순이라기보다는 보충이 불가능한 법적 흠결이라고 말할 수도 있다. 그렇지만 입법자의 전체적인 행태에 비추어 볼 때, 일종의 목적론적 모순이 존재한다. 경우에 따라서는 목적론적 모순이 규범모순으로 확대될 수 있으며, 그렇게 되면 규범모순으로 처리해야 한다. 그 이외의 경우에는 평가의 모순과 마찬가지로 이를 감수할 수밖에 없다. 우리가 보기로 삼은 구형법 제28조에 관해서는 '상세한 규율'이 없는 한, 이 규정은 아무런 실효성도 없다는 점에 대해 견해가 일치하고 있다.

5) 원칙모순[92] 원칙들 사이의 모순은 자주 등장하며, 어느

---

92) 원칙모순에 관해서는 Esser, Grundsatz, S. 80f., 158f.; Keller, S. 123ff.; R. Alexy, Theorie der Grundrechte, 2. Aufl. 1994, S. 77ff.; Rehbinder, Rechtswissenschaft, S. 178ff. 참고. 카나리스(Canaris, Systemdenken, S. 115f.)는 법질서의 통일성을 저해하는, 진정한 의미의 원칙모순과 이러한 통일성 내에서 '타협'을 통해 조정할 수 있는 '원칙의 대립'을 구별하려고 한다. 원칙의 대립에 해당하는 보기로 카나리스는 상속법상의 유언의 자유와, 가까운 가족은 상속으로부터 완전히 배제되어서는 안 된다는 가족보호 사이의 긴장을 들면서, 이 긴장은 유류분에 관한 법규정에서 조정되고 있다고 한다

정도는 불가피하기도 하다. 나는 하나의 법질서를 형성할 때에 서로 갈등을 빚을 수 있는 여러 가지 기본사상들이 동시에 참여함으로써 법질서에서 등장하게 되는 부조화를 원칙모순이라고 이해한다.

다시 아주 간단한 형법상의 보기를 들어 보자. 오늘날 형법에서는 책임원칙을 최대한 순수한 형태로 관철시키고자 하는 노력이 지배적이다. 즉, 처벌 여부 및 처벌의 방식을 최대한 행위자의 범죄의사나 비난가능성이 있는 부주의를 중심으로 결정하고자 한다. 그러면서도 우리 형법은 범행의 외적 결과가 처벌과 관련하여 중요한 역할을 해야 한다는 전통적인 사고방식으로부터 완전히 벗어나지 못하고 있다. 그리하여 책임원칙을 위반하면서 똑같은 정도의 책임이 있을지라도 범죄의 결과가 다르면 형법적으로 다르게 취급하는 것이 우리 형법의 현실이다. 즉, 미수범은 기수범에 비해 가볍게 처벌하며(형법 제23조 제2항), 엄청나게 경솔한 행동일지라도 침해를 당한 자가 아무도 없는 '행운이 따른 때'에는 처벌받지 않는 경우가 많다.

어떤 모순은 우리가 충분히 참을 수 있고, 여러 기본사상들 사이의 설득력 있는 타협을 통해 모순을 해결할 수 있기도 하지만,[93] 전체 법질서가 여러 단층으로 구성되어 있고, 각 단층마다

(S. 53). 카나리스의 이 구별에서는 아마도 입법자 스스로 원칙들 사이의 대립을 간파하여, 이를 제거하려고 시도한 반면, 진정한 의미의 원칙모순에서는 훨씬 더 강력한 모순이 드러나고, 따라서 이 모순을 어떻게든 처리해야 할 과제를 떠맡은 법률가로서는 모순을 제거하는 데 엄청난 노력을 경주해야 한다는 사정이 중요한 역할을 한 것으로 보인다. 그렇지만 구체적인 경우에 과연 대립인지 아니면 모순인지를 결정하는 일이 항상 쉬운 것은 아니다. 더욱이 '원칙모순'에는 여러 가지 종류가 있다는 사실은 위의 본문에서도 인정하고 있는 측면이다.

오랜 역사적 발전을 거쳐 하나씩 축적되어 각각 서로 다른 원칙을 표방하고 있음으로 인해 발생하는 원칙모순은 우리에게 상당한 부담으로 작용한다. 입법의 정신은 때로는 아주 느린 변화의 물결 속에서 흘러가기도 하지만, 때로는 혁명적이고 급격한 변화에 휩싸이기도 한다. 그렇지만 과거의 정신에 기초한 법률은 새로운 법률과 함께 계속 효력을 유지하는 경우가 많다. 1930년대와 40년대의 독일법에서는 자유적 법치국가의 원칙과 전체주의 영도자국가의 원칙은 한쪽이 다른 한쪽을 대체하는 관계이기도 했지만, 서로 다툼을 벌이는 관계이기도 했다. 경제법의 경우 자유시장경제의 법은 국가와 법에 의해 조종되는 경제와 대립하는 가운데 점차적으로 정착하게 되었다. 오늘날에도 여전히 기본법의 지배하에서 원칙에 반하는 '이물질'처럼 여겨지는, 구시대의 법규정에 마주치는 일이 가끔 발생한다.

한 단계 더 높이 올라가서 보면, 법질서에서는 모든 법의 근간을 이루는 최상위의 원칙들, 즉 정의, 합목적성, 법적 안정성 사이에도 마찰이 있음을 알게 된다.[94] 이 원칙들 가운데 그 어느 것도 원칙 그대로 실현될 수는 없으며, 각각의 상황에 따라 한 원칙이 다른 한 원칙을 위해 그 전부나 일부를 희생해야 하는 경우도 있다. 예를 들어 정의는 한 사람 또는 한 상황의 개별적인 상태까지 고려하는 '구체화'를 요구한다. 이에 반해 법적 안정성은 이러한 개별적 상황으로부터 고정된 연령기준선, 특정한 기간, 정확한 요율과 같이 추상화를 요구한다. 그리하여 상당히 조숙한

---

93) 이에 관해서는 Entwurf des Allgemeinen Teils eines Strafgesetzbuchs, 1958, Begründung, S. 4f.; StGB-Entwurf von 1962, Begründung, S. 96f., 141; Arthur Kaufmann, Das Schuldprinzip, 2. Aufl. 1976, S. 21ff. 참고.

94) 이에 관해서는 G. Radbruch, Vorschule der Rechtsphilosophie, 3. Aufl. 1965, S. 24ff(32f.).

13세 소녀와 성행위를 한 자는 중벌을 받는 반면, 성숙의 정도가 낮은 14세 소녀와 성교를 한 자는 처벌을 받지 않는(형법 제176조) 것이 '부정의'하게 여겨질 수도 있다. 그러나 법적 안정성이라는 원칙 때문에 입법자는 확실한 연령의 한계를 설정하지 않을 수 없다. "규범의 씨앗을 뿌린 자는 … 결코 정의를 수확할 수 없다."[95]

정의와 법적 안정성 사이의 이 '결정적인 대립'(라드브루흐)에는 정의와 법적 명확성 사이의 대립뿐만 아니라, 정의와 실정법의 효력 사이의 대립도 담겨 있다. "법적 안정성은 … 부정당한 실정법일지라도 이를 적용하라고 요구"하지만, 정의는 사정에 따라서는 실정법에서 벗어나라고 요구한다. "어떤 실정법의 부정의성이 실정법을 통해 보장되는 법적 안정성을 더 이상 실정법의 부당성보다 우선시킬 수 없을 정도에 이르렀을 때에는 부정당한 실정법은 정의에게 자리를 내주어야 한다."[96] 이 표현 속에는 단순한 모순을 뛰어넘어 훨씬 더 복잡한 문제들이 얽혀 있다. 즉, 실정법과 초실정적 법의 관계, 초실정적 법을 통해 실정법을 수정할 수 있는 가능성 여부와 같이 더욱 복잡한 문제가 있다. 정의는 —합목적성도 마찬가지이지만— 법에 내재하는 원칙일 뿐만 아니라, 법의 초월적 원칙이기도 하다. 다시 말해 우리는 입법자가 정의를 실현하기 위해 실제로 경주한 노력의 표현으로 법을 이해하여, 과연 입법자가 다른 원칙들을 위해 정의원칙을 일부 부정했는지를 묻는 데 그치지 않고, 정의 자체가 '법이념'이기 때문에 이를 기준으로 과연 실정법이 효력을 가질 자격이 있는지를 심사하기도 한다.

---

95) M. E. Meyer, Rechtsphilosophie, 1922, S. 82. 개별적이고 구체적인 결과를 지향하는 정의의 문제점에 대해서는 Engisch, Idee, S. 199ff.; Henkel, Recht 참고.

96) Radbruch, Vorschule, S. 32f.

초실정적 법을 통한 실정법의 수정이라는 새로운 문제영역으로 넘어가기 전에 우리는 먼저 내재적 원칙모순과 관련하여 이 모순이 어떠한 의미를 갖고 있는지를 조금 더 살펴보아야 한다. 즉, 법규범들이나 법제도들이 서로 모순되는 형태를 갖추고 있어서, 이질적인 법원칙들 사이의 갈등을 내포하고 있을 때에는 어떻게 해야 하는가? 이 물음에 명확하게 대답하는 것은 불가능하다. 어떤 원칙모순들은 높은 차원의 평가모순이기 때문에 다른 평가모순과 마찬가지로 이를 감수할 수밖에 없는 경우가 있다.[97] 책임형법과 결과형법 사이의 갈등이 그러한 경우에 해당한다. 하지만 어떤 종류의 원칙모순들의 경우에는 그 모순을 제거하기 위해 노력해야 한다.[98] 이는 특히 혁명 이후에 구법과 신법 사이에 원칙모순이 발생할 때에는 더욱 그렇다. 나치가 권력을 장악한 이후 몇 년 동안에는 새로운 원칙과 근본적으로 모순되는, 바이마르 공화국의 법이 어느 정도까지 효력을 갖는가라는 문제에 대해 활발한 논쟁이 벌어진 적이 있다. 이 논쟁에서는 기존의 법을 제거해버리기 위해 특이한 방법론적 요청이 제기되기도 했다.[99] 1945년에 나치가 붕괴된 이후에도 비슷한 문제 ―물론 그 방향은 나치 때와는 정반대였다― 가 제기되어, 법치국가적이고 인간중심적인 새로운 법사상에 현격히 반하는, '제3제국'의 수많은 법률들이 이에 대한 별도의 폐기과정이 없이 그 자체 효력이 없다고 보

97) 내가 별도로 구별할 필요가 있다고 생각하는 원칙모순을 카나리스(Canaris, Systemdenken, S. 116ff.)는 평가의 모순의 한 종류로 파악한다. 나로서는 이에 대해 반론을 제기할 필요성을 느끼지 않는다. 그에 따라 카나리스는 평가의 모순과 원칙모순을 회피하고 제거하는 문제를 동일하게 취급한다. 그래서 카나리스는 나보다 모순의 제거에 덜 소극적인 편이다.

98) 이에 대한 좋은 보기는 W. Stimpel, Richterliche Rechtsfortbildung im Personengesellschaftsrecht, in: R. Pehle/W. Stimpel, Richterliche Rechtsfortbildung, 1969, S. 15(22ff.) 참고.

99) 이에 관해서는 Engisch, Einheit, S. 84ff.; Fraenkel, in: Universitas 15 (1960), 1205f. 참고.

아야 하는가에 대해 논쟁을 벌이게 되었다. 예를 들어 벵글러(Wengler)는 비교법 방법을 동원하여 이 문제를 심도있게 추적하고 있다.[100] 벵글러는 법질서가 늘 생소한 법적 소재 또는 생소하게 된 법적 소재를 처리하여 이를 다른 형태로 변경해야 하고, 필요하다면 특별한 권한을 부여받지 않았더라도 이를 제거하지 않을 수 없다는 매우 일반적인 측면을 잘 설명해 주고 있다. 이는 구법과 신법의 관계에서도 그렇지만, "처음에는 특정 국가에 한정된 지역적 법이었다가 점차적으로 다른 지역에서도 적용가능하다고 선언되는 경우"에서 보듯이 '지역을 초월하는 맥락'에서도 그렇다고 한다(S. 68). 예를 들어 유럽의 본국과 식민지국가 사이의 관계나 영국과 미국의 관계 또는 독일과 나치 치하에서 병합된 국가들 사이의 관계가 그러한 경우에 속한다. 그렇지만 여기에서는 우리의 논의대상인 '원칙모순'에 비추어 구법과 신법의 관계가 어떠한 것인지에 국한시켜 살펴보기로 한다. 이와 관련하여 벵글러는 '논의의 대상이 되는 특정한 법명제'(S. 70)를 둘러싸고 있는 사실상의 상태, 즉 입법을 위시한 정치적, 문화적, 윤리적 관점에 커다란 변경이 발생했을 때에는 "신법은 구법에 우선한다"는 원칙을 특별히 원용하지 않더라도 새롭게 변경된 상태의 원칙에 반하는 과거의 법은 당연히 말살되는 것이 전 세계에 공통된 현상임을 보여주고 있다. '새로운 입법의 정신'(S. 70)은 형식적으

---

100) Wengler, JR 1949, 67. 이밖에도 Sax, S. 86f. 각주 1 참고. 여기서 비교법학의 특수한 방법론적 문제를 다룰 수는 없기 때문에, 비교법학이 어떤 식으로 법도그마틱을 풍성하게 만들 수 있는지에 관해서는 벵글러의 논문을 지적하는 것으로 그치고자 한다. 비교법학과 법도그마틱의 관련성에 대해서는 Binder, S. 935ff.; H.-H. Jescheck, Entwicklung, Aufgaben und Methodik der Strafrechtsvergleichung, 1955; Esser, Grundsatz, S. 28ff., 346ff.; W. Fikentscher, Methoden des Rechts in vergleichender Darstellung, Bd. I-IV, 1975-1977; K. Zweigert/H. Kötz, Einführung in die Rechtsvergleichung auf dem Gebiet des Privatrechts, 3. Aufl. 1996; Wolff/Bachof/Stober/Kluth, §28 Rn. 41("비교법적 해석") 참고.

로는 여전히 효력을 갖고 있는 구법을 짓밟고 일어선다. 따라서 1945년 이후 "나치 법률의 적용을 제한하는 것은 거의 모든 문명국가의 법질서에서 통용되는 일반조항의 작용으로 고찰해야 하며, 이러한 일반조항에 비추어 법관은 그에게 주어져 있는 실정법(구법)을 공간적 또는 시간적으로 변화된 상태에 맞게 변용할 수 있는 권한을 부여한다."(S. 71) 이와 관련된 구체적 내용들은 여기에서 자세히 설명하지 않겠다. 아무튼 1949년에 벵글러는 "현재의 입법자가 나치의 입법을 평가할 척도를 제시해야 할 필요가 있을 경우에는 반드시 지침으로 삼게 될 법정책적 기본원칙"과 같은 일정한 형식이 있어야 한다고 본다. 그것은 곧 "새로운 법질서의 기본사상에 합치하지 않는 것은 적용되지 않는다"는 원칙이다.(S. 74)[101] 이 경우보다는 훨씬 더 범위가 좁긴 하지만, 앞에서 잠시 다루었던 '헌법합치적 해석' 역시 구법을 새로운 법적 상태에 순응시키는 형태에 속한다. 왜냐하면 여기서 말하는 '헌법합치적 해석'은 '새로운 헌법이 제정되기 이전의' 법과 관련되고, 현재의 새로운 국가구조의 원칙 및 그러한 원칙에 맞게 해석한 법률들과 내용적으로 합치할 수 있게 만든다는 목표를 가지고 이 구법에 대해 좁은 의미의 '해석'을 해야 할 뿐만 아니라, 이를 '발전적으로 형성'해야 하기 때문이다.[102]

---

101) 이에 관해서는 Wengler, JR 1949, 74 각주 54 이하의 결정자료들을 참고.

102) 이에 관해서는 J. Shmidt-Salzer, Vorkonstitutionelle Gesetze, verfassungskonforme Auslegung und ungeschriebene unbestimmte Rechtsbegriffe, DÖV 1969, 97(적절한 보기들을 제시)과 BGHSt 13, 102(117) 참고. 후자의 판례에는 다음과 같은 중요한 문장이 나와 있다. "해석은 … 전체 법률규정들이 최대한 모순이 없는 총체로 결합될 수 있도록 이루어져야 한다. 과거에 공포된 규정 및 이 규정을 통해 제정자가 의도했던 내용이 더 높은 지위에 있는 나중의 규정과 합치할 수 없다고 판명된다면, 과거의 규정의 문언에 대해 현재의 더 높은 차원의 규범에 모순되지 않는 의미를 부여하는 것이 허용되며, 이런 의미에서 해석하는 것도 허용된다." 주관적 해석이론의 관점에서 보면 이는 결코 해석이 아니라, 과거의 법을

또 다른 종류의 원칙모순이 미치는 영향도 눈에 띈다. 우리는 이미 '헌법에 반하는 헌법규범'의 문제에 대해 짧게 언급했다. 이 문제는 다양한 측면을 가지고 있다. 이 문제의 표현 자체가 보여주듯이 헌법 내재적 모순은 원칙들과 관련된 모순일 수 있다(따라서 반드시 그렇다는 뜻은 아니다). 즉, 헌법의 기본사상을 반영하고 있는 헌법 규정이 동일한 헌법의 명문 규정과 갈등을 일으킬 뿐만 아니라(이런 경우에는 대개 상위규범이 하위규범에 우선한다 또는 신법이 구법에 우선한다는 모순해결규칙이 도움을 줄 수 있다), 헌법에 명문으로 규정되어 있지 않은 일반원칙에도 위배되는 경우가 있을 수 있다. 예를 들어 연방헌법재판소는 1953년 12월 18일의 중요한 판결[103]에서 기본법 제117조가 법적 안정성과 권력분립이라는 기본원칙에 합치하는지를 심사해야 했다. 기본법 제117조 제1항은 양성평등원칙(기본법 제3조 제2항)에 위배되는 법은 1953년 3월 31일 이후에는 효력을 상실하도록 규정하고 있었다. 그리고 입법자가 양성평등원칙에 해당하는 법적 대상(구체적으로는 민법상의 가족법)을 법률을 통해 새롭게 규정하지 않는 동안에는(실제로 1957년에 양성평등법이 제정될 때까지 법개정은 이루어지지 않았다) 이로 인해 발생한 '흠결'은 법관이 보충한다고 제117조는 규정하고 있었다. 그러나 프랑크푸르트 고등법원이 이 헌법조항이 법적 안정성과 권력분립 원칙에 반한다는 이유로 헌법재판소에 위헌심판을 제청했다. 연방헌법재판소도 인정하고 있듯이 법적 안정성과 권력분립은 실제로 '기본법을 통해 내려진 근원적 결정'에 속하는 원칙이다. 특히 권력분립원칙은 '기본법의 근간이 되는 조직원칙'이다.[104] 만일 제117조에 의해 성립하게 된 흠결을 (게

새로운 전체 법질서(현재의 헌법)에 맞게 변용하는 법의 발전적 형성에 해당한다.

103) BVerfGE 3, 225. 또한 BGH-Gutachten, JZ 1954, 152도 참고.

104) BVerfGE 3, 225(237, 247). 이에 관해서는 또한 BGH-Gutachten, JZ

으른 입법자 대신에) 법관이 보충하는 일이 법적 안정성 및 권력분립 원칙과 더 이상 참을 수 없는 정도의 갈등상황에 빠지는 것이라면, 제117조는 헌법에 반한다고 보아야 할 것이다. 그렇게 되면 양성평등원칙 그 자체는 아니지만, 이 원칙의 구체적 실현이 다른 헌법원칙들과 모순관계에 있게 되고, 그로 인해 형식적으로 효력을 갖고 있는 헌법규정(기본법 제17조)이 효력을 상실할 수도 있다는 것을 인정하는 셈이 된다. 이렇게 해서 한 법질서의 최상위원칙들에 반한다는 이유로 이 법질서에 속하는 법이 효력을 상실할 수 있는 가능성에 대한 논의가 불붙었다. 우리가 이 문제에 대해 더 이상 관심을 가질 필요는 없다. 연방헌법재판소가 헌법 제117조는 그 무효를 인정해야 할 정도로 법적 안정성과 권력분립의 원칙을 크게 위반하지는 않았다고 결정했다는 사실은 우리에게 큰 의미가 없다. 또한 이 판결이 헌법에 반하는 헌법규범의 무효 가능성을 시사했기 때문에 제기되었던 여러 원칙적인 비판[105] 역시 여기서 자세히 다룰 필요는 없다. 우리로서는 원칙모순이 어떤 결과를 빚을 수 있는지를 살펴본 것만으로 충분하다.

III

헌법에 반하는 헌법규범에 해당하는 개별 사례집단들을 논의하면서 바하오프는 특히 순전히 실정적 성격을 갖는 헌법원칙(권력분립원칙이나 기본법 제19조 제4항에 명문으로 규정된 '법적 구제의 보

1954, 152도 참고. 사법권의 한계로서의 권력분립원칙을 명시적으로 지적하고 있는 입장으로는 예컨대 Hirsch, JR 1966, 339 참고.

105) W. Apelt, Verfassung und richterliches Prüfungsrecht, JZ 1954, 401; H. Nawiawsky, Positives und überpositives Recht, JZ 1954, 717.

장'이 아마도 여기에 속할 것이다)에 대한 위반과 그 자체 '초법률적' 법으로서 일종의 '자연법'에 속하는 헌법원칙(예컨대 법률 앞의 평등원칙)에 대한 위반을 구별한다. '초법률적 법'과 관련해서는 다시 그것이 헌법문서로 실정화되어 있는지(예컨대 앞에서 말한 기본법 제3조의 평등원칙) 아니면 실정화되어 있지 않은지(아마도 "책임 없으면 형벌 없다"는 원칙이 여기에 해당할 것이다)에 따라 구별할 수 있다고 한다.[106] 여기서 말하는 '실정화'되지 않은 초법률적 법이 최소한 '불문헌법'에 해당한다고 볼 수 있는가라는 문제는 우리로서는 별로 중요하지 않다.[107] 우리에게 정작 중요한 문제는 단순히 '헌법에 반하는 헌법규범'의 문제를 뛰어 넘어 과연 법적용자, 특히 법관이 어떤 제정법이 초법률적 법에 모순된다는 이유로 제정법을 무효로 선언하고 이를 수정할 권한을 갖는가라는 새로운 문제이다. 지금까지 우리가 다루었던 모순들은 실정법과 실정법 사이의 모순이었다. 다시 말해 우리가 앞의 II에서 다루었던 모순들은 법질서에 내재하는 모순이었다. 물론 우리가 초월적 모순이라고 부를 수밖에 없는 모순들도 몇 번 부수적으로 다루었다. 즉, 어떤 실정법이 이 실정법의 형성과 판단을 위한 지침과 척도가 되기는 하지만, 그 자체 실정법을 초월하여 존재하는 원칙들, 예컨대 정의, 공동선, 국가이성, 법적 안정성, '자연법', '정당한 법', '윤리', '양심' 등의 원칙에 모순되는 경우 말이다. 우리가 여기서 실정법과 정의의 관계, 법과 국가이성의 관계, 법과 윤리의 관계 또는 법과 양심의 관계까지 우리의 논의에 끌어들인다면, 그것은 이 책이 달성하고자 하는 목표를 훨씬 뛰어넘는 일이 될 것이다.[108] 따라서 여기서는 법적용이론의 관점에서 이러한 문제들이 차지하

---

106) Bachof, Verfassungsnormen, S. 27ff., 42ff., 45ff.

107) 이를 긍정하는 Bachof, Verfassungsnormen, S. 45 참고.

108) 이러한 문제들에 대한 상세한 논의는 Engisch, Suche 참고. 이밖에도 Henkel, Rechtsphilosophie; Zippelius, Gerechtigkeit; ders., Rechtsphilosophie 참고.

는 의미에 대해서만 고찰하기로 한다.

이러한 시야에 우선적으로 포착되는 측면은 다시 법적용자의 법률에 대한 구속이라는 원칙이다. 우리는 법률에 대한 해석 또는 법률에 대한 여타의 방법적 처리는 일정한 법적 결정을 '현행법(lex lata)'에 비추어 인정할 수 있는 유일한 결정으로 제시하는 것이라고 전제한다. 그렇지만 법을 적용해야 할 의무가 있는 자(즉, 법관)가 해석방법에 비추어 유일하게 인정할 수 있는 결정이 다른 상위의 관점에 비추어 볼 때 부정당하다고 보일 때에는, 이 결정을 배제해도 좋거나 또는 반드시 배제해야 하는가라는 물음이 제기된다. 다시 말해 법관은 특정한 경우에는 '법률에 반하여(contra legem)' 결정을 내릴 수 있거나 또는 반드시 그렇게 결정을 내려야 하는가?[109]

여기서 다시 한 번 내 개인적인 체험을 얘기하고자 한다. 내가 시보생활을 할 때 어느 날 상당히 유명한 제과점 주인이 일요일 근로금지를 위반하여 형사재판을 받고 있는 장면을 접하게 되었다. 그 제과점 주인은 자신이 함께 운영하는 카페에서 일요일에 필요한 물량이 어느 정도인지는 그날의 날씨에 달려 있기 때문에 그로 인한 중대한 경제적 손해를 피하기 위해서는 일요일에 제과점에서 케이크를 만드는 일이 불가피하다는 식으로 자신의 법규위반 행위를 정당화했다. 즉, 날씨가 나쁘면 카페에 손님이 몰려들 것으로 예상할 수 있는 반면, 날씨가 화창하면 사람들이 야외로 나가기 때문에 손님이 별로 없어 구워 놓은 케이크의 상당 부분이 상한다는 것이었다. 그 때문에 일요일마다 날씨를 보

---

109) 아래의 서술은 이러한 극단적 갈등사례에 국한된다. Larenz, Methodenlehre, S. 413ff.에서는 '법률에 반하는' 법형성뿐만 아니라, '법률을 초월하는(extra legem)' 법형성까지 포함시켜 폭넓게 논의하고 있다.

고 그 날 어느 정도 케이크가 필요한지를 가늠하여 일요일 아침에 케이크를 구울 수밖에 없었다고 한다. 하지만 그의 이런 논거는 형사법정에서 결코 통하지 않았고, 당시의 법률에 따라 유죄를 선고받았다. 비록 구체적 사례에서 합목적성이 없을지라도 "법은 법으로 남아 있어야 한다." 법관은 입법자를 수정하려고 해서는 안 된다. 앞에서 논의했던 '초법률적 긴급피난'과 같은 개념도 오로지 흠결보충을 위해서만 사용되어야 하지, 법률을 수정하기 위해 사용되어서는 안 된다. 이 점은 내가 겪은 제과점주인 사건과 같은 상투적인 사건에서는 그렇다고 여길지도 모른다. 그렇지만 "하늘이 무너져도 정의를 세워야 한다(fiat iustitia pereat mundus)"라는 당당하기 그지없는 원칙은 법률이 그저 목적에 반하고 썩 바람직하다고 볼 수 없는 결과를 낳는 데 그치지 않고, 공동선을 위태롭게 하거나 정의라는 최고의 원칙을 침해하거나 또는 '자연법'이나 '도덕률'을 위반할 때에도 과연 계속 붙들고 있어야 하는 원칙일까? 전체주의 국가를 경험하기 이전에 법률실증주의적 사고가 일반화되어 있던 시대에조차도 만일 법률이 '부정당'(이 표현은 그저 일반적 의미로 이해하면 된다)한 때에는 법관의 법률구속이라는 원칙에 한계를 설정해야 한다고 생각했었다. 법관이 노예처럼 법률에 구속되어서는 안 된다고 생각한 자유법학은 별개로 치더라도,[110] 자유법학만큼 극단적 입장을 취하지 않은 상당수 법학자들도 예외적인 경우에는 법률에 반하는 판결을 얼마든지 인정할 수 있다고 생각했다(이에 관해서는 나중에 다시 논의한다).

물론 이 문제의 어떤 부분은 해석이나 흠결보충에 관한 이론의 틀 속으로 편입시켜 해결할 수 있는 '법률수정'에 해당하기도

110) 법률구속원칙에 대한 자유법학의 입장에 대해서는 Heck, Gesetzesauslegung, S. 198 각주 305; M. Rümelin, Erlebte Wandlungen in Wissenschaft und Lehre, 1930, S. 42 각주 2; Enneccerus/Nipperdey I 1, §59 I 1 참고.

한다. 하지만 여기서는 그와 같이 실제에서 중요한 의미를 갖는 상투적인 '법률수정'에 대해서는 더 이상 다룰 생각이 없다.[111] 따라서 아래의 서술에서는 이른바 편집상의 오류에 대한 수정, 즉 실수로 법률상의 표현과 관련하여 잘못을 범한 경우 '해석' – 이 때에도 여전히 해석이라는 표현을 쓸 수 있다 – 을 통해 법률의 진정한 의사가 관철될 수 있도록 하는 경우에 대해서는 더 이상 논의하지 않겠다.[112] 이제부터 우리가 다루고자 하는 문제는 방법에 충실하게 밝혀 낸 법률의 의미 자체가 문제가 있는 경우, 즉 모든 단계의 의미탐색 – 제한해석과 확장해석,[113] 가치평가를 통한 흠결의 확인 및 유추 또는 법질서의 정신에 비추어 흠결을 보충하는 단계를 포함 – 을 거쳤는데도 그 결과가 만족스럽지 못한 경우이다. 이와 관련하여 매우 흥미를 끄는 연방재판소의 판결(BGHZ 4, 153)[114]은 유감스럽게도 어디까지가 법률에 대한 의미탐색이고 어디서부터는 법률수정이 되는지에 대해 전혀 확실한 답을 주고 있지 못하다. 이 점은 판결문의 다음과 같은 구절에서 분명하게 드러난다. "민법 제404조의 명확한 문언(!)과는 반대로 이 가능성(즉, 일반적으로 양도불가능한 산재연금청구권을 특정한 타인에게 양도할 가능성)은 하나의 금지규범에 변경을 가하지만(!), 목적에 충실하게(!) 제한하려고 할 때 요구되는 모든 주의를 기울여 생각해 볼 때 얼마든지 인정할 수 있다. 왜냐하면 만일 그렇지 않을 경우에는 법률이 추구하는 목적과는 … 정반대되는 결과에

---

111) 이에 관해서는 예컨대 Heck, Gesetzesauslegung, S. 196ff. 참고.

112) 편집상의 오류에 관해서는 특히 Heck, Gesetzesauslegung, S. 141f., 145f., 211; Keller, S. 34, 37; K. Roth-Stielow, Die Auflehnung des Richters gegen das Gesetz, 1963, S. 81f. 참고.

113) 예컨대 OLG Freiburg, NJW 1952, 887은 이 단계의 해석에 머물렀다. 따라서 법률에 반하는 법률수정의 문제를 다룰 필요가 없었다.

114) 이밖에도 BGHZ 13, 360도 참고. 이 판결에 대해서는 Roth-Stielow, S. 125ff.; Larenz, Methodenlehre, S. 393f. 참고.

도달할 것이기 때문이다."(S. 157) 이 판결에서 모든 주의를 기울여 생각해 본 이후 도달한 결과는 도대체 무엇인가? 법률의 의미에 대한 수정인가 아니면 단지 목적론적 제한을 가하는 해석인가? 판결문의 그 다음 문장을 읽어보면 후자에 해당한다는 것을 알 수 있다. 즉, 양도가능성에 대한 부정은 "민법 제400조의 의미와 목적에 반하는 문언해석"(S. 158)으로서 거부해야 한다는 것이다. 이에 반해 판결문에 명시적으로 "법의 발전적 형성행위"라는 표현(S. 158)을 쓰고 있는 것을 보면, '법률수정'에 해당한다고 보인다. 오로지 이 경우에만 위 판결은 우리의 논의맥락에 속할 수 있다. 그렇지만 이 판결이 결과적으로는 법률의 의미로부터 이탈했다고 파악할 수 있다.115) 왜냐하면 문언의 명백한 의미를 뛰어넘고 있으며, 문언의 명백한 의미에 반하는데도 '해석'이라고 말할 수 있는 것은 편집상의 오류를 수정하는 경우일 뿐이기 때문이다. 이렇게 볼 때 구체적인 사례에서 법률적용과 법률수정 사이의 경계를 설정하는 일은 방법론적 관점에서 행해야 하는 다른 경계설정과 마찬가지로 상당히 불확실한 문제이다. 이 상황을 바꾸는 일은 어려운 일이다.

우리는 해석 등을 통해 이루어진 의미탐구가 실정법을 '초월하는' 이유 때문에 비난받아야 할 결과에 도달할 수 있다는 것, 즉 우리가 도저히 수긍할 수 없을 정도로 목적에 반한다거나 부정당하다거나 또는 자연법이나 도덕에 반하는 결과에 도달할 수

115) 이에 관해서는 Th. Zimmermann, Die höchstrichterliche Rechtsprechung zur Berichtigung der Gesetze, NJW 1952, 959(침머만은 때로는 법률변경적 법발견, 때로는 흠결보충이라고 말한다); Larenz, Schuldrecht I, S. 584 각주 30('목적론적 축소'를 통한 법의 발전적 형성); ders., Methodenlehre, S. 393f.('목적론적 축소'를 통한 흠결보충) 참고. 에써(Esser, Vorverständnis, S. 117 각주 2)는 심지어 해석, 흠결보충 그리고 법의 발전적 형성 사이의 차이는 "전혀 확정할 수 없다"고까지 말한다(S. 174ff.).

있다고 생각한다. 앞에서 우리는 아직은 법치국가가 존속하고 있던 상황에서 극단적인 입장을 취하지 않았던 학자들조차도 법관의 법률구속에 대해 일정한 한계를 설정해야 한다고 생각했다는 사실을 지적했다. 예컨대 한스 라이히엘(Hans Reichel)과 에른스트 벨링(Enst Beling)은 그러한 학자에 속한다. 라이히엘은 1915년에 출간된 그의 저서 「법률과 판결(Gesetz und Richterspruch)」에서 다음과 같은 원칙을 제시하고 있다. "법관은, 어떤 법률규정이 일반인의 윤리적 감각에 모순되어, 이를 준수할 경우에는 차라리 이를 무시하는 경우보다 훨씬 더 법과 법률의 권위에 심각한 위험이 발생할 정도라면 그 법률규정으로부터 벗어나야 할 직무상의 의무가 있다."[116] 벨링은 1931년에 다음과 같이 쓰고 있다. "법이 생성되게 만드는 입법자의 전권은… 결코 아무런 제한도 받지 않는 권력이 아니다. 국민은 일정한 가치평가들을 원칙적인 가치평가로 삼고 있으며, 따라서 입법자는 이러한 가치평가를 위반하면서까지 규범을 제정할 권한을 갖지 않는다."[117] 즉, 벨링은 국민들 속에서 지배하는 근본적 가치평가를 이유로 법률에 대한 무조건적인 복종에 한계를 설정하고 있다. 법관계층 역시 기본적으로 이런 의미로 행동할 자세를 갖고 있었다는 제국법원위원회의 법관협회 이사회가 1924년 1월 5일에 당시의 인플레이션에 비추어 저당액을 상향조정하는 문제와 관련하여 입법자에게 경고의 메시지를 보내는 결의문을 보더라도 충분히 입증된다. 이 결의문

116) Reichel, S. 142(S. 139ff.에서는 이 원칙을 인상깊은 문장으로 다시 한번 정당화하고 있지만, S. 144에서는 다시 이 원칙에 제한을 가한다).

117) Beling, in: FS Heck u.a.(1931), S. 14. 이에 관해서는 또한 Rümelin, S. 44도 참고. 다만 뤼멜린은 구법과 (하자가 있는) 신법 사이의 차이를 강조하면서, 오로지 구법과 관련해서만 법관은 긴급한 경우 법률로부터 이탈할 권한이 있다고 한다. Larenz, Methodenlehre, S. 427도 '법적 긴급피난(Rechtsnotstand)'이라는 표현을 쓴다.

은 입법자에 대해 신의성실에 반하고, 따라서 법원이 무효로 선언할 가능성이 높은 법률을 제정하지 말라고 경고하고 있다.[118]

그러나 법, 정의 그리고 윤리에 대한 전통적인 사상에 철저히 모순된, 전체주의 국가의 입법활동은 모든 법률가들에게 깊은 상처를 주었고, 이와 함께 부정당한 법률에 대한 법관의 구속에 관련된 물음을 더욱 절실한 문제로 만들었었다. 물론 나치 입법자는 법관들로 하여금 법률이 부정당하고 반도덕적이라는 비난을 제기할 기회를 전혀 용납하지 않았다. 오로지 그들이 제정하지 않았고 또한 그들의 통치에 장애가 되는 법률에 대해서만 그러한 비난을 허용했을 뿐이다. 그리고 법원이나 행정관청이 법률을 지나치게 시시콜콜 따지는 경우 또는 전반적인 정치적 추세가 확실한 정당성을 확보하게 만들려는 경우에는 자신들이 만든 법률에 대한 법원과 행정관청의 구속을 완화시키기도 했다.[119] 1945년의 나치정부와 같은 전체주의 체제가 붕괴되면 그런 체제에 의해 제정된 법률들의 일부가 법이념이나 도덕률을 위반했기 때문에 효

118) 이에 관해서는 Bockelmann, in: FS Smend (1952), S. 30f. 참고.

119) 나치 시대의 이러한 전개과정에 대해서는 Bockelmann, in: FS Smend(1952), S. 34f. 참고. 나치 시대의 법실무에 관해서는 B. Rüthers, Die unbegrenzte Auslegung, 4. Aufl. 1994 참고. 순전히 국가지도층의 정치적 의도에 철저히 복종하기 위해 형벌규정을 잔혹하게 적용한 극단적인 ―즉, 법률의 '문언'으로부터 완전히 해방되고 심지어 법률의 목적까지 완전히 무시한― 사례는 '국가방위력을 약화시키는' 발언의 '공개성'이라는 개념에 대한 '해석'이 잘 보여주고 있다. 이에 관해서는 예컨대 BGHSt 3, 110(117f.) 참고: "전시 특별형법명령 제5조 제1항과 관련하여, 행위자가 자신의 발언을 들은 자(즉, 한 개인이라는 얘기다!)가 이에 대해 침묵할 것이라고 확신하지 못했고, 또한 자신의 발언을 다른 사람에게 전달할 수도 있다고 예견했어야 한 경우라면 실제로 그런 가능성을 예상했거나 이를 감수했는가를 확인할 필요 없이 곧바로 그 발언은 '공개성'을 갖는다고 인정한 판결은 인정할 수 있는 모든 법률해석 방법에 완전히 모순된다." 이 보기를 통해 '문언'을 무시하는 '역동적' 법해석이 어느 방향으로 흐르게 되는지를 잘 알 수 있다.

력이 없는 것은 아닌가라는 당연한 물음이 제기된다. 만일 입법자가 최상의 법이념을 무시했다면, 법관이 형식적으로 효력을 갖는 법률로부터 자신을 해방시키는 일은 결코 20세기 초반에 '자유법'을 반박하면서, 너무나도 강하게 표출된 나머지 심지어 자유법론의 지지자들조차도 '법률에 반하는 법발견이라는 우화'에 대해 단호하게 저항해야 한다고 믿었을 정도[120]였던, '자의적인 법발견'이라는 오명을 뒤집어쓰지 않아도 될 것이다. 그러나 몰락해 가는 전체주의가 제정한 부정당한 법률에 대한 비판은 이 법률이 곧 새로운 국가에 의해 제거될 것이기 때문에 단지 과도기적 의미만을 지닌다고 생각하는 사람은 '법이념'이라는 요술지팡이가 갖고 있는 마력을 제대로 알지 못하고 있는 셈이다. 1945년 이후에 열정적으로 제기되었던, 부정당한 법률의 무효 여부에 대한 물음은 오늘날까지도 여전히 수그러들지 않고 있다. 기본법 제20조 제3항에 행정과 사법은 '법률과 법'에 구속된다고 명시적으로 규정되어 있음에도 불구하고 말이다. 이 표현은 '(법률)과 법'이라는 구절을 추가하여 단순히 법률의 차원에 머물지 않고, 초법률적 법까지도 지적하고 있다.[121] 또한 앞에서 보았듯이 심지어 헌법규범도 초법률적 법에 대한 위반을 이유로 무효가 될 수 있는지에 대해서도 논의되고 있고, 이 물음에 대해 연방재판소와 연방헌법재판소 모두 이를 긍정하고 있다.[122] 이와 관련하여 연방헌법재판소는 어느 정도는 라드브루흐의 '신중한 표현'을 채용하고 있다. 즉, 라드브루흐는 "제정과 권력에 의해 보장되는 법은

---

120) 이에 관해서는 Reichel, S. 129 참고.

121) 이에 관해서는 (조금은 소극적 태도를 취하는 경우도 있다) 예컨대 Ebsen, S. 48ff.; Larenz, Methodenlehre, S. 368f.; Zippelius/Würtenberger, § 12 Rn. 56ff.; Hesse, Rn. 195(헤쎄는 '법'을 원용하여 '법률'을 무시할 수 있는 가능성을 부정하면서 연방헌법재판소 판결 BVerfGE 34, 269을 반대한다) 참고.

122) 즉, BVerfGE 3, 225('정의의 극단적 한계를 위반'한 경우, 233); BGH-Gutachten, JZ 1954, 152. 또한 BVerfGE 23, 98 참고.

그것이 내용적으로 부정당하고 합목적성이 없다고 할지라도 일단은 우선권을 갖는다. 하지만 정의에 대한 실정법의 모순이 참을 수 없는 정도에 이르렀을 때에는 '부정당한 법'으로서의 그 법률은 정의에게 자리를 내어주어야만 한다"[123]고 말한다. 법률이 정의와 도덕률에 복종해야 한다는 사상을 탁월하게 표현하고 있는 이 문장은 비록 이에 대해 전혀 반론이 없는 것은 아니지만, 오늘날에도 여전히 인정되고 있는 테제임을 인식할 필요가 있다.[124] 이 테제를 방어하거나 충분한 근거를 제시하면서 이 테제

123) Radbruch, Rechtsphilosophie, S. 345. BVerfGE 3, 225(232f.)에도 같은 표현이 등장한다.

124) 이 테제에 대한 여타의 입장과 관련 문헌에 대해서는 E. Schmidt, Gesetz und Richter, 1952, S. 12ff., 16ff.; Roth-Stielow, S. 36ff.; G. Grünwald, Zur Kritik der Lehre vom überpositiven Recht, 1971; Ebsen, S. 55f.(비판적); Heusinger, S. 105ff.; Henkel, Rechtsphilosophie, S. 563ff.; Larenz, Methodenlehre, S. 426ff.(라렌츠는 '법적 긴급피난'이라는 사고를 전개하며, 부정당하고, 윤리와 자연법에 반하는 법률 이외의 경우에도 '법률을 초월하는' 법관의 발전적 법형성의 영역에 속한다고 본다); Coing, S. 231ff.; Zippelius, Rechtsphilosophie, §6 IV-VI 참고. 또한 (라드브루흐에 관한) Kaufmann, Grundprobleme, S. 41ff., 153ff.; H. Lecheler, Unrecht in Gesetzesform?, 1994; F. Saliger, Radbruchsche Formel und Rechtsstaat, 1995도 참고. 이 테제를 원용한 판결로는 BGHSt 2, 234(237); BVerfGE 23, 98(106): "법과 정의는 입법자가 마음대로 처분할 수 있는 대상이 아니다 … 따라서 연방헌법재판소는 나치의 '법'규정이 정의의 근본원칙에 너무나도 현저하게 모순되어서 이 규정을 적용하고자 했던 법관이 법이 아니라, 불법을 말하게 될 것이었기 때문에 이 규정으로부터 법으로서의 효력을 박탈할 가능성을 인정한다."

자연법 논의에 대해서는 예컨대 Schmidt, Gesetz, S. 14ff.; H. Weinkauff, Der Naturrechtsgedanke in der Rechtsprechung des Bundesgerichtshofs, NJW 1960, 1689; E. Linsmayer, Das Naturrecht in der deutschen Rechtsprechung der Nachkriegszeit, 1963; W. Maihofer(Hg.), Naturrecht oder Rechtspositivismus?, 1966; Fikentscher III, S. 332ff.; Henkel, Rechtsphilosophie, S. 502ff.; Höffe, S. 88ff.; Coing, S. 31ff., 198ff., 231ff.; G. Ellscheid, Das Naturrechtsproblem, in: Kaufmann/Hassemer/Neumann

를 공격하는 일은 이 책이 담당할 과제가 아니다. 따라서 다음과 같은 점만을 지적하기로 하자. 즉, 이 테제나 이와 유사한 테제에 대해 우려를 표명하는 입장은 헌법을 근거로 삼는 경우(법관이나 행정공무원이 입법자에 대한 복종을 거부하고 입법자에게 비판적인 태도를 취한다면 이는 권력분립 원칙에 대한 위반이다)[125]가 있는가 하면, 사법의 순수성과 독립성에 대한 위험(사법의 정치화 위험)을 근거로 삼는 경우도 있고, 또는 초법률적 원칙의 표현들이 갖고 있는 불명확성('정의', '자연법', '도덕률' 및 이와 비슷한 개념들은 매우 불명확해서, 그 구체적 내용이 무엇인지를 확인하기 어렵다)을 근거로 삼는 경우도 있다. 다른 한편 입법자의 자의적 권력은 법이념이라는 단단한 바위에 부딪히지 않을 수 없다는 기본사상을 결코 포기해서는 안 될 것이다. 그렇지만 이러한 논쟁은 방법론적 성격을 갖고 있지 않다. 따라서 우리는 이와 관련해서도 법학적 사고 자체에 주목하기로 하자. 이 측면에서는 다음과 같은 문제들이 등장한다.

우선 법률수정과 관련하여 문제가 되는 여러 가지 사례집단들을 섬세하게 구별할 필요가 있다. 법률에 충실한 의미탐색(해석, 유추, 법질서의 정신에 따른 흠결보충)과 법이념을 앞세워 법률에 대한 복종을 철회하는 법률수정 사이에는 우리가 지금까지 충분히 주목하지 않았던 여러 가지 단계들이 자리 잡고 있다. 앞에서 짧게 '편집상의 실수'에 대해 언급했는데, 이를 수정하는 것이 법률

(Hg.), Einführung in die Rechtsphilosophie und Rechtstheorie der Gegenwart, 7. Aufl. 2004, S. 148; Zippelius, Rechtsphilosophie, §§6 VI, 12; Horn, Rn. 375ff., 401ff., 423ff.; Rüthers, Rechtstheorie, Rn. 262ff., 411ff.(비판적) 참고. 물론 예컨대 낙태규정과 같은 법률규정이 단순히 마음에 들지 않는다는 이유로 사법부로 하여금 법규정을 배제하도록 허용하는 것이어서는 안 된다는 사실은 너무나도 당연하다.

125) 예컨대 Hirsch, JZ 1966, 334.

에 충실한 의미확인에 해당할 수 있는지에 대해서는 논란이 있다. 어떠한 경우든 편집상의 실수를 교정하는 것은 법률에 충실한 의미확인에 가깝고, 따라서 크게 문제가 되지 않는다. 이에 반해 입법자가 단순히 실수로 표현을 잘못한 것이 아니라, 이른바 '동기의 착오'에 빠졌다는 사실을 입증할 수 있을 때 법률의 명백한 문언으로부터 해방되는 것은 어떠한 의미를 갖는가? 즉, 입법자가 의식적이고 의도적으로, 규율하고자 했던 특정한 사실을 출발점으로 삼긴 했지만, 규율과 관련된 다른 상황을 충분히 감안하지 않았고, 따라서 만일 그러한 상황을 입법자가 알고 있었다면 다른 방식으로 규율했을 것이라고 입증할 수 있기 때문에 법률문언으로부터 벗어나는 것은 어떤 의미가 있을까?[126)]

앞에서 이미 서술했던 사고보험 연금청구권의 양도가능성에 대한 연방재판소의 판결(BGHZ 4, 153)은 여기서도 좋은 보기가 된다. 최대한 구체적이고 간단하게 서술하자면 이 사건의 내용은 이렇다. 교통사고로 사망한 사람의 미망인이 그에 대한 손해배상으로 연금수령권을 인정받았다. 어떤 제3자가 재판과 그 집행을 낙관하고 미망인을 '배려하려는 의도에서'(S. 155) 자발적으로 생계비를 지급하기 시작했고, 그 대신 배상의무가 있는 자에 대해 미망인이 갖고 있는 연금청구권을 양도하게 했다. 문제는 과연 이 양도가 허용되는지였다. 민법 제400조의 명백한 '문언'(S. 157)(정확하게는 '문언의 의미'라고 해야 옳다)상으로는 연금청구권의 양도는 허용되지 않는다. 청구권이 저당의 대상이 될 수 없는 한, 양도가 불가능하다고 규정되어 있기 때문이다. 하지만 연금청구권자인 미망인에게 '필요한 생계비가 보장되어야 하기 때문에' 연금청구권은

---

126) 입법과 관련된 동기의 착오에 관해서는 Zimmermann, NJW 1952, 959; Bender, JZ 1957, 595, 600 참고.

양도가 가능하다(S. 154)는 것이 판례의 입장이었다. 즉, 이 사안의 특수한 성격을 감안하여 제3자가 연금청구권보유자의 생계를 보장하기 위해 미리 생계비를 지급했다면 그 대가로 연금청구권을 양도하는 것은 유효하다고 본 것이다. 연방재판소는 또한 민법 제400조의 '의미와 목적'(S. 158)으로부터 다음과 같은 명제를 도출한다. "저당이 불가능한 사고보험 연금청구권은 법적 의무가 없음에도 연금청구권보유자에게 양도된 청구권에 따라 기일이 도래한 액수와 동일한 금액을 매 기일에 맞추어 지속적으로 지급한 자에게 양도될 수 있다. 단 연금청구권보유자가 사전에 연금청구권에 상응하는 액수 전액을 수령했거나 각 기일에 맞추어 지불이 이루어지는 조건으로 청구권을 양도한 경우이어야 한다"(S. 153). 이 판례를 어떤 식으로 이해해야 하는가? 만일 명백한 '문언'을 해석의 절대적 한계로 파악한다면, 이 판례는 더 이상 해석이 아니며, 더욱이 완화된 의미의 해석도 아니다. 완화된 의미의 해석이 되기 위해서는 문언이 다의적일 것을 전제하며 또한 해석이 '가장 가까운' 의미로부터 '먼' 의미의 방향으로 멀어져야 하기 때문이다.[127] 그러나 '제한'해석이나 '확장'해석을 명확한 문언에 반하여 입법자의 원래 의도나 이해관계에 대한 진정한 평가가 관철되도록 하는 해석으로 이해한다면 사정이 다르다. 그렇게 되면 우리의 사례에서는 아마도 제한적인 목적론적 해석이라고 말할 수 있을 것이다. 왜냐하면 법규정(민법 제400조)의 의미와 목적에 비추어 규정의 적용범위를 제한했기 때문이다.[128] 물론 흠결보충

127) Enneccerus/Nipperdey I 1, § 59 II 및 각주 10은 이 점을 정확하게 파악하고 있다(다만 제한해석이 아니라 '제한'이라고 하며, '(법률의) 표현뿐만 아니라, 사상을 개선'한다고 말한다).

128) 이는 헤크의 입장이기도 할 것이다(Heck, Gesetzesauslegung, S. 138ff., 156f., 195ff., 208ff. 참고). 이에 관해서는 Kallfass, S. 95ff.; G.u.D. Reinicke, Die Ausfüllung primärer und sekundärer Gesetzeslücken nach der Rechtsprechung des Bundesgerichtshofs, NJW 1952, 1153(1156); 이에 대해

이라고 말할 수도 있다. 즉, 민법 제400조가 이미 선급을 한 제3자에게 그 보상으로 연금청구권을 양도할 수 있는 사례를 예외로 규정하고 있지 않다면, 이는 법률의 흠결을 뜻한다고 볼 수 있다.[129] 이 흠결은 앞에서 인용한 연방재판소의 문장을 통해 입법자 자신의 정신에 부합하여 보충한 것이 된다. 다른 한편 법질서에 존재하는 모순을 제거한 것이라고 생각할 수도 있다. 왜냐하면 연방재판소는 저당목적물이 될 수 없는 연금청구권일지라도 공법상의 보험자를 위해서는 청구권양도가 가능하도록 규정되어 있다고 서술할 수 있기 때문이다. 따라서 우리의 사례와 같은 경우에 청구권양도를 허용하지 않는 것은 일종의 평가의 모순에 빠지게 된다("민법 제400조의 양도금지 규정을 그 내용이 변경되는 방향으로 제한하는 것은 결과적으로 공법상의 보험자와 관련하여… 입법적으로 표현되어 있는 법적 발전에 맞추어 적응시키는 일이다"; BGHZ 4, 160). 끝으로 연방재판소 스스로도 '법의 발전적 형성' 행위라고 말하고 있듯이(S. 158), 이 판례를 법률을 수정하는 행위로 파악할 수 있는 가능성도 배제하기 어렵다. 이렇게 볼 때, 설령 입법자 자신의 의사나 입법자의 이익평가를 확고한 기준점으로 삼더라도 여러 가지 방법들 사이의 경계는 그렇게 뚜렷하지 않다는 사실을 다시 한 번 확인할 수 있다.[130] 우리의 사례도 바로 이러한 경우에 해

부정적인 Enneccerus/Nipperdey I 1, §59 II 참고.

129) Zimmermann, NJW 1952, 959는 '명백히 입법자가 간과한 사례'라고 말하면서, 당해 판결을 흠결보충으로 파악하는 것이 가장 정확하다고 한다. 연방재판소의 판결을 '목적론적 축소', 즉 '법률에 내재하는 목적'에 따라 '의미상 필요한 제한'을 법률규칙에 추가한 것으로 파악하는 라렌츠(Larenz, Methodenlehre, S. 301, 393f.)도 결과적으로는 같은 입장이다.

130) 흠결보충과 법률의 수정이 불가분의 관계에 있다는 점에 대해서는 Heck, Gesetzesauslegung, S. 205f. 참고. 또한 '진취적인 법발견'의 여러 '단계들' 사이의 경계가 유동적이라는 점에 대해서는 앞의 249면 각주 38; Larenz, Methodenlehre, S. 366ff.(367 각주 1) 참고.

당한다. 연방재판소는 이 판례가 입법자의 의사에 반하는 것이 아니라, 입법자에게 '생각하면서 복종'(헤크)[131]하는 가운데 법규범의 의미와 목적을 고려하여 입법자의 정신에 맞게 그 진정한 의도를 표현한 것이라는 점을 면밀하게 입증하고 있다.

이런 종류의 '법률수정', 즉 입법자의 의사와 입법자가 추구한 목적을 충실하게 반영하면서, 단지 문언이 갖고 있는 의미의 한계를 넘어섰을 뿐인 법률수정은 초월적인 법이념을 실현하기 위해 입법자에게 반기를 들고 이루어진 법률수정과는 현격한 차이가 있다. 침머만(Zimmermann) 역시 연방재판소의 이 판례를 평석하면서 입법자가 관련된 "생활사실을 제대로 파악하지 못했거나 잘못 파악하여 발생한 잘못된 견해"(자주 보기로 드는 사례 가운데 하나는 법률에 의해 특정한 예방주사를 접종하도록 명령했지만, 사후에 이 예방주사가 인체에 해로운 것으로 판명된 경우이다)에 기초하고 있는 법률에 대한 수정과 정의, 도덕률, 자연법에 위반한 법률에 대한 수정을 명확히 구별한다.[132] 물론 침머만은 두 경우 모두 법률수정이라고 부르는 것이 가능하다고 본다. 그는 법률이 시간의

---

131) Heck, Gesetzesauslegung, S. 51.

132) Zimmermann, NJW 1952, 960. 이에 관해서는 또한 Engisch, Einheit, S. 86f. 각주 2; Enneccerus/Nipperdey I 1, §59 I 2 참고. 위 본문에서 설명한 내용과 비슷하게 카나리스(Canaris, Systemdenken, S. 106ff.) 역시 '체계합치적' 법획득과 초월적인 '실질적 정의'의 관점에 따른 법의 발전적 형성을 구별한다. 그는 노동법상 '손해를 야기할 수 있는 행위'(S. 107)를 처리하는 문제를 보기로 들어 이 구별을 설명하고 있다. '법의 발전적 형성'이라는, 즐겨 사용되는 개념의 범위와 다의성(이 개념은 '창조적' 해석에서부터 일반조항의 구체화와 흠결보충을 거쳐 하자가 있는 법에 대한 모든 형태의 법률수정에 이르기까지 매우 넓은 범위에 걸쳐 여러 가지 의미로 이해된다)에 비추어 볼 때 이 개념을 다룰 때에는 항상 주의를 요한다. 어떤 법률규정이 정의, 도덕률, 자연법 등에 반한다는 이유로 법원이 당해 법률규정의 적용을 거부하는 경우는 '법의 발전적 형성'의 극단적인 예외사례에 해당한다.

경과와 함께 변화된 현실과 가치평가에 적응하도록 하는 작업을 특별한 사례로 강조하고 있지만,[133] 내가 보기에는 처음부터 부정당했는지 아니면 사후적으로 부정당하게 되었는지를 구별하는 것은 큰 의미가 없다. 가장 중요한 측면은 – 적어도 우리의 사고과정에서는 – 방법론적 관점에서 입법자의 정신에 따르는 법률수정과 법이념의 정신에 따라 입법자의 의사에 반하는 법률수정을 구별하는 것이다.

법률수정이 입법자 스스로 남긴 흔적의 언저리에 머물러 있는 한, 법적 사고는 우리가 해석, 이해, 의미탐색, 이익탐구, 유추, 반대추론 등등 여러 가지 이정표를 통해 알게 되었던 길에서 벗어나지 않는다. 이 지점에서 다시 한 번 연금청구권양도에 관한 판결을 고찰해보자. 이 판결의 특수성은 어디에 있는가? 우리는 앞에서 "입법자의 진정한 의도를 위해 문언의 의미로부터 벗어났다"고 표현했다. 판례가 이른바 문법적 의미탐구를 배제한 채, 입법자의 목적과 이익형량을 중시한 목적론적 방향으로 나아간 것 역시 그러한 이유에서였다. 이는 "법률을 제정한 취지가 상실되면, 법률 자체도 상실된다(cessante ratione legis cessat lex ipsa)"는 오래 된 규칙[134]에 해당하는 경우이다. 이와 동시에 '주관적-

---

133) Zimmermann, NJW 1952, 960. 또한 Bendet, JZ 1957, 601도 참고.

134) 앞에서 이미 언급했던 이 규칙에 대한 역사적 및 비판적 서술로는 H. Krause, Cessante causa lex, ZS der Savigny-Stiftung f. Rechtsgeschichte, Kanonist. Abt. 46(1960), 81 참고. 크라우제는 이 규칙이 로마법이 아니라, 교회법학에서 유래했음을 밝히고 있다. 또한 이 규칙이 19세기에는 반박되었다가, 최근에 들어 다시 인정받게 되었다는 사실도 서술하고 있다. 이에 관해서는 또한 H. Haag, Die Stellung des 19. Jahrhunderts zum Wegfall des Gesetzesgrundes, 1966도 참고. 콜러(J. Kohler)와 쿨렌벡(L. Kuhlenbeck)이 '선구자'로서 이 규칙의 부활을 주도(Haag, S. 76ff) 한 이후, 예를 들어 라이히엘(Reichel, S. 135ff.)은 사실상의 상황이 변화하여 법률이 의도했던 원래의 이성적 목적에 더 이상 도달할 수 없을 때

목적론적' 의미탐구와 목적탐구에 해당하기도 한다. 다시 말해 – 적어도 연금청구권 양도에 관한 판결에서는– 역사적 입법자의 의사와 목적을 밝혀내려고 했고, 이를 '문언'으로부터 벗어나는 근거로 삼았다. 법률 자체의 내재적 의미를 중시하는 객관적 해석이론의 관점에서도 그와 같은 법률수정이 정당화될 수 있는지에 대해서는 여기서 자세히 다루지 않겠다. 다만 객관주의자들에게는 일반적으로 주관주의자들에게서처럼 법률 자체의 문언이 크게 존중받지 못하긴 하지만, 단순한 법률문언을 배제하고 법률에 명확히 내재하거나 법률의 맥락에 비추어 파악할 수 있는 취지를 내세우는 것은 주관주의적 해석이론에서도 얼마든지 정당화될 수 있다는 점만을 지적해 두기로 한다. 어쨌든 이 모든 논의가 법적 사고와 관련하여 완전히 새로운 문제라고 볼 수는 없으며, 그저 우리가 이미 구체적으로 서술했던 사고방식들이 특이한 상황에 처하거나 여러 사고방식들을 복잡하게 연결시켜야 하는 경우일 따름이다.

이에 반해 법률수정의 기준이 역사적 입법자나 법률 그 자체가 아니라, 법이념인 경우에는 사정이 전혀 다르다. 물론 문언의

(내가 보기에는 법률이 처음부터 잘못된 견해를 갖고 있는 경우라고 해야 옳다)에는 그 법률은 적용해서는 안 된다고 설명한다. '입법취지' 원칙에 대한 최근 문헌으로는 Löwer 참고. 유명한 '녹음테이프판결'(BGHZ 17, 266)도 이 원칙에 근거한다는 사실은 앞의 134면 각주 49에서 언급한 바 있다. 문제 자체의 관점에서 보면 그 사이 1965년 9월 9일에 제정된 저작권법도 같은 맥락에서 판단하고 있다. 이 원칙의 적용가능성에 대한 한계에 관해서는 Canaris, Lücken, S. 189ff. 참고. 카나리스는 '목적론적 확장'은 이 원칙과 같은 차원에 있다고 본다(S. 89ff.). 목적론적 확장의 경우에는 입법취지 때문에 법규정의 적용을 제한하는 것이 아니라, 이를 확장하는 경우라고 한다. 이에 관해서는 Larenz, Methodenlehre, S. 397ff.; Pawlowski, Rn. 497ff.; 이를 부정하는 Bydlinski, S. 475 참고. 목적론적 확장은 가능한 문언의 의미를 존중하는 해석과 유추의 중간에 위치한다.

의미가 모호한 때에는 현재에 가까운 '이성적'(법이념에 상응하는) 의미를 역사적 입법자가 원래 의도했던 것보다 더 우선시켜야 한다는 객관주의적 해석도 법이념을 중시하는 방향에 가깝다. 왜냐하면 이 경우에도 '해석'은 은연중에 입법자 스스로의 노력을 수정하는 쪽으로 가기 때문이다. 그렇지만 이러한 혼합현상에 대해서는 더 이상 논의하지 않기로 하자. 그보다는 법이념을 노골적으로 법률수정의 기준으로 삼는 경우가 우리의 관심을 끌기 때문이다.

독일 최고법원의 판례는 노골적으로 '법률에 반하는' 판결을 내리는 것을 피하려는 경향이 있다. 심지어 앞에서 서술했던 사고보험연금판결이나 앞의 각주에서 언급한 '녹음테이프판결'[BGHZ 17, 266; 이 사건에서 연방재판소는 개인적으로 사용할 목적에서 문학 또는 음악 저작의 복사를 허용한, 그 당시 문학저작권법상의 특권(제15조 2항)을 제한하여 당해 저작을 녹음하는 것을 허용하지 않았다. 그 이후 1965년 9월 9일에 저작권법이 개정되었다. 이에 관해서는 동법 제53조 이하 참고] 또는 유명한 '승마선수판결'(BGHZ 26, 349; 당시의 민법 제847조[135]가 신체, 건강, 자유에 대한 침해 또는 여성의 정조에 대한 범죄의 경우에만 금전손해배상을 인정하고 있음에도 불구하고 정력제 Okasa 광고플래카드에 당사자의 동의를 받지 않고 한 승마선수의 사진을 과실로 이용한 행위는 비물질적 손해이지만 그에 대한 금전배상을 인정한 판결)과 같은 획기적인 판결들조차도 한눈에 보아도 입법자의 의도와는 상당한 거리가 있음에도 해석이나 유추를 수단으로 삼아 그러한 목표에 도달했다고 설명하기 위해 상당한 노력을 경주한다.[136] 법관의 법률구속을 견지하려는 보수적 관점에서는 이러한

135) 2002년 8월 1일부터는 민법 제253조 제2항이 이를 규율하고 있다.

136) 이 점에 관해서는 각 판결의 판결이유를 참고: 사고보험연금판결(BGHZ 4, 153)에서 연방재판소는 1차적으로 목적론적-제한적 해석을 염두에 두었

노력을 바람직하다고 여길 것이다. 하지만 이 판례들에서는 법률을 사실상 지나쳐 버렸다고 인정하는 것이 옳다.[137] 그럼에도 우리의 법감정에 비추어 볼 때 자명하고, '법이념'에도 부합하는 결정목표에 도달했다. 이렇게 해서 우리는 '진취적 법발견'과 관련된 새로운 단계에 접어들게 된다. 이 단계에서 우리는 특별한 법적 정당화를 필요로 하는 매우 극단적이고 새로운 방식으로 법률을 다룰 뿐만 아니라, 법이념과 법률을 서로 대립된 것으로 파악함

고(이에 관해서는 앞의 서술 및 Bender, JZ 1957, 594 참고), 녹음테이프판결에서는 '법률의 의미와 목적에 따른 해석'이라는 표현으로 결론을 정당화했으며(BGHZ 17, 276), 복사판결에서는 '법률의 의미와 목적'에 따른 제한적 해석이라고 말했고(BGHZ 18, 49, 53), 승마선수판결에서는 민법 제847조에 사용된 ('행동 및 활동의') 자유개념을 '유추를 통해' 자신의 사진을 '독자적 결정에 근거하여 처분할 수 있는' 자유에까지 확대했다 (BGHZ 26, 355f.).

137) 예컨대 녹음테이프판결에 관하여 라렌츠(Larenz, Methodenlehre, S. 380)는 이 판결이 연방재판소가 주장하는 것처럼 '제한적 해석'이 아니라, '목적론적 축소'를 통해 '사후적으로 은폐된 흠결'을 보충한 것이라고 한다. 또한 다수의 다른 판례에서도 전거로 삼게 된(예컨대 '쿠키덴트판결 BGHZ 30, 7', '인삼판결 BGHZ 35, 363'), 문제의 '승마선수판결'에 대해서도 라렌츠는 연방재판소가 부당하게도 '입법자가 행한 가치평가를 무시'했고, 따라서 이는 '법률내재적 법형성이 아니라, 법률초월적 법형성'이라고 한다.(S. 425f.). 비슷한 입장으로는 예컨대 M. Löffler, Die Grenzen richterlicher Rechtsfindung beim immateriellen Schadensersatz, NJW 1962, 225; P. Hartmann, Persönlichkeitsrecht und Schmerzensgeld, NJW 1964, 793(796ff.) 참고. 이와 관련해서는 연방재판소가 제253조의 유추금지를 무시했다는 점을 지적하는 경우가 많았다. 하지만 연방재판소는 그러한 지적에 전혀 흔들리지 않았다. 즉, 그 이후의 판결(NJW 1963, 902f., 904f.)에서는 심지어 노후한 법률규정으로부터의 해방이라는 법형성의 의도를 노골적으로 표방하기도 했다. 연방헌법재판소가 '소라야판결(BverfGE 34, 269)'에서 정신적 손해에 대해 금전배상을 인정한 민사판결이 합헌이라고 판결한 이후, 적극적 법형성에 대한 기존의 우려는 상당히 잦아들어 버렸다. 이에 대해 라렌츠(Methodenlehre, S. 426)는 거의 체념을 하면서 '관습법의 힘'을 인정한다.

으로써 우리의 경험을 지탱하고 있는 탄탄한 토대를 잃어버릴 위험에 봉착하기도 한다. 그리하여 칸트의 표현에 따르면 (법)형이상학이라는, '강한 바람이 몰아치는'[138] '높다란 탑 꼭대기로' 발걸음을 옮기게 된다. 과연 우리가 그렇게 해도 되는 것일까? 다음 장에서는 바로 이 어려운 문제를 다루고자 한다. 아마 그 전에 충분한 휴식을 취해야 할 것이다.

138) I. Kant, Prolegomena, Werkausgabe, Bd. V, hg. v. W. Weischedel, 9. Aufl. 1996, S. 252(A 204).

제 8 장 법률에서 법으로, 법학에서 법철학으로

이 책의 제3장 서두에서 우리는 현대 법률가들의 사고는 1차적으로 법률에 지향되어 있다는 사실을 알게 되었다. 그렇기 때문에 그 이후의 모든 장에서는 법률, 법률이 영향을 미치는 범위, 법률의 흠결과 하자 등을 고찰했다. 물론 언제나 구체적 사례에서의 법발견을 고찰의 목표로 상정했다. 이 마지막 장에서는 법률가들의 법률에 대한 구속을 완전히 배제하지는 않겠지만, 주로 그러한 구속의 상대성과 한계에 대해 고찰하기로 한다. 그러기에 앞서 지금까지 우리가 서술했던 내용에서는 기본적으로 서구 대륙법계에 속하는 법률가들의 사고방식을 연구대상으로 삼았다는 사실을 명백히 강조할 필요가 있다. 이러한 제한은 불가피했다. 법학적 사고의 모든 형태를 망라하는 보편적 방법론을 여기서 전개하는 것은 불가능하다. 어쨌든 모든 지역적 및 시간적 한계를 배제하게 되면 적어도 삶의 문제를 법학적 사고를 통해 해결해야 하는 한, 지금까지 서술했던 방법과는 전혀 다른 방법을 구사하는 법학이 있다는 사실을 잊어서는 안 된다. 물론 법의 역사에서 자주 등장하는 바와 같이 구체적 사례를 기회로 삼아 바로 그 사례에서 법을 찾아내는 직관적인 방식이 있긴 하지만, 그러한 방식은 우리의 고찰에서 배제하기로 한다. 자유법학을 지지하는 상당수 학자들은 '법적 사실'에 대한 상세한 지식을 바탕으로 그와 같이 구체적 사례에서 법을 발견하는 것을 가장 이상적인 법발견으로 여기기도 했다. 그러나 그와 같은 자유법과 관련하여 우리가 앞에서 재량의 문제를 다루면서 설명한 내용 이상의 어떤 특수한 법학적 '방법'을 전개하는 것은 거의 불가능하다. 이 문제에 관한 한, 재량에 관해 설명했던 부분을 지적하는 데 그치기로 한다. 이제부터 우리는 법률에 구속되지 않는 법발견방법 가운데 법학적 사고에 대해 완전히 새로운 도전이 되는 방법들을 살펴보기로 한다.

그러한 방법들 가운데 한 가지를 특히 강조할 필요가 있다. 그것은 **선례 중심의 법발견**이다. 잘 알려진 대로 이 방법은 영미법권에서 이른바 **'케이스 로(case law)'**로 형성된 방법이다. 라드브루흐는 이 방법을 짧지만, 아주 정확하게 서술한 적이 있다. 따라서 여기서는 라드브루흐의 저작[1)]을 인용하는 것만으로 충분할 것 같다. 대륙법계의 법률가가 보기에 케이스 로의 독특성은 대륙의 법률가에게는 법률이 행하는 버팀목의 역할을 동급의 또는 상급의 법원(상원, 상소법원)이 내린 과거의 판결이 행한다는 점이다. 이는 법률이 침묵하는 경우뿐만 아니라, 법률에 대한 해석에 의

---

1) G. Radbruch, Der Geist des englischen Rechts, 1946, S. 43ff. 이 밖에도 예컨대 K. N. Llewellyn, Präjudizienrecht und Rechtsprechung in Amerika, 1932; W. Fikentscher, Methoden des Rechts in vergleichender Darstellung, Bd. II, 1975, S. 58ff.; M. Will, Das Common Law, in: R. David/G. Grasmann, Einführung in die großen Rechtssysteme der Gegen wart, 2. Aufl. 1988, Rn. 283ff.(352ff.); Zweigert/Kötz, S. 250ff.; D. Blumenwitz, Einführung in das anglo-amerikanische Recht, 7. Aufl. 2003, S. 36ff.; H.-P. Schwintowski, Juristiscche Methodenlehre, 2005, S. 129ff.; Ch. Graf v. Bernstorff, Einführung in das englische Recht, 3. Aufl. 2006, §1; G. Williams, Learning the Law, 13. Aufl 1978, S. 92ff.; Müller/Christensen, Europarecht, Rn. 379ff.; Röhl/Röhl, S. 568ff.도 참고.

문이 있을 경우에도 마찬가지이다. 그리하여 결정을 해야 할 사례가 권위 있는 법원이 과거에 결정한 사례와 같은 종류일 때에는 그 법원과 같은 방식으로 결정해야 한다. 물론 모든 사례가 나름의 특수성을 갖고 있다는 것은 자명한 사실이기 때문에, 새로운 사례가 과연 선결례에 의해 해결된 과거의 사례와 '본질적인' 관점에서 동일한지가 늘 문제된다. 더욱이 선례에서 표명된 법원칙은 '이 원칙이 당시의 사안을 결정하는 데 필요했던 범위 내에서만' 구속력을 갖는다. 그리하여 "어떤 법원칙이 과거의 판결에서 필요했던 것보다 더 넓게 파악되었다면, 이는 장래에 척도가 되는 '결정근거(ratio decidendi)'가 아니라 … 그저 척도가 되지 않는 '부수적 언급(obiter dictum)'에 불과하다." 따라서 영미법의 경우에도 '마땅치 않은 선결례를 구속력이 없는 것으로 배제할 수 있는' 여러 가지 방법이 있음을 알 수 있다. 물론 영국의 법관들은 '선결례를 무시하는(overruling)' 결정을 내리기를 꺼리며 실제로 그런 경우는 극히 드물다. 그런 결정은 '너무나도 비이성적(plainly unreasonable)'이라고 여기기 때문이다.[2] 이 정도의 간략한 설명만으로도 케이스 로의 방법론적 특성을 인식하는 데 충분할 것 같다. 이와 유사한 방법은 독일 법문화에서도 형성되어 있다. 왜냐하면 최고법원(과거에는 제국법원이었고, 오늘날에는 연방법원들과 주고등법원) 내부에서는 같은 종류의 사례와 관련하여 당해 최고법원의 선결례로부터 벗어난 결정이 금지되는 것은 아니지만, 상당히 어렵게 만들어 놓았기 때문이다(즉, 법원조직법 제12조 제1항 2문, 기본법 제95조 제3항 및 1968년 6월 19일에 발효된, 연방최고법원 판결의 통일성유지를 위한 법률). 하지만 어디까지나 제한적 의미에서 그렇

2) Radbruch, Geist, S. 34f. Schmitthoff, JZ 1967, 1 (3)에 따르면 1966년부터 영국 '상원(House of Lords)'이 앞으로 "원칙적으로는 선결례에 구속되지만, 재판부가 정당한 사유가 있다고 여기는 예외적인 사례에서는 선결례로부터 이탈하게 될 것"이라고 언급한 사실을 지적할 필요가 있다.

다는 것이지, 우리 법문화가 영미의 케이스 로와 같다는 뜻은 아니다.[3] 그렇지만 제기되는 문제는 양 법체계 모두 비슷하다. 즉,

3) 독일에서 법관의 결정은 원칙적으로 해당하는 구체적 사례에서만 의미가 있다. 즉, 판결은 결정된 사안과 관련된 소송당사자들에게만 '확정력'을 갖는다. 이에 반해 유사한 상황의 다른 사례에 대해서는 구속력을 갖지 못한다. 물론 특수한 구속력을 발휘하며, 어떤 측면에서는 법률과 같은 효력을 갖고 있는 연방헌법재판소 판결의 경우에는 특별한 규정이 적용된다(이에 관해서는 연방헌법재판소법 제31조 그리고 예컨대 Alexy, Grundrechte, S. 504ff.; Zippelius/Würtenberger, §48 Rn. 19ff. 참고). 다른 한편 독일의 법원이 사실상 선결례, 특히 최고법원의 선결례에 구속되고 있다는 사실을 부정할 수는 없다.

E. Schneider, Logik für Juristen, 1. Aufl. 1965, S. 349에서는 최고법원의 판례를 간과한 변호사의 손해배상의무, 공소를 제기할 때 법원의 판례를 지침으로 삼아야 할 검찰의 의무, 과거의 판례를 무시한 탓에 상급심에서 하급심 판결이 파기될 위험 등과 관련하여 '선결례의 독재'라는 표현을 쓰고 있다. 크릴레는 "선결례가 추정적 구속력을 갖는다"고 전제하면서 "영미법과 유럽 대륙법 법실무의 차이는 오랫동안 흔히 생각하는 것과는 달리 별로 큰 의미가 없다"라고 말한다(Kriele, Rechtsgewinnung, S. 245). 이런 맥락에서 과연 선결례에 대한 법실무의 고려가 단순히 법사회학적 측면에서 주목해야 할 관심영역에 그치는 것이 아니라, 어떤 규범적 존엄성까지 지니고 있는 것은 아닌가라는 물음이 제기되고 있다. 특히 지속적인 판결을 통해 형성된 '법원의 관행'이 관습법으로 정착하는 경우에만 그런 것이 아니라, 일반적으로 선결례가 구속력을 갖는 법규범이 아닌가 하는 의문이 제기되고 있을 정도이다. 이 점에 관해서는 Germann, S. 227ff.(244ff); Esser, Vorverständnis, S. 184ff.(선결례는 '독자적 법원으로서의 가치'를 갖는 것은 아니지만, '법적 견해의 안정성과 통일성을 보장하는 가치'와 '제시된 논거가 … 합리적이고 사회적 적합성을 갖는다는 점을 시사하는 의미'를 갖는다. S. 184f.).; H. W. Kruse, Das Richterrecht als Rechtsquelle des innerstaatlichen Rechts, 1971; Fikentscher, Methoden III, S. 728ff.; Bydlinski,S. 501ff.(선결례의 '보충적 구속력'; Larenz/Canaris, Methodenlehre, S. 257ff.); Larenz, Methodenlehre, S. 429ff.(선결례는 '적합성'을 갖고 있다면 '법인식의 원천'이 된다; 정당성은 같은 사례를 같게 결정해야 한다는 요청에 우선한다. S. 432); R. Riggert, Die Selbstbindung der Rechtsprechung durch den allgemeinen Gleichheitssatz(Art. 3 I GG), 1993, S. 23f.; Ch. E. Ziegler, Selbstbindung der Dritten Gewalt; Pawlowski, Rn. 933ff., 1020ff.; Zippelius, Methodenlehre, S. 80ff.;

새롭게 결정을 내려야 할 사례가 최고법원에서 이미 내려진 결정과 본질적인 관점에서 동일하다고 볼 수 있는지, 과거의 결정에서 표출된 법적 견해가 현재의 결정에 대해서도 기초가 될 수 있는지 또는 과거의 결정이 단순히 '부수적 언급'에 불과한지 등의 문제가 제기된다. 그렇기 때문에 "이른바 부수적 언급으로서 결정의 결과와 관련하여 법적으로 중요한 의미를 갖는 근거가 되지 않을 경우"에는 법원조직법에 따른 절차를 거치지 않아도 된다.[4) 하지만 과거의 결정에서 표출된 법적 견해를 현재 결정해야 할 결정에 적용하는 영국식 방법은 그 구조적 측면에 비추어 볼 때 앞에서 설명했던 유추와 매우 비슷하다. 왜냐하면 양자 모두 특수에서 특수를 추론하는 것이자, 과거의 결정에서 기초가 되었던 기본사상을 원용하기 때문이다. 끝으로 선결례에 구속되는 경우에도 법률에 구속되는 경우와 마찬가지로 골치 아픈 물음이 등장할 수 있다는 점을 지적해야 하겠다. 즉, 선결례에 구속될 경우 도저히 용납할 수 없는 결론에 도달하게 될 때에는 그 구속에 한계가 있는 것이 아닌가라는 물음이다. 서로 다른 법률규정 사이에서도 그렇듯이 서로 다른 선결례 사이에서도 모순이 발생할 수 있고, 그리하여 현재의 사례를 결정해야 하는 법관으로서는 어떠한 선결례가 우선해야 하는지 또는 그러한 모순 때문에 선결례가 아무런 구속력을 갖지 않는지 등을 묻게 된다는 점은 굳이 자세히 설명할 필요가 없을 것이다. 영미법에서 법을 다루는 문제와 관련된 여타의 특수한 관점들에 관해서는 관련 문헌, 특히 르웰린(Llwellyn)과 피켄처(Fikentscher)의 저작을 참고하기 바란다.

Müller/Christensen, Europarecht, Rn. 382ff. 참고.

4) E. Schmidt, Lehrkommentar zur StPO und zum GVG, Teil 3, 1960, §121 각주 33. 이에 관한 보기로는 BGHSt 7, 314 참고. 이에 관해서는 또한 KK-Heinrich, §121 GVG Rn. 38도 참고. '부수적 언급'에 대한 구속에 관해서는 Pawlowski, Rn. 1056ff.(법적 구속력은 없지만, 사실상 영향을 미친다는 내용, Rn. 1074) 참고.

이러한 설명에 대한 보충으로서 영국 케이스 로(미국의 판례법은 영국의 케이스 로와는 또 다른 측면을 갖고 있다)의 방법에 관한 피켄처(Fikentscher, II)의 다음과 같은 설명을 추가하는 것이 좋을 것 같다: '영국의 법방법의 핵심'은 '선례구속(stare decisi)'원칙이다(S. 81). 즉, "선례의 결정근거가 영향을 미칠 수 있는 한, 선례에 따라야 한다는 원칙이다"(S. 83). "선례 또는 영어로 precedent는 장래의 사례에 대해서도 척도가 되어야 할, 이미 결정된 사례를 말한다"(S. 81). "물론 모든 하급심 법원이 다른 하급심 법원의 모든 결정에 구속된다는 뜻은 당연히 아니다. 그 보다는 선례구속의 원칙은 결정을 내리는 심급의 법원 및 그 상급법원과의 관계에서 효력을 갖는다"(S. 83). 선례는 "그 자체 독자적인 원칙, 즉 결정근거를 갖고 있는 하나의 법적 결정이다"(S. 81). 이 결정근거를 확인하는 일은 가장 중요하고 또한 가장 어려운 문제이다(S, 82). 결정근거는 "결정이 내려진 사례가 실체법에 대해 어떠한 기여를 하는지에 관한 정보를 제공한다"(S. 86). 결정근거는 '이중적 성격'을 갖고 있다. 즉, "한편으로는 사례에 대한 결정의 근거가 되었던 규칙(이 규칙이 없었다면 사례는 다른 방식으로 결정되었을 것이다. 결정근거에 대한 '고전적' 설명에 따르면 어쨌든 그렇다)이며, 다른 한편으로 결정근거는 … 법관이 자신의 법적 결정과 관련하여 본질적인 근거설정으로 여겼던 측면만을 뜻하기도 한다"(S. 90). 이와는 달리 "부수적 언급은 중요한 법적 사유과정에 따라붙는 비본질적인 추가사항"을 뜻하지만(S. 91), 경우에 따라서는 "장래의 사례에 대해 중요한 의미를 가질 수도 있다"(S. 92). 만일 과거의 사례와 유사한 새로운 사례에서 '선결례'와는 다른 결정을 내리고자 한다면, 당해 재판부는 과거의 결정에서의 결정근거가 새로운 사례에는 해당하지 않는다거나 새로운 사례는 '다른 상황'이라는 점을 입증(이를 '구별 distinguishing'이라고 하며, "두 가지 사례 사이에 법적으로 중요한 의미가 있는 차이를 밝히는 것"을 뜻한다. S. 95)해야 한다.

'사례결정'으로서의 '구별'과 '선결례를 명백히 거부'하는 '번복(overruling)'은 다르다(S. 96). 번복은 오로지 특수한 전제조건이 충족될 때에만 고려될 수 있다(S. 106, 110f.). 거꾸로 새로운 사례를 과거의 사례와 같게 결정할 때에는 두 사례 사이에 사실상 아무런 차이가 없다거나 설령 차이가 있더라도 "법적으로 중요하지 않다"라는 견해를 제시해야 한다(S. 97). '구별'과 '번복'의 차이에 대한 구체적 설명은 S. 98ff., 105ff.에 나와 있다.

'결정근거'와 '부수적 언급'이라는 기본적 개념을 독일의 판례를 보기로 설명해야 한다면 앞의 257면 이하에서 다루었던 금지착오에 관한 연방재판소의 판례(BGHSt 2, 194)를 들고 싶다. 이 판결이 범죄행위의 행위자가 "불법을 행한다는 의식을 갖고 있었거나 또는 최소한 제대로 양심의 긴장이 있었다면 그러한 의식을 가질 수 있었다"(S. 194)라는 결론에 도달하게 된 결정근거는 형벌은 책임 및 '비난가능성'(S. 200)을 전제한다는 원칙이었다. 이에 반해 연방재판소가 "행위자가 착오로 인해 정당화사유가 존재한다고 여겼기 때문에(예컨대 환자가 수술에 대해 동의했다고 잘못 믿은 경우)는 자신의 행위를 합법적이라고 판단한 경우"에 관한 언급은 단순히 '부수적 언급'일 뿐이다. 다시 말해 이 경우 '사실의 착오(및 허용구성요건에 대한 착오)' 아니면 (다수의 견해처럼) '금지착오'가 존재하는지에 대해 입장을 표명할 "어떠한 이유도 없다"고 연방재판소는 명시적으로 밝히고 있다. 그렇긴 하지만 판결문에서는 행위자가 '사안'의 상황(즉, 법적 상태가 아니라는 뜻이다)에 대해 착오를 한 것이기 때문에 '금지착오'의 경우와는 다르게 파악해야 한다는 점이 뚜렷하게 드러나 있다. 나중에 이와 유사한 사례에서 착오와 관련하여 선결례에서 그저 부수적으로 언급한 착오의 문제가 등장했을 때, 과연 그저 '부수적 언급'이라는 이유로 ―적어도 영국 케이스 로의 관점에서 볼 때― 아무런 구속력도 갖지 못하게 될 것인지 의문이다.

이제는 앞에서 언급했듯이 주로 법률에 지향된 오늘날의 대륙법의 법학적 사고로 되돌아오기로 하자. 우리는 이미 이 책의 여러 곳에서 법률을 다룰 때에는 법률의 배후에 있는 내용을 파악해야 한다는 사실을 알게 되었다. 그런 내용을 여기서는 아주 일반적이고 막연하긴 하지만 일단 '법'이라고 부르기로 하자. 법률이란 결코 신의 계율처럼 그 자체 고정되어 있는 어떤 절대적인 대상이 아니다. 법률은 오히려 우리가 이를 제한하고 보충하며 수정을 가하고자 할 때 부딪히게 되는 법사상들의 표현이자 그 결과물일 뿐이다. 그렇다면 이러한 법률의 배후에 자리 잡고 있는 법이란 도대체 무엇일까?

이 물음에 대해 비교적 쉽게 이해할 수 있는 생각을 전달해 주는 것은 우리가 지금까지의 서술에서 여러 번 마주친 적이 있던 이른바 이익법학(Interessenjurisprudenz)이다. 이익법학은 법률과 그 배후에 있는 법의 관계에 대해 분명하고 명쾌한 견해를 발전시켜 왔고, 방법론적 관점에서도 가장 중요한 의미를 갖는다. 이익법학은 해석, 흠결보충 그리고 하자의 수정에 이르기까지 전 영역을 포괄하고 있기 때문이다.[5] 이제 이러한 이익법학 전반에 걸쳐 논의를 해보기로 하자. 이익법학의 기본사상은 이 이론을 특수한 방법론으로 구성해낸 대표적인 학자 필립 헤크(Philipp Heck)에게서 찾아볼 수 있다.[6] 헤크의 기본사상에 접근하기 위한

---

5) 연방재판소의 '녹음테이프판결'(BGHZ 17, 266, 275f.)도 이익법학을 신봉한다고 표현하고 있다.

6) 헤크의 주요저작은 다음과 같다: Das Problem der Rechtsgewinnung, 2. Aufl. 1932; Gesetzesauslegung und Interessenjurisprudenz, 1914; Begriffsbildung und Interessenjurisprudenz, 1932; Interessenjurisprudenz, 1933; Die Interessenjurisprudenz und ihre neuen Gegner, 1936; Rechtserneuerung und

첫 발판으로 가장 좋은 문헌은 그가 1933년에 행한 이익법학에 관한 강연이다. 이 강연에서 헤크는 '대학강의 수준에 알맞게 이익법학을 요약'(S. 3)해 놓고 있다. 우리의 논의 역시 일차적으로 이 강연을 중심으로 삼고자 한다. 헤크는 이 강연의 서두에서부터 이익법학은 법철학이 아니라, '실천적 법학을 위한 방법론'이라는 점을 강조한다(S. 7). 하지만 이익법학이 법철학이 아니라는 헤크의 설명이 반드시 옳은 것은 아니다. 왜냐하면 헤크 자신도 법철학적 문제를 일정 부분 다루고 있으며, 다만 정당한 법의 '보편적 척도'(S. 7)와 같은 궁극적인 물음까지 제기하지는 않기 때문이다. 따라서 헤크의 방법론은 법의 본질과 과제에 관한 '근본적 견해'(S. 8)에 기초하고 있고, 이는 당연히 법철학의 문제라고 보는 것이 맞다.[7] 그렇다면 이 근본적 견해는 무엇인가? 헤크의 대답은, 법질서란 명령(Imperativen)으로 구성되어 있다는 것이다. 이 명령들이 삶을 형성한다. "때로는 감동적이고, 때로는 무엇인가를 강요하고 요구하는 삶"(S. 10) 말이다. 이 삶의 요구를 헤크는 '이익'이라고 부른다. 여기서 '이익'은 물질적, 경제적, 사회적 이익뿐

---

juristische Methodenlehre, 1936; Rechtsphilosophie und Interessenjurisprudenz, AcP 143(1937), 129. 이 밖에도 민법저작인 Grundrisse des Schuldrechts, 1929; Grundrisse des Sachenrechts, 1930에서 헤크는 자신의 방법론을 체계적으로 응용하고 있다.

이익법학의 발전과 그 의미에 관해서는 K. Engisch, Interessenjurisprudenz und Strafrecht, Monatsschrift f. Kriminalpsychologie 25 (1934), 65; H. Hubmann, Grundsätze der Interessenabwägung, AcP 155(1956), 85; Edelmann; Wieacker, Privatrechtsgeschichte, S. 574ff.; Kallwass; G. Ellscheid/W. Hassemer(Hg.), Interessenjurisprudenz, 1974; Fikentscher III, S. 373ff.; Henkel, Rechtsphilosophie, S. 309ff.; P. Speiger, Interessenjurisprudenz in der deutschen Rechtsprechung, 1984; Larenz, Methodenlehre, S. 49ff.; Coing, S. 48ff.; Zippelius, Rechtsphilosophie, §9; Rüthers, Rechtstheorie, Rn. 524ff. 참고.

7) 헤크의 이익법학이 실증주의의 세계관에 의존하고 있다는 점을 지적하고 있는 Larenz, Methodenlehre, S. 51f. 참고.

만 아니라, 정신적 이익도 포함한다. 즉, 문화적, 도덕적, 종교적 '이익'(S. 10)도 존재한다. 법은 인간의 물질적 및 정신적 이익을 포함하고, 보호가치가 있는 이익을 보호할 과제를 담당한다. 예를 들어 법은 소득과 재산, 생명, 건강, 자유, 명예에 대한 이익 또는 정신의 산물을 이용하고 이를 널리 전파하고자 하는 이익, 윤리적 및 종교적 감정을 손상 받지 않고자 하는 이익을 보호한다. 그렇지만 인간이 갖고 있는 이익들은 서로 아무런 관계도 맺지 않은 채 떨어져 있는 것이 아니라, 여러 이익이 한 가지 방향으로 결합하기도 하고 서로 충돌하기도 한다. 특히 후자의 이익충돌, 즉 '이익갈등'(S. 13)은 법의 주요 관심대상이다. 왜냐하면 법이 하나의 이익을 보호하면 다른 이익을 배제하는 경우가 자주 발생하기 때문이다. 예를 들어 법이 소유권자의 지위를 보호하게 되면, 이를 통해 법은 그 이외의 사람들의 욕망과 그들의 이익관철에 한계를 설정하는 것이 된다. 임대차 관련 분쟁에서 법이 임차인의 손을 들어주면, 임대인은 그의 이익을 관철하지 못하게 된다. 물론 거꾸로의 경우에도 마찬가지이다. 법이 타인의 명예나 종교적 감정을 존중하라고 요구하면, 비판이나 조롱하기를 좋아하는 사람은 독설을 그만 두도록 입을 다물라는 뜻이다. 어떤 경우이든 법은 일정한 이익들을 다른 이익들보다 더 우대하기 마련이다. 그렇기 때문에 법은 이익형량을 거쳐 실제로 있는 이익갈등 또는 있을 수 있는 이익갈등에 대해 결정을 내린다('갈등이론', S. 13). "모든 법적 명령은 이익갈등에 대해 결정을 내리고, 서로 대립하는 이익들의 충돌에 근거한다는 인식은 … 근원적인 의미를 담고 있다 … 이익의 보호는 … 언제나 모든 재화에 대한 욕구로 넘쳐나는, 이익으로 가득 찬 세계에서 이루어지고, 따라서 언제나 (!) 다른 이익의 희생이 따른다"(S. 13). 그리하여 법이 우대하거나 최소한 고려의 대상으로 삼는 이익들은 법의 세계에서 승자이자 기준이 되며, 법적 명령의 원인이기도 하다. 이는 무엇보다 법이 보호하는 이익들은 법률의 명령을 통해 실효성을 갖게 된다는 뜻이다. 현대국가에서 법이 의욕하는 내용은 바로 그러한 법률적 명령으로 집약되기 마련이며, 그 목적은 물론 "때로는 감동적이고, 때로는 무엇인가를 강요하고 요구하는 삶"(S. 10)을 지속적으로 처리하고 형성할 수 있도록 하는 것이다. 이렇게 제정법을 삶에 적용할 때, 즉 해석과 흠결보충 그리고 법률을 수정할 때에는 그 원인이 되는 이익이 무엇인가를 탐구하고, 그러한 이익들에 주목하면서 입법자의 의지에 맞추어 관철될 수 있도록 해야 한다. "모든 법규범에서는 이를 통해 결정이 내려진 이익갈등이 무엇인지를 밝혀야 한다." "법규범에 대한 심도 깊은 논의를 하기 위해서는 언제나 관련된 이익들을 구별하여 살펴보아야 한다"(S. 13f.). 특히 법률의 정신에 비추어서! 왜냐하면 법률국가의 법관은 그 자신의 생각에 따라 이익들을 저울질하는 것이 아니라, 입법자가 결정한 갈등해결방법에 구속되기 때문이다. 법관은 단지 구체적 사례에 비추어 법률을 통해 이루어진 일반적 갈등해결을 구체화할 뿐이다. 이를 위해 법관은 자신이 결정해야 할 구체적인 갈등이 입법자가 규범을 제정할 때 파악했던 갈등과 같은 것인지를 비교 확인하게 된다. 흠결보충의 경우에도 입법자의 의사를 최대한 존중해야 한다. 법이 법관에게 예외적으로 법관 자신의 이익형량에 따라 결정을 내리도록 권한을 부여하고 있는 경우, 특히 재량을 위임하고 있는 경우에만 법관은 입법자를 대신하게 된다. 그리고 법관이 법률을 수정하여 이익들을 형량한 입법자의 진정한 의사가 관철되도록 도움을 줄 수 있는 경우에만 잘못된 법률을 수정할 수 있다. 이와 같이 법관의 법률구속 원칙을 선언함으로써 이익법학은 뚜렷하게 자유법학으로부터 거리를 유지한다.[8] 이에 반해 이익법학은 '개념법학(Begriffsjurisprudenz)'(S. 11)

---

8) 이에 관해서는 Kallfass, S. 87ff. 참고.

및 개념법학의 구성주의와는 어깨를 맞대고 투쟁한다. 이익법학이 그저 자기만족에 불과한 개념들과 법률의 개념적 구성으로부터 해방됨으로써, 이익법학은 법률을 초월한다. 이익법학은 －자유법학과 마찬가지로－ 법률을 사회적, 경제적, 문화적 영향력들이 펼쳐지는 무대 안으로 들어가게 만든다. 왜냐하면 그러한 영향력들을 고려할 때에 비로소 법의 질서기능을 제대로 이해할 수 있기 때문이라고 한다. "이익을 충족하기 위해 싸움이 벌어지는 것이지 … 올바른 개념규정이나 완결된 개념정의를 일관되게 관철하기 위해 싸움이 벌어지는 것이 아니다 … 역사적으로 볼 때 법은 이익의 산물이다"(S. 12). 이익법학의 거부대상이고 또한 오늘날에는 거의 완전히 극복된 것으로 여겨지는 '개념법학'이 과연 어떠한 이론이었는지에 대해서는 여기에서 자세히 다룰 수 없다. 물론 우리가 '법적 인과성'에 대한 논의를 하면서 개념법학의 방법에 대해 약간 맛을 보기는 했다(앞의 48면 이하). 아무튼 오해를 피하기 위해 다음과 같은 점을 분명히 강조하기로 한다. 즉, 개념법학적 방법과 개념구성적 방법을 피해야 한다고 해서 그것이 곧 '개념' 자체를 경시해도 좋다는 뜻은 아니다. 다른 모든 학문에서도 그렇듯이 법학에서도 '개념'은 결코 없어서는 안 될 존재이다.[9)]

---

9) Heck, Begriffsbildung, 1932도 이 점을 강조한다. 이에 관해서는 또한 H. Stoll, Begriff und Konstruktion in der Lehre der Interessenjurisprudenz, in: FS f. Ph. Heck u.a.(1931), S. 60; Kallfass, S. 79ff. 참고. 에써는 독일의 개념법학의 자학적 행태는 "극도로 어리석은 짓"(Esser, Grundsatz, S. 236)이라고 말하고 있는데, 위 본문에서 거부대상이 되는 '개념법학'('이익법학'의 반대개념으로서)은 헤크가 말하는 특수한 의미(즉, "개념과 사실의 관계를 뒤집어 버리는 방법(Inversionsmethode)"; Heck, Begriffsbildung, S. 92ff.)로서만 이해해야 할 뿐, 에써와 같이 개념법학 자체를 전면적으로 거부한다는 뜻이 아니라는 점에 주의해야 한다. 다른 종류의 개념법학에 관해서는 Engisch, in: Dt. Landesreferate, 5. Int. Kongreß f. Rechtsvergleichung(1958), S. 62f.; Larenz, Methodenlehre, S. 53ff., 165ff. 참고. 개념법학이 19세기에 어떠한 의미변화를 겪었는지에 대해서는 Edelmann, S. 26ff. 참고.

이제 한 가지 보기를 통해 이익법학과 개념법학의 대립을 설명해 보자. 이와 관련하여 매우 유용한 사례는 권한이 없는 자의 소유권취득이다. 다음과 같은 사례를 생각해 보자. A는 B에게 책 한 권을 빌려주었는데, 돈에 쪼들리고 있는 B는 이 책을 고서적상 C에게 팔아 넘겨버렸다. C는 B로부터 책을 '선의'로 취득했다. 즉, C는 B가 책의 소유권자라고 믿었고, 정황에 비추어 볼 때에도 충분히 그렇게 믿을 수 있는 상황이었다. 이런 경우에 대해 로마인들은 다음과 같이 말했다: "양도를 하는 자가 소유하고 있는 것 이외에는 수령인에게 양도할 수 없고 양도해서도 안 된다(traditio nihil amplius transferre … potest as eum qui accipit, quam est apud eum qui tradit; 울피아누스, 학설휘찬 41, 1, 20)." 다시 말해 소유권양도의 경우 양도인이 갖고 있는 것 이상을 양도할 수 없으며, 따라서 소유권자가 아니라면 소유권을 양도할 수 없다는 뜻이다. 이는 기본적으로 개념법학적 사고에 해당한다. 왜냐하면 소유권양도라는 개념으로부터 양도인이 소유권자이었을 때에만 취득자가 소유권자가 될 수 있다는 점을 도출하기 때문이다. 그리하여 소유권양도를 말 그대로 한 물건이 한 사람으로부터 다른 사람으로 넘어간다는 것으로만 생각할 뿐, 그 물건에 대한 권리를 부여한다고 생각하지 않는다. 이에 반해 독일민법은 과거의 독일법적 사고방식을 이어받아 이 점에 대해 완전히 다른 생각에서 출발한다. 즉, 독일민법은 이익법학적으로 생각한다. 독일민법은 지금까지의 소유자(A)의 이익과 취득자(C)의 이익을 서로 비교형량한다. 비교형량은 다음과 같이 이루어진다: 얼핏 보기에는 A와 C 두 사람의 이익은 저울추가 평형을 이룰 정도로 같은 무게를 갖고 있다. 소유권자 A는 B가 착복한 책을 다시 돌려받고 싶어하는 정당한 이익을 갖고 있다. 취득자 C는 처분자 B의 소유라고 믿었고, 그 대가까지 지불한 책을 계속 보유하는 것에 대해 정당한 이익을 갖고 있다. 이제 평형상태의 저울추에 결정적인 의미가 있는 새로운 사정이 추가된다. 즉, A가 B에게 책을 빌려주었기 때문에 A는 자발적으로 책에 대한 점유를 이전했다는 사실이다(법률을 잘 모르는 사람들을 위해 '소유'와 '점유'를 착각해서는 안 된다는 점을 지적해 둔다. 소유는 물건에 대한 권리이고, 점유는 단지 사실상으로 갖고 있다는 뜻이다). A는 B에게 책을 넘겨줌으로써 B에 대한 신뢰를 표현한 것이다. 이와 함께 A는 B에게 취득자인 C가 소유관계를 착각하게 만들 수 있는 계기를 마련했다. 왜냐하면 물건을 사실상으로 점유하고 있는 자(B)가 곧 소유권자라고 생각하는 것이 일반적이기 때문이다. 그렇기 때문에 C는 B가 책을 점유하고 있다는 이유만으로 B가 책의 소유권자라고 믿은 데에는 하등의 문제가 없다. 그리하여 점유에 연결되어 있는 '권리외관' 그리고 점유와 소유의 개념적 차이에도 불구하고 일반적으로 점유자를 곧 소유자라고 생각한다는 사실에 따른 '권리외관'은 독일민법의 입법자에게는 A와 C의 이익갈등에서 원소유권자인 A의 이익보다 선의취득자 C의 이익을 우선시키도록 결정하게 된 근거이다. 물론 A는 자신의 신뢰를 배반하고 책을 팔아넘겨 버린 B를 계속 물고 늘어질 수는 있다. 옛날의 독일 법격언도 이미 "믿음은 그것을 잃어버린 곳에서 다시 찾도록 해야 한다"고 말한다.[10] 헤크 역시 오늘날의 법과 관련해서 같은 생각을 표명하고 있다. "선의취득자의 이익은 그것이 외관에 근거할 수 있을 때에만 원권리자의 이익보다 우선할 수 있다." 동산의 경우 그러한 외관은 '점유상태'에 근거한다.[11] 하지만 소유권자 A가 물건에 대한 점유를

---

10) 이 법격언의 전거에 관해서는 J.H.Hillerbrand, Deutsche Rechtsprichwörter, 1858, S. 74(Nr. 101) 참고. 이 옛 독일 법격언이 – 물론 분명히 의식하지는 않았겠지만 – 개념을 구성한 것이 아니라, 이익상태를 평가하고 있다는 점에 대해서는 Heck, Sachenrecht, §58 I 3 참고.

11) Heck, Sachenrecht, §59. 현대법에서 선의취득이 정당화되는 이유에 대해서는 예컨대 F. Baur/R. Stürner, Lehrbuch des Sachenrechts, 18. Aufl. 2009, §52 A II 참고.

자발적으로 포기한 것이 아니라, 누군가 물건을 훔쳤거나 그와 비슷한 방식으로 '없어져 버린' 경우처럼 소유권자의 의사에 반하여 상실된 때에는 사정이 다르다. 이때에는 A의 원래 소유권이 취득에 우선하는 지위를 갖는다. 설령 취득자가 훔친 물건이라는 사실을 전혀 몰랐거나 이를 알 수 없는 상황에서 선의로 취득한 경우라 할지라도 A의 소유권이 우선한다.

위의 서술은 동산의 선의취득에 관한 법규정(독일민법 제932조 이하)에 대해 '여러 이익들을 구별하여' 해석하는 방식이 대강 어떤 형태인지에 관한 내용이었다.[12] 이와 같이 여러 이익들을 구별하여 고찰하는 방식은 의심스러운 사례를 해결하거나 흠결을 보충할 때에도 사용해야 한다. 예컨대 비소유권자로부터의 선의취득과 관련해서는 다음과 같은 문제들도 쟁점이 된다. 즉, 취득자 C가 소유권자가 아닌 B로부터 대금의 할부변제를 조건으로 승용차나 라디오를 선의로 취득했고, B는 물건을 인도하면서 (자신의 소유에 속하지 않은 물건에 대해) 대금이 완납될 때까지는 소유권을 유보한다는 의사를 명시적으로 표시했다고 가정해 보자. 마지막 할부금을 지불하기 전에 C는 B가 아니라, A가 승용차 또는 라디오의 진짜 소유자로서 B에게 수리를 위해 맡겼을 뿐이라는 사정을 알게 되었다. 이 경우 만일 C가 마지막 할부금을 지불한다면, 그가 소유권자가 되는 것일까? C의 선의와 관련해서는 계약을 체결한 시점이 중요한 것일까 아니면 계약에 준하여 C에게 소유권이 귀속되는 근거가 되는, 마지막 할부금의 변제 시점이 중요한

12) 혼동을 방지하기 위하여 앞의 102면 이하에서 서술한 사례는 지금 서술한 선의취득과는 다른 경우에 해당한다는 점을 지적해 둔다. 앞의 사례에서는 국고소유의 물건이 '없어진' 것이고, 취득자의 선의가 독자적으로 행동한 처분자(말 사육병)의 소유권에 관련된 것이 아니라, 그가 국가를 대신하여 처분할 권한('처분권')이 있는가에 관련된 것이었다.

것일까? 매매계약을 체결할 때에는 C가 B를 소유자로 여겼기 때문에 분명히 선의였던 반면, 마지막 할부금을 지불할 때에는 B가 아니라, A가 진짜 소유자임을 알고 있었기 때문에 더 이상 C는 선의가 아니다. 이에 대해 헤크는 다음과 같이 설명한다. "기대이익도 권리와 마찬가지로 보호할 가치가 있다. 소유권유보를 조건으로 승용차를 취득한 자는 그가 마지막 할부금을 변제하기 전에도 자신의 이익을 보호해 줄 것을 요구할 수 있다."[13] 다시 말해 C가 할부금을 완납할 때까지 B의 소유권유보하에 '조건부' 소유권을 취득했기 때문에 단지 소유권에 대한 '기대권'만을 획득한 것에 불과할지라도, 소유권취득에 관련된 C의 기대라는 이익 역시 무조건부로 즉시 물건의 소유권을 취득한 자의 이익과 마찬가지로 보호할 가치가 있다는 것이다. 따라서 민법 제932조의 토대가 되고 있는 이익형량은 법률에 직접 규율되지 않은 이 사례에까지 확장 적용된다(흠결보충).[14]

여러 이익들을 구별하여 고찰하는 법률적용에 관한 한 가지 보기로부터 우리는 더 많은 내용을 배울 수 있고, 그 내용은 단순한 이익법학의 차원을 뛰어넘는다. 우리는 비소유권자로부터 동산을 선의취득한 경우에 대한 규율의 기저에 자리 잡고 있는 이익형량이 결코 자의적인 이익형량이 아니라는 점을 보았다. 다시 말해 서로 충돌하는 이익들 가운데 그저 어느 하나의 이익에게 우선권을 부여하는 것이 아니라, 한 이익을 우선시키는 법적 행위와 관련하여 충분한 '근거'가 존재한다. 우리의 보기에서는 원소유권자가 물건을 자발적으로 그 점유를 포기하였으며, 그에 따라

13) Heck, Sachenrecht, §58 III 3. 이에 관해서는 BGHZ 10, 69 및 Baur/Stürner, §52 III 1 도 참고.

14) 헤크를 중심으로 하는 튀빙엔 학파에서 흠결을 다루는 방식에 관한 상세한 설명은 Kallfass, S. 37ff. 참고.

배신을 한 처분자에게 권리외관을 부여했다는 점이 근거로 작용한다. 하지만 그러한 근거 자체는 결코 이익이 아니고, 단지 이익을 형량할 때 일정한 역할을 할 뿐이다. 이 점에서 이익형량에서 근거는 이익 자체와 마찬가지로 '인과적' 요소이다. 법적 결정과 관련된 추상적 차원과 구체적 차원, 즉 입법자의 결정과 법적용자의 결정에서는 이익 이외에도 다른 요소들이 중요한 역할을 한다는 사실을 정확히 인식한 것은 원래 이익법학을 자신의 이론적 출발점으로 삼았던 뮐러-에르츠바하(Müller-Erzbach)였다. 즉, 법을 탐구할 때에는 관련된 이익들뿐만 아니라, 법을 구성하는 다른 요소들까지도 함께 밝혀내야 한다는 것이다. 권력관계나 위험에 대한 통제 또는 신뢰관계 등이 그러한 요소에 속한다. 우리가 보기로 든 사례에서는 이익형량과 관련하여 다음과 같은 관점들도 중요한 의미가 있다. 즉, 물건에 대한 점유를 포기한 소유권자는 자신의 소유권에 대한 위험을 유발했고, 점유를 양도받은 자가 믿을 만한 사람이라고 신뢰하여 그러한 위험을 기꺼이 감수했으며, '제3자'인 취득자의 선의가 형성될 근거를 마련했다는 사실이다.[15] 이러한 관점은 입법자가 문제의 이익갈등을 현행민법과 같은 방식으로 결정을 내리는 것이 정당하다고 여기게 된 근거가 된다. 이와 같은 '인과적' 법사고 역시 이익탐구에 해당하긴 하지만, 이는 단순한 이익탐구가 아니라, 이익 이외에 법을 구성하고 있는 다른 인과적 요소도 고려한다. 여기서는 인과적 법사고에 관한 이러한 확장된 이론을 계속 다룰 수 없다. 자세한 내용은 이미 여러 번에 걸쳐 언급했던, 뮐러-에르츠바하의 저작 「개조 중인 법학(Die Rechtswissenschaft im Umbau)」을 지적하는 데 그치기로 한다.[16]

---

15) 이에 관해서는 Müller-Erzbach, S. 64f., 87f. 참고.

16) Müller-Erzbach, S. 137에서는 자신의 그 이전 연구들을 요약해 놓고 있다. 이에 관해서는 또한 Hubmann, AcP 155(1956), S. 91ff.; Edelmann,

다만 인과적 법사고라는 개념에 포함되어 있는 내용을 뛰어넘는 또 다른 점 한 가지만을 더 자세히 살펴보기로 하자. 즉, 과연 척도로 작용하는 인과적인 법요소들로서 오로지 이익들만을 고려할 것인지 아니면 다른 '삶의 요소들'까지 함께 고려하여 법에 대한 해석과 이해 그리고 보충과 발전적 형성에서 주목해야 하는지에 대해 어떤 식으로 대답을 하든 관계없이 입법자나 법적용자의 결정은 늘 이익과 다른 요소들에 대한 일정한 가치평가로 귀착된다는 점이다. 이러한 가치평가는 이익 및 법을 구성하는 다른 요소들과 어떠한 관계에 있는가? 누군가는 이익이나 다른 요소들이 밝혀지는 것과 동시에 이미 가치평가도 이루어진 셈이라고 생각할지 모른다. 예를 들어 더 높은 차원의 이익은 곧 더 강력한 이익이라고 하거나 오로지 권력관계에 따라 어떤 이익을 다른 이익보다 우선시킬 것인지의 문제도 판가름난다는 식으로 말이다. 뮐러-에르츠바하의 어떤 표현들은 그렇게 해석할 가능성을 보여주고 있다. 법에 대한 가치평가는 "주로 각각의 권력상황에 의해 규정된다"[17]고 말하고 있기 때문이다. 하지만 이 생각에 대한 상세한 설명을 살펴보면, 가치평가에서 권력상황이 고려되긴 하지만, 권력상황만이 가치평가를 완전히 규정하는 것이 아니라, 오히려 자유라는 요소가 가치평가에 개입되어 있음을 알 수 있다. 이 점은 이익 자체에도 해당한다. 이익이란 그 자체 가치평가를 하지 않을 수 없게 만들고, 가치평가와 함께 표현되고, 어떤 이상이라는 가면을 쓰고 등장하는 경우[18]도 많지만, 항상 법적인

S. 88ff.; K. Knauthe, Kausales Rechtsdenken und Rechtssoziologie, 1968 참고. 훕만(Hubmann)은 이익평가와 '갈등해결'에서 척도가 되는 관점들(이익의 강도와 범위, 권리외관, 우선도, 과책 등)을 상세히 다루고 있고, 이를 통해 굳이 말하자면 이익법학의 '문제중심론(Topik)'을 전개하고 있다.

17) Müller-Erzbach, S. 75(S. 84ff.도 참고)

18) 이 지점에서 '이데올로기'라는 개념도 개입하게 된다. 이 문제에 관한 기

선별과정을 거치지 않을 수 없으며, 이 선별과정에서는 이익들의 타당성이나 그 위계질서에 관하여 어느 정도 자유롭게 판단을 하게 되기 때문이다.[19] 그렇기 때문에 이익 및 법을 구성하는 다른 요소들에 대한 가치평가라고 말하게 되면 우리는 조금 더 높은 차원에 들어서게 되고, 이 차원에서는 정의, 형평, 윤리적 책임, 인간의 존엄, 인격에 대한 존중 등과 같이 새로운 개념과 이념에 마주치게 된다. 이 점은 이미 과거에 지나치게 일방적인 이익법학에 대한 반론으로 제기된 측면이고, 권력이나 신뢰와 같은 사실적 요소만을 고려하는 인과적 법사고에 대한 반론으로도 이용되었다.[20] 그 이후 코잉(Coing)은 날카로운 지적과 함께 다음과 같은 점을 강조한다. "평등, 신뢰, 인격의 존엄에 대한 존중 등과 같은 도덕적 가치는 결코 여러 가지 이익들 가운데 어느 하나의 이익이 아니라, 민사법을 구성하는 결정적인 질서요소이다(이는 당연히 형법과 공법의 경우에도 마찬가지이다 - 지은이). 이 가치들은 규

초적인 문헌으로는 Henkel, Ideologie und Recht, 1973; ders., Rechtsphilosophie, S. 142ff.; Coing, S. 55, 102ff.; Zippelius, Rechtsphilosophie, § 17 I 참고. '정치적 유토피아' 역시 이상으로 등장한다. 즉, 이상적인 공동체 등에 대한 가상의 기획을 담고 있는 정치적 유토피아는 기존의 사회에서 등한시되는 이익들을 주목하게 해주며 공동생활의 새로운 가능성을 비판적으로 성찰해 볼 수 있게 만드는 역할을 한다. 유토피아의 개념 및 유토피아적 사고의 사회적 기능에 관해서는 R. Saage, Das Ende der politischen Utopie?, 1990, S. 13ff.; D. Otto, Das utopische Staatsmodell von Platons Politeia aus der Sicht von Orwells Nineteen Eighty-Four, 1994, S. 139ff., 292f. 참고.

19) 이에 관해서는 Müller-Erzbach, S. 79ff.; Engisch, Idee, S. 105ff. 참고. 헤크의 이론에서 이익과 가치평가의 관계 그리고 헤크가 '이익'을 가치평가의 대상, 척도 및 인과적 요소 등 다의적으로 이해하고 있다는 점에 관해서는 Henkel, Rechtsphilosophie, S. 318ff.; Larenz, Methodenlehre, S. 52f., 119ff. 참고.

20) 이에 관해서는 Engisch, Monatsschrift f. Kriminalpsychologie 25(1934), S. 70ff.; Hubmann, AcP 155(1956), 90 참고.

율해야 할 대상들 옆에 있는 것이 아니라, 그 위에 있다." 그렇기 때문에 모든 법적용의 궁극적 토대는 "우리 법질서가 기초하고 있는 가치평가에 대한 성찰"이다.[21]

이러한 가치평가에 대한 성찰이 그저 역사적 측면에서 법률의 바탕이 되었던 가치평가를 확인하는 데 그친다면, 우리는 실증주의의 사슬에 묶인 존재에 불과할 것이다. 이와는 달리 우리는 이익법학을 통해 입법자가 직접 의도했던 것을 뛰어넘어 법률의 배후에 자리 잡고 있는 법사상까지 밝히려는 노력이 가능하다는 사실을 알게 되었다. 만일 우리가 이익이나 여타의 인과적인 법적 요소를 찾아내서 입법자가 이런 또는 저런 이익을 근거로 삼아 특정한 이익을 다른 이익보다 더 우선시하고자 했고, 이런 또는 저런 관점을 척도로 삼았다는 것을 밝히는 데 만족한다면, 그건 가던 길을 멈추는 것과 같은 일이다. 입법자의 가치평가는 결코 그 자체 고립되어 있는 그 무엇으로 파악해서는 안 된다. 그 역시 법률의 배후에 있고 또한 '법'을 규정하는 다른 가치평가와 관련을 맺도록 해야 한다. 물론 입법자가 내린 결정을 과소평가해서는 안 된다.[22] 사법부와 행정부의 일상적인 업무는 다수의 사례들을 명확하게 규율하고 있는 법률이 없이는 제대로 수행될 수 없다. 임금지불이나 납세, 부동산 매각에 대한 공증, 범죄행위에 대한 처벌 등과 같은 일상적인 처리과정에서는 당연히 법적 의문이 제기되지 않는다. 양성평등에 관한 판례가 누적되면서 결국 양성평등법률이 제정되는 과정에서 볼 수 있듯이 법률은 문제

---

21) H. Coing, System, Geschichte und Interesse in der Privatrechtswissenschaft, JZ 1951, 481(485). 이 밖에도 Henkel, Rechtsphilosophie, S. 318ff.; Kallfass, S. 16ff. 각주 56, S.. 93도 참고.

22) 이 문제를 상당히 심각하게 여기는 Jesch, AöR 82(1957), 176f., 182f. 참고. 또한 Hanack, S. 114f.도 참고.

를 분명하게 해결하는 데 커다란 의미를 갖고 있다.[23] 그러나 법률만으로는 더 이상 결정할 수 없는 한계사례가 상당히 많다는 인식이 갈수록 확산되고 있다. 이 점은 이미 뷜로(Bülow) 그리고 이자이(Isay)를 포함한 자유법학의 지지자들이 강조했던 측면이다. 물론 그들의 입장이 지나치게 일방적이긴 했지만, 그렇다고 해서 아무런 근거도 없는 억지가 아니었음은 분명하다. 그리하여 갈수록 법관법의 독자적 의미를 인정하고 있으며, 정치적으로도 환영받고 있는 실정이다.[24] 심지어 법률에 충실한, 이익법학의 지지자도 이러한 새로운 이론에 눈을 감을 수는 없는 상황이다. 우리의 연구에서도 이미 여러 곳에서 법이라고 하는 더 커다란 세계에 속하는 가치평가를 기초로 할 때에만 그 세계에 편입되어 있는 법률의 적용과 해석 그리고 그에 대한 보충과 발전적 형성이 가능하다는 점을 뚜렷하게 확인할 수 있었다. 이 점에서 포섭(예컨대 승용자를 '폐쇄된 공간'이라는 개념에 포함시키는 작업)이란 결국 법률과 법률의 취지에서 밝혀낼 수 있는, 항상 명확하다고만은 볼 수 없는 가치평가에 근거하여 결정을 내려야 할 사건과 의심의 여지가 없는 사건들을 동일시하는 작업이며, '법률제정의 취지(cessante ratione)'에 관한 원칙의 적용 역시 법률을 뛰어넘는 가치평가를 필요로 한다는 사실을 다시 한 번 상기해야 한다. 그러한

23) 이에 관해서는 Müller-Erzbach, JZ 1957, S. 685 참고. 특히 구체적으로 법률을 적용하는 모든 사례에 법적 또는 사실적 문제가 도사리고 있어서, 법관과 행정공무원은 항상 창조적으로 구체적인 법을 발견해야 되는 듯한 인상을 불러일으키는 일은 법률에 따르는 사법행정의 실상에 대한 왜곡이라 하지 않을 수 없다. 거의 대부분의 법률적용은 별다른 고민이 없이 이루어진다. 그렇지 않다면 어떻게 법률적용과 관련하여 컴퓨터를 도입할 생각을 하겠는가?

24) 이에 관해서는 Engisch, Idee, 1953, S. 181ff.(특히 각주 18의 문헌) 참고. 또한 Schmidt, Gesetz; G. Less, Vom Wesen und Wert des Richterrechts, 1954; Wieacker, Gesetz; Bachof, Grundgesetz도 참고. 법관법에 관한 문헌은 앞의 제6장 서두를 참고.

가치평가에 비추어 볼 때에는 법률의 문언을 충실하게 따르게 될 경우 오히려 법률의 목적을 달성하지 못할 수 있으며, 더욱이 입법자 스스로 '형평법(ius aequum)'을 다룰 때에는 법률외적인 가치평가에 호소하는 경우도 있으며, 보충을 필요로 하는 법률의 흠결과 그에 대한 보충(유추 등을 통한)은 초법률적 가치평가가 없이는 이루어질 수 없으며, 심지어 법률의 가치평가에 대항하여 초법률적 가치평가를 관철시킬 필요가 있는 경우도 발생한다는 사실을 감안해야 한다. 그렇다면 결국에는 초법률적 고려 -초법적 고려라고 말하지는 않았다!- 가 해석수단들 사이의 위계질서 및 해석과 관련된 주관주의와 객관주의의 정당성에 대해 최종적으로 결정을 내리는 것일까?

이렇게 해서 '법률과 법'의 문제가 점차 법학방법론의 핵심으로 떠오르게 되었다. 물론 이 문제가 과연 특수한 법학적 방법을 통해 다루어질 수 있는지, 만일 그렇게 할 경우 우리가 과연 얼마만큼 법철학의 영역으로 들어가야 하는지를 묻지 않을 수 없다. 그렇지만 나는 법률의 저편에 있는 법, 즉 '올바르고', '자연적이며', '정당하고' '공정한' 법, 간단히 말해 '법이념'을 원용하거나 또는 초법률적 가치평가에 그치지 않고 심지어 '도덕률', '인간의 존엄', '공동선'과 같은 초법적 가치평가를 원용하는 일 자체가 법률가의 권한을 벗어난다고 생각하지 않는다. 만일 그렇지 않다면 우리가 앞의 제6장과 제7장에서 설명한 내용은 이미 법학적 방법의 한계를 벗어난 월권이 될 것이다. 지금 논의하고 있는 이 장의 제목은 결코 "법률은 법률가에게, 법은 법철학자에게!"[25]라는 의미로 이해해서는 안 된다. 오히려 법률과 법의 관계는 특정한 지점에서부터는 분명 법철학적 문제와 주제가 된다는 사실을 보

25) S. J. Llompart, Gesetz dem Juristen, Recht dem Rechtsphilosophen?, JZ 1970, 273.

여주고자 할 뿐이다.

이 점은 우리가 여기서 1953년에 마인츠 대학교의 법철학자 테오도르 피벡(Theodor Viehweg)이 주목하기 시작했고, 그 이후 활발한 논의의 대상이 되고 있는 한 가지 개념을 다루어 보면 더욱 분명하게 드러난다. 이 개념은 법학방법론과 법철학적 고찰의 경계지점에 놓여 있다고 말할 수 있다. 개념의 이름은 '문제중심론(Topik)'이다.[26] 이 개념은 이미 아리스토텔레스의 거대한 논리학인 '방법(Organon)'에서도 등장한다. 아리스토텔레스 논리학에서 문제중심론은 충분한 근거를 가진 '진정한' 대전제로부터 이루어진 추론이 아니라, 단지 설득력 있는(일반적으로 분명하다고 여기거나 최소한 '현자들'이 옳다고 여기는) 대전제로부터 도출된 추론을 말한다.[27] 문제중심론은 역사적 전개과정에서 여러 가지 변화를 겪게 되었다. 즉, 수사학과 결합되는 경우가 있었는가 하면, 법정에서의 논증술에 자리를 잡기도 했으며, 비코(Vico)의 저작(1708년)[28]에

---

26) 문제중심론에 관해서는 Th. Viehweg, Topik und Jurisprudenz, 5. Aufl. 1974; G. Otte, Zwanzig Jahre Topikdiskussion, Rechtstheorie 1(1970), 183; G. Struck, Topische Jurisprudenz, 1971; Fikentscher II, S. 349ff.; Alexy, Argumentation, S. 39ff.; Larenz, Methodenlehre, S. 145ff.; Mayer-Maly, S. 69ff.; Müller, Rechtslehre, S. 56ff., 65ff.; Zippelius, Gerechtigkeit, S. 406ff.; ders., Rechtsphilosophie, §39 II; Pawlowski, Rn. 143ff.; Horn, Rn. 383f.; Schenke, S. 62ff.; Rüthers, Rechtstheorie, Rn. 611ff.; F. Ranieri, Topos/Jurisprudenz, in: Historisches Wörterbuch der Rhetorik, hg. v. G. Ueding, Bd. 9, 2009, S. 702ff.; 문제중심론에 비판적인 입장으로는 Ch. Fischer, Topoi verdeckter Rechtsfortbildung im Zivilrecht, 2007 참고.

27) Aristoteles, Topica, übers. v. E. Rolfes, 2. Aufl. 1968, Top. 100b. 이에 관해서는 Viehweg, S. 19ff. 참고.

28) G.B. Vico, De nostri temporis studiorum ratione, 1708, hg. v. G. Gentile/F. Nicolini, 1914, Kap. III(S. 81ff.). 이에 관해서도 Viehweg, S. 15ff. 참고.

서도 인정을 받았다. 그러나 근대에 들어서면서 수학적 자연과학을 모범으로 삼아 엄밀한 과학적 방법을 중시했기 때문에 예컨대 칸트는 문제중심론을 '간교한 사고(Vernünftelei)'와 잡설의 방법으로 여겼다.[29] 이제 피벡은 문제중심론이 법학에 아주 적절한 '문제사고의 기술'[30]이라는 사실을 다시 상기시키면서, 과학적 언명의 근거를 설정하는 매우 정확한 방법, 즉 제한된 수의 적절한(경우에 따라서는 가설에 근거하는) 대전제들 – 대전제에 해당하는 명제들은 각각 독립성을 가지면서도 서로 모순되지 않아야 한다 – 로부터 형식논리의 규칙에 따라 포괄적인 명제들의 체계를 획득하는 공리적-연역적 방법은 (그 자체는 옳지만) 결코 법이론과 법실무의 방법이 될 수 없다고 한다.[31]

물론 이렇게 차별화를 하려는 문제중심론에 대해서는 곧바로 다음과 같은 두 가지 측면을 언급해야 한다. 첫째, 법학에서 공리적 방법을 사용하려는 시도를 거부하는 입장은 그 자체 충분한 근거가 있지만, 그것이 반드시 다른 단순한 형태의 연역추론을 거부해도 좋다는 뜻이어서는 안 된다. 예를 들어 그 기능을 오해한 나머지 자주 비난의 대상이 되곤 하는 '법학적 삼단논법(Justizsyllogismus)'[32]을 통한 추론 자체를 거부해서는 안 된다. 다시 말해 삼단논법의 전형적인 추론규칙인 modus barbara(보기: 모든 한국인은 사람이다 ― 모든 사람은 죽는다 ― 모든 한국인은 죽는다)에 따라 일반적(특히 법률로부터 도출한) 당위언명으로부터 구체적 결정을

---

29) Kant, KdRV, S. 104ff.(A 61ff.), S. 291(A 268f.). 이에 관해서는 Viehweg, S. 40f. 참고.

30) Viehweg, S. 14.

31) 이에 관해서는 K. Engisch, Sinn und Tragweite juristischer Systematik, Studium generale 10(1957), 173(175f.) 참고.

32) 이에 관해서는 D. Simon, Die Unabhängigkeit des Richters, 1975, S. 68f. 참고.

도출하는 것까지 거부할 수는 없다. 물론 클룩(Klug)이 법인식에서 형식논리가 담당하는 과제에 대해 정확하게 지적하고 있듯이, 형식논리는 "필수불가결한 의미를 갖고 있긴 하지만, 그 자체만으로 충분한 의미를 갖고 있지는 않다."[33] 그렇지만 대전제와 소전제로부터 결론을 도출하는 '단순한' 연역추론은 그러한 전제들을 획득하는 작업이 얼마나 어렵고 미묘한 문제인지를 도외시하지 않는다는 점을 분명히 강조해 둘 필요가 있다. 더욱이 문제중심론의 방법도 그와 같은 단순한 연역추론을 사용하지 않을 수 없다.[34] 둘째, 문제중심적 방법과 좁은 의미의 공리적 방법이 서로 대립하는 가운데 설령 문제중심적 근거설정 방식을 도입한다고 할지라도 법학이 '체계형성(Systematik)'(여기서는 단순히 공리적 의미의 체계를 말하는 것이 아니다)을 위해 노력해야 한다는 사실까지 부정하는 구실이 되어서는 안 된다. 하지만 이 점에 관해서는 여기서 자세히 논의할 수 없다.[35]

이와는 별개로 문제중심론의 긍정적인 측면을 살펴보려고 하면, 판단하기가 조금 어려워진다. 무엇보다 피벡은 —자신의 '이익

---

33) Klug, Vorwort zur 1. Aufl. 오늘날의 법이론은 한편에서는 날카로운 해부용칼(논리계산)을 이용하여 법학적 논증의 논리적 뼈대를 밝히기 위해 노력하면서도, 다른 한편에서는 '기계적' 포섭기술은 무능하기 짝이 없다고 무작정 폄하하면서 마치 법률논리학자들이 전체 법인식이론을 오로지 형식적 측면에만 국한시키려고 한다는 듯한 인상을 불러일으킨다. 이는 기이한 모순이 아닐 수 없다.

34) 이 점을 정확하게 지적하고 있는 문헌으로는 예컨대 O. Weinberger, Topik und Plausibilitätsargumentation, ARSP 59 (1973), 17 (특히 32ff.) 참고: "논리적-연역적 사고는 결코 공리적 체계 내에서 기초명제로부터 추론을 하는 것에 국한되지 않는다."; "문제중심적-수사학적 사고도 그 자체 연역적 단계를 포함하고 있다."

35) 이에 관해서는 Engisch, Studium generale 10(1957), 177; Diederichsen, Topisches und systematisches Denken in der Jurisprudenz, NJW 1966, 697; Canaris, Systemdenken, S. 135ff., 151ff. 참고.

법학'을 여러 가지 구체적 보기들(즉 채권법과 물권법 개요)에 비추어 검증하려고 했던 헤크와는 달리— 현재의 법이론에서 문제중심적 방법을 사용하는 문제를 극히 일반적인 방식으로만 설명하고 있기 때문이다. 다행히도 피벡의 입장을 따르는 문헌 하나가 이 문제점을 상당부분 해결해 놓았다.[36] 그렇지만 피벡과 그의 지지자들이 제시하는 논점들은 종류가 아주 많다. 즉, '논의'의 대상이 되는 구체적 문제에 속하는 특수한 '**관점**들'('논점 Topoi'이라는 희랍어를 번역한 이 표현이 자주 등장하는 것은 우연이 아니다. 희랍어 Topos는 '장소', '보는 관점' 등을 뜻한다)에서 시작해서 '이익', '비례성', '요구가능성', '참을 수 없이 부당함', '정의', '형평에 반함', '사물의 본성', 심지어 (규범충돌의 경우) '경합규칙'과 '해석지침' 등 일반적 '**논점**'들에 이르기까지 극히 다양하다. 이렇게 논점들을 넓게 파악하면, '문제중심론'과 전통적인 법학적 방법(이 책에서 다루었던 내용들)을 결합시킬 수 있는 가능성 또한 당연히 높아진다. 이에 반해 예컨대 비권리자로부터 선의취득을 한 경우와 관련된, 상대적으로 특수한 관점들과 논점들("어느 누구도 자신이 갖고 있는 것 이상의 권리를 양도할 수 없다: nemo plus iuris transferre potest, quam ipse habet", 점유자의 권리외관, 취득자의 신뢰보호 등) 또는 낙태나 안락사와 관련된 우리의 논의에서 등장했던 특수한 관점들과 논점들("형법은 도덕의 골격이어야 한다"는 관점이 제기될 수도 있고, 이와는 정반대로 타인의 '법익'에 대한 침해나 위태화만을 처벌할 뿐, 인격의 자유로운 발현을 위해 누구나 자신의 육체에 대해서는 처분권을 갖는다는 관점이 제시될 수도 있다)에 집중하게 되면, 문제중심적 사고절차가 여러 가지 중요한 관점들과 논거들을 밝혀내고 수집하는 데에는

---

36) Struck, S. 20ff.에서는 (60개가 넘는) 법적 논점(Topoi)들을 잘 모아 놓고 있다. 슈트룩은 이와 함께 문제중심적 논거들을 하나하나 설명하고 비판적 평가도 행하고 있다. 피벡 자신도 슈트룩의 이 연구를 높이 평가한다 (Viehweg, 5. Aufl. S. 111).

기여할지 모르지만, 각 관점과 논거의 비중을 판단하고 형량을 할 때 그들 사이의 우선관계에 관련된 규칙을 획득하는 데에는 별다른 기여를 하지 못한다는 －적어도 그러한 우선규칙 자체를 또 다시 하나의 '논점'으로 삼지 않는 한－ 인상을 받게 된다(이는 나 혼자만의 인상이 아니다). 이 지점에서는 문제중심론도 가치론으로부터 보충을 받아야 할 필요가 있다. 예를 들어 우리의 기본권 목록에서 볼 수 있는 것과 같은 '가치체계'37)의 보충 말이다(이마저도 다시 '논점'에 포함시킬 수는 없는 노릇이다). 더욱이 사법과 행정의 법률구속을 원칙으로 하는 법치국가에서는 일반적으로 '논점들'을 선별, 평가, 형량할 때 법률해석의 방법에 의존한다. 이 점에서도 문제중심론과 전통적인 법해석 방법론은 공통점을 갖고 있다. 물론 법관이나 행정공무원에게 개념의 적용, 흠결보충, 법의 발전적 형성을 위한 '재량'이 인정되는 경우에는 법률을 넘어서는 실질적 '관점들'이 중요할 수 있기 때문에, 그러한 관점들을 끌어들이는 작업은 문제중심론의 관할영역이라 할 수도 있다.

그렇지만 척도로 작용하는 논점들의 법적 근거는 무엇인가, 즉 논점들의 구속력은 어디에 근거하고 있는가를 묻지 않을 수 없다. 바로 이 물음과 함께 '법학적' 사고가 법철학과의 연계성을 모색해야만 하는 지점에 도달하게 된다. 문제중심론을 지지하는 모든 학자들은 －물론 이들은 해석, 유추, 반대추론과 같은 법률해석 방법은 '논점'이라고 부르지 않는다(내가 보기에 이는 당황스럽고 부적절한 태도이다)－ 정의, 형평, 도덕률, '사물의 본성' 또는 심지어 정치이데올로기까지도 문제중심적 논증을 위한 논거의 창고를 채우고 있는 관점들이라는 점을 강조한다. 왜냐하면 예컨대 법이 도덕률(어떤 도덕률?)에 복종하는지 아니면 완전한 독자성을

37) 이에 관해서는 예컨대 Larenz, Methodenlehre, S. 341f.; Maunz/Zippelius, §18 II 2 참고.

갖는지, '상식(common sense)'이 법적 판단의 기준이 되는지, 현대의 '다원주의 사회'에서 상식이라는 게 도대체 존재할 수 있는지, 정의와 합목적성은 어떠한 관계가 있는지, 정의는 '본질'적으로 일반화를 통해 최대한 평등취급을 보장하는 것인지 아니면 개별화를 통해 상황의 특수성과 당사자의 특성을 감안해야 하는지, '사물의 본성'은 무슨 의미인지(즉, 이 단어의 결합에서 '본성'은 무슨 뜻이고, 도대체 '사물'이란 무엇을 말하는 것인지),[38] '법이념'이란 일반적으로 어떻게 이해해야 하는지, 법이념 안에는 어떠한 긴장이 자리잡고 있는지, 법이념은 '절대적' 타당성을 갖는지 아니면 '상대적' 타당성을 가질 뿐인지, 법이념의 고결한 보편성(예를 들어 '공동선 bonum commune'을 생각해 보라)과 특수하고 일회적인 법적 문제 사이에 어떤 식으로 가교를 놓아 그 심연을 극복할 수 있는지 등 법률가라면 결코 피할 수 없는 이 수많은 물음들에 대해 방법적으로 타당한 대답을 찾기 위해서는 반드시 법철학을 필요로 하기 때문이다.

법률가에게 제기된 과제는 '법 이전의 윤리적, 사회정책적 척도'를 '법적 진리'로 '전환'하는 작업이라고 말하는 에써[39]나 "하나의 사회질서 내에서 －지식, 경험, 전통 그리고 확신에 비추어－ 보편적으로 확립되어 있는 명제를 추론의 전제들로 선택한다"고

38) '사물의 본성'에 관해서는 Engisch, Suche, S. 232 참고. 또한 R. Dreier, Zum Begriff der "Natur der Sache", 1965; G. Sprenger, Naturrecht und Natur der Sache, 1976; Henkel, Rechtsphilosophie, S. 371ff.; Kaufmann, Analogie; Naucke, Grundbegriffe, S. 146ff.; Bydlinski, S. 51ff.; Larenz, Methodenlehre, S. 417ff.; Coing, S. 181ff.; Zippelius, Rechtsphilosophie §§7, 12 V 참고. 이와 관련된 판결에 대해서는 Lindsmayer, S. 89ff. 참고. 연방재판소는 '녹음테이프판결'(BGHZ 17, 266)에서도 '사물의 본성'을 원용(277)하고 있다. 이에 관해서는 또한 BGH NJW 1963, 902(903); BVerfGE 39, 334(369)도 참고.

39) Esser, Grundsatz und Norm, S. 59.

말하는 호른(Horn)[40] 또는 '자연법'이나 '도덕률' 또는 '파괴적인 상대주의'를 초월하여 '이미 주어져 있는 가치질서'를 원용하는 최고법원 판례,[41] 그러한 가치의 목록들을 '보편적 법원칙'에서 찾으려고 하거나[42] 조금은 신중한 태도를 취하면서 우리 기본법의 최고지침 속에 그러한 가치들이 표현되어 있다고 보는[43] 사람들 또는 해당하는 각각의 생활사실(혼인, 친족, 직무, 근로관계, 병역 등)에 '내재하는' 구조에서 '사물의 본성'을 추적할 수 있다고 생각하는[44] 사람들 등은 모두 순수한 '법률실증주의'를 극복하고 법 속에 있는 '객관적 정신'의 목소리를 듣고자 노력하는 사람들이고, 또한 법률가라면 당연히 그러한 노력을 기울여야 한다. 하지만 이러한 노력들을 이론적으로 구명하고 정당화하기 위해서는 법학적 해석학이나 방법론을 넘어서서 철학적 사고와 그 특수한 인식방식의 영역으로 들어가지 않을 수 없다. 법률가는 이 영역에 대해서도 주목해야 하고, 자신의 사고의 배경으로 삼아야 한다. 물론 법률

---

40) N. Horn, Zur Bedeutung der Topiklehre Theodor Viehwegs für eine einheitliche Theorie des juristischen Denkens, NJW 1967, 601(607).

41) BGHSt 6, 46. 또한 앞의 215면 이하의 서술도 참고. 이에 관해서는 W. Weischedel, Recht und Ethik, 1956, S. 20ff.; Th. Würtenberger (sen.), Die geistige Situation der deutschen Strafrechtswissenschaft, 2. Aufl. 1959, S. 20; Lindsmayer, S. 18ff. 참고. 도덕철학적 및 법철학적 '상대주의'의 문제에 대한 근본적인 연구로는 C. A. Emge, Über das Grunddogma des rechts philosophischen Relativismus, 1916 참고. 이 밖에도 예컨대 Arthur Kaufmann, Gedanken zur Überwindung des rechtsphilosophischen Relativismus, ARSP 46(1960), 553; Kelsen, Rechtslehre, S. 65ff., 357ff.(특히 S. 366), 402ff.; Radbruch, Rechtsphilosophie, S. 98ff.; A. Brecht, Politische Theorie, 2. Aufl. 1976(가치상대주의를 옹호하는 중요한 저작); Zippelius, Wertungsprobleme; ders., Rechtsphilosophie, §§ 11, 20 II, 21 III; Coing, S. 79ff. 참고.

42) H. J. Wolff, in: FS Jellinek(1955), S. 43f.; Canaris, Lücken, S. 93ff.

43) 예컨대 Göldner, S. 23ff., 26ff.

44) 이러한 생각에 대한 비판으로는 Engisch, Suche, S. 237f. 참고.

가가 자신의 사고방법을 통해 철학의 영역에 해당하는 문제를 해명했다거나 문제를 확립했다는 식으로 주제넘은 주장을 할 수는 없는 일이다. 따라서 이 철학적 영역으로 넘어가는 경계선에서 법학적 사고에 대한 우리의 이 책도 발길을 멈추기로 한다. 당연히 법철학은 법률가의 일이 아니라는 생각 때문이 아니라, 법학의 방법과 철학의 방법은 서로 다른 관할영역에 속하고, 양심적인 법이론가라면 그 관할영역을 존중해야 한다고 확신하기 때문이다.[45]

45) 이러한 내용에 관해서는 Larenz, Methodenlehre, S. 245도 참고.

후 기

칼 엥기쉬의 생애와 저작

1899년 3월 15일 기센(Gießen)에서 출생하여 1990년 9월 11일 알차이(Alzey) 근교의 니더-비센(Nieder-Wiesen)에서 사망한 칼 엥기쉬는 20세기를 함께한 사람이었다고 할 수 있다. 그는 대학입학자격시험을 치른 이후 1917년에 제1차 세계대전에 자원병으로 참전했다. 엥기쉬는 1918년부터 1921년까지 기센과 뮌헨에서 철학과 법학을 공부했다. 헤센(Hessen) 주에서 사법관시보를 거친 이후 몇 년 동안 그의 아버지 변호사 사무실에서 일했으며, 1929년에 기센대학교 법과대학에서 볼프강 미터마이어(Wolfgang Mittermaier)의 지도하에 「형법에서의 고의와 과실에 대한 연구」라는 형법논문으로 교수자격을 취득했다. 그의 형법 및 법철학 저작 그리고 방법론 저작에서 엥기쉬는 법학자인 에른스트 벨링(Ernst Beling)과 철학자인 에른스트 폰 아스터(Ernst von Aster)로부터도 커다란 영향을 받았다.

기센, 프라이부르크, 뮌헨대학교에서 임시교수직을 거친 이후 엥기쉬는 1934년에 구스타프 라드브루흐(Gustav Radbruch)의 후임으로 하이델베르크 대학교 법과대학의 형법, 형사소송법 및 법철학 정교수로 초빙된다. 라드브루흐는 1934년 4월 7일 발효된 「직업공무원제도 회복을 위한 법률」에 근거하여 교수직에서 파면되었다. 하지만 이런 정치적 배경은 라드브루흐와 엥기쉬 사이의 개인적 친분에 하등 영향을 미치지 않았다. 1938년에 라드브루흐는 엥기쉬에게 보낸 편지에서 다음과 같이 쓰고 있다. "제게 교수직 박탈이 얼마나 고통스러운 일이었는지는 귀하께서도 잘 아시리라 믿습니다. 하지만 나의 후임으로서 귀하만큼 내게 더 호감

이 가는 사람은 나로서는 생각할 수 없습니다. 나는 귀하와 예전부터 맺어왔고 또한 지금도 계속 유지하고 있으며 앞으로도 지속될 친분을 매우 기쁘게 생각합니다."[1] 나치 지배 하에서도 엥기쉬는 나치의 새로운 법질서와 정치체제에 대해 비판적 거리를 유지했다. 대다수 동료 교수들과는 달리 엥기쉬는 자신의 저작에 유대인 학자들을 인용하는 것을 주저하지 않았다. 그는 라이프치히, 빈, 함부르크 대학교의 초빙을 거부한 이후, 1953년에는 뮌헨 대학교 법과대학으로 자리를 옮기게 된다. 1967년에 뮌헨에서 정년을 하고 나서 1971년에 다시 하이델베르크로 돌아와 1972년부터 법과대학의 명예교수로 재직했다.

엥기쉬의 학문저작은 형법도그마틱, 의료법, 법학방법론 그리고 법철학을 대상으로 한다. 자신의 주요저작으로 엥기쉬는 다음과 같은 책들을 꼽고 있다.

- 형법에서 고의와 과실에 대한 연구, 1930(영인본 1964)
- 형법 구성요건표지로서의 인과관계, 1931
- 법질서의 통일성, 1935(2쇄 1987)
- 법률가의 세계상에 관하여, 1950(제2판, 1965)
- 우리 시대 법과 법학에서 구체화의 이념, 1953(제2판, 1968)
- 법학방법론, 1956(제8판, 1983)
- 정의를 찾아나서는 길 위에서, 1971

형법학자로서 칼 엥기쉬가 미친 영향, 그의 형법 저작이 갖

---

1) 인용은 A. Maschke, Gerechtigkeit durch Methode: Zu Karl Engischs Theorie des juristischen Denkens, 1993, S. 2에 따름. 마쉬케의 이 책에는 칼 엥기쉬의 법이론 및 법철학 저작을 매우 설득력 있고 인상 깊게 서술하고 있다.

는 매력 그리고 형법학 방법론에서 그가 차지하고 있는 비중에 대해서는 한스-하인리히 예쉑(Hans-Heinrich Jescheck)[2]과 한스 요아힘 히르쉬(Hans Joachim Hirsch)[3]가 상세하게 평가를 한 적이 있다. 고의와 과실 또는 인과관계에 관한 그의 획기적인 연구 및 의료법에 대한 그의 논문들은 오늘날에도 형법도그마틱의 기초를 형성하고 있다. 그의 법철학적 및 법이론적 저작에서 엥기쉬는 결코 법 및 법에 관한 이론의 전통과 단절하지 않았으며, 또한 완전히 새로운 법인식의 길을 걷지도 않았다. 그는 오히려 놀라울 정도로 원칙에 충실한 방식으로 20세기의 법철학적 및 법이론적 입장들에 대한 논의를 전개했고, 이 점은 특히 이 「법학방법론」에서 분명하게 드러난다. 그렇기 때문에 그의 「법학방법론」은 20세기 초반부터 전개된 법학방법론의 발전과정에 대한 입문이기도 하다.

신실증주의적 경향이 지배할 뿐만 아니라, 법률가들이 법질서 자체를 진지하게 받아들이지 않는 경향이 너무나도 뚜렷하게 나타나 있는 오늘날과 같은 상황에서 엥기쉬가 이 책 「법학방법론」과 다른 방법론 저작에서 추구하고 있는 관심사는 그 어느 때보다 더욱 중요한 의미를 갖고 있다. 즉, 법률가는 한편에서는 민주적 정당성을 갖는 법률에 복종해야 할 의무가 있으면서도, 다른 한편으로는 어떻게 하면 법이 "올바르게" 적용될 수 있고 또한 뚜렷한 책임의식을 갖고 발전적으로 형성될 수 있는가라는 어려운 물음에 직면한다. 이런 의미에서 「법학방법론」이 무엇보다 법률규범의 내용에 대한 확인과 포섭의 절차에 대해 상당부분을 할애하고 있는 것은 너무나도 당연한 일이다. 해석방법에 대한 물음과 관련하여 엥기쉬는 사비니(Savigny)가 제시한 고전적 방법규

2) H.-H. Jescheck, Karl Engisch zum Geburtstag, ZStW 91(1979), 247.
3) H.J. Hirsch, Karl Engisch†, ZStW 103(1991), 623.

칙을 출발점으로 삼으면서도, 최근의 해석학적 이론까지도 적절히 고려하고 있다. 이와 관련하여 엥기쉬는 고전적 해석이론이든 방법론에 관한 최근의 이론(그것이 설령 규범논리학일지라도)이든 모두 유일하게 정당한 하나의 법적 해결방안에 도달하기 위한 특정한 추론절차(예컨대 유추)를 제시할 수 없으며, 단지 －정도의 차이가 있겠지만－ 인정할 수 있는 법적 해결방안에 도달할 수 있을 뿐이라는 사실을 분명하게 의식할 수 있게 해준다. 이 점을 명확하고 설득력 있게 밝힘으로써 비로소 법규범의 해석과 관련하여 어떠한 요인들과 어떠한 주도적 관점들 －특히 '법질서의 통일성'은 중요한 주도적 관점으로서 엥기쉬의 저작과 밀접한 관련성이 있다－ 을 고려할 수 있고 또한 고려해야 하는가라는 물음도 제기하게 된다. 이 점에서 이 책이 규범의 해석이라는 원칙적인 문제와 관련하여 법의 근거와 한계에 대한 법철학적 성찰로 끝을 맺고 있는 것은 일관된 논리라 하지 않을 수 없다.

법의 근거와 한계에 대한 엥기쉬의 법철학적 성찰은 그의 저작 「정의를 찾아나서는 길 위에서 － 법철학의 핵심주제들(1971)」에 종합적으로 나타나 있다. 법과 도덕의 관계, 법과 권력 사이의 상호작용 또는 실정법의 정의에 대한 지향 등과 같은 법철학의 근본문제들에 대한 논의를 엥기쉬는 －그 자신은 상당히 회의적으로 평가하는－ 가치상대주의(Wertrelativismus)를 기초로 전개하고 있다. 그 스스로 1920년대부터 직접 체험했던, 가치관과 정의관의 변화 및 회의주의적인 윤리학으로 흐르는 현대의 경향은 엥기쉬로 하여금 그 자신이 결코 확신에 가득 차서 주장할 수 없었던 다음과 같은 인식에 도달하게 만들었다. "가치상대주의가 학문적으로 그리고 특히 법철학적으로 볼 때, '진리' 또는 어쩌면 끔찍한 진리라면, 우리는 이 괴물을 쳐다보는 일을 어떤 식으로든 감내하지 않을 수 없다!"(S. 286)

설령 가치상대주의가 옳다고 할지라도 법은 "인간의 존엄에 상응하는 평화질서"로서의 기능(S. 283)을 상실해서는 안 되며, 만일 이러한 법의 지향점이 상실될 때에는 법의 도덕적 및 규범적 구속력도 상실된다는 사실은 엥기쉬로 하여금 – 역사적 경험도 원용해 가면서 – 일방적으로 상대주의만을 표방하는 모든 입장들을 어떤 식으로든 제한하도록 만들었다. 바로 이 지점에서 엥기쉬의 입장은 어떠한 경우에도 최소한의 윤리는 실현해야 한다는 최근의 법효력 이론과 매우 가깝다는 사실을 확인할 수 있다. 다시 말해 모든 상대주의와 회의주의에도 불구하고 엥기쉬는 법의 역사와 제도, 방법론의 역사와 윤리적-도덕적 전통 속에서 어떤 확고한 것을 찾아내려고 지속적인 노력을 기울였다. 엥기쉬처럼 급속한 정치체계의 변화와 그에 따른 법질서의 순응을 직접 체험한 사람이라면 급격하고 근원적인 법적 '혁신'에 대해 깊은 회의를 품고 바라보기 마련이며, 구체적인 문제와 관련된 모든 비판적인 논의에도 불구하고 전통적인 법과 법제도의 실질적인 내용을 꼼꼼히 정리하려고 노력하게 된다.

▌옮긴이 후기▐

"고전은 고전이기 때문에 고전이다."
-니클라스 루만-

학문이 독자성을 갖게 되면서 그리고 한 학문분과 내부에서도 끝없는 분화가 이루어지면서 어느 영역에든 '고전'은 있기 마련이다. 물론 법학도 예외가 아니어서 어떤 특정한 문제영역이나 주제와 관련하여 가장 먼저 떠올리게 되는 책 한 권, 가장 먼저 읽어야 할 책 한 권이 존재할 때에 비로소 학문으로서의 법학이 얼마만큼 분화가 이루어지고 발전되었는지를 가늠할 수 있다.

독일법학에서 '법학방법론'과 관련하여 그러한 고전의 반열에 놓여 있는 책으로는 무엇보다 엥기쉬의 이 책 「법학방법론」을 꼽지 않을 수 없다. 이 책은 1956년에 초판이 출간된 이후 저자인 엥기쉬 교수가 생전에 마지막으로 손을 본 제8판(1983년)을 거쳐 2010년에 제11판이 나오기까지 50년이 넘는 세월 동안 학생들에게 법학적 사고방식을 전달하기 위한 입문서로서 그리고 법학방법론에 대한 학문적 논의의 시발점으로서 절대적으로 중요한 역할을 해오고 있다. 저자의 사후에도 판이 거듭된다는 단순한 외적 사실에서뿐만 아니라, 치밀하면서도 상당히 경쾌한 문투로 법률을 둘러싼 여러 가지 사고방식들을 섬세하게 추적하는 엥기쉬 교수 특유의 학문적 엄격성에 비추어 볼 때에도 이 책이 갖는 고전으로서의 가치는 늘 새롭게 확인할 수 있고, 아마 그래서도 고전은 고전이 아닐까 싶다. 특히 초판이 발간된 이후 본문을 거의 손대지 않으면서도 새로운 이론과 관련 문헌을 계속 추가하고, 그에 대해 자신의 입장을 밝히며 새 판을 출간했던 역사를 곱씹어 보면 이 책이 이미 한 대가의 손을 통해 씌어졌고, 처음부터 고전이 될 숙명을 타고 태어났음을 감지하게 된다.

물론 우리 법학으로서는 「법학방법론」이라는 분과가 과연 무엇인지 그리고 그 실질적 대상이 어떠한 방식으로 구성되어 있는지는 여전히 조금 낯선 느낌이 있다. 단어 자체가 이미 오래 전부터 일반적으로 알려져 있고, 몇몇 법과대학의 커리큘럼에도 등장하고 있음에도 불구하고 말이다. 이에 대한 구체적인 대답은 이 책을 읽어나가면서 찾게 될 것이기에, 여기서는 이 책의 독일어 원제목에 대한 설명만으로 충분할 것 같다. 이 책은 원래 「법(학)적 사고 입문(Einführung in das juristische Denken)」이라는 제목을 달고 있다. 다시 말해 법학의 사고활동이 어떠한 특성을 갖고 있고, 어떠한 과정을 거치며 또한 어떠한 어려움을 겪게 되는지 그리고 그러한 사고활동에서 고려하게 되는 여러 가지 사실적 및 규범적 측면들은 무엇인지를 밝히는 입문적인 서술이라는 의미를 담고 있다. 특히 여기서 주의해야 할 점은 독일어의 'juristisch'가 여러 가지 의미를 포함하고 있다는 사실이다. 즉, 이 단어는 '법 또는 법학에 관련된'이라는 일반적 의미 이외에도 '법률가 일반과 관련된', 다시 말해 좁은 의미의 법학자뿐만 아니라, 실제로 법을 직접 적용하는 법실무가(예컨대 법관이나 행정공무원)와도 관련되어 있다는 의미까지 함께 포함하고 있다. 따라서 '법학적'이라는 표현을 법과대학에만 국한시키는 우리들의 통상의 이해를 벗어날 필요가 있다. "법(학)적 사고 입문"이라는 직역을 피하고 「법학방법론」을 한국어판의 제목으로 달게된 데에는 이러한 사정 말고도, 이 책의 내용이 '입문'이라는 표현을 달기에는 결코 만만치 않은 심오함을 갖고 있을 뿐만 아니라, 우리말 표현의 어색함을 줄이면서 동시에 우리 학계에서 어느 정도 일반화되어 있는 용어인 「법학방법론」이 결국 이 책의 내용을 구성하는 핵심이기도 하다는 사정 때문이었다.

책의 제목과 관련된 이러한 생각들은 특히 법학교육이 법학전문대학원 체제 중심으로 바뀌면서 흔히 'legal mind'라고 불리는 법학적 사고의 훈련을 더욱 강화해야 함에도 불구하고 현실은 오히려 그 반대로 흘러가고 있다는 우려와도 맞닿아 있다. 갈수록 복잡해지고 전문화되고 있는 법의 세계를 3년이라는 짧은 시간 동안 그 세세한 구석까지 들여다 볼 수 있도록 교육한다는 것은 사실상 불가능하다. 오히려 구체적 내용이 아니라, 법학적 사고의 방법을 터득할 수 있게 만드는 것이 더욱 급선무가 아닐까 하는 것이 옮긴이들의 확신이다. 물론 '방법'의 희랍어 어원인 'methodos'의 의미대로 '그대로 따라가기만 하면 목적지에 도달할 수 있는 확실한 이정표'라는 식의 절대적 '방법'이란 오늘날에는 더 이상 있을 수 없다. 어쩌면 길을 찾아 나서고 그 길 위에서 지나 온 길과 가야 할 길을 끝없이 생각해야 하는 것이 곧 방법의 의미인지도 모른다. '길이 곧 목표'인 셈이다. 이 점에서 엥기쉬의 이 「법학방법론」이 우리에게 엄밀한 법학적 사고의 길로 안내하는 첫걸음이 될 수 있기를 희망한다.

모든 책이 그렇듯이 이 번역서도 거쳐 온 길이 있다. 지난 세기의 끝이 아직은 느껴지지 않던 시절 두 사람은 어느 날 밤 독일 프랑크푸르트에 있는 작은 이탈리아 식당 한 구석에서 값싼 와인을 홀짝거리다가 우연인지 필연인지 두 사람 모두 엥기쉬의 이 책에 대해 무한한 존경심을 갖고 있음을 확인했고, 술기운 탓인지 함께 번역을 하기로 결정해 버리는 무모함을 발휘하고 말았다. 우리 모두 이 책의 번역이 얼마나 어려운 작업인지를 잘 알고 있었지만, 적어도 각자의 실정법 영역이 민법과 형법으로 나뉘어 있는 것만으로도 이미 반쯤 번역이 끝난 것이라도 되는 양 의기투합했다. 하지만 그 이후 세월은 흘렀고 그 이탈리아 식당의 와인이 품었던 열정도 세월과 함께 퇴색했다. 그리고 그 기억의 저편마저 희미해질 때쯤, 이 책은 세상의 빛을 보게 되었다. 아주 길고 긴 시간이었다.

또 하나 여기서 옮긴이 가운데 한 사람의 개인적 인연을 얘기하지 않을 수 없다. 인연이 늘 그렇듯이, 엥기쉬 교수의 딸인 어음가트 엥기쉬(Irmgard Engisch) 여사를 알게 된 건 우연의 끈 탓이었다. 엥기쉬 여사는 엥기쉬 교수의 두 딸 가운데 큰 딸로 2차 대전 직후 하이델베르크에서 법학을 공부하고, 칼스루에(Karlsruhe) 고등법원의 부장판사를 역임한 법률가이다. 엥기쉬 여사와의 인연으로 엥기쉬 교수의 고향집을 둘러보고 그의 묘지를 방문한 기억이 새롭다. 이제는 여든이 훌쩍 넘은 노년의 엥기쉬 여사는 아버지의 책이 한국어로 출간된다는 사실을 정말 기쁘게 여기면서, 글쓰기에도 쉽지 않으실 터인데 짧은 한국어판 서문까지 써주시는 친절함을 발휘했다. 이 자리를 빌려 깊은 고마움을 전하고 싶다. 또한 엥기쉬 여사와의 인연을 맺어준 수잔나 라인스(Susanna Leins) 여사에게도 감사의 인사를 드리고 싶다. 두 분 모두 찬란한 노년이 되시기를 빌면서.

오랜 만에 다시 세창출판사 임길남 상무님과 직원 여러분의 도움을 받는다. 늘 그렇듯 신속함과 섬세함에 놀라면서, 감사의 인사를 드리고 싶다. 책을 낼 때마다 편안함을 주시는 분들이다. 그리고 교정과 색인작업에 수고해 준 고려대학교 법과대학 대학원의 강영선 씨와 박석훈 씨에게도 고마움을 전한다.

2011년 늦가을에, 고려대학교 연구실에서

안법영/윤재왕

▌참고문헌▐

Alexy, Robert, Theorie der juristischen Argumentation, 3. Aufl., Frankfurt 1996.

ders., Theorie der Grundrechte, 4. Aufl., Frankfrut 2001.

Aristoteles, Nikomachische Ethik, übers. v. Olof Gigon, 5. Aufl., München 2002.

ders., Topik übers. v. Eugen Rolfes, 2. Aufl., Hambrug 1968.

Assmann, Heinz-Dieter/Kirchner, Christian/Schanze, Erich, Ökonomische Analyse des Rechts, Tübingen 1993.

Austin, John L., Zur Theorie der Sprechakte, dt. bearb. v. Eike v. Savigny, 2. Aufl., Stuttgart 1981.

Bachof, Otto, Verfassungswidrige Verfassungsnormen?, Tübingen 1951.

ders., Grundgesetz und Richtermacht, Tübingen 1959.

Baldus, Manfred, Die Einheit der Rechtsordnung, Berlin 1995.

Ballweg, Ottmar, Rechtswissenschaft und Jurisprudenz, Basel 1970.

Bangemann, Martin, Bilder und Fiktionen in Recht und Rechtswissenschaft, München 1963.

Bartholomeyczik, Horst, Die Kunst der Gesetzesauslegung, Frankfurt 1951.

Baumann, Jürgen/Weber, Ulrich, Strafrecht, Allgemeiner Teil, 9. Aufl., Bielefeld 1985.

Baumbach, Adolf/Lauterbach, Wolfgang/Albers, Jan/Hartmann, Peter, Kommentar zur Zivilprozeßordnung, 68. Aufl., München 2009.

Baumgarten, Arthur, Die Wissenschaft vom Recht und ihre Methode, Bd. I, Tübingen 1920.

Baur, Fritz/Stürner, Rolf, Lehrbuch des Sachenrechts, 18. Aufl., München 2009.

Becker, Oskar, Untersuchungen über den Modalkalkül, Meisenheim 1952.

Behrens, Detlev, Die Nachprüfbarkeit zivilrichterlicher Ermessensentscheidungen, Berlin 1979.

Beling, Ernst, Methodik der Gesetzgebung, Berlin 1922.

ders., Deutsches Reichsstrafprozeßrecht, Berlin 1928.

Bergbohm, Karl, Jurisprudenz und Rechtsphilosophie, Leipzig 1892.

Berner Kommentar zum schweizerischen Zivilrecht, hg. v. Hermann Becker, Bd. 1, Bern 1962.

Bernstorff, Christoph Graf v., Einführung in das englische Recht, 3. Aufl., München 2006.

Bettermann, Karl A., Die verfassungskonforme Auslegung, Heidelberg 1986.

Betti, Emilio, Allgemeine Auslegungslehre als Methodik der Geisteswissenschaften, Tübingen 1967.

Bierling, Ernst R., Juristische Prinzipienlehre, Bd. I, Tübingen 1894, Bd, IV, 1911.

Binder, Julius, Philosophie des Rechts, Berlin 1925.

Binding, Karl, Handbuch des Strafrechts, Leipzig 1885.

ders., Strafrechtliche und strafprozessuale Abhandlungen, I, München 1915.

Birkmeyer, Karl v.u.a. (Hg.), Vergleichende Darstellung des deutschen und ausländischen Strafrechts, AT VI, Berlin 1908, BT VII, 1907.

Bleckmann, Albert, Europarecht, 6. Aufl., Köln 1997.

Blei, Hermann, Strafrecht, Besonderer Teil, Bd. 2, 12. Aufl., München 1983.

Blumenwitz, Dieter, Einführung in das anglo-amerikanische Recht, 7. Aufl., München 2003.

Boeckh, August, Enzyklopädie und Methodologie der philologischen Wissen- schaften, Leipzig 1877.

Boehmer, Gustav, Grundlagen der bürgerlichen Rechtsordnung II 1, Tübingen 1951.

Bogs, Harald, Die verfassungskonforme Auslegung von Gesetzen, Stuttgart 1966.

Bollnow, Otto F., Das Verstehen, Mainz 1949.

ders., Die Methode der Geisteswissenschaften, Mainz 1950.

Braun, Johann, Einführung in die Rechtswissenschaft, 3. Aufl., Tübingen 2007.

Brecht, Arnold, Politische Theorie, 2. Aufl., Tübingen 1976.

Bruns, Hans-Jürgen, Strafzumessungsrecht, 2. Aufl., Köln 1974(1. Aufl. 1967).

ders., Das Recht der Strafzumessung, 2 Aufl., Köln 1985.

Bülow, Oskar, Gesetz und Richteramt, Leipzig 1885.

Burckhardt, Walter, Methode und System des Rechts, Zürich 1936.

Burmeister, Joachim, Die Verfassungsorientierung der Gesetzesauslegung, Berlin 1966.

Bydlinski Franz, Juristische Methodenlehre und Rechtsbegriff, 2. Aufl., Wien 1991.

Canaris, Claus-Wilhelm, Die Feststellung von Lücken im Gesetz, 2. Aufl., Berlin 1983.

ders., Systemdenken und Systembegriff in der Jurisprudenz, 2. Aufl., Berlin 1983.

Carnap, Rudolf, Der logische Aufbau der Welt, Berlin 1928.

ders., Einführung in die Symbolische Logik, 3. Aufl., Wien 1968.

Cohn, Georg, Existentialismus und Rechtswissenschaft, Basel 1955.

Coing, Helmut, Grundzüge der Rechtsphilosophie, 5. Aufl., Berlin 1993.

Dahm, Georg, Deutsches Recht, 2. Aufl., Stuttgart 1963 (1. Aufl., Hambrug 1944).

ders./Delbrück, Jost/Wolfrum, Rüdiger, Völkerrecht, Bd. I 1, 2. Aufl., Berlin 1989.

David, René/Grasmann, Günther, Einführung in die großen Rechtssysteme der Gegenwart, 2. Aufl., München 1988.

Deckert, Martina R., Folgenorientierung in der Rechtsanwendung, München 1995.

Degenhart, Christoph, Systemgerechtigkeit und Selbstbindung des Gesetz gebers als Verfassungspostulat, München 1976.

Depenheuer, Otto, Der Wortlaut als Grenze, Heidelberg 1988.
Diederichsen, Uwe, Einführung in das wissenschaftliche Denken, 2. Aufl., Düsseldorf 1972.
Dilthey, Wilhelm, Gesammelte Schriften, Bd, I, 4. Aufl., Stuttgart 1959, Bd. V, 2. Aufl. 1957, Bd. VII, 2. Aufl. 1958.
Dittrich, Jochen, Bismarck, Frankreich und die spanische Thronkandidatur der Hohenzollern, München 1962.
Döhring, Erich, Die Erforschung des Sachverhalts im Prozeß, Berlin 1964.
Dreier, Ralf, Zum Begriff der 'Natur der Sache', Berlin 1965.
Droysen, Johann G., Grundriß der Historik, 3. Aufl., Leipzig 1882.
Ebsen, Ingwer, Gesetzesbindung und 'Richtigkeit' der Entscheidung, Berlin 1974.
Eckert, Jörn/Hattenhauer, Hans (Hg.), Sprache — Recht — Geschichte, Heidelberg 1991.
Edelmann, Johann, Die Entwicklung der Interessenjurisprudenz, Bad Homburg 1967.
Eisler, Rudolf, Wörterbuch der philosophischen Begriffe, Bd. 3, 3. Aufl., Berlin 1910.
ders., Handwörterbuch der Philosophie, 2. Aufl., Berlin 1922.
Ellscheid, Günter/Hassemer, Winfried(Hg.) Interessenjurisprudenz, Darmstadt 1974.
Eltzbacher, Paul, Über Rechtsbegriffe, Berlin 1900.
Emge, Carl A., Über das Grunddogma des rechtsphilosophischen Relativismus, Berlin 1916.
ders., Einführung in die Rechtsphilosophie, Berlin 1955.
Engisch, Karl, Die Einheit der Rechtsordnung, Heidelberg 1935.
ders., Die rechtliche Bedeutung der ärztlichen Operation, Jena 1958.
ders., Logische Studien zur Gesetzesanwendung, 3. Aufl., Heidelberg 1963.
ders., Wahrheit und Richtigkeit im juristischen Denken, München 1963.
ders., Die Idee der Konkretisierung in Recht und Rechtswissenschaft

unserer Zeit, 2. Aufl., Heidelberg 1968.
ders., Auf der Suche nach der Gerechtigkeit, München 1971.
ders., Einführung in das juristische Denken, 8. Aufl., Stuttgart 1983(1.Aufl. 1956).
Enneccerus, Ludwig, Lehrbuch des Bürgerlichen Rechts, Bd. I, 12. Aufl., Tübingen 1928.
ders./Lehmann, Heinrich, Lehrbuch des Bürgerlichen Rechts, Bd. II, 15. Aufl., Tübingen 1958.
ders./Nipperdey, Hans C., Lehrbuch des Bürgerlichen Rechts, Bd. I 1, 15. Aufl., Tübingen 1959, Bd. I 2, 15. Aufl. 1960.
Esser, Josef, Vorverständnis und Methodenwahl in der Rechtsfindung, Frankfurt 1970.
ders. u.a. (Hg.), Methoden der Rechtswissenschaft I, München 1972.
ders., Grundsatz und Norm in der richterlichen Fortbildung des Privatrechts, 4. Aufl., Tübingen 1990.
Exner, Franz, Gerechtikeit und Richteramt, Leipzig 1922.
Faber, Karl-Georg, Theorie der Geschichtswissenschaft, 5. Aufl., München 1982.
Fikenscher, Wolfgang, Methoden des Rechts in vergleichender Darstellung, Bd. I-IV, Tübingen 1975-1977.
Fischer, Christian, Topoi verdeckter Rechtsfortbildung im Zivilrecht, Tübingen 2007.
Fischer, Thomas, Kommentar zum Strafgesetzbuch, 57. Aufl., München 2010.
Flume, Werner, Allgemeiner Teil des Bürgerlichen Rechts II, 4. Aufl., Berlin 1992.
Forsthoff, Ernst, Recht und Sprache, Halle (Saale) 1940.
ders., Lehrbuch des Verwaltungsrechts I, 10. Aufl., München 1973.
Frank, Reinhard, Kommentar zum StGB, 18. Aufl., Tübingen 1931.
Freyer, Hans, Theorie des objektiven Geistes, 3. Aufl., Leipzig 1934.

Frisch, Wolfgang, Revisionsrechtliche Probleme der Strafzumessung, Köln 1971.

Fuchs, Ernst, Was will die Freirechtsschule?, Rudolstadt 1929.

Gadamer, Hans-Georg, Wahrheit und Methode, 6. Aufl., Tübingen 1990.

Geiger, Rudolf, Grundgesetz und Völkerrecht, 4. Aufl., München 2009.

Geiger, Theodor, Vorstudien zu einer Soziologie des Rechts, Neuwied 1964.

Germann, Oskar A., Probleme und Methoden der Rechtsfindung, 2. Aufl., Bern 1967.

Gide, André, Paludes, über. v. Maria Schäfer-Rümelin, München 1946.

Göldner, Detlef C., Verfassungsprinzip und Privatrechtsnorm in der verfassungkonformen Auslegung und Rechtsforbildung, Berlin 1969.

Goethe, Johann W. v., Werke, Festausgabe, hg. v. Robert Petsch Bd. 2, Leipzig 1926.

Grewendort, Günther (Hg.), Rechtskultur als Sprachkultur, Frankfurt 1992.

Großkreutz, Peter, Normwidersprüche im Verfassungsrecht, Köln 1966.

Grünwald, Gerald, Zur Kritik der Lehre vom überpositiven Recht, Bonn 1971.

Häberle, Peter, Die Wesensgehaltsgarantie des Art. 19 Abs. 2 Grundgesetz, 2. Aufl., Karlsruhe 1972.

Hagg, Hansjörg, Die Stellung des 19. Jahrhunderts zum Wegfall des Gesetzesgrundes, Bamberg 1966.

Hanack, Ernst-Walter, Der Ausgleich divergierender Entscheidungen, Hamburg 1962.

Handbuch des Staatsrechts der Bundesrepublik Deutschland, hg. v. Josef Isensee/Paul Kirchhof, Bd. VII, 3. Aufl., Heidelberg 2009.

Handbuch theologischer Grundbegriffe, Hg. v. Heinrich Fries, Bd. 1, München 1970.

Hare, Richard N., Die Sprache der Moral 2. Aufl., Frankfurt 1997.

Hart, Herbert L.A., Der Begriff des Rechts, Frankfurt 1973.

Hassemer, Winfried, Tatbestand und Typus, Köln 1968.

Heck, Philipp, Gesetzesauslegung und Interessenjurisprudenz, Tübingen 1914.

ders., Grundriß des Schuldrechts, Tübingen 1929.

ders., Grundriß des Sachenrechts, Tübingen 1930.

ders., Begriffsbildung und Interessenjurisprudenz, Tübingen 1932.

ders., Das Problem der Rechtsgewinnung, 2. Aufl., Tübingen 1932.

ders., Interessenjurisprudenz, Tübingen 1933.

ders., Die Interessenjurisprudenz und ihre neuen Gegner, Tübingen 1936.

ders., Rechtserneuerung und juristische Methodenlehre, Tübingen 1936.

Heckmann, Dirt, Geltungskraft und Geltungsverlust von Rechtsnormen, Tübingen 1997.

Hedemann, Justus W., Die Flucht in die Generalklauseln, Tübingen 1933.

Hegel, George W.F., Grundlinien der Philososphie des Rechts, Werkausgabe, hg. v. Eva Moldenhauer u.a., Bd, VII, 3. Aufl., Frankfurt 1989.

Heidegger, Martin, Sein und Zeit, 19. Aufl., Tübingen 2006 (1. Aufl. 1927).

Heller, Theodor, Logik und Axiologie der analogen Rechtsanwendung, Berlin 1961.

Henke, Horst-Eberhard, Die Tatfrage, Berlin 1966.

Henkel, Heinrich, Der Notstand nach gegenwärtigem und künftigem Recht, München 1932.

ders., Recht und Individualität, Berlin 1958.

ders., Ideologie und Recht, Tübingen 1973.

ders., Einführung in die Rechtsphilosophie, 2. Aufl., München 1977 (1. Aufl. 1964).

Henle, Rudolf, Lehrbuch des Bürgerlichen Rechts Ⅰ, Berlin 1926.

Herrfahrdt, Heinrich, Lücken im Recht, Bonn 1915.

Hesse, Konard, Grundzüge des Verfassungsrechts, 21. Aufl., Heidelberg 1999.

Heusinger, Bruno, Rechtsfindung und Rechtsfortbildung im Spiegel

richterlicher Erfahrung, Köln 1975.
Heyde, Johannes E., Wege zur Klarheit, Berlin 1960.
Hillebrand, Julius H., Deutsche Rechtsprichwörter, Zürich 1858.
Historisches Wörterbuch der Philosophie, hg. v. Joachim Ritter u. a., Bd. 3, Darmstadt 1974.
Historisches Wörterbuch der Rhetorik, hg. v. Gert Ueding, Bd. 9, Tübingen 2009.
Horn, Norbert, Einführung in die Rechtswissenschaft und Rechtsphilosophie, 4. Aufl., Heidelberg 2007.
Hruschka, Joachim, Die Konstitution des Rechtsfalles, Berlin 1965.
ders., Das Verstehen von Rechtstexten, München 1972.
Huber, Ernst R., Wirtschaftsverwaltungsrecht, Bd. II 2. Aufl., Tübingen 1954.
Huber, Eugen, Recht und Rechtsverwirklichung, 2. Aufl., Basel 1925.
Hugger, Werner, Gesetze — Ihre Vorbereitung, Abfassung und Prüfung, Baden-Baden 1983.
Husserl, Edmund, Logische Untersuchungen I, 4. Aufl., Halle (Saale) 1928.
Ihering, Rudorf v., Geist des römischen Rechts II 2, 2. Aufl., Leipzig 1869.
Ineichen, Hans, Philosophische Hermeneutik, Freiburg 1991.
Ipsen, Jörn, Richterrecht und Verfassung Berlin 1975.
Isay, Hermann, Rechtsnorm und Entscheidung, Berlin 1929.
Jarass, Hans D./Pieroth, Bodo, Kommentar zum Grundgesetz für die Bundesrepublik Deutschland. 10. Aufl., München 2009.
Jaspers, Karl, Allgemeine Psychopathologie 7. Aufl., Berlin 1959.
Jellinek, Walter, Verwaltungsrecht, 3. Aufl., Berlin 1931.
Jerusalem, Franz W., Die Zersetzung des Rechtsdenkens, Stuttgart 1968.
Jescheck, Hans-Heinrich, Entwicklung, Aufgaben und Methodik der Strafrechtsvergleichung, Tübingen 1955.

ders./Weigend, Thomas, Lehrbuch des Strafrechts (AT), 5. Aufl., Berlin 1996.

Jodl, Friedrich, Allgemeine Ethik, Berlin 1918.

Kallfass, Wilfried, Die Tübinger Schule der Interessenjurisprudenz, Frankfurt 1972.

Kamlah, Wilhelm/Lorenzen, Paul, Logische Propädeutik, 2. Aufl., Mannheim 1973.

Kant, Immanuel, Kritik der reinen Vernunft, Werkausgabe, hg, v. Wilhelm Weischedel, Bd. III-IV, 13. Aufl., Frankfurt 1995.

ders., Prolegomena, Werkausgabe, Bd, V. 9. Aufl. 1996.

ders., Grundlegung zur Metaphysik der Sitten, Werkausgabe, Bd. VII, 13. Aufl. 1996.

ders., Metaphysik der Sitten, Werkausgabe, Bd. VIII, 10. Aufl. 1993.

Kantorowicz, Hermann U. (Gnaeus Flavius), Der Kampf um die Rechtswissenschaft, Heidelberg 1906.

Karlsruher Kommentar zur Strafprozeßordnung, hg. v. R. Hannich, 6. Aufl., München 2009.

Kaser, Max, Das römische Privatrecht I, 2. Aufl., München 1971.

Kaufmann, Arthur (Hg.), Rechtstheorie, Karlsruhe 1971.

ders., Das Schuldprinzip, 2. Aufl., Heidelberg 1976.

ders., Analogie und 'Natur der Sache', 2. Aufl., Heidelberg 1982.

ders., Rechtsphilosophie, 2. Aufl., München 1997.

ders., Das Verfahren der Rechtsgewinnung, München 1999.

ders./Hassemer, Winfried/Neumann, Ulfrid (Hg.), Einführung in die Rechtsphilosophie und Rechtstheorie der Gegenwart, 7. Aufl., Heidelberg 2004.

Keller, Adolf, Die Kritik, Korrektur und Interpretation des Gesetzeswortlautes, Winterthur 1960.

Kelsen, Hans, Hauptprobleme der Staatsrechtslehre, 2. Aufl., Tübingen 1923.

ders., Allgemeine Staatslehre, Berlin 1925.

ders., Reine Rechtslehre, 2. Aufl., Wien 1960 (1. Aufl. 1934).

Kern, Eduard/Roxin, Claus, Strafverfahrensrecht, 13. Aufl., München 1975.

Kern, Fritz, Recht und Verfassung im Mittelalter, 2. Aufl., Darmstadt 1958.

Keuth, Hans H., Zur Logik der Normen, Berlin 1972.

Kindermann, Harald (Hg.), Studien zu einer Theorie der Gesetzgebung, Berlin 1982.

Kirchmann, Julius v., Die Wertlosigkeit der Jurisprudenz als Wissenschaft, 3. Aufl., Berlin 1848.

Klug, Ulrich, Juristische Logik, 4. Aufl., Berlin 1982.

Knauthe, Karlheinz, Kausales Rechtsdenken und Rechtssoziologie, Berlin 1968.

Knies, Wolfgang, Schranken der Kunstfreiheit als verfassungsrechtliches Problem, München 1972.

Koch, Hans-Joachim (Hg.), Juristische Methodenlehre und analytische Philosophie, Kronberg i. Ts. 1976.

ders./Rüßmann, Helmut, Juristische Begründungslehre, München 1982.

Koller, Peter, Theorie des Rechts, 2. Aufl., Wien 1997.

Kopp, Ferdinand O./Ramsauer, Ulrich, Kommentar zum Verwaltungsverfahrensgesetz, 11. Aufl., München 2010.

Krawietz, Werner, Recht als Regelsystem, Wiesbaden 1984.

Krey, Volker, Keine Strafe ohne Gesetz, Berlin 1983.

Kriele, Martin, Theorie der Rechtsgewinnung, 2. Aufl., Berlin 1976.

Kroeschell, Karl, Rechtsgeschichte Deutschlands im 20. Jahrhundert, Göttingen 1992.

ders./Cordes, Albrecht/Nehlsen-v. Stryk, Karin, Deutsche Rechtsgeschichte, Bd. 2, 9. Aufl., Köln 2008.

Kropholler, Jan, Internationales Privatrecht, 6. Aufl., Tübingen 2006.

Kruse, Heinrich W., Das Richterrecht als Rechtsquelle des innerstaatlichen Rechts, Tübingen 1971.

Küchenhoff, Günter, Naturrecht und Christentum, Düsseldorf 1948.

Kunkel, Wolfgang/Schermaier, Martin, Römische Rechtsgeschichte, 14. Aufl., Köln 2008.

Lackner, Karl/Kühl, Kristian, Kommentar zum Strafgesetzbuch, 26. Aufl., München 2007.

Ladnar, Ulrike/Plottnitz, Cornelia v. (Hg.), Fachsprache der Justiz, Frankfurt 1976.

Lampe, Ernst-Joachim, Juristische Semantik, Bad Homburg 1970.

Larenz, Karl, Über Gegenstand und Mothode des völkischen Rechtsdenken, Berlin 1938.

ders., Richtiges Recht, München 1979.

ders., Lehrbuch des Schuldrechts, Bd. I, 14. Aufl., München 1987.

ders., Methodenlehre der Rechtswissenschaft, 6. Aufl., Berlin 1991. (1. Aufl. 1960, 2. Aufl. 1969, 3. Aufl. 1975).

ders./Canaris, Claus-Wilhelm, Methodenlehre der Rechtswissenschaft (Studienausgabe). 3. Aufl., Berlin 1995.

ders.,/Wolf, Manfred, Allgemeiner Teil des deutschen Bürgerlichen Rechts, 8. Aufl., München 1997.

Laun, Rudolf, Das freie Ermessen und seine Grenzen, Leipzig 1910.

Lauth, Reinhard, Die Frage nach dem Sinn des Daseins, München 1953.

Lecheler, Helmut, Unrecht in Gesetzesform?, Berlin 1994.

Leenen, Detlef, Typus und Rechtsfindung, Berlin 1971.

Legaz y Lacambra, Luis, Rechtsphilosophie, Neuwied 1965.

Lenk, Kurt (Hg.), Normenlogik, Pullach 1974.

Less, Günter, Vom Wesen und Wert des Richterrechts, Erlangen 1954.

Liebs, Detlef, Römisches Recht, 6. Aufl., Göttingen 2004.

ders., Lateinische Rechtsregeln und Rechtssprichwörter, 7. Aufl., München 2007.

Linsmayer, Eleonore, Das Naturrecht in der deutschen Rechtsprechung der Nachkriegszeit, München 1963.

Liszt, Franz v., Vorträge und Aufsätze I, Berlin 1905.

ders./Schmidt, Eberhard, Lehrbuch des Deutschen Strafrechts, 26. Aufl., Berlin 1932.

Litt, Theodor, Kant und Herder als Deuter der geistigen Welt, 2. Aufl., Heidelberg 1949.

Llewellyn, Karl N., Präjudizienrecht und Rechtsprechung in Amerika, Leipzig 1932.

Löwer, Wolfgang, Cessante ratione legis cessat ipsa lex, Berlin 1989.

Luhmann, Niklas, Rechtssoziologie, 3. Aufl., Opladen 1987.

Machiavelli, Niccolo, Der Fürst, Übers., Einl. u. Anm. v. Friedrich Blaschke, 3. Aufl., Leipzig 1924.

Maier, Heinrich, Psychologie des emotionalen Denkens, Tübingen 1908.

Maihofer, Werner (Hg.), Naturrecht oder Rechtspositivismus?. Darmstadt 1962.

ders., Rechtsstaat und menschliche Würde, Frankfurt 1968.

Mannheim, Hermann, Beiträge zur Lehre von der Revision wegen materiellrechtlicher Verstöße im Strafverfahren, Berlin 1925.

Marquard, Odo, Apologie des Zufälligen, Stuttgart 1986.

Maschke, Andreas, Gerechtigkeit und Methode: Zu Karl Engischs Theorie des juristischen Denkens, Heidelberg 1993.

Maunz, Theodor, Deutsches Staatsrecht, 23. Aufl., München 1980.

Maurach, Reinhart/Gössel, Karl H., Strafrecht, Allgemeiner Teil, Bd. 2, 7. Aufl., Heidelberg 1989.

ders./Schroeder, Friedrich-Christian, Strafrecht, Besonderer Teil, Bd. 1, 6. Aufl., Heidelberg 1977.

ders./Schroeder, Friedrich-Christian/Maiwald, Manfred, Strafrecht, Besonderer Teil, Bd. 1, 10. Aufl., Heidelberg 2009.

ders./Zipf, Heinz, Strafrecht, Allgemeiner Teil, Bd. 1, 8. Aufl., Heidelberg 1992.

Maurer, Hartmut, Allgemeines Verwaltungsrecht, 17. Aufl., München 2009.

Mayer, Hellmuth, Lehrbuch des Strafrechts (AT), Stuttgart 1953.

Mayer, Max E., Rechtsphilosophie, Berlin 1922.

Mayer-Goßner, Lutz, Kommentar zur Strafprozeßordnung, 52. Aufl., München 2009.

Mayer-Maly, Theo, Rechtswissenschaft, 5. Aufl., München 1991.

Meier, Christoph, Zur Diskussion über das Rechtsgefühl, Berlin 1986.

Meier-Hayoz, Arthur, Der Richter als Gesetzgeber, Zürich 1951.

Mennicken Axel, Gesetzesauslegung, Bad Homburg 1970.

Mezger, Edmund, Strafrecht, Besonderer Teil, 7. Aufl., München 1960.

Montesquieu, Charles de, Vom Geist der Gesetze, eingel. u. hg. v. Ernst Forsthoff, Bd. 1. 2. Aufl., Tübingen 1992.

Moore, George E., Principia Ethica, übers, u, hg. v. Burkhard Wisser, Stuttgart 1996.

Mühleisen, Hans-Otto (Hg.), Grenzen politischer kunst, München 1982.

Müller, Friedrich, 'Richterrecht', Berlin 1986.

ders., Strukturierende Rechtslehre, 2. Aufl., Berlin 1994.

ders./Christensen, Ralph, Juristische Methodik, Bd. 2, Europarecht, 7. Aufl., Berlin 2007.

dies., Juristische Methodik, Bd. 1, Grundlegung für die Arbeitsmethoden der Rechtspraxis, 10. Aufl., Berlin 2009.

Müller-Erzbach, Rudolf, Die Rechtwissenschaft im Umbau, München 1950.

Naucke, Wolfgang, Über Generalklauseln und Rechtsanwendung im Strafrecht, Tübingen 1973.

Nawiasky, Hans, Allgemeine Rechtslehre, 2. Aufl., Einsiedeln 1948.

Nelson, Leonard, Rechtswissenschaft ohne Recht, 2. Aufl., Göttingen 1949.

Neumann, Ulfrid u.a. (Hg.), Juristische Dogmatik und Wissenschaftstheorie, München 1976.

ders., Juristische Argumentationslehre, Darmstadt 1986.

Nipperdey, Hans C. (Hg.), Grundfragen der Reform des Schadensersatzrechts, München 1940.

Noll, Peter, Gesetzgebungslehre, Reinbek b. Hamburg 1973.
Novalis (Friedrich v. Hardenberg), Fragmente, hg. v. Ernst Kamnitzer, Dresden 1929.
Ogorek, Regina, Richterkönig oder Subsumtionsautomat?, Frankfurt 1986.
Oppermann, Thomas/Classen, Claus D./Nettelsheim, Martin, Europarecht, 4. Aufl., München 2009.
Ott, Edward E., Juristische Methode in der Sackgasse?, Zürich 2006.
Otto, Dirk, Das utopische Staatsmodell von Platons Politeia aus der Sicht von Orwells Nineteen Eighty-Four, Berlin 1994.
Palandt, Kommentar zum Bürgerlichen Gesetzbuch, bearb. von Peter Bassenge u.a., 69. Aufl., München 2010.
Paroussis, Michel, Theorie des juristischen Diskurses, Berlin 1995.
Pascal, Blaise, Gedanken, übers. u. hg. v. Ewald Wasmuth, 8. Aufl., Heidelberg 1978.
Pawlowski, Hans-Martin, Methodenlehre für Juristen, 3. Aufl., Heidelberg 1999.
Pehle, Rudolf/Stimpel, Walter, Richterliche Rechtsfortbildung, Karlsruhe 1969.
Perelman, Chaim (Hg.), Les Antinomies en droit, Brüssel 1965.
Peters, Karl, Lehrbuch des Strafprozeßrechts, 5. Aufl., Karlsruhe 1985.
Petraschek, Karl O., System der Rechtsphilosophie, Freiburg 1932.
Pfordten, Dietmar v. d., Deskription, Evaluation, Präskription, Berlin 1993.
Pieroth, Bodo/Schlink, Bernhard, Grundrechte, Staatsrecht II, 25. Aufl., Heidelberg 2009.
Pöggeler, Otto (Hg.), Hermeneutische Philosophie, München 1972.
ders., Schritte zu einer hermeneutischen Philosophie, Freiburg 1994.
Radbruch, Gustav, Der Geist des englischen Rechts, 4. Aufl., Heidelberg 1958.
ders., Vorschule der Rechtsphilosophie, 3. Aufl., Heidelberg 1965.
ders., Rechtsphilosophie, 8. Aufl., Stuttgart 1973.

Redeker, Konrad/Oertzen, Hans-Joachim v., Kommentar zur Verwaltungsgerichtsordnung, 15. Aufl., Stuttgart 2010.

Regelsberger, Ferdinand, Pandekten I, Leipzig 1893.

Rehbinder, Manfred, Die Begründung der Rechtssoziologie durch Eugen Ehrlich, 2. Aufl., München 1986.

ders., Einführung in die Rechtswissenschaft, 8. Aufl., Berlin 1995.

ders., Rechtssoziologie, 7. Aufl., München 2009.

Reichel, Hans, Gesetz und Richterspruch, Zürich 1915.

Die Religion in Geschichte und Gegenwart, hg. v. Kurt Galling, Bd. 2, 3, Aufl., Tübingen 1986.

Riebschläger, Klaus, Die Freirechtsbewegung, Berlin 1968.

Riezler, Erwin, Das Rechtsgefühl, 3. Aufl., München 1969.

Riggert, Rainer, Die Selbstbindung der Rechtsprechung durch den allgemeinen Gleichheitssatz (Art. 3. I GG), Berlin 1993.

Ritter, Joachim, Subjektivität, Frankfurt 1974.

Rödig, Jürgen, Die Theorie des gerichtlichen Erkenntnisverfahrens, Berlin 1973.

ders. (Hg.), Studien zu einer Theorie der Gesetzgebung, Berlin 1976.

Röhl, Klaus F./Röhl, Hans Ch., Allgemeine Rechtslehre, 3. Aufl., Köln 2008.

Rosenberg, Leo, Die Beweislast, 5. Aufl., München 1965.

ders./Schwab, Karl H./Gottwald, Peter, Zivilprozeßrecht, 17. Aufl., München 2010.

Roth-Stielow, Klaus, Die Auflehnung des Richters gegen das Gesetz, Villingen 1963.

Rothacker, Erich, Logik und Systematik der Geisteswissenschaften, München 1927.

Rottleuthner, Hubert, Rechtswissenschaft als Sozialwissenschaft, Frankfurt 1973.

ders., Richterliches Handeln, Frankfurt 1973.

Roxin, Claus, Strafrecht, Allgemeiner Teil, Bd. 1, 4. Aufl., München 2006.
Rümelin, Max, Werturteile und Willensentscheidungen im Civilrecht, Freiburg 1891.
ders., Rechtsgefühl und Rechtsbewußtsein, Tübingen 1925.
ders., Erlebte Wandlungen in Wissenschaft und Lehre, Tübingen 1930.
Ruesch, Arnold, Todesstrafe und Unfreiheit des Willens, Darmstadt 1927.
Rüthers, Bernd, Die unbegrenzte Auslegung, 6. Aufl., Heidelberg 2005.
ders., Rechtstheorie, 4. Aufl., München 2008.
Saage, Richard, Das Ende der politischen Utopie?, Frankfurt 1990.
Saliger, Frank, Radbruchsche Formel und Rechtsstaat, Heidelberg 1995.
Sauer, Wilhelm, Juristische Methodenlehre, Stuttgart 1940.
Savigny, Friedrich C. v., System des heutigen römischen Rechts I. Berlin 1840.
Sax, Walter, Das strafrechtliche 'Analogieverbot', Göttingen 1953.
Schenke, Ralf P., Die Rechtsfindung im Steuerrecht, Tübingen 2007.
Scheuerle, Wilhelm A., Rechtsanwendung, Nürnberg 1952.
Schiller, Friedrich, Sämtliche Werke, hg. v. Gerhard Fricke/Herbert G. Göpfert. Bd. 1, 4. Aufl., München 1965.
Schilling, Theodor, Rang und Geltung von Normen in gestuften Rechtsordnungen, Berlin 1994.
Schlegel, Friedrich v., Kritische Schriften, hg. v. Wolfdietrich Rasch, 3. Aufl., München 1971.
Schlosser, Hans, Grundzüge der Neueren Privatrechtsgeschichte, 9. Aufl., Heidelberg 2001.
Schmalz, Dieter, Methodenlehre für das juristische Studium, 4. Aufl., Baden-Baden 1998.
Schmidt, Eberhard, Gesetz und Richter, Karlsruhe 1952.
ders., Lehrkommentar zur StPO und zum GVG, Teil 3, Göttingen 1960.
Schmitt, Carl, Die Lage der europäischen Rechtswissenschaft, Tübingen 1949.

Schneider, Egon, Logik für Juristen, Berlin 1965 (1. Aufl.).
ders./Schnapp, Friedrich E., Logik für Juristen, 6. Aufl., Berlin 2007.
Schneider, Hans, Gesetzgebung, 3. Aufl., Heidelberg 2002.
Schönke, Adolf/Schröder, Horst, Kommentar zum Strafgesetzbuch, 27. Aufl., München 2006 (10. Aufl. 1961, 16. Aufl. 1972, 25. Aufl. 1997).
Schreiber, Rupert, Logik des Rechts, Berlin 1962.
ders., Die Geltung von Rechtsnormen, Heidelberg 1966.
Schulze, Werner, Tatbestand und Rechtsfolge, Berlin 1909.
Schwintowski, Hans-Peter, Juristische Methodenlehre, Frankfurt 2005.
Shakespeare, William, Der Sturm, übers. u. hg. v. Gerd Stratmann, Stuttgart 1982.
Siebert, Wolfgang, Die Methode der Gesetzesauslegung, Heidelberg 1958.
Sigwart, Christoph, Logik I, 4. Aufl., Tübingen 1911.
Simmel, Georg, Einleitung in die Moralwissenschaft I, Berlin 1892.
ders., Probleme der Geschichtsphilosophie, 5. Aufl., München 1923.
Simon, Dieter, Die Unabhängigkeit des Richters, Darmstadt 1975.
Soell, Hermann, Das Ermessen der Eingriffsverwaltung, Heidelberg 1973.
Somló, Felix, Juristische Grundlehre, 2. Aufl., Leipzig 1927.
Sommer, Franz, Das Reale und der Gegenstand der Rechtswissenschaft, Leipzig 1929.
Speiger, Peter, Interessenjurisprudenz in der deutschen Rechtsprechung, Freiburg 1985.
Sprenger, Gerhard, Naturrecht und Natur der Sache, Berlin 1976.
Stammler, Rudolf, Theorie der Rechtswissenschaft, Halle (Saale) 1911.
ders., Lehrbuch der Rechtsphilosophie, 3. Aufl., Berlin 1928.
Stein, Friedrich, Das private Wissen des Richters, Leipzig 1893.
Stein, Torsten/Buttlar, Christian v., Völkerrechtm 12. Aufl., Köln 2009.
Stelkens, Paul/Bonk, Heinz J./Sachs, Michael, Kommentar zum Verwaltungsverfahrensgesetz, 7. Aufl., München 2008.
Stern, Klaus, Ermessen und unzulässige Ermessensausübung, Berlin 1964.

Strache, Karl-Heinz, Das Denken in Standards, Berlin 1968.
Stratenwerth, Günter/Kuhlen, Lothar, Strafrecht Allgemeiner Teil I, 5. Aufl., Köln 2004.
Struck, Gerhard, Topische Jurisprundenz, Frankfurt 1971.
Suelmann, Heinz-Gerd, Die Horizontalwirkung des Art, 3 II GG, Baden-Baden 1994.
Tammelo, Ilmar, Outlines of modern legal logic, Wiesbaden 1969.
Teubner, Gunther, Standards und Direktiven in Generalklauseln, Frankfurt 1971.
Tezner, Friedrich, Das freie Ermessen der Verwaltungsbehörden, Leipzig 1924.
Thomas, Heinz/Putzo, Hans, Kommentar zur Zivilprozeßordnung, 30, Aufl., München 2009.
Tuhr, Andreas v., Der Allgemeine Teil des Deutschen Bürgerlichen Rechts II 1, Berlin 1914.
Ule, Carl H., Verwaltungsprozeßrecht, 9. Aufl., München 1987.
Vico, Giambattista, De nostri temporis studiorum ratione, übers. v. Walter F, Otto, Darmstadt 1974.
Viehweg, Theodor, Topik und Jurisprudenz, 5. Aufl., München 1974.
Vogel, Joachim, Juristische Methodik, Berlin 1998.
Wach, Adolf, Handbuch des deutschen Civilprozeßrechts, Bd. 1, Leipzig 1885.
Wach, Joachim, Das Verstehen, Bd. 1, Tübingen 1926, Bd. 3, 1933.
Warda, Günter, Dogmatische Grundlagen des richterlichen Ermessen im Strafrecht, Köln 1962.
Wassermann, Rudolf/Petersen, Jürgen (Hg.), Recht und Sprache, Heidelberg 1983.
Weber, Max, Wirtschaft und Gesellschaft, 5. Aufl., Tübingen 1990.
Weinberger, Ota, Rechtslogik, 2. Aufl., Berlin 1989.
Weischedel, Wilhelm, Recht und Ethik, Karlsruhe 1956.

Werner, Fritz, Zum Verhältnis von gesetzlichen Generalklauseln und Richterrecht, Karlsruhe 1966.

Wessels, Johannes/Beulke, Werner, Strafrecht, Allgemeiner, Teil, 39. Aufl., Heidelberg 2009.

ders./Hillenkamp, Thomas, Strafrecht, Besonderer Teil, 2, 32. Aufl., Heidelberg 2009.

Wieacker, Franz, Gesetz und Richterkunst, Karlsruhe 1958.

ders., Notizen zur rechtshistorischen Hermeneutik, Göttingen 1963.

ders., Privatrechtsgeschichte der Neuzeit, 2. Aufl., Göttingen 1967.

Williams, Glanville, Learning the Law, 13. Aufl., London 2006.

Windscheid, Bernhard, Lehrbuch des Pandektenrechts I, 9. Aufl., Düsseldort 1906.

Winkler, Günter, Theorie und Methode in der Rechtswissenschaft, Wien 1989.

Wittram, Reinhard, Das Interesse an der Geschichte, Göttingen 1958.

Wolf, Erik, Frangwürdigkeit und Notwendigkeit der Rechtswissenschaft, Freiburg 1953.

Wolff, Hans J./Bachof, Otto/Stober, Rolf/Kluth, Winfried, Verwaltungsrecht, Bd. I, 12. Aufl., München 2007.

Wolffers, Arthur, Logische Grundformen der Juristischen Interpretation, Bern 1971.

Wright, Georg H. v., Handlung, Norm und Intention hg, und eingel, v. Hans Poser, Berlin 1977.

Würtenberger, Thomas (sen.), Die geistige Situation der deutschen Strafrechtswissenschaft, 2. Aufl., Karlsruhe 1959.

Würtenberger, Thomas, Zeitgeist und Recht, 2. Aufl., Tübingen 1991.

ders./Heckmann, Dirk, Polizeirecht in Baden-Württemberg, 6. Aufl., Heidelberg 2005.

Ziegler, Christoph E., Selbstbindung der Dritten Gewalt, Frankfurt 1993.

Zipf, Heinz, Die Strafmaßrevision, München 1969.

Zippelius, Reinhold, Wertungsprobleme im System der Grundrechte, München 1962.

ders., Recht und Gerechtigkeit in der offenen Gesellschaft, 2. Aufl., Berlin 1996.

ders., Juristische Methodenlehre, 10. Aufl., München 2006.

ders., Rechtsphilosophie, 5. Aufl., München 2007.

ders./Würtenberger, Thomas, Deutsches Staatsrecht, 32. Aufl., München 2008.

Zitelmann, Ernst, Irrtum und Rechtsgeschäft, Leipzig 1879.

ders., Lücken im Recht, Leipzig 1903.

ders., Die Kunst der Gesetzgebung, Dresden 1904.

Zweigert, Konrad/Kötz, Hein, Einführung in die Rechtsvergleichung auf dem Gebiete des Privatrechts, 3. Aufl., Tübingen 1996.

▌사항색인▌

【ㄱ】

【ㅅ】

【ㅇ】

【ㅈ】

지은이 **칼 엥기쉬**(Karl Engisch)는 1899년 독일 기센에서 변호사의 아들로 태어나 1918년부터 기센대학교와 뮌헨대학교에서 법학을 공부했다. 1924년에 기센대학교에서 「명령설(Imperativentheorie)」에 관한 논문으로 박사학위를 취득하고, 1929년에는 「형법에서 고의와 과실에 관한 연구」로 교수자격을 취득했다. 1934년에 라드브루흐의 후임으로 하이델베르크대학교의 형법, 형사소송법, 법철학 담당 교수가 된 후, 1953년에는 뮌헨대학교로 자리를 옮겨 그 곳에서 1967년 정년을 맞이했다. 1990년 알차이에서 세상을 떠났다.

옮긴이 **안법영**은 고려대학교 법과대학을 졸업하고 같은 대학교 대학원 법학과에서 법학석사 학위를 취득한 이후 독일 프랑크푸르트대학교 법과대학에서 법학박사 학위를 수여받았다. 현재 고려대학교 법학전문대학원 교수로 재직하면서 민법과 법학방법론을 가르치고 있다.

옮긴이 **윤재왕**은 고려대학교 법과대학과 문과대학 철학과를 졸업하고 같은 대학교 대학원 법학과에서 법학석사 학위를 취득한 이후, 독일 자브뤼켄대학교과 프랑크푸르트대학교에서 법학과 철학을 공부하고 프랑크푸르트대학교에서 법학박사 학위를 받았다. 지금은 고려대학교 법학전문대학원 교수로 재직하면서 법철학과 법사상사를 가르치고 있다.

법학방법론

2011년 12월 20일 초판 인쇄
2011년 12월 28일 초판 발행

저 자 칼 엥기쉬
역 자 안 법 영 · 윤 재 왕
발행인 이 방 원
발행처 세창출판사
서울 서대문구 냉천동 182 냉천빌딩 4층
전화 723-8660 팩스 720-4579
e-mail: sc1992@empal.com
http://www.sechangpub.co.kr
신고번호 제300-1990-63호

정가 27,000 원

ISBN 978-89-8411-349-7 93360